미국 북장로회
한국선교와 전도부인

이 책은 얌스 코리아의 후원으로 제작되었습니다.

미국
북장로회
한국선교와
전도부인

지은이 김은정
펴낸곳 도서출판 케노시스

등 록 제2011-24호(2011. 5. 23)
전 화 02)453-2208, 450-5435-6
팩 스 02)2201-6953
주 소 서울시 광진구 광장로 5길 25-1

인 쇄 2023년 11월 23일
발 행 2023년 11월 30일

ISBN 979-11-85698-56-4 (93230)

값 20,000원 (*파본은 바꿔드립니다)

미국 북장로회 한국선교와 전도부인

김은정

도서출판 케노시스

저자 서문

교회를 오래 다녔어도 '전도부인'에 대해 한 번도 들어보지 못한 사람들이 많다. 글로 쓴 역사가 없으면 쉽게 잊어버리기 마련이다. 감리교회와 성결교회는 전도부인을 정식 직제로 인정했기 때문에 20세기 말에도 전도부인이 생존해 있었다. 장로교회는 전도부인에 상응하는 여성 지도자들을 '여전도사' 또는 '권사'라고 불러왔는데, 그 지도력에 걸맞은 공적인 지위를 인정하기까지 많은 세월을 보냈다. 이 책은 우리나라에 들어온 개신교 중 처음 상주하는 선교사를 보냈으며, 한국 장로교회의 탄생을 도운 미국 북장로회 선교회의 선교 현장에서 활동한 한국 전도부인의 역사를 기록으로 남기고자 하는 노력의 일환이다. 미국 북장로회는 우리가 잘 알고 있는 알렌(H. N. Allen)과 언더우드(H. G. Underwood), 마펫(S. A. Moffett) 등을 파송한 교파이다. 오늘날에는 미국연합장로교회(Presbyterian Church in the U.S.A.)로 계승되었다.

미 북장로회는 한국 선교를 위해 서울, 평양, 선천, 강계, 재령, 청주, 대구, 안동 등 지방 주요 도시에 선교지부(stations)를 두었다. 우리나라가 남북으로 분단되면서 절반 이상의 선교 현장을 잃은 셈인데, 그중에는 전도부인이 가장 많이 활동한 평안도와 황해도가 있다. 여성을 부인으로 높여 불렀던 시대에 활동한 분들의 역사적 의미를 살리기 위해서 여전도사가 아닌 전도부인이라는 명칭을 사용했다. 전도부인은 서양 여선교사와 가깝게 지내며 한국 문화가 정해놓은 여성성의 한계를 조금씩 밀어냈다. 그들 덕분에 부인들은 '집 밖'으로 나와 교회라는 사회적 공간에서

'여성'이라는 사회적 존재로 자신을 구성해 나갔다. 전도부인을 보면 초기 한국교회 여성들이 전근대 시대의 여성들과 다르게 선택한 삶 또는 유별난 행동을 볼 수 있다. 그리고 그들의 신앙과 새롭게 형성된 의식은 오늘날 우리에게도 영향을 주고 있다. 전도부인의 이야기를 알게 될수록 한국교회의 역사가 우리 삶과 매우 가깝게 느껴진다. 전도부인의 역사는 초기 한국교회의 역사이면서 동시에 오늘날 교회 여성들의 신앙적 실천과 기독교 여성단체의 역사와 이어져 있다.

전도부인은 서양 선교사들이 촉발하고 한국 토양에서 만들어진 하나의 사회적 현상을 대표하는 인물이다. 언어와 문화에 익숙지 못한 여선교사들은 기독교 메시지를 통역하고 지역 여성들과 자신들을 연결해 줄 매개자가 필요했다. 그렇게 해서 이들과 함께 일한 최초의 전도부인은 호기심 많은 할머니와 선교사 집에 보모로 고용된 젊은 여성이었다. 전도부인들은 여선교사와 함께 활동하여 지역마다 교회를 세워나갔다. 1900년대 초에는 전도부인의 훈련 기관으로 여성경학교가 발달하고, 전도부인들은 성경교사, 지역사회와 교회의 지도자로 활약했다. 선교 초기에 선교회와 교회 사이에서 매개자 역할을 하던 전도부인들은 교회 목회자로 차차 역할을 바꾸게 되었다. 이 때문에 여성안수를 위한 필요성이 1930년대부터 제기되었으나 남성 중심으로 이루어진 교권으로부터 오히려 소외되었다. 그럼에도 전도부인을 통해 기독교는 한국 여성이 몸담은 사회적, 영적 토양에 뿌리내려 한국적인 기독교 신앙을 형성했다.

교권과 교회사에서 소외되었으나 독자적인 영역을 구축한 전도부인의 면면을 보기 위해서 미국 북장로회에서 파송한 여선교사들이 쓴 보고서와 잡지의 기고문 등을 중심으로 선교 초기부터 그들과 함께 활동한 전도부인의 이름과 신앙을 추적했다. 전도부인의 역사를 따라가다 보면 지금도 교회에 있는 여전도회와 권사 직분의 뿌리를 알 수 있다. 전도부인들은 교회의 치리와 운영에서는 소외되었으나 부인전도회, 곧 여전도회를 만들었고, 서북 지역에서 발달한 전도부인의 다른 이름 '권사'는 오늘날의 권사와 닮은 면도 있고 다른 면도 있다. 한편으로 문헌자료에서 인물 정보 외에도 여선교사와 전도부인이 자주 언급하는 단어를 찾아보았다. '천국'과 '참재미', '예수의 사랑'이 빈번하게 나타나는데, 이 개념을 중심으로 전도부인의 신앙과 자의식이 어떻게 형성되고 발전하는지 보는 것은 흥미롭다. 또 전도부인의 사회·종교적 의식을 실현하는 장으로서 여전도회는 오늘날 수많은 여성 지도자들과 여성단체들의 모태라고 할 수 있다. 전도부인들이 이루어 놓은 사회관계망과 조직, 유무형의 자원들은 1920년대 이후 신여성들이 단체를 조직하고 여성 고등교육 기관을 발전시키는 데 기초가 되었기 때문이다.

이 책은 나의 박사학위 논문을 앞부분만 수정하고 거의 그대로 반영했다. 논문을 쓸 때 학자가 아닌 사람들도 쉽게 읽을 수 있는 이야기체 서술 방식과 구어체 용어를 선택해서 약간의 마음고생이 있었다. 전도부인이 쉽게 대중에게 다가갔던 것처럼 우리 어머니도 교회 전도사님도 이해할 수 있는 글을 쓰겠다고 했지만, 학술용어의 가치도 무시할 수 없었다. 내 의도를 이해하고 격려해 주신 지도교수였던 방연상 교수님과 조선혜, 허경진, 정재현, 김현숙 교수님 덕분에 논문을 잘 마무리할 수 있었기에 지면을 빌려 다시 한번 감사드린다. 논문을 완성하고도 부끄러운 마음에 최소 부수로 인쇄하고 짐이 될까 염려되어 몇 분에게 드리고 말았다. 그런데 주선애 교수님이 돌아가시기 몇 달 전에 문득 전화를 주셨다. 내가 먼저 연락을 드렸어야 했는데 논문이 나왔다는 소식을 어떻게 들으시고 한 부 보내달라 하셨다. 다 읽으신 후에는 다시 전화를 주셔서 널리 알려지면 좋겠다고 더 많이 보내달라고 하셨으나 남은 논문이 없어서 드릴 수가 없었다. 논문을 쓰는 초기부터 수집해 오신 자료를 아낌없이 건네주시고 만날 때마다 얼마나 진행됐는지 물어오시긴 했지만 그렇게까지 깊은 관심과 애정을 보여주시는 데 가슴이 울컥했다. 어느 날 박보경 교수님과 대화를 나누다가 고인이 되신 주선애 교수님과 마지막 통화에서 논문에 대한 당부를 하셨다는 말씀을 듣게 되었다. 박보경 교수님은 논문의 출판을 권하셨고 얍스 코리아의 후원을 주선해주셨다. 이 책이 세상에 나올 수 있도록 산파 역할을 해주신 고 주선애 교수님과 박보경 교수님, 그리고 익명의 후원자님께 감사드린다. 실무를 맡아 세심하게 마지막 교정까지 봐주신 정기묵 교수님과 케노시스 직원들의 노고에 진심으로 감사드린다. 책이 나오면 누구보다 기뻐할 나의 자매들과 친구들, 그리고 오색찬란한 우리 가족과 양가 부모님에게 삶을 나누어주어 고맙다고 전하고 싶다.

아시아여성신학자 회의를 위해
대만으로 가는 길에
김은정

차 | 례

표 차례

그림 차례

약어표 및 번역 용례

WFMSPC The Women's Foreign Missionary Society of the Presbyterian Church in the U.S.A.

BFM The Board of Foreign Mission

PHS Presbyterian Historical Society

KF *The Korea Field*

KMF *The Korea Mission Field*

MRW *The Missionary Review of the World*

WWW *Woman's Work for Woman*

WWW/OMF *Woman's Work for Woman and Our Mission Field*

Quarto-centennial Papers **(25주년 보고서)**
The Quarto-centennial Papers read before the Korea Mission of the Presbyterian Church in the U.S.A. at the annual meeting in Pyeng Yang, August 27, 1909 (Pyeng Yang, 1909)

Jubilee Papers **(50주년 보고서)**
The Fifty Anniversary Celebration of the Korea Mission of the Presbyterian Church in the U.S.A. (Seoul: YMCA Press, 1934)

NP Report **(미국 북장로회 해외선교부 연례보고서)**
The Annual Report of the Board of Foreign Mission of the Presbyterian Church of the U.S.A.

KM Report **(미국 북장로회 한국선교회 연례보고서)**
The Minutes and Report of the Annual Meeting of the Korea Mission of the Presbyterian Church in the U.S.A. (Seoul, Korea)

ARWFMS **(미국 북장로회 해외여선교회 연례보고서)**
The Annual Report of the Woman's Foreign Missionary Society of the Presbyterian Church (Philadelphia, U.S.A.)

ARWPBN **(미국 북서지역장로회 여선교회 연례보고서)**
The Annual Report of the Woman's Presbyterian Board of Mission of the Northwest (Chicago, U.S.A.)

ARWNPB **(미국 북태평양장로회 여선교회 연례보고서)**
The Annual Report of the Woman's North Pacific Presbyterian Board of Missions (Portland, U.S.A.)

BFBS AR **(영국해외성서공회 연례보고서)**
The Annual Report of the British Foreign Bible Society

The Board of Foreign Mission of the Presbyterian Church in the U.S.A.
미국 북장로회 해외선교부 (본부)

The Women's Foreign Missionary Society of the Presbyterian Church in the U.S.A. (WFMSPC) 미국 북장로회 해외여선교회

The Korea Mission of the Presbyterian Church of the U.S.A. 미국 북장로회 한국선교회

The Korea Mission 한국선교회

Station 선교지부

Korea 한국

Chosen 조선

Training class, Bible class 사경회

Group 예배 처소, 미조직교회

Catechumen 원입(교)인, 학습(교)인

Bible Institute 성경학교, 성경학당

Women's Higher Bible School 여자고등성경학교

제1장

기독교 신앙의 모태에 관한 기억

매미 소리, 아카시아 향기, 여름성경학교 교가, 나무창 옆에서 돌아가던 벽 선풍기, 아스팔트의 열기와 다른 느낌의 포근하면서도 시원한 예배당의 공기. 어릴 적 첫발을 들였던 교회를 떠올릴 때 아직도 오감으로 생생하게 기억나는 것들은 나의 종교적 감정의 시원이다. 오리나 기러기가 태어나서 처음 본 것을 어미로 생각하는 각인(imprinting) 현상처럼 내 마음이 힘들어질 때 기억 속의 소리와 심상과 향기와 촉감을 끄집어내면 하나님과 나의 거리는 한결 가까워진다. 오래된 영화 클립같이 떠오르는 장면에는 사람도 있다. 단정하게 뒤로 묶어 올린 머리, 흰 저고리, 까만 통치마를 제복처럼 입고 흐트러짐 없는 모습으로 네모난 가방 하나를 들고 항상 바쁜 걸음으로 다니시던 김옥님 전도사님은 우리 교회의 상징 같았다. 그분이 큰 보폭으로 바쁘게 지나간 같은 자리를 자전거를 타고 휭하고 지나가던 서양 사람은 예수병원이나 신흥학교에서 일하는 선교사였을 것이다. 교회 마당에서 친구들과 놀다가 문득 고개를 들어 바라본 그분들은 나와 다른 세계에 사는 사람들 같아 묘한 기분이 들었다. '내가 크면 알게 되겠지'라고 잠시 생각하고 다시 놀이로 돌아갔다. 내가 교회사를 공부하기로 마음먹은 것은 어릴 적 미뤄둔 나의 궁금증을 해결하려는 것이기도 했다.

1. 기억 속의 전도부인을 역사의 무대로

스쳐 지나간 모든 사람이 기억에 남는 것은 아니다. 현재와 연결점이 있을 때 그 기억은 의미를 찾고 일련의 이야기 속에 자리 잡는다. 김옥님 전도사님을 다시 떠올리게 된 것은 내가 전국여교역자연합회와 관계를 맺게 된 후였다. 여교역자회는 여전도사들이 모여서 만든 단체인데 앞으로 여성이 안수받는 시대가 될 것을 고대하면서 여전도사회라 하지 않고 포괄적 의미로 여교역자회라고 했다.[1] 내가 속한 교단에서 여성안수 논쟁이 일어났을 때 신학교에 입학한 나는 전국여교역자연합회가 주최한 전국 여신학생 수련회에 참가하면서 여전도회 말고 이런 단체가 있다는 것을 알게 되었다. 그리고 꽤 많은 여전도사들이 농촌 지역에서 담임 목회를 하거나 교회 여전도회 지도자로 영향력이 크다는 것도 알게 되었다. 교회사를 공부하게 된 후 여교역자회 사무실에 가서 옛날 회보들을 보다가 전북지회의 활동 보고를 올린 김옥님 전도사님의 이름을 발견했다. 생각해 보니 고향 전주 예수병원 앞 다가산 언덕에 여자성경학교가 있었다. 지금은 한일신학대학교로 승격되어 캠퍼스를 옮겼지만 어릴 때 노회 주관 어린이대회를 하러 이 학교에 간 적이 있었다. 내가 어렸고 아무도 설명해 주지 않아서 그 학교가 여자성경학교인 줄 몰랐다. 나중에 한일여자성경학교 이야기를 들었을 때 건물 현관에서 나무 간판에 새겨진 학교 이름을 본 듯한 기억이 희미하게 떠올랐다. 그리고 여전도사들을 다른 말로 전도부인(傳道婦人)이라고 했다는 것을 알게 되었다.

내가 전도부인의 역사를 찾기 시작한 이유는 한국 기독교 여성 신앙의 기원을 찾아야 세계 기독교와 나 사이에 있는 의문의 간격을 좁힐 수 있다는 생각 때문이었다. 이덕주 선생님의 『한국교회 처음 여성들』을 통

---

1) 대한예수교장로회(통합) 전국여교역자연합회는 1973년 창립되었다. 전국 단위 연합회가 있기 전에 1930년대부터 평양과 경북 안동 지역 등에 여사역자회 또는 여교역자회가 생겨났는데 이 단체들을 연합하여 전국 단위의 여교역자회가 탄생했다. 1980~90년대 여성안수 운동의 중심이 되었다.

해 전삼덕, 김세지, 하란사, 이경숙과 같은 전도부인들의 개인적 삶을 알게 되었다. 양미강 선생님의 논문을 읽으면서 전도부인에 관련된 역사적 자료가 어디에 있는지 더듬어 갔다. 십여 년의 타국 생활을 매듭짓고 한국에 돌아와서 여교역자회 사무실을 방문했을 때 사무총장 고애신 전도사님은 장성진의『한국교회의 잊혀진 이야기』라는 책을 건네주셨다. 영국성서공회가 활용한 바이블 우먼(Bible woman)과 한국에서 활동한 여성 매서인(매서부인, 권서부인)과의 관계를 역사적으로 밝힌 논문이었다. 그리고 연세대학교 박사과정에 들어갔을 때 이제 막 바이블 우먼을 주제로 박사학위 논문을 마친 리 엘렌 스트런(Lee-Ellen Strawn, 한국명 서애란) 선생님으로부터 근대 기독교 선교사업에 종사한 여성들에 관한 강의를 들을 수 있었다. 그는 전도부인(傳道婦人)이 우리나라 신여성의 원형이며, 근대 여성의 정신적 어머니라고 보았다.

나는 이전 연구에서 사용한 자료 외에도 다른 고신문이나 기독교인의 회고록 등에 분명히 전도부인에 관한 언급이 있을 것이라 생각하고 찾아보기 시작했다. 과연 전도부인은 유명 인사나 교계 인사의 사적인 회고 속에 있었다.[2)] 어머니와 할머니로 기억하는 전도부인뿐 아니라 헌신적 기독교 여성으로서 기억하는 이들도 있었다.

> 그러던 어느 날 밤 삼경에, “하나님은 사랑이시라”(요일 4:7)는 말이 회상되는 순간 나는 깜짝 놀랐고, 무서워했고, 하나님을 보았다고 기뻐했다. 하

2) 김폴린, “휘장 치고 세례받던 조모 전삼덕 권사,” 「기독교사상」, 371호 (1989년 11월호), 156-160. 감리교회의 양주삼 목사와 변홍규 목사의 장모는 평양의 전설적인 전도부인 김세지였다. 한국 최초의 성악가 윤심덕의 어머니, 독립운동가였던 황에스더의 어머니 홍유례, 대한성서공회 총무를 역임한 민영진 목사의 어머니 전봉선, 인천제이교회 이건영 원로목사의 증조모 이선광, 정신여학교 출신 여성운동가 김필례의 어머니 안성은, 신의경의 어머니 신마리아 등은 모두 전도부인으로 활동했다.

나님의 사랑이 사라져 버린 부모님의 존재와 지극하던 사랑의 허무성에 대한 해답으로 생각되는 순간 나는 삶의 기쁨과 더불어 기독교를 반대하시던 부모님이 바로 나를 기독교에로 예비시켜 주었다는 것을 깨달았다. 병석에서 일어나면 신학을 하겠다고 결심했다. 밤이면 기뻐서 잠 못 이루고, 조선 팔도를 전도하면서 누비고 돌아다니는 나 자신을 상상하고 전도부인이 되리라 결단했다. 아마도 그때의 나의 상상 속의 내 모습은 요새 전철 속에서 "예수 믿고, 성령 받고, 구원받으라"고 외치는 미치미치한 예수쟁이들과 비슷했던 것 같다.[3)]

지나온 60 평생을 후회해 본 적은 없지만 간혹 '내가 이 길을 택하지 않았더라면'하고 문득 자문해 볼 때는 있다. 내가 가수가 되지 않았더라면 지금쯤은 열렬한 전도부인이 되어있을까 하는 생각이 들면 남몰래 쓴웃음을 짓곤 한다…. (중략) …. 옥현 언니와 찬송가 연습에 정신이 빠져 매일 같이 예배당에 드나드는 나를 보고 아버지는 "너는 커서 전도부인이나 되어라."하고 마땅찮게 여기시는 것이었다.[4)]

처음 글은 1988년 6월 10일, 22년 동안 몸담았던 이화여대의 강단을

3) 박순경, "이화여대 은퇴강연: 회고와 전망," 『통일신학의 고통과 승리』 (한울, 1992), 19~20쪽. 박순경(1923년-2019)은 세브란스 고등간호학교와 서울 감리교신학교, 서울대 문리대 철학과 등에서 공부하고 미국 에모리대학, 유니온신학교 등을 거쳐 드루대학에서 조직신학으로 철학박사가 되었다. 이화여대 기독교학과에서 1966~1988년까지 조직신학과 역사신학을 가르쳤으며, 한국여신학자협의회의 초대 회장(1980~1982년)이자 한국여성신학회 초대 회장(1986~1990년)을 역임했고 통일신학자로 교계와 사회단체에 알려져 있다.

4) 신 카나리아, "나의 교유록-원로 여류가 엮는 회고," 「동아일보」, 1981년 7월13일. 필자 약력 1919년 10월 26일 함경남도 원산출생, 33년 원산루씨여고 중퇴, 35~42년 시메론 콜럼비아 빅터 태평양레코드사 전속, 42~60년 성보가극단 국도악극단 KPK악극단 자유가극단서 활약, 60년 가수협회 부회장 피선, 가수협회상, 히트곡은 선창의 블루스, 삼천리강산에, 신도라지타령, 강남달, 신노들강변, 강남제비 등이 있다.

떠나는 박순경 교수의 은퇴 강연을 정리한 일부분이며, 두 번째 글은「동아일보」가 1981년 일 년 동안 여류 인사들의 회고담을 연재할 때 실린 원로가수 신 카나리아의 유년기 일화 한 토막이다. 가수나 신학자를 막론하고 여성이라면 한 번쯤 가능성을 고려해 본 전도부인(傳道婦人)이라는 새로운 역할은 기독교가 한국에 들어와 만들어 낸 문화적 현상을 대변한다. 개화기 이후 여성이 자신의 존엄성을 자각하고 깨어날 때 전도부인이 된다는 것은 침묵이라는 존재의 죽음을 이겨내고 얻은 새로운 삶의 열정을 쏟아부을 수 있는 공인된 역할을 얻는다는 것이었으리라.

2. 장로교 전도부인(傳道婦人)의 숫자가 적은 이유

『한국교회 전도부인 자료집』은 전도부인의 이름을 기준으로 다양한 자료에서 관련된 기록을 수집한 것으로 연구사적 의의가 크다. 한국기독교역사연구소 여성연구회가 전도부인에 대한 각종 기록물을 수집해서 발간한『한국교회 전도부인 자료집』은 장로교의 총회록과 감리교의 연회록, 기독교 관련 신문과 잡지 등의 한국어 자료뿐 아니라 영문 선교사 자료까지 망라해서 이름별, 교단별, 지역별, 개인 활동, 자료별 분류 항목을 정해 총 1,215명, 감리교 717명, 장로교 209명, 성결교 138명, 교단 미상 151명의 전도부인의 이름과 활동 지역, 활동 시기 등을 자료화한 것으로 중요한 기초 연구자료이다.[5]

그런데 거기에 기록된 총 1,215명의 전도부인의 숫자를 볼 때 장로교

5) 여성사연구회 편,『한국교회 전도부인 자료집』(서울: 한국기독교역사연구소, 1999).

전도부인의 숫자가 감리교의 1/3 수준밖에 되지 않는다.[6] 장로교에 전도부인이 많지 않았다는 것을 의미하는 것은 결코 아니다. 자료집을 만들 때 찾은 이름의 숫자가 적다는 의미일 뿐이다. 이 자료집을 이용한 몇 편의 연구에서는 장로교 전도부인에 관해서 규명하려는 노력이 있었다. 송종인은 장로회 총회록 통계를 이용해서 전도부인 명칭의 변화, 활동 지역, 그 내용을 밝히고자 했다. 그의 연구에서 흥미로운 것은 선교지 분할 협정에 따라 교파별로 담당한 지역의 경계대로 전도부인들이 활동한 것이다.[7] 장로교는 미국 남 · 북, 호주, 캐나다 장로회 선교회 등 네 개의 선교회가 연합으로 만든 교파이기 때문에 이 선교회가 맡은 지역은 그 교파의 특색대로 전도부인 제도를 이용했다. 경남과 함경도는 성서공회의 전도부인들을 감독하는 방식이었고, 평안도와 황해도는 사경회를 중심으로 양성된 전도부인을 다수 활용하고 있었다. 이 외에도 장로교 전도부인을 다룬 오철상의 논문은 번역상 오류와 혼동이 많은 장로교 중심의 사경회 제도를 비교적 잘 정리했다.[8] 하지만 이 연구들은 통계표와 이미 알려진 전도부인 연구를 활용해서 대략적인 윤곽을 보여주었을 뿐, 1920년대까지 활동한 장로교 전도부인의 구체적 사례를 찾아내지 못하고 곧바로 1930년대 여전도사들을 소개하고 있다. 이들의 연구는 전도부인을 양성하고 함께 활동한 여선교사에 대해서 주의를 기울이지 않아 한국 전도부인의 활동은 통계로 처리되고 그 삶과 신앙은 맥락을 찾지 못하고 파편화

---

6) Sung-Deuk Oak, *Sources of Korean Christianity* (서울: 한국기독교역사연구소, 2013), 197의 통계 참조.

7) 송종인, "초기 한국교회 전도부인에 대한 연구-장로교회를 중심으로" (장로회신학대학교 석사학위논문, 2003), 16-24.

8) 자료집을 중심으로 한 연구로는 송종인 외에도 김수경, "전도부인이 초기 한국교회에 끼친 영향 연구" (한신대 신학대학원 석사학위논문, 2004), 오철상, "개신교 초기 전도부인에 대한 연구" (장로회신학대학교 석사학위논문, 2011).

되어 버리고 마는 한계를 보였다. 실제로 여선교사에 관한 연구가 진일보해야 전도부인 연구도 따라서 진전되는 경향이 있다.[9] 같은 시대의 교회사적 재현에 초점을 둔 조선혜의 『노블 부인의 선교생활 연구』는 기초 사료가 풍부한 여선교사 노블 부인의 여성 사역의 관계망 속에서 감리교 전도부인의 성장과 역할을 보여주었다.[10] 노블 부인은 한국교회의 개척자인 초기 감리교인의 자전적 기록을 담은 『승리의 생활』의 편집자이자 발간인이기도 하다. 노블 부인이 남긴 기록과 같이 여성의 삶과 목소리, 생각과 활동을 담은 사료가 더 많이 발굴된다면 그들의 생활세계에서 기독교의 영향과 수용 방식, 변화 등이 입체적으로 나타날 수 있다.

미국 북장로회 한국선교회는 가장 먼저 한국에 자리를 잡고 후발 장로회 선교회들과 협력하면서 대한예수교장로회라는 교파가 탄생하는 데 중요한 역할을 했음에도 전도부인의 이름을 찾기 힘든 이유가 있다.[11] 첫 번째, 감리교와 장로교는 선교회 운영구조와 선교 정책에 차이가 있었

9) 내한 여선교사와 한국 여성의 상호작용에 관한 연구로는 이숙진, "한국 개신교 주류담론이 교회 여성의 정체성 형성에 미친 영향: 해방 이전을 중심으로" (이화여자대학교 대학원 박사학위논문, 2005), 이숙진, 『한국기독교와 여성 정체성』 (서울: 한들출판사, 2006), 강선미, 『근대 한국 초기 페미니즘 연구: 서양여선교사와 조선여성들은 어떻게 만났을까』 (파주: 푸른사상, 2005), Hyeweol Choi, *Gender and Mission Encounters in Korea: New Women, Old Ways* (Berkeley: University of California Press, 2009), 황인철, "메리 스크랜튼의 선교 활동과 그와 함께한 전도부인에 관한 연구" (협성대학교신학대학원 석사학위 논문, 2014), 하희정, "식민시대 기독교 젠더 담론의 구성과 한국교회의 대응, 1920~1930년대를 중심으로," 「한국교회사학회지」 39 (2014.12), 93-138.

10) 조선혜, "노블 부인의 선교생활 연구(1892~1934년)" (감리교신학대학교 박사학위논문, 2013).

11) 미국 북장로회의 선교는 서울(1885년 지부개설)을 중심으로 하여 청주까지 이어진 경기·충청 지역과 평양(1894년)과 선천(1901년)을 중심으로 한 평안남북도 지역, 경기도와 평안도 사이에 있는 황해도 지역, 그리고 동쪽으로는 대구·안동 지역을 중심에 둔 경상북도 지역에서 이루어졌다. 부산(1890년)과 원산(1892년)은 서울에 이어 두 번째, 세 번째로 열린 지부였으나 교계 예양 협정에 따라 각각 호주 선교회(1911년)와 캐나다 선교회(1899년)로 인계되었다. 인구가 많은 서울과 평양은 예외적으로 장로교회가 다른 교파와 경쟁하고 협력하면서 사업을 확장한 선교의 중심 지역으로서 전국 단위로 적용할 만한 기독교적 실험은 이 두 지역에서 일어났다.

다. 미국 북장로회와 나란히 선교사를 파송한 미국 북감리회의 경우, 미국 북감리회 해외여선교회(WFMS)가 교단 선교부와 별개의 독립적 사역을 하면서 따로 여선교사를 파송했다. 그러므로 상대적으로 많은 인적, 물적 자원을 동원할 수 있었으며, 한국 여성 고등교육 분야에서 장로교회에 비교해 월등한 성과를 이룰 수 있었다. 감리회 선교부 안에서는 여학교, 병원, 교회 개척과 운영을 여선교사가 주도해서 할 수 있었으므로 보고와 기록도 더 선명하게 남아있다. 이와는 달리 장로교회는 일원화된 구조 속에서 여선교사가 교파 선교회의 승인과 후원 없이 할 수 있는 일은 거의 없었다. 장로교회가 1891년에 채택한 네비어스 원칙이라는 선교 방법도 여성 사업에 영향을 주었는데, 남북 감리회 선교사들은 공식적으로 이 정책을 채택하지 않았다. 이 원칙의 충실한 추종자였던 미국 북장로회 선교사들은 자립과 자전, 자치의 원칙을 일찍부터 수립해서 선교사업에 '자원하는 기독교인'을 활용했다. 특히 서북 지역에서 이 원칙은 무척 성공적이었기 때문에 다른 지역에도 적용해 갔으며, 1890년대부터 전도부인 제도에도 적용했다. 미 북장로회 통계에는 직업적 전도부인 외에도 자발적 사역자인 전도부인의 숫자까지 들어가기 때문에, 네 개 선교회가 합하여 된 장로회 총회 통계보다 미국 북장로회 선교회의 통계에 나타나는 전도부인의 숫자가 훨씬 많다.[12)] 이름을 기준으로 자료를 모은『한국교회 전도부인 자료집』에서 찾은 장로교 소속 전도부인의 숫자가 적은 이유도 무급 전도부인의 존재 때문이다. 네비어스 정책으로 인해 장로교와 감리교는 전도부인을 바라보는 시각에도 차이가 있었다. 감리교회는 전도부인

12) 1910년 전도부인 통계가 총회는 44명, 미 북장로회는 166명으로 너무 많이 차이가 나는 것에 관해 오철상은 선교사 기록의 오류라고 해석했으나, 여선교사 보고서를 보면 이 숫자는 상시 고용한 전도부인 외에도 자원하는 사역자까지 포함한 것이었다. 오철상, "개신교 초기 전도부인에 대한 연구" (장로회신학대학교 석사학위논문, 2011), 17.

을 여성 목회자로 인정하고 부인전도사 제도와 여목사 제도로 일찍 정착시켰지만, 장로교회는 '평신도'여성 지도자로서 인식해서 권사 제도로 발전시켰다. 그리고 장로교 내에서 여장로 안수 헌의 역사가 여목사 안수 청원 역사보다 훨씬 긴 것도 인식의 차이를 보여준다.[13)]

두 번째, 기존 전도부인 연구에서 공백으로 남아있는 1880년대부터 1910년대 초까지 서적 판매상이 아닌 전도와 목회 활동에 종사했던 전도부인에 관한 구체적인 역사가 드러나지 않았기 때문이다. 『한국교회 전도부인 자료집』은 미국 북장로회 해외선교부 총회보고서와 「기독신보」, 대한예수교장로회 총회록, 노회록 등에서 장로교 전도부인들의 이름을 수집했는데, 이런 자료들은 조직의 상위 단계 기록들로서 여성 사업에 관한 대략적인 보고만 있을 뿐이다. 아래로부터 한국인 지도력이 형성된 장로교회의 특성상 전도부인의 이름은 개 교회에서 찾거나 개별 선교사의 보고서, 여성 사업에 특화된 선교간행물에서 찾아야 한다. 한국 장로교회 여성 사업의 토대를 놓은 미국 북장로회에 속한 여선교사들의 보고서와 편지가 실린 선교잡지 *Woman's Work for Woman*과 *The Korea Field, The Korea Mission Field*의 일부 기사에 실린 여선교사의 보고를 통해 여성 사업의 흐름을 파악할 수 있다. 미국 북감리회 해외여성선교회가 발행한 *Heathen Woman's Friends*라는 잡지와 비견할 수 있는 *Woman's Work for Woman*은 미국 북장로회 7개 지역 여선교회가 연합하여 간행한 월간선교지로 1885년부터 1923년까지 발행되었고,[14)] 이후 세계대전으

13) 여장로 안수 헌의는 1933년 함남노회 여전도회에서 시작되었다. 여목사의 안수 청원은 1980년대에 적극적으로 제기되었다.

14) *Woman's Work for Woman*은 1871년 4월부터 1885년 11월까지 발행된 미국 북장로회 해외여성선교회(WFMS of the Presbyterian Church)의 정기간행물의 이름으로, 48쪽 분량의 국내선교와 해외선교에 관한 내용을 실었다. 처음에는 구독자 500명으로 시작해서 일 년 후에는 두 달마다 한 번씩 발행하다가 1875년부터 월간 발행으로 정착했다. 구독자는 10,000명으로 금세 늘어

로 인한 내핍과 해외선교운동의 쇠퇴로 구조조정을 거쳐 1924년부터는 *Women and Missions*으로 이름을 바꾸어 발행을 재개했다. 2만 명 이상의 독자를 확보하고 있었던 이 잡지는 여선교사들과 현지 여성들의 상호작용과 문화적 차이, 기독교 선교의 영향을 소개하는 기고문과 그들이 스케치한 그림과 사진 등 그 시대를 직접 눈으로 확인할 수 있는 자료들이 실려 있다. 프린스턴 신학교 도서관이 Majority World Collection 사업을 통해 전산화한 덕분에 2015년부터 여성 선교 정기간행물도 온라인으로 접근 가능하게 되었다. 이 자료를 병행 보완할 수 있는 장로회 선교사들의 개인 보고와 서신, 연례회의록 등은 근래에 여러 권이 출판되었다. 영문 자료에서 모호한 부분은 초기 한국교회의 세례교인 명부, 당회록, 노회 역사 등과 비교해서 전도부인과 관련된 내용을 찾을 수 있다.

세 번째, 전도부인의 성장 배경에 있는 사경회와 성경학교를 중심으로 한 여성 공동체 연구가 거의 이루어지지 않은 상태에서 전도부인의 이름을 찾는다는 것은 주소 없이 집주인의 이름을 찾는 격이다. 전도부인을 양성하는 통로는 지역별, 교파별로 무척 다양하게 발달했음에도 불구하고 구할 수 있는 사료가 제한되어 있다 보니, 장로교 연구자들은 알려진 감리교 자료들을 활용해서 일기실기 조합하느라 광범위하게 조직된 전도부인의 사회적 연결망을 보지 못했다.[15] 전도부인은 외로운 전도자가 아

나 2년째부터는 재정 자립을 이루었다. 1884년 여러 선교출판물을 하나로 합치고 선교부와 여선교회들 사이에 연락 담당 사무원을 두자고 제안한 해외선교본부 총무 엘린우드(F. F. Ellinwood)의 권고에 따라 *Our Mission Field*와 통합하여 1885년 12월부터 *Woman's Work for Woman and Our Mission Field*라는 제호로 발행, 해외선교에 대한 정보를 여성들 사이에 공유하고 지역 여선교회들이 선교에 대한 관심을 나누도록 했다. 1890년 7월~1904년까지 *Woman's Work for Woman*으로, 1905~1923년까지는 *Woman's Work*로 다시 제호를 변경했다. Lois A. Boyd and R. Douglas Brackenridge, *Presbyterian Women in America: Two Centuries of a Quest for Status*, 2nd Ed. (CT: Greenwood Press, 1996), 29, *WWW/OMF* 15.11 (Nov. 1885), 367.

15) 장로교파의 전도부인 양성기관에 관한 연구로는 송종인, "초기 한국교회 전도부인 연구-장로교회

니라 지역사회의 존경받는 지도자였으며, 그 시대 평균적인 여성들보다 훨씬 사회화가 잘 이루어진 여성들이었다. 전도부인의 양성과 활동이 모두 사경회로 연결된 공동체 안에서 이루어졌으며, 단체의 조직과 확산은 전도부인의 주요 역할 중 하나였다. 사경회는 여성 교육의 대중적 기반이었으며, 여전도회는 전도부인이 만든 기독교 여성의 사회적 연결망이었다. 초기 전도부인의 양성과 활동의 주요 무대였던 사경회를 좀 더 자세히 들여다보면, 여성경학교는 사경회가 발전한 형태로 사경회 제도의 일부분이었다. 이 제도의 최상위에는 1923년에 평양과 원산에 세운 장로교파의 여자고등성경학교가 있었다.[16] 여자고등성경학교는 전문학교와 견줄 만한 엘리트 코스로 여성경학교 졸업생과 정규 중등교육을 마친 여학생에게 입학 자격이 주어졌고, 1938년에는 여자신학교로 개명했다.

미국 북장로회 지역에서 활동한 전도부인의 이름을 찾아내고 구전으로만 전해오는 그 신앙과 실천을 역사로 기록하려는 것은 한국 기독교 여성의 신앙적 기원에서 흘러나와 지금도 영향력을 미치거나 남아있는 유산의 의미를 깊이 새겨보기 위함이다. 남선교회와 견주어 비대칭적으로 왕성하게 발달한 여전도회, 여전도사와 권사라는 독특한 직분의 발달, 유교적 가부장제를 질서로 받아들이는 교회공동체에 헌신하는 보수성과 기독교적 평등과 박애에 기초한 급진적인 실천이 공존하는 기독교 여성의 실존 등을 이해하기 위해서 전도부인의 역사를 파고들 필요가 있다.

를 중심으로," 박보경 외 3인, 『장로회신학대학교 여동문회 50년사』 (서울: 장로회신학대학교 여동문회 출판위원회, 2007), 79-84 등이 있다.

16) 곽안련, 『한국교회와 네비우스 선교정책』, 박용규 · 김춘섭 역 (서울: 대한기독교서회, 1994), 262에 사경회 제도를 도표화한 그림 참조.

제2장
전도부인(傳道婦人)의 기원

1. 전도부인의 역사적 배경

1.1. 미국의 여성선교운동

미국 북장로회는 1884년 첫 선교사 알렌 부부(Horace N. Allen, Fannie Allen)를 필두로 해서 수많은 남녀 선교사를 파송했다. 그중 여선교사는 독신과 기혼을 모두 합해서 전체 선교사회의 절반 이상을 차지했다. 한국에 온 여선교사들은 대학 학력 이상으로 교육 수준이 높고, 당시 미국에서도 드물었던 전문직을 가진 여성들로서 한국 여성에게 새로운 삶의 가능성을 보여주는 모델이었다.[1] 전혀 다른 세계의 여성들이 해외여성선교운동을 통해 서로 연결되었으며, 이 연결망의 조직가로서 미국에서 온 여선교사와 열정 있는 한국 여성은 새로운 관념과 실천, 삶의 양식을 전달하는 일에 협력했다. 전도부인이라 불린 초기 기독교 여성 사역자의 탄생에 가장 큰 영향을 끼쳤던 사람들은 바다를 건너온 여선교사들이었다. 내한 미국 여선교사들이 선교사로 지원한 경로와 사회 · 종교적 배경을 살펴보면 전도부인과 여선교사의 활동 배경에 있는 근대 여성 선교의 동기와 목표를 알 수 있다.

몽고메리(Helen B. Montgomery)는 19세기를 미국 여성들의 해외선교운동을 가능하게 만든 여성의 세기라 정의하고, 과거 100년 사이 일어난 여

1) 1885~1926년까지 미국 북장로회 내한선교사의 전반적인 인적 사항에 관해서는 Harriet E. Pollard, *The History of the Missionary enterprise of the Presbyterian Church, U.S.A. in Korea with Special Emphasis on the Personnel* (Unpublished M.A. Dissertation, Northwestern University, 1927)을 참조.

성에게 유의미한 사회 변화를 다음과 같이 들었다. 즉, 19세기에 비로소 여성을 위한 고등교육이 시작되었고, 여성의 법적 지위가 향상되었으며, 직업을 통한 여성의 사회 활동이 활발해졌다.[2] 1820년대부터 엠마 윌라드(Emma Willard), 캐서린 비처(Catherine Beecher), 메리 라이온(Mary Lyon)과 같은 여성교육가들은 각자 나름으로 기독교적 신념과 목표를 가지고 여자전문학교(female seminary)를 세워 젊은 여성들을 교육했다.[3] 고등교육을 받은 여학생들이 졸업 후 해외선교운동을 이끄는 지도자가 되었다는 사실은 여성교육운동이 이룬 성취 중 하나였다.[4] 이들은 빅토리아 가정 이데올로기(Victorian Domesticity)의 영향 아래서 부인선교사가 독신 여선교사를 지원하는 구조의 여선교회 조직을 만들어 냈다. 교파를 초월한 연합부인선교회는 1860년 미국 동부 지역에서 시작되었는데, 그 후 10년 동안 여성을 요구하는 선교 현장의 필요는 점점 분명해졌다. 인도, 중국, 페르시아와 같은 선교지에서 활동하는 선교사 남성이 귀국해서 자신이 접근할 수 없는 여성을 위해 일할 여선교사를 요청했다. 이 호소를 들은 여성들은 이방 여성의 복음화를 위한 자신들의 책임을 느끼고 '여성을 위한 여성의 일'이라는 공동의 선교신학을 형성했다.[5] 가정을 떠나 기숙사 생활을 해 본 여학교 출신들은 고향을 떠나 낯선 곳으로 자원하는 교사나 선교사의 부인이 되는 일에 부담을 덜 느꼈다. 이들은 학교에서 자신의

2) Helen Barrett Montgomery, *Western Women in Eastern Lands: An Outline Study of Fifty Years of Woman's Work in Foreign Missions* (New York: The McMillan Co. 1911), 3-11.

3) Andrea L. Turpin, "The Ideological Origins of Women's College: Religion, Class and Curriculum in the Educational Visions of Catherine Beecher and Mary Lyon," *History of Education Quarterly* 50. 2 (May 2010), 133-158.

4) Jane Hunter, *Gospel of Gentility: The American Women Missionaries in turn-of-the-century of China* (New Haven: Yale University Press, 1984), 12.

5) Dana L. Robert, *American Women in Mission: A Social History of Their Thought and Practice* (Macon, GA: Mercer University Press, 1996), 130.

시간과 노동을 효율적으로 활용하여 도움이 필요한 타인에게 봉사할 여가를 낼 수 있는 가정경영의 기술을 배웠다. 무엇보다 "최고의 덕은 자신의 행복을 희생하고 보다 많은 영혼을 그리스도께 인도하는 것"이었다.[6] 개인의 이익보다 인류라는 공동의 이익을 앞세우는 것은 하나님 나라의 실현을 앞당기는 것이었다. 이렇게 해서 개인적 경건과 해외선교는 미국 여성들의 마음속에서 하나가 되어 남북전쟁이 끝난 후에는 '암흑 속에 있는 이방 여성들'을 위한 교파별 여선교회가 결성되었으며, 지역 단위로도 여성 선교회가 활발하게 조직되었다.

19세기 말 미국 해외선교의 부흥을 설명하는 여러 가지 선교 이론 중에서 '여성의 세기'를 중요한 요인으로 보는 시각은 학자들의 주목을 받지 못했다.[7] 여성의 역할을 중대하게 본 힐(Patricia Hill)의 경우에는 학생자원운동(Student Volunteer Movement, SVM)이 미국 선교운동의 열기를 불러일으켰다는 케네스 라투렛(Kenneth S. Latourette)의 주장에 대해, 그가 SVM 이전에 먼저 있었던 여성선교운동을 간과했고 선교역사에서 여성의 역할을 과소평가했다고 비판했다.[8] 물론 1880년대는 한동안 침체되었던 미국의 해외선교 열기가 부흥하기 시작한 때였다. 그러나 남성 교회지도자들의 관심 밖에 있었던 지역 여선교회의 활동은 1860년 이후로 꾸준히 그 영역을 확장하고 있었다. 여성들은 선한 목적을 위해 단체를 조직했으며,

---

6) Patricia Hart Mangan, "Instantiating Vision at the Mount Holyoke Female Seminary," *Journal of Religious History* 40.1 (Mar 2016) 106-107.

7) 류대영, 『초기 미국 선교사 연구: 선교사들의 중산층적 성격을 중심으로 1884-1910』 (서울: 한국기독교역사연구소, 2001), 36-40에서는 프레데릭 터너의 개척지 이론, 종교사가들의 종말론적 동기 이론, 윌리엄 허친슨의 사명 이론 등을 들고 있다.

8) Patricia Hill, *The World Their Household: The American Woman's Foreign Mission Movement and Cultural Transformation, 1870-1920* (Ann Arbor, MI: The University of Michigan Press, 1982), 2.

필요한 곳에 선교사를 보내기 위해 선교비를 모금하고 지원자를 찾아다녔다. 미국은 1900년대에 이르러 세계 최대의 선교사 파송국이 되었는데 그중 여선교사의 비율은 60%를 상회했다.

미국에서 여성선교운동과 SVM은 20년의 시차를 갖고 있다. 선교사로 가지 못한 어머니들은 교회에서 어린이 선교회를 조직하고, 자녀들과 함께 선교지역에 관해 공부하고 기도달력을 구입해서 각 달에 할당된 선교지역의 선교사를 위해 기도했다.[9] 헤론 부부는 여성선교운동이 자녀세대에 어떤 영향을 미쳤는지 보여주는 좋은 일례이다. 미국 북장로회 해외선교부가 처음 임명한 내한 선교사 헤론(Dr. John W. Heron)은 여성선교운동의 전형적 지도자였던 두 여성의 설득에 의해 선교사로 지원하게 되었다.[10] 한 사람은 헤론의 장모였던 사라 깁슨(Mrs. Sarah K. Gibson)이었고, 또 다른 이는 장모의 친구인 사라 리아(Mrs. Sarah F. Rhea)였는데, 이들은 미국 뉴햄프셔 출신으로 마운트 홀리요크 여자전문학교(Mount Holyoke Female Seminary)를 졸업하고 테네시주에 여학교 교사로 부임해서 이곳에서 결혼하고 정착했다.[11] 이들이 졸업한 마운트 홀리요크 여자전문학교는 부유층만을 받는 다른 여학교와 달리 중산층 이하의 여성들도 경제적 여건에 상관없이 교육을 받을 수 있도록 학교를 자급체계로 운영해서 다양한 출신 배경을 가진 여학생들이 모여들었다. 특별히 이곳에서 이루어진 신앙교육은 미국 동부의 신학적 영향 아래 여성의 이타적인 자애심을 고양하

9) 여성을 위한 여성의 일(Woman's Work for Woman)과 함께 아동을 위한 아동의 일(Children's Work for Children)이 병행해서 진행되었기 때문에 여선교회와 아동/청소년선교회는 같이 조직되곤 했다. *WWW/OMF* 3.1 (1888)의 논설에는 선교달력이 나왔으며 선교에 대한 공부를 처음 시작하는 이에게 좋으며, 특별히 아들 방에 걸어두라고 조언한다.

10) 박형우, "헤론 의사의 생애와 내한과정," 「한국기독교와 역사」 42 (2015), 164.

11) William S. Speer, *Sketches of Prominent Tennesseans* (TN: Geneological Publishing Co. 2010), 314.

고 이를 선교적 동기로 바꾸었다.[12] 초기 선교운동에서 이 학교 졸업생 수십 명이 부인선교사로 해외에 파송되었고, 수백 명이 서부 개척지에 기독교를 전달하는 국내 선교사가 되었다. 미국 북장로회 여선교회 선교간행물을 16년 동안 책임진 편집인 엘렌 파슨스(Ellen C. Parsons)도 마운트 홀리요크 출신으로 콘스탄티노플에서 오랫동안 선교사로 있었다.

1860년대 테네시주의 작은 마을에서 학교를 운영하고 있었던 사라 깁슨은 뉴잉글랜드 여성들처럼 지역 여선교회를 조직했다. 남성들의 반대가 너무 거세서 회의장까지 가는 길에는 남편의 에스코트를 받아야 했다.[13] 그의 친구 사라 리아는 남편과 함께 선교사로 자원해서 페르시아로 떠났다. 사라 리아는 남편과 사별한 후 페르시아에서 좀 더 사역하다가 본국에 돌아와 선교 현장의 경험을 살려 선교사를 모집하는 활동에 종사하게 되었다. 의사로 경력을 쌓고 있던 헤론은 사라 리아와 장차 장모가 될 또 다른 사라의 권고를 받아 의료선교사로 지원할 가능성을 진지하게 생각했다. 그는 깁슨의 딸 해리엇과 약혼한 상태였다. 사라 깁슨은 세 자녀의 맏이이자 유일한 딸인 해리엇 깁슨(Harriet E. Gibson)을 기독교 사역에 최적화된 여성으로 양육했다. 해리엇은 어머니의 절친 사라 리아가 교사로 있었던 애벗 아카데미(Abbot Academy)[14]에서 기독교적 교양을 갖춘 중

12) 마운트 홀리요크 여학교는 1834년 미국 매사추세츠주 사우스 해들리(South Hadley)에 설립된 여성고등교육 기관이다. 교육과정은 대학 수준에 맞먹는 수준이었으나 여자대학이라는 이름을 사용하지 않은 것은 남성들에게 공포심을 주지 않기 위해서였다. 설립자 메리 라이온(Mary Lyon)은 사무엘 홉킨스(Samuel Hopkins)의 "사심 없는(대가를 바라지 않는) 선행"(disinterested benevolence)를 여성교육의 목표로 삼았다. Helen Montgomery, *Western Women in Eastern Lands*, 7-9.

13) 해리 로즈, 『미국 북장로회 한국 선교회사 I, 1884-1934』, 최재건 역 (서울: 연세대학교출판부, 2009), 22.

14) 애벗 아카데미는 1820년대 미국 매사추세츠 앤도버(Andover)에 설립된 여자중등교육기관으로 1973년 이웃하는 필립스 아카데미로 통합, 남녀공학이 될 때까지, 최상의 여성교육을 실현하기 위한 교육과정을 운영했다. 철학과 수학, 라틴어와 그리스어와 같은 과목들도 운영했고, 앤

등교육까지 받고 고향에 돌아와 어머니와 같은 교사로 일하면서 어린이 선교회(Children's Missionary Society)를 조직했다. 그리고 아버지와 같은 병원에서 일하고 같은 교회에 다니던 헤론과 약혼하게 되면서 본인이 선교지로 떠나게 될 것을 꿈꾸게 되었다. 여자 혼자서 선교지로 떠나는 것이 위험하다고 여겨지던 시대에 선교사의 아내로 가는 것이 선교를 자원하는 최선의 방법이었기 때문이다.

독신 여선교사로 파송되었다가 나중에 언더우드(Horace G. Underwood)와 결혼한 릴리어스 호튼(Lillias S. Horton, M.D.)도 여성교육운동과 어머니의 영향을 받았다. 독신 여선교사는 교육과 의료 분야에 전문적인 지식과 기술을 갖춘 경우에 파송되었다. 1890년을 전후로 해서는 대학을 졸업한 독신 여선교사들이 한국에 들어왔다.[15] 릴리어스 호튼은 미국 북장로회 해외선교부가 50년 동안 한국에 파송했던 6명의 여의사 중 첫 인물이었다. 그의 가정 배경에는 어릴 때부터 선교사로 자원하도록 양육한 어머니의 영향력이 있었다. 어머니 쪽으로는 중국에 있는 병원 건축비를 기부한 마가렛 윌리엄스(Margaret Williams)라는 친척이 있었고,[16] 젊은 시절 선교사의 꿈을 가졌던 어머니는 맏딸 릴리어스가 그 꿈을 대신 성취해 주길 바라는 마음을 숨기지 않았다.[17] 릴리어스는 인도에서 온 선교사의 강연을 들은 뒤 가족의 지지에 힘입어 혼자서 선교지를 향해 떠날 결심을 하고,

도버 신학교에서 신학 강의를 들을 수도 있었다. 그러나 20세기 초까지 빅토리아 여성성에 제한된 엄격한 규율로 유명했고, 여학생들은 남학생들과 자유롭게 어울리지 못했다. Susan Lloyd, *Singular School: Abbot Academy, 1828-1973* (MS: Philips Academy, 1979).

15) 1890년을 기점으로 미국 사회는 빅토리아 시대를 마감하고 진보의 시대(Progressive Era)로 진입했다. Patricia Hill, *The World Their Household*, chapter 1-3 참조.

16) Julia Stevenson Hardin, *Presbyterian Women in Eastern Lands* (New York: Women's Board of Foreign Missions of the Presbyterian Church, unknown year), 24.

17) Leonora Horton Egan, Nancy K. Underwood ed. *Lillie in Korea and Contributing Circumstances* (Seoul: Royal Asiatic Society Korea Branch, 1987), 360-363.

병약한 신체와 예민한 성격을 극복하여 3년간 의료선교사로 훈련받은 후 내한했다. 이렇게 한국에 들어온 여선교사들은 어머니와 친척, 여선교회의 지지와 후원을 받고 있었으며, 때로 자신의 인간적 약점이나 한계를 넘어서는 결정을 내리기도 했다.

미국 북장로회 여선교회 조직은 전국 단위의 단일한 연합체가 아니라 7개의 지역 여선교회가 각자의 여선교회를 운영하고 있었다. 그 아래에는 수많은 지역별 밴드가 있었으며 그들을 노회 단위의 여선교회로 가입하게 하려는 노력이 있었다. 〈표 1〉[18]에서 보듯이 지역 여선교회는 1870년부터 짧게는 일이 년의 시차를 두고, 길게는 20년 후에 조직되었는데, 미국의 해외선교운동이 시작된 동부 뉴잉글랜드 지역에서 개척지를 따라 서부 방향으로 영향력이 확산되었다. 남성들이 이사회원으로 있는 교단 해외선교부는 성별 분리된 '여성의 일(Woman's Work)'을 효과적으로 통제하기 위해서 중앙 집중화를 요구했다. 그러나 여성들은 지역 여선교회의 자기 결정권과 자체적인 프로그램 운영권을 포기하지 않았고, 선교 정보를 유통할 수 있는 선교잡지만 하나로 통합했을 뿐 1920년까지 지역별 연합체로 존재했다.[19]

---

18) <표 1>은 선교잡지 *Woman's Work for Woman, Woman's Work*과 각 지역여선교회 연례보고서를 근거로 만들었다.

19) Loys A. Boyd et al., *Presbyterian Women in America: Two Centuries of a Quest for Status*, 29.

표 1. 미국 북장로회 지역별 여선교회

지역별 여선교회 연합	설립 연도	지역본부	후원한 대표적 선교사
Woman's Board of Foreign Missions of the Presbyterian Church	1870년	뉴욕 맨해튼 (총회 해외선교부와 연결)	애니 엘러스
Woman's Foreign Missionary Society of the PCUSA	1870년 (10월)	필라델피아	알렌 부인 헤론 부인 마가렛 베스트 에스더 쉴즈 알리스 버츠
Woman's Presbyterian Board of Missions of the Northwest	1870년 (12월)	시카고	릴리어스 호튼 메리 헤이든 수잔 도티 빅토리아 아버클 스왈른 부인
Woman's Presbyterian Foreign Missionary Society of Northern New York	1871년	뉴욕 올버니	밀러 부인
Woman's Occidental Board of Foreign Missions	1873년 (필라델피아 여선교회 지부에서 분리)	샌프란시스코	앨리스 피시 캐서린 왐볼드
Woman's Presbyterian Board of Foreign Missions of the Southwest	1877년	미주리 세인트 루이스	-
Woman's North Pacific Presbyterian Board of Missions	1889년	오리건 포틀랜드	엘렌 스트롱 조지아나 화이팅 웰즈 부인

미국 북장로회 내한 여선교사들은 어느 경로로 선교사로 자원하든지 지역 여선교회와 연결되어 있었으며, 보고서와 개인 서신을 통해 후원자들에게 선교 현장에서 겪는 어려움과 보람을 생생하게 전달하고, 본국의 교회가 선교에 대해 더 많은 관심을 갖고 공부하고 후원해 주기를 기대했다. 1892년 내한한 엘렌 스트롱(Ellen Strong)은 포틀랜드 지역 여선교

회(Woman's North Pacific Presbyterian Board of Missions, WNPB) 총회에서 언더우드(Horace G. Underwood, 원두우)의 호소를 듣고 한국 선교사로 지원했다. 이 여선교회는 인도와 중국에 각각 한 명씩 선교사를 파송했고, 세 번째 해외 선교사로 뉴욕 본부에 엘렌을 추천했다. 공식적으로는 해외선교부가 파송하는 형식이었지만, 엘렌의 일 년 치 선교비는 동부에 있는 여성들과 포틀랜드 여성들이 모금했다.[20] 엘렌이 보낸 편지는 잡지를 통해 그 일부가 소개되었으며, 총회 보고서에는 한국 여성사업의 진전을 실었다. 그의 자매 캐롤라인 스트롱(Caroline Strong)은 여선교회의 평생회원으로 여러 자원 활동을 했으며, 1907년부터 1908년 사망할 때까지 이 단체의 총무직을 수행했다.[21] 스트롱 자매와 절친한 관계에 있었으며, 평양에 파송된 웰즈 의사(Dr. J. Hunter Wells)를 후원했던 여선교회 회장 라드 부인(Mrs. Ladd)은 평양 제중원의 건축비를 기부했고, 따라서 그 병원은 캐롤라인 라드 병원(Caroline A. Ladd Hospital)으로 알려졌다. 해외선교 열풍이 동부 해안에서 점차 서쪽으로 이동하는 추세를 반영하듯 시간이 갈수록 중서부 출신 여선교사 비중이 커졌다. 해외선교부가 있는 뉴욕과 여선교회의 전통을 만들어 온 필라델피아의 영향력은 여전했지만, 그와 함께 시카고와 서부 지역에 있는 여선교회 안에서 한국의 선교를 후원하는 월례 기도콘서트와 재정적 지원은 더욱 활발해졌다.

여성선교운동은 내한 여선교사들이 빅토리아 시대의 이상을 선교지에 구현하려는 목표를 가지고 기독교 가정을 선교전략으로 삼았다는 점뿐 아니라 여성의 이타적 자애심을 선교적 동기로 삼아 하나님의 뜻을 이방 여성을 위해 실현한다는 자의식에서 그 영향이 나타났다.

20) *Fifth ARWNPB* (1893), 23.

21) *Twenty-first ARWNPB* (1909), 30-31.

1.2. '해외선교를 위한 학생자원운동'

'해외선교를 위한 학생자원운동(SVM for foreign missions)'은 1886년 매사추세츠 마운트 헐몬 대학교에서 열린 수양회에서 시작되어, 고등교육을 받은 북미와 영국의 청년들 사이로 확산된 선교자원운동이다. 드와이트 무디(D. R. Moody), 아더 피어슨(Arthur T. Pierson), 존 모트(John R. Mott)와 같은 지도자들은 대륙을 넘나들며 청년들에게 해외선교의 관심을 높였고, "이 세대 안에 이 세계를 복음화하자(Evangelize this world in this generation)"라는 슬로건에 매료된 수많은 대학생들이 해외선교사로 서약했다. 1920년까지 30여 년간 지속된 이 운동은 2만 명의 대학 출신 선교사를 모집했으며, 이 기간에 이루어진 한국 선교에도 절정기를 구가하던 SVM의 영향을 받은 많은 남녀 선교사들이 내한했다. 또 선교사들은 안식년 동안 본국에 돌아가서 SVM의 연결망을 이용해서 신임 선교사를 모집하기 위한 강연을 다녔다.

우리나라에도 SVM의 영향을 받은 대학 출신 여성들이 1880년대 후반부터 전문직 여선교사로 자원해서 들어오기 시작했다.[22] 한 세대 전에 일어난 여성선교운동에서는 미국 내 개척지에 교사로 파송하는 국내선교 분야가 해외선교를 압도했으나 이제는 상황이 뒤바뀌었다. 남북전쟁으로 주춤했던 해외선교에 대한 관심에 다시 사로잡히게 된 이들은 대개 중서부 지역의 복음주의적 가정에서 자라나 대학에서 기독교적 훈련을 받아 종교적 경건과 자기 확장 두 가지를 모두 성취하기 원했다. 이들은 기독정신으로 설립된 대학에서 해외선교를 후원하는 활동에 참여하고, 같이

22) 부록 II 참조. 1900년까지 들어온 34명의 여선교사 중에서만도 13명이 SVM을 통해 선교사로 자원한 인력이었다.

수학하는 동료의 영향을 받아 선교사로 자원했다.

특히 파크 대학(Park College) 출신의 독신 여선교사들은 애니 엘러스(Annie Ellers, R.N.)와 릴리어스 호튼과 같이 조선 왕실의 요청으로 내한한 의료선교사의 뒤를 이어 들어와서 여성교육을 담당했다. 파크 대학은 미국 미주리주 세인트루이스 파크빌의 호텔에서 교회와 지역 공동체를 섬기는 기독교 일꾼을 훈련하는 대학으로 1875년 설립되었다. 최초의 설립자 중 한 명인 존 맥아피(John McAfee)의 자녀들이 17명의 1회 입학생 중 상당수를 차지했고, 나이 많은 설립자들이 작고하자 맥아피 부인과 6명의 자녀들이 학교를 이끌어나갔다. 그 후로 파크 대학은 맥아피 일가가 중심이 되어 미국 북장로회 해외선교부와 긴밀한 관계를 유지하며 한국에 다수의 선교사를 파송했다.

한편 파크 대학 여학생들은 캠퍼스에서 여선교회, SVM과 연결되어 있었다. 1890년부터 1915년까지 이 대학의 실제적인 지도자였던 애나 맥아피(Anna B. McAfee)는 작고한 남편 존 맥아피를 대신하여 학교 운영을 하면서 1878년에 파크빌 장로교회에 여선교회를 조직하는 것을 도왔고, 그 영향은 대학에 있는 여학생들에게 미쳤다. 1880년 이 대학에서 최초로 선교사로 자원한 3명의 졸업생은 모두 여성이었다.[23] 파크 대학 남녀 졸업생들은 중국과 인도, 페르시아, 한국 등에 선교사로 지원해서 나갔다. 선교 현장과 여선교회, 파크 대학은 기도 및 후원의 관계로 연결되어, 해외선교를 위한 기도 모임을 매주 혹은 격주로 열며, 그 기도회에서 선교사 편지를 함께 읽고 기도하는 시간을 가지거나 모금 활동을 위한 계획을

23) Bill Beck, *Fides et Labor: 140 Years of Pioneering Education, The Story of Park University* (VA: The Donnin Company, 2015), 28.

세웠다.[24)]

메리 헤이든(Mary Hayden), 수잔 도티(Susan A. Doty), 마가렛 베스트(Margaret Best) 등 초기 독신 여선교사들은 파크 대학 출신이었다.[25)] 훗날 정동여학교를 여자중등교육기관으로 발전시킨 도티는 파크 대학을 졸업하고 의료선교사를 준비하다가 교육선교사로 내한했다. 그는 1887년부터 의학교에서 공부하는 여성들을 위한 장학기금을 마련해서 미래의 여자의료선교사를 양성하기 시작한 미국 장로회 여전도회의 첫 수혜자였다.[26)] 그러나 한국 선교사로 나간 친구 헤이든의 요청으로 1년 만에 의학교를 중퇴하고 여학교를 맡기 위해 내한했다.[27)] 헤이든과 도티는 서울 지부에서 학교와 교회를 연결하여 여성사업의 틀을 견고하게 했는데, 이들은 파크 대학에서 배운 것을 한국에 적용하며 협력했다. 파크 대학의 교훈 '신앙과 노동(Fides et Labor)'이 말해주듯 이 학교는 기독교 일꾼을 키우는 고등교육기관으로 출발했다. 학생들은 교내에 있는 공업부(industrial department)에서 일하며 학비와 생활비를 자급했고, 학교 건물은 공부하는 중에 학생들이 직접 벽돌을 날라서 건축했다. 파크 대학은 노동의 가치를 중요하게 여기는 중산층 이하의 학생들에게 자립심을 고취하고 신앙적 사부심을 품게 했다.[28)]

---

24) *WWW* 10.8 (1895), 234.

25) 김마리아와 백낙준은 선교사의 주선으로 이 대학에서 미국 유학 생활을 시작한 대표적인 한국인이다.

26) 1887년 뉴욕 부인회(New York Ladies' Board)는 의대에 다니는 여성에게 일 년 500달러의 장학금을 수여하기 시작했으며, 1895년에는 22명의 여의사가 미국 내에서 활동하고 있었다. 의료선교사 양성은 여성인력의 전문화에 기여했다. Lois A. Boyd and R. Douglas Brackenridge, *Presbyterian Women in America*, 29-30.

27) *19th ARWBN* (1890), 14.

28) Bill Beck, *Fides et Labor*, 8-47.

파크 대학의 운영 방식은 한국에 온 교육선교사들에 의해 여러 교육기관에 적용되었다. 여성사업을 주도한 서울지부의 도티와 기포드 부인, 평양지부의 마가렛 베스트 역시 모교를 모델로 삼아 여성교육 체계를 발전시켰다. 1888년 파크 대학을 졸업하고 모교에서 10년 가까이 교수한 경험을 가진 베스트는 내한 후 평양에 들어가서 숭의여학교와 평양 여성경학교 등 여성교육 체계를 수립하고, 1923년 3월에는 전국 단위에서 활동할 여전도사를 양성하는 평양여자고등성경학교를 출범시켰다. 이들 교육기관은 학비와 기숙사비를 학생과 출신 교회가 부담하는 자립의 원칙을 세워 한국에서 중산층 여성들이 일하면서 교육을 받을 수 있는 파크 대학의 모델을 따랐다. 정신여학교와 숭의여학교, 평양 여성경학교와 연합부인사경회 등에서 여성교육과 선교자원운동의 결합이 나타난 것은 파크 대학 출신 여선교사들이 바라고 의도한 바였다. 이들은 여성고등교육의 성취에 관심을 가지기보다는 여성의 자립과 복음적 실천을 여성사업의 목표로 삼았다.

1.3. '여성을 위한 여성의 일'과 바이블 우먼

사역의 기초를 놓던 1900년 이전에 내한한 미 북장로회 한국선교회 소속 여선교사는 부인선교사를 포함해서 모두 34명이었다.[29] 남편과 같은 고등교육을 받고 SVM의 영향을 받아서 본인이 선교사로 지원할 의사가 분명했던 애니 베어드(Annie L. Baird)와 넬리 아담스(Nellie D. Adams), 이디스 존슨(Edith P. Johnson)와 같은 부인선교사뿐 아니라 교회 생활을 충실하게 하다가 선교에 열정을 품고 부인선교사로 온 로즈 무어(Rose E. Moore),

29) 부록 II 참조.

룰루 웰즈(Lullu R. Wells), 메리 샤록스(Mary A. Sharrocks) 역시 선교사역에 적극적이었다. 수잔 로스(Susan S. Ross)는 남편과 함께 온 전문 의료선교사로 자신의 독자적인 선교 분야가 있었으며, 한국에서 무려 40년 동안 사역했다. 기혼 여성은 독신보다 3배 이상 많았는데 17명은 남편과 동반해서 내한했고, 독신으로 와서 사역 중 결혼한 여선교사가 17명 중 절반이 넘는 9명이다. 이들은 북장로회 선교회에서 비공식적인 위치를 갖고 있으면서도 여성사업에서 없어서는 안 될 중요한 선교인력이었다.

독신 여선교사는 교육과 의료에 전문성을 가지고 여학교와 병원을 맡기 위해서 내한했다. 가정의 의무에서 자유로울 뿐 아니라 사역과 순회여행에 있어서도 자유롭게 시간을 사용할 수 있었기 때문에 학교와 병원, 교회 개척 사역에서 많은 일을 감당했다. 그러나 이들은 과로와 외로움, 열악한 거주환경으로 인해 초기에 많은 어려움을 겪었다. 빅토리아 아버클(Victoria Arbuckle), 애나 야콥슨(Anna Jacobson), 엘렌 스트롱(Ellen Strong), 마리아 체이스(Maria L. Chase)와 같은 초기 독신 여선교사들은 건강 악화와 질병으로 선교지에서 목숨을 잃거나 본국으로 돌아갔다. 이런 위험으로 인해 새로운 선교지를 개척할 때는 건강과 안전의 위험이 따르는 독신 여선교사를 파송하기보다는, 부인선교사가 아기와 살림살이 등의 '여성의 일'을 가지고 접근할 때 현지 여성들이 쉽게 마음을 열고 다가오는 이점 등을 고려해서 먼저 남자 선교사와 그 아내를 보냈다. 독립적인 인간으로서의 여성은 그들에게도 완전히 구현된 것이 아니었다. 독신 여선교사는 남선교사의 가족이 있는 곳이라야 안전하게 들어갈 수 있었다. 미국 장로교회의 여선교회들 역시 완전한 독립성을 보장받지 못한 총회의 부속 기관으로서 선교사를 지명하는 일이나 바이블 리더(Bible reader)를 고용하는 일 모두 감독을 받아야 했다.[30] 선교 현장에 나갈 여선교사 지원자를 발굴하는 역할은 여선교회가 맡았지만, 교단 선교부의 승인이 필요했고, 만약 교단의 재정이 곤란하다면 여성사업은 제대로 된 재정지원을 받을 수 없는 처지가 되곤 했다. 이런 일원화된 구조는 현장에서도 여성사업을 남선교사들에게 종속시키는 결과를 낳았으며,[31] 부인선교사의 경우는 투표권에도 제약을 받았고, 남편 선교사에 대한 보조적인 역할로 만족했다.[32]

교단의 해외선교부에 종속되어 있는 구조를 갖고 있는 여선교회였지만 이들이 전수해 준 모금의 기술은 한국교회가 기관과 단체를 조직하고 운영하는 데 도움을 주었다. 19세기에 참정권이나 재산권 같은 기본적 시민의 권리가 주어지지 않았던 여성들은 단체 행동을 하면서 약자가 가진 연대의 힘을 인식하기 시작했다. 이들은 공동의 목표를 정하면 작은 단위로 쪼개서 여유 시간과 인원을 동원해서 성취해 나갔다. 여선교회가 모금을 하는 방식은 적은 돈이라도 될 수 있는 한 많은 회원이 헌금하는 것을 원칙으로 보통 일주일에 한 사람이 1~2센트씩을 기부했다. 초기 여성단체 가운데 '동전회(Cent Society)'라는 이름은 모금 방식의 일면을 보여준다.

---

30) Article XI. Section 1. This Board will work in harmony with and under the supervision of the authorities of the Assembly's Board of Foreign Missions of the Presbyterian Church and shall be subject to their approval in the employment and remuneration of missionaries, and in the designation of their fields of labor; and in the support of the Bible-readers and pupils in the foreign field. "The Constitution of the Woman's Presbyterian Board of Missions," *19th ARWPBN* (Chicago: C. H. Blakely & Co. Printers, 1890), 204.

31) 빈튼은 한국선교회의 서기이자 회계로 여학교 사업에 드는 비용을 청구하면서 "박사님이 이를 삭감하면 학교의 존속이 위험해집니다."라고 했다. 여성사업(Woman's Work)의 예산을 집행하는 주체는 여선교회가 아니라 남자 이사들로 이루어진 미국 북장로회 총회 해외선교부였다. 『빈튼 의사의 선교편지, 1891-1899』, 125.

32) Donald N. Clark, *Living Dangerously in Korea: The Western Experience, 1900-1950* (Norwalk, CT: EastBridge, 2017), 169.

> 여성들은 일주일에 2전씩 낼 것을 요청했다. 이들은 작은 동전 상자를 만들고 집마다 방문하여 참여를 독려했으며, 작은 지역 모임을 만들어 자주 모여 기도하고 어린이와 노인들, 가난한 사람들을 돌보고, 자신의 손으로 직접 열매를 땄다. 그리고 그들의 성공은 세상을 놀라게 했다.[33)]

작은 동전 상자에 모은 돈으로 선교사를 파송하고 후원하는 일은 "대서양 물을 숟가락으로 퍼내는 것같이" 무모해 보였지만 이들은 해냈다.[34)] 한국선교회와 장로교회가 보유했던 여러 건물의 이름을 보아 알 수 있듯이 미국 여성들의 기부와 헌금은 한국 선교 현장을 풍요롭게 했다.[35)] 이렇게 해서 선교 현장에서는 독신 여선교사와 부인선교사가 서로 협력하고, 본국의 여성들은 '후방'에서 기도와 헌금으로 지원하는 여성 선교의 연결망은 세계 여성들 사이의 교류를 촉진했다.

한편 19세기 여성 선교가 활발할 때 바이블 우먼(Bible woman)이라는 선교 요원이 존재했다. 바이블 우먼은 갓 회심한 여성이 자기 이웃과 친구, 친척들에게 기쁜 소식을 알리고자 하는 간절한 마음에서 자연스럽게 생겨난 19세기 선교의 중요한 제도였다.[36)] 선교 현장 어디에나 자신이 알게 된 좋은 소식을 전하려는 여성들이 있었고, 그러한 현지인 여성은 혼자서 여행할 때 따르는 위험을 피하려는 여선교사에게 훌륭한 동행자가 되었다. 점차 그들의 유용함은 여러 면에서 증명되었다. 바이블 우먼

---

33) Helen B. Montgomery, *Western Women in Eastern Lands*, 38.

34) Mrs. M. N. Blakslee, "Why We Should Keep up Our Auxiliaries," *WWW* 14.7 (1884), 236.

35) 서울의 휴 오닐 시약소와 선천의 휴 오닐 학교는 죽은 자녀를 기념하기 위한 어머니의 기부금으로 지어졌다. 그 외에도 평양 여성경학교와 평양신학교 건물의 기부금 등이 미국 여선교회의 부인들이 보내준 것이었다. 장대현교회의 종도 여성들이 기부한 것이다.

36) Helen B. Montgomery, *Western Women in Eastern Lands*, 114.

은 중동이나 인도, 중국, 일본, 한국 등 남녀분리 문화가 있는 지역에서 필수적이었을 뿐 아니라 동유럽과 아프리카, 중남미 선교지에서도 성경을 읽어주고 여성의 문맹률을 낮추는 데 기여했다.[37] 그들은 선교사가 넘을 수 없는 문화적 장벽을 넘어 선교사들이 닿을 수 없는 사람들을 만날 수 있었고, 현지 여성들이 이해하기 쉬운 말로 기독교의 가르침을 설명할 수 있었다.

선교 요원으로서 바이블 우먼을 파송한 최초의 사례는 1871년 중국 선교 현장에 있었던 미국 감리교 여선교사들이었다. 데이나 로버트(Dana L. Robert)는 고대의 여집사(deaconess) 개념을 부활시켜서 여성의 영육 전인에 걸친 필요를 채우는 사역을 하는 디커니즈 운동(the modern deaconess movement)을 선교지에 적용한 것으로 보았다.[38] 현대적 여집사인 바이블 우먼은 마을을 순회하며, 여성들을 전도하고, 자선을 행하는 '여성을 위한 여성의 일(Woman's Work for Woman)'을 수행하는 선교 요원이었다. 미국 개척 시대의 순회전도사 제도를 갖추고 있었던 감리교회가 유사한 역할을 하는 바이블 우먼을 선교에 도입한 것은 자연스러운 일로 보인다.[39] 선교 현장에 있는 장로교 여선교사들도 필요에 따라서 현지인 여성사역자를 고용했으며, 이들을 후원하는 모금을 했다. 1890년 필라델피아에서 모인 장로교 여선교회 총회에서는 중국에서 일하는 바이블 우먼의 효율성을 보여주는 여선교사의 보고가 있었다.

미국인 손님이 그 집 현관을 통해 들어갈 수 있기 전에, 바이블 우먼은 인

37) 장성진, 『한국교회의 잊혀진 이야기』, 165-167.

38) Dana L. Robert, *American Women in Mission*, 156-157.

39) 월터 A. 프리드만, 『세일즈맨의 탄생』, 조혜진 역 (서울: 말글빛냄, 2005), 43-44.

> 사치레나 형식 없이도 같은 언어를 쓰고 똑같은 옷을 입은 자매로서 신발을 벗고 그 집에 들어가서 차를 마시고, 성경을 싼 작고 네모난 보자기를 펼쳐 읽어주거나 이야기할 준비가 되어 있다. 모여든 무리에게 성경을 읽어주고 마침기도를 한 다음, 똑같은 진리의 씨앗을 심으러 재빨리 다른 집으로 간다.[40]

서양인의 출입이 불가능한 장소에서 바이블 우먼이 여성들을 만나는 친화력과 민첩함은 선교사에게 경이로웠다. 여성의 문맹을 해결하는 일이 여성 사역의 중요한 부분이었던 까닭에 이 여성 일꾼들을 바이블 리더(Bible reader)라고도 했다.[41] 이들이 성서공회의 서적 판매원으로 고용되어 일한 것은 현장에서 이들을 감독할 수 있는 여선교사들이 충분히 준비되었을 때였다. 바이블 우먼은 곧 여선교사가 여성사업을 수행하는 데 필수적인 조력자가 되었다. 그들은 믿지 않는 현지인들을 접촉할 수 있는 전도인이었으며, 세례문답을 준비시키는 교리교사, 주일학교 교사, 기도회와 성경공부 인도자, 심방대원, 여학교의 성경교사 등으로 지역과 상황에 따라 다양한 형태의 사역을 했다.

바이블 우먼의 수요가 점차 늘어나면서 1890년대 중국, 인도, 일본 등 선교 역사가 오랜 지역에서는 바이블 우먼을 양성하는 학교가 급격히 증가해서 수십 개에 달했으며, 이 사역에만 종사하는 여선교사들이 생겼다.[42] 기독교계 여학교에서 교육받은 여성이 바이블 우먼이 되는 경우도 있었지만, 수요를 다 감당할 수 없자 성경과 기타 필요한 과목을 가르치

---

40) *Twentieth ARWFMS* (1890), 20.

41) 장성진, 『한국교회의 잊혀진 이야기』, 168.

42) Ruth Tucker, "The Role of Bible Women in World Evangelism," *Missiology: An International Review* XIII.2 (April 1985), 134-135.

는 양성 과정을 따로 두고 처음에는 선교사의 집에서 몇 주에서 한 달 정도의 기간 동안 교육받았다. 그 사회의 여성교육 수준이 향상되면서 좀 더 긴 기간 동안 세분화된 신학교육과 교양 교육이 필요했다. 대체로 4년 과정으로 성경과 신학, 전도에 필요한 변증학과 여러 전도 전략, 가정 경영에 관련된 생리학, 위생학, 아동 양육, 환자 돌봄, 교회에서 필요한 주일학교 교수법과 여성단체조직, 기독면려회 등의 운영, 그리고 음악과 기타 교양과목들을 익혔다.[43)]

바이블 우먼이라 불렸던 현지 여성들은 선교사 문헌에는 등장하지만, 세부 정보는 없는 존재로서 선교 인력의 구조상 맨 아래에 있는 하위 고용인이었지만, "등장하는 빈도수를 보아 무시할 수 없는 존재"라는 점에서 서양 선교학자의 주의를 끌었다.[44)] 바이블 우먼이 선교 역사에서 가지는 의미를 결코 그들이 받았던 경제적 대가로 평가할 수 없었다. 바이블 우먼은 경제적 궁핍과 박해를 견디며, 죽음의 문턱을 넘나들고, 가족의 희생을 감수하며 임무를 수행했다. 20세기 후반에 바이블 우먼은 낮은 지위를 암시하기 때문에 더는 통용되지 않는 명칭이 되었지만, 오늘날과 같은 지형의 세계 기독교가 탄생하게 된 과정에 여성 전도와 성경 교육으로 큰 몫을 담당했다.[45)]

개신교 여선교사의 내한으로 한국에서도 바이블 우먼이 활동하기 시작했으며, 이들을 전도부인이라고 불렀다. 1911년 미국 북장로회 한국선교회 소속 여선교사들은 연례회의 중 따로 모여서 여성 사역과 현지인 여성의 훈련에 대한 각 지부의 의견을 나누었다. 이때 강계지부를 대표해서

43) Helen B. Montgomery, *Western Women in Eastern Lands*, 115.

44) Ruth A. Tucker, "The Role of Bible Women in World Evangelism," 133.

45) Frances Hiebert, "Missionary Women as a Model in the Cross-cultural Context," *Missiology: An International Review* X.4 (Oct. 1982), 459.

발표한 블레어 부인(Mrs. Herbert Blair)은 바이블 우먼을 "외국 기금으로 후원받으며 서양 부인의 개인 조사로 일하는 여성"이라고 정의했다. 그런데 그의 원고를 편집하던 언더우드 부인(Mrs. Lillias H. Underwood)의 의견은 달랐다.

> 이 부분은 오해라고 생각한다. 대부분의 ① 바이블 우먼은 한국교회의 후원을 받거나 자발적으로 일한다. 부인선교사의 개인 조사들은 거의 서양 기금으로 지원받는다. 대부분의 큰 한국교회들은 자기네 ② 바이블 우먼을 고용하고, 성서공회는 매서인들에게 급여를 주며 이 또한 ③ 바이블 우먼이라고 부른다. 게일 박사의 서울 교회는 6명의 ④ 바이블 우먼을 두고 있는데 모두 한국 돈을 받고, 새문안교회는 한 명을 고용하고 올해 10명의 자원사역자가 있다. 그들은 일주일에 하루를 일한다. 다른 많은 교회들도 비슷한 보고를 한다.[46]

이러한 의견의 차이가 생긴 것을 설명하자면, 블레어 부인은 일반적인 선교 현장에서의 바이블 우먼에 대한 정의를 소개했고, 언더우드 부인은 한국에서의 바이블 우먼 제도는 다른 방식으로 운영되고 있었다는 것을 강조한 데서 생긴 차이다. 언더우드 부인은 여선교사가 개인 비서처럼 고용한 조사, 성서공회가 고용한 매서부인, 교회의 후원을 받고 일하는 전도부인을 뜻하는 바이블 우먼으로 나누어 설명하고, 마지막 경우를 한국에서 가장 일반적인 바이블 우먼이라고 보았다. 위의 글에서 ①, ②, ④는 '전도부인'으로 번역할 수 있으며, ③은 '권서부인', '매서부인'으로 번역할 수 있다. 언더우드 부인이 강조하는 한국의 바이블 우먼이 특별한

46) Mrs. Underwood's Comment on Mrs. Herbert Blair, "Woman's Work in Kang Kai," *KMF* 7.11 (Nov. 1911), 316.

점은 '서양의 돈'이 아니라 '한국교회의 기금'으로 고용한 전도부인이라는 점과, 자원해서 사역하는 전도부인도 많다는 사실이었다. 새문안교회는 단 한 명의 유급 전도부인과, 자원해서 한시적으로 사역하는 열 명의 무급 전도부인이 있었다. 1910년이면 이미 한국의 특징적인 전도부인 제도가 서울, 평양과 같이 다소 긴 역사와 큰 규모를 가진 선교지부에서는 정착되어 있었다. 한국 선교 50년 동안 여성 사역의 역사를 정리한 마가렛 베스트는 1930년대에도 여전히 선교회가 고용한 전도부인이 가장 적은 수를 차지하고, 그다음에는 교회가 후원하는 전도부인의 수가 많고, 자원사역자들이 가장 많은 수를 차지한다고 보고했다.[47)]

앞서 세계의 바이블 우먼을 고찰한 루스 터커는 일반적으로 세계의 다른 지역에서는 선교사와 협력하는 바이블 우먼은 적은 봉급이라도 받는 유급사역자이지만 한국에서는 예외적인 사례가 있다고 소개했다.[48)] 그가 근거로 삼은 자료 역시 언더우드 부인이 1905년에 쓴 글로서, 자립의 원칙(the Principle of Self-support)을 선교정책으로 삼아 효과를 거둔 미 북장로회 한국선교회의 사례와 입장을 반영한 것이었다.[49)] 네비어스 방법의 일부였던 자립의 원칙은 1891년부터 선교정책으로 채택되었고, 한국 기독교인과의 대화와 토론을 통해서 예배당 건축, 전도인을 포함한 기독교 사역자의 사례금, 기독교계 학교 운영 등에 적용되었다. 전도부인을 고용하는 데에도 적용된 자립의 원칙은 현지인의 자원 활동을 강조했고,

47) Margaret Best, "Fifty Years of Woman's Work," *The Fiftieth Anniversary Celebration(이하 Jubilee Papers)* (1934), 87.

48) Ruth A. Tucker, "The Role of Bible Women in World Evangelization," 141-142. "Bible women . . . were not volunteer lay workers."

49) Mrs. Underwood, "Woman's Work for Woman in Korea," *MRW* (July 1905), 498-500.

한 명의 선교사가 고용할 수 있는 숫자도 최대 2명으로 제한되었다.[50] 그 이상 필요한 경우에는 생계 보장이 가능한 직업이나 재산이 있는 일꾼들을 활용했다. 네비어스 정책을 채택하지 않은 감리회의 경우에는 부흥운동과 백만인 구령운동 중에 기독교 사역에 대가 없이 참여하는 한국인들이 늘어나면서 유사한 효과를 거두었다.[51] 한국은 세계선교 현장에서 우간다와 함께 자원하는 일꾼이 많은 곳으로 주목받았다.[52] 우간다와 한국은 그리스도를 알리는 의무가 있음을 결신자에게 심어주고, 세례문답에서 "남에게 복음을 전한 적이 있는가"를 물어보는 자전의 원칙을 시행하고 있었다.[53]

단순히 자발성을 북돋아서 여성들을 기독교 사역에 대가 없이 종사하도록 했다는 것은 전도부인의 왕성한 활동을 온전히 설명해 주지 않는다. 한국 전도부인 중에서 유난히 자원사역자가 많았던 또 다른 배경은 사경회 제도에 있었다. 사경회는 원입교인을 교육하는 세례문답반(catechumen class)과 조사와 영수 등 교회 지도자를 교육하는 신학사경회(theological class)라는 대상을 달리하는 두 가지 목적의 교육과정이 결합되어 1900년에서 1914년 사이에 그 규모가 급격히 성장했다.[54] 게다가 미

---

50) *Standing Rules and By-laws of the Korea Mission of the Presbyterian Church of the U.S.A.* (1891).

51) 1905년 이전에 감리교는 한국인 사역자를 고용하는 데 자유롭게 자금을 사용했다. 언더우드는 "그들이 제공하는 봉급은 아주 많고, 성과급 정책을 시행하기 때문에, 우리는 치산이 사역자들을 감리교회에 빼앗길 위험성이 있다"라고 본부에 편지했다. "언더우드가 엘린우드 박사에게 보낸 편지, 1900년 2월 20일," 『언더우드 자료집 II』, 107.

52) *WWW* 19.11 (1904), 241-242.

53) 곽안련, 『한국교회와 네비우스 선교정책』, 139.

54) 해리 로즈, 『미국 북장로회 한국 선교회사1』, 251, 541쪽 도표를 보면 통계를 잡기 시작한 1904년에 45,000명이었던 사경회 참가자 총수는 1914년에 75,000명으로 증가했고, 1918년에는 117,000명으로 가장 많은 참가자 수를 기록했는데 이는 장로교회 전체 교인의 65%였다.

국에서 '평신도'를 위한 성경학교 운동이 한국에 소개된 1910년을 전후로 해서 사경회는 자원하는 일꾼을 양성하는 성경학교 이전 단계의 보통 교육과정으로 매우 인기를 끌었다. 성경학교는 사경회 제도 안에서 상위 교육기관으로 자리 잡았는데 그 형식과 내용을 볼 때 사경회가 발전된 형태였다. 유급과 무급 전도부인들은 사역자 사경회에서 교육받은 성경 대지 요목과 가정경영의 지식을 갖추고 지역 사경회를 인도하는 교사로 활동했다. 그리고 그들 중 훈련을 잘 받고 능력을 갖춘 전도부인은 성경교사로서 선교회가 운영하는 각종 학교에서 학생들을 가르쳤다. 이들은 교회와 단체의 개척자이자 젊은이와 여성들의 스승, 여선교사의 정신적 어머니로 존경받았다.[55] 여성들의 자발적 참여와 적극적인 교육활동 위에서 전도부인의 위치는 여선교사의 보조자나 선교회의 하위 일꾼이라는 세계 선교학의 선입견에서 벗어나는 사례가 더 많았다.

아더 브라운은 한국에 이러한 자원사역자들이 많은 이유를 아직 산업화, 자본화되지 않은 농경 사회에서 기독교 일꾼이 되는 것은 상대적으로 쉬운 일이었기 때문이었다고 설명했다.[56] 농한기에도 옷을 짓고 밀린 집안일을 해야 하는 여성들이 자신의 시간과 노력을 희생하면서 무급 전도부인이 되는 일이 쉬웠을까? 알렌 클라크는 교사이자 정신적 지도자로서 누릴 수 있는 명예와 사회적 인정이 무보수를 상쇄할 만한 대가였기 때문에 많은 한국인들이 대가 없이 봉사한다고 했다.[57] 농촌에서 노동에 익숙한 한국 여성들이 한두 해의 훈련으로 전도부인이나 좋은 성경교사가 될 수는 없었을 것이다. 선교사들이 들어온 지 20년이 지난 후에도 적

---

55) 초기에는 할머니 신자들이 젊은 여선교사의 조력자가 되었기 때문에 이 나이 든 전도부인을 선교사들은 '할머니' 또는 '어머니'라고 불렀다.

56) 아더 브라운, 『한·중·일 선교사』, 김인수 역 (서울: 쿰란출판사, 2001), 79-81.

57) 곽안련, 『한국교회와 네비우스 선교정책』, 331.

합한 전도부인을 구하기는 매우 어려웠고, 소수의 여성들만이 전적으로 기독교 사역에 종사할 수 있었다. 대다수의 여성들은 가족과 이웃, 친척을 대상으로 전도하고 교회 생활을 하다가 기회가 닿을 때 일정한 시간을 기독교 사역에 쓰겠다고 서약했다.

2. 정동 지역의 초기 여성 사업

2.1. 여선교사와 한국 여성의 접촉

조선 정부가 서양 종교의 포교를 허락하지 않았던 시기에 선교사들은 의료기관과 교육기관을 통해 간접 선교를 도모하고 있었다. 알렌의 성공적인 수술로 효과를 증명한 서양의 의학 기술과 조선 정부의 근대화 열망의 합작품인 제중원은 왕립의료기관으로 세워졌기 때문에 기회와 한계를 모두 갖고 있었다. 한국인 관리와 선교회 간의 긴장 관계를 지켜보며 여선교사들은 한국 여성들을 위해 무엇을 할 수 있을지 모색하고 있었다. 1886년 미국 북장로회 해외여선교회(WFMSPC)는 자신들을 대표해서 한국에서 알렌 부인과 헤론 부인이 사역을 시작했다는 것을 알리며 한국의 문이 열리도록 기도해달라고 부탁한다.

> 선교 여성들의 진심어린 기도가 이 젊은 사도들을 분명히 뒤따라갈 것이다. 그들은 기다리고 있는 사람들에게 무엇을 가르치러 간 것이 아니라, 모든 방면에서 오는 저항에 맞서 길을 만들러 갔다.[58]

---

58) *16th ARWFMS* (1886), 32.

두 명의 부인선교사들은 대단한 일을 하지 않아도 존재만으로도 미국과 한국 여성들에게 보내는 메시지였다. 미국의 선교여성들에게는 끊임없는 기도와 후원이 따라야 하는 최전선의 사도들이었으며, 한국에서는 서구 침략에 대한 대중의 거부감을 불식하고 기독교의 자기희생과 사랑을 보여주는 모범이었다.[59] 최초의 개신교 정주선교사인 남편 알렌을 따라 내한한 알렌 부인은 선교사의 아내로 3년 남짓 보내면서 제중원과 고아학당을 통해 보조적인 사역을 했지만, 최초의 부인선교사로서 상징적인 인물이었다.[60] 대개 한국에 주재하는 서양의 사업가나 군인들은 여러 가지 불편함과 위험 때문에 부인과 가족을 동반하기를 꺼렸다. 알렌 부인은 어린 두 아들 해리와 모리스를 양육하면서 서양인 여성의 결단과 용기를 보여주었다. 1884년에 일어난 정변의 혼란한 상황에서 알렌 가족은 피난을 떠나라는 미 공사관의 권고에도 불구하고 서울을 떠나지 않았다. 미국의 여선교회는 선교역사를 돌아보면서 한국의 문이 열리게 된 몇 가지 중요한 계기 중 하나로 알렌이 정변에서 크게 부상당한 민영익의 자상을 치료해 준 사건을 꼽았는데 그 배후에 알렌 부인의 용기와 결단이 있었다는 점을 특기했다.[61] 그 뒤를 이어 내한한 남부 출신의 헤론 부부는 스크랜턴 가족과 함께 입국하여 정동 선교사 공동체에 활력을 주었다. 알렌 부인과 헤론 부인은 둘 다 미국 동부 지역 여선교회(WFMSPC)에 소속되어 있었다. 이들은 같은 여선교회에 소식을 보냈지만, 직접적인 복음 전파에

---

59) Anna Johnston, *Missionary Writing and Empire, 1800-1860* (N.Y.: Cambridge University Press, 2003), 21.

60) 알렌은 1887년 말에 조선 외교사절단의 수행원으로 선교업무를 내려놓고 미국에 다녀왔다. 그 후 주한미국공사대리로 임명된 그를 내조한 알렌 부인은 주한미국인 사회의 안주인 역할을 했다.

61) "The Opportunities of Fifteen Years in Korea," *WWW* 14.8 (1899), 211, 아더 브라운, 『한·중·일 선교사』, 61.

착수해야 할 책임이 반드시 있지는 않았다. 가정을 돌보고 남편을 내조하는 일이 우선이라는 암묵 된 합의가 선교사 사회에 있었기 때문이다.[62]

이 둘이 처음 접촉한 한국인들은 제중원의 관리와 그 가족으로 상류층에 속한 사람들이었다. 알렌 부인은 동서양인이 어울릴 수 있는 거의 유일한 기회인 연회(宴會)에 한국인 관리들이 부인을 동반하지 않고, 아내에 관해서 물어보는 것도 실례였기 때문에 한국 여성들의 "사생활"을 알 길이 없다고 했다.[63] 다만 기생이나 궁녀들을 만날 수 있었다. 이는 중동과 인도와 같은 서남아시아에서도 선교사들이 흔히 경험하는 여성 격리의 문화적 관습 때문이었다. 알렌 부인에게 영어와 의학 지식을 가르쳐 달라고 찾아온 두 여성은 남자 옷을 입고 밤에 찾아오겠다고 했으나 실행에 옮기지 못했다.[64] 한국 여성들과 접촉이 거의 이루어지지 않던 시절에 알렌 부인과 헤론 부인의 첫 번째 공식적 임무는 미국 필라델피아에 있는 여선교회가 후원하는 언더우드 고아학당의 음악 시간에 노래 가르치기와 오르간 반주를 번갈아 가며 하는 것이었다.[65]

그래도 한국 여성들의 공간이라고 알려진 '안방'을 엿볼 기회는 찾아왔다. 한국 부인들은 그들의 안방을 열어주기 전, 서양인의 안방을 먼저 찾아왔나. 헤론 부인은 입국한 바로 그해 12월 8일, 본국에 보낸 편지에서 조선 부인들을 맞은 경위를 이야기한다.

> 이학인(Mr. Yi Hahkuin)는 재력 있는 양반 가문의 자손입니다. 15세밖에 안

---

62) Dana Robert, *American Women in Mission*, 68-69.

63) Fannie A. Allen, "An Opportune Surprise," *WWW/OMF* 2.5 (1887), 123.

64) Fannie A. Allen, "An Opportune Surprise," 123.

65) "Extracts from Private Letters by Mrs. Heron," *WWW/OMF* 1.9 (1886), 211-212. *WFMSPC*는 그 해 400달러를 언더우드 고아학당에 지원했다.

된 나이지만 이 씨는 관립학교에서 공부하고 약간의 영어를 말하고 제중원의 관리로 있으며, 머리에 상투를 올리고 있습니다. 그는 아름답고 아담한 검은 눈의 소녀와 혼인한 지 1년도 넘었습니다. 얼마 전에 이 씨에게 어머니를 모시고 한번 오라고 초대하면서도 그의 부친이 서양인의 집에 그 부인을 믿고 보내리라 전혀 꿈도 꾸지 않았습니다. 왜냐하면 한국 부인들(기생을 제외하고)은 모두 엄격한 내외법 안에 지켜져 있기 때문입니다. 안방(aung pang)[66]이라고 부르는 여성들이 사는 집의 일부는 대문으로부터 떨어져 닫혀있고, 그것도 창문에 이중으로 잠금을 해두었습니다. 이 부인들이 외출할 때면(흔한 경우는 아니지만) 그들은 덮개가 있는 의자(역주: 가마)를 마당 안으로 불러서 부인들이 자리를 잡고 문이 닫히고 커튼이 내려질 때까지 가마꾼들은 모두 밖에 나가 있어야 합니다. 놀랍게도 이 씨는 나에게 고마워하며 어머니더러 방문하시라 하겠다고 말했습니다. 며칠 후 내가 좋다면 어머니와 아버지의 또 다른 부인을 모시고 오후에 오겠다는 메모를 받았습니다. 1시쯤 두 대의 가마가 들어오고 하인들이 따라왔습니다. 이 씨가 남자들이 모두 시야에서 사라졌는지, 헤론 의사도 집에 없는 것을 살펴보고 나서야 여종들이 가마문을 열었습니다. 그 안에서는 멋지게 보이는 두 명의 부인이 내렸습니다. 그들은 길고 풍성한 비단 청홍의 두루마기를 입고, 거기에 맞는 앙증맞은 신발을 신고 있었습니다. 저는 손님들이 모든 면에서 고귀하고 여성스럽다는 것을 발견하고 얌전한 태도로 다과를 권했습니다. 그들은 의자, 거울, 침대를 보고 좋아했으며, 재봉틀과 오르간을 보고는 눈이 휘둥그레졌습니다. 이씨 부인은 자기 나이 47세인데 이런 것들은 처음 본다고 했습니다. 그들은 차와 케이

66) 한국말이 아직 서툰 헤론 부인은 안방을 제대로 표기하지 못했다. 후일 다른 선교사들은 anpang, anbang 등으로 표기했다.

크 등 모든 것을 즐겼습니다.[67]

헤론 부인은 이학인[68]이라는 제중원 관리의 첫째 어머니와 둘째 어머니를 초대해서 서양 살림살이의 모습을 개방했다. 그들은 내외법을 최대한 지키면서 남편의 허락 아래, 아들과 헤론 의사의 협조를 얻어 서양 부인의 집을 구경하러 왔다. 헤론 부인이 이렇게 높은 신분의 한국 여성들을 집에서 맞이한 것은 처음이었다. 두 부인은 각종 서양식 가구와 재봉틀, 오르간을 매우 신기해하고, 서양식 다과를 즐겼다. 한국인의 특성상 이런 큰 대접에 대한 보답은 곧 돌아왔다. 알렌 부인도 한국인이 선물하기를 좋아하고, 호의를 입으면 반드시 그보다 더 좋은 것으로 갚는다고 했다.[69] 이런 답례가 계속 오가면서 친분이 형성되는 호혜성의 원리가 조선 사회에 있다는 것을 선교사들은 점차 알아갔다. 과연 헤론 부인은 이 방문의 답례로 극진한 초대장을 받고 드디어 상상하던 동양 여성의 안방으로 들어가는 문이 열렸다고 생각했다.

저는 편지를 받고는 "문들아, 너희 머리를 들라!"고 외치고 싶었어요. 동시에 책임감에 몸이 떨릴 지경이었습니다. "안방(aung pang)"에 있는 깔개 위에 자리를 잡고 앉아 잘 차려입은 부인들과 시종들을 보았을 때, 저는 그들에게 놀랍고 기쁜 "예수님과 그 사랑" 이야기를 전하고 싶었습니다. 그러나 현재와 같은 상황에서는 이런 행동은 매우 위험합니다. 그래서 저

67) Hattie G. Heron, "Behind the Sealed Doors in Korea," *WWW/OMF* 1.4 (1886), 82.

68) 당시 유일한 관립 외국어교육기관인 동문학(同文學)은 15세 이상의 총명한 자제를 선발하여 영어와 일어를 가르쳤다. 재학생 명단 1등반 학생 중에 이학인(李學仁)이라는 이름이 있다. 「한성주보」, 1886. 02. 22.

69) Fannie A. Allen, "An Opportune Surprise," 123.

는 주님이 이 사람들 마음속에 있는 한 자리를 제게 주셔서 주님을 위해 그들에게 영향력을 미칠 수 있도록 기도할 수 있을 뿐이었습니다. 저는 부인들에게 서로 다른 여러 가지 종류의 자수에 대해 이야기 하고 아기의 턱을 간지럽히고 얼렀습니다. 이 씨는 말한 대로 곧 자기 부인을 아름다운 결혼 예복으로 입고 오도록 했습니다. 우아하고 폭이 넓은 다홍색 비단이었습니다. 머리에는 금과 진주, 옥으로 장식된 것을 쓰고 작은 손에는 여러 개의 큰 반지를 끼고 있었습니다. 이 씨는 그녀에게 매우 공손했고 그녀를 자랑스러워하는 것이 눈에 보였습니다. 그러나 그녀는 너무 수줍어해서 한참이 지나서야 나를 쳐다볼 수 있었습니다. 저는 이 어린 신부에게 안타까운 마음이 들어 그녀를 자유롭게 해주고 싶었습니다. 고무줄놀이와 후프 놀이를 하며 즐거운 소년 소녀들이 함께 노는 햇빛이 있는 바깥으로 말이에요. 제가 이 괴상한 이교도의 집에서 본 많은 낯선 것들이나, 제 앞에 펼쳐진 풍성한 잔칫상과 여주인의 예의바른 환대에 대해서 절반도 다 이야기할 수 없습니다. 그러나 이 한국 부인들은 그들 방식대로 매우 매력적이며, 교양과 인품의 힘을 가지고 있다는 점은 분명히 말할 수 있습니다. 그들에게 예수님에 대해 가르치도록 허용되는 날이 머지않았다고 확신합니다.[70]

헤론 부인은 처음 들어가 본 안방에서 자신이 조선에 온 목적을 바로 말할 수 없었으나 만국 여성들의 공통 주제인 아기, 바느질과 자수, 결혼 예복을 소재로 그들과 소통했다. 통역은 이 씨가 맡아서 했고, 그가 소개한 수줍고 어린 신부는 아름다웠으나 조혼의 희생양으로 보였다. 고향에서 학교 교사로 일했던 경력이 있는 헤론 부인은 안방을 벗어나 자유롭고

70) Hattie G. Heron, "Behind the Sealed Doors in Korea," 83.

즐거운 학교에 있어야 할 나이의 여성들을 위해 기독교가 할 일이 있다고 생각하고 여학교를 구상했다. 선교지에 온 지 일 년도 되지 않은 신참으로서 한국 부인들과의 만남을 편지에 적었던 헤론 부인은 8년이 지난 후 한국인들과의 직접적인 교제를 통해 알게 된 한국의 가정문화와 양반 계층 여성들의 삶을 소개한다. 비슷한 시기에 잡지에 게재된 윤치호의 글이 대가족 안에서 시부모 봉양과 효도의 의무 등 여성의 전통적 역할을 소개하고 있는 데 비해,[71] 여선교사의 관심은 여성교육과 여가문화, 결혼방식과 부부 관계, 자녀에 대한 태도에 있었다. 헤론 부인의 관찰에 따르면, 소녀들은 학교에 가지 않고 집안에서 가정교육을 통해 글을 익히고, 부인들이 여가생활을 즐기는 방법은 서양과 매우 달랐다.

> 한국에서는 50세가 안 된 여자들이 누군가를 방문한다는 것은 매우 드문 일이다. 한국 여자들은 멋진 일도 없고, 그림그리기나 피아노 연주와 같은 일도 없이 시간을 그저 보내고 있다. 내가 집집마다 방문할 때면 부인들은 언제나 담배를 피우거나 바느질을 하거나 아무 것도 하지 않고 있다. 한국에서 자수는 전문적인 여성들이 모두 하고 있어서 그 밖에는 아무도 하지 않는다.[72]

그가 본 상류층 여성들은 예술적 취미도 없이 여가를 무료하게 보내며 담배를 즐기거나 무슨 일이 일어나기를 기다리고 있었다. 헤론 부인이 묘사하는 한국 여성은 상류층의 중년 여성이었다. 이 여성들은 나이가 들

71) Mr. T. H. Yun, "Korean Women and Korean Homes," *The Gospel in All Lands* (Sep. 1893), 422-424.

72) Harriet G. Gale, "High Class Korean Women," *WWW* 8.1 (1893), 14.

수록 존중받으며 집안의 권위자가 되었다. 여성에게 큰 고통을 안기는 조혼과 축첩은 서로 연관된 풍속으로 남녀 모두에게 비극적인 결과를 초래하지만, 첫째 부인은 그 자리에 합당한 권리를 갖고 있으며 전략적으로 남편을 통제하고 있었다.

> 한국 여성들은 격리되어 살지만 그들의 작은 왕국에서 영향력이 없지 않다. 내가 아는 많은 부인들이, 전쟁이나 사랑이 아닌 전략적으로 얻은 힘을 가지고 가정과 남편을 아주 잘 통제하고 있다. 할머니는 종종 모든 집안일을 다스리고 젊은 남자와 그 부인들은 할머니가 정한 대로 따르게 한다. 한번은 관리의 두 번째 부인이 부끄러운 방법으로 남편을 혼내고 있는 것을 들었다. 그 불쌍한 늙은이는 그녀를 정말 무서워하는 것 같이 보였다. 첫 번째 부인은 항상 중요하다. 그는 11살에서 17살 사이의 나이에 결혼하게 되는데 매파에게 끔찍하게 속아도 남편은 그녀를 버릴 수 없다. 종종 그런 일이 있는데 어떤 젊은이는 매파에게 속아서 장애가 있는 여자와 결혼했지만 그럼에도 불구하고 아내를 버릴 수 없었다. 둘째 부인은 노동하는 계층의 예쁜 여자인 경우가 많고, 결혼식은 없으며 언제든 버릴 수 있다. 얼마나 많은 민 씨가 관직을 차지하고 있는지 생각하면 첫 번째 부인으로서 왕비 민 씨의 영향력을 가늠할 수 있을 것이다.[73)]

왕비와 외척이 득세하는 것을 보면 이 나라 여성들은 서양인이 생각했던 것만큼 지위가 낮은 것은 아니라고 보았다. 왕실에서 왕비와 그 친척의 세력으로 여성의 전반적인 사회적 지위를 판단하기에는 무리가 있었지만, 선교사들은 곧 조선에서 여성은 집안에서 모권과 연장자에 대한

73) Harriet G. Gale, “High Class Korean Women,” 14-15.

예우로서 존중받는다는 것을 알았다.[74] 또 내외법의 제약에도 불구하고 여성은 50세가 넘거나 낮은 신분이라면 다른 집을 방문하는 일에 자유로웠다. 인도에서 제나나(Zenana)[75] 사역은 한 집 한 집 방문해서 은둔한 여성들을 만나야 하므로 시간과 비용이 많이 드는 사역이었다. 그런데 한국 여성들은 그들과 달리 한 곳의 안방만 열려도 안방 주인과 친분이 있는 부인들을 한꺼번에 만날 수 있었다.

헤론 부인이 오후 심방을 나가면 안방에 가득 찰 정도로 많은 여자들이 모여 있었다.[76] 그러면 모인 사람들에게 예수 이야기를 해주고, 떠날 때 기독교 소책자와 쪽 복음서를 남겨 두고 나오는 것이었다. 상류층 여성들을 위해서는 환등기로 성경 이야기를 보여주는 모임을 열기도 했고, 가난한 여성에게는 바느질감을 마련해서 함께 모여 바느질을 하는 동안 전도부인이 성경을 읽어주기도 했다. 이런 일은 대부분 한국 여성 중 누군가의 안방에서 이루어졌다. 여성의 출입은 완전히 차단된 것이 아니라 특별한 외출 시간이 있고, 일정 조건이 만족되면 서로를 방문하는 관습, 그리고 여성의 왕성한 호기심 덕분에 여선교사는 한국 여성들과 접촉할 수 있었다.

이렇게 해서 첫 개신교 선교사가 들어온 후 초기 10년간 '안방 사역'이라고 할 수 있는 여성 사업이 한국에서도 진행되었다. 그것은 인도의 제나나 사역과는 다른 양상을 띠었으며, 예배당이 없고 공개적인 포교 활동이 금지된 초기에 과도기적 사역으로 나타났다. 또 헤론 부인이 관찰한 대로

---

74) 정세화(Chung Sei-Wha) 외 5인, "한국 여성사 정립을 위한 인물 유형 연구 - 고대에서 대한제국 시대까지-," 「여성학논집」 5 (1988), 24-25.

75) 제나나(Zenana)는 여성을 뜻하는 페르시아어 '젠(zenne)'에서 유래되었고, 집 안에 여성들을 위한 공간을 일컫는 말이다.

76) "Mrs. Heron's Report on Woman's Work among Korean Friends of Dr. Heron," *Letters and Reports of the Korea Mission, PCUSA(1884-1920)*.

한국 여성들은 대가족 안에서 나이와 서열에 따라 권위를 갖고 집안을 통제할 수 있었는데, 장로회 선교사들이 볼 때 이런 품위 있는 양반 여성의 지도력은 기독교 여성이 갖추어야 할 덕목과 별반 다르지 않다고 보았다.

2.2. '구경' 전도

'구경(kougyeng)'[77]은 한국인들이 서양인에게 접근하는 방식이었다. 안방 사역은 상류층 부인들에게 접근할 수 있는 길을 열어 주었지만, 효율적인 방법은 아니었다. 오히려 중하류층의 여성들이 선교사의 집에 호기심을 이기지 못하고 들어오는 편이 선교사들에게는 더 좋은 기회가 된다는 것을 알았다. 한국 여성들이 은둔의 삶을 살고 있다는 선교사들의 초기 관찰은 상류층 여성들에게 해당하는 것이었다. 계층이 낮아질수록 존중받지 못하지만, 자유가 있었다. 중류층 여성들은 장옷을 뒤집어쓰고 혼자서도 다닐 수 있었고, 하류층은 머리와 몸을 가리지 않고 다녔다. 이들은 필요에 따라 수십 킬로미터를 도보로 여행하는 자유도 있었다. 신분이 낮을수록, 또 지방으로 갈수록 여성에 대한 관습적 통제는 느슨해졌다. 한두 명의 여성들이 조용히 찾아와 선교사에게 영어를 가르쳐달라고 부탁하는 시기는 지나가고, 대담하게 여러 명이 무리를 지어 선교사의 집을 찾아왔다. 이르면 1888년에 구경꾼 무리가 선교사의 집에 온 것을 신임 선교사인 호튼이 편지에 썼다.

> 그들은 외국인에 대해 무척 호기심이 많은데, 여러 명의 여성이 헤론 의사 집에 '구경'하러 왔습니다. 우리는 항상 그들을 환영하고 최선을 다해

77) Samuel A. Moffett, "Preaching to Women in North Korea," *WWW* 9.8 (1894), 203-205.

> 서 기쁘고 즐겁게 해줍니다. 여성 사업이 그들을 친구로 만드는 데 달려 있기 때문입니다.[78)]

정동에 선교사들이 운영하는 학교들이 생기면서 이 지역에 구경꾼들이 무리를 지어 오기 시작했다. 선교사의 집은 호기심이 많은 여성들을 환영하고 어느 계층에게나 개방되었다. 시장에서 일하는 막노동꾼의 부인이나, 농부의 아내, 관리의 부인과 첩, 거리의 소년 · 소녀들 모두에게 열려있었다. 구경하러 온 사람들은 선교사의 집을 신기한 서양 살림살이가 가득한 "박물관"인 양 구경했다.[79)] 정동여학교를 운영하며 여성 사역의 책임을 맡은 헤이든은 한국 여성들이 특별한 시기에 바깥 활동이 잦아진다는 점을 알아차렸다.

> 봄과 초여름은 중하류층 여성들이 활동하기에 좋은 시기입니다. 7월과 8월은 장마이고 가을은 김장과 겨울옷 짓기 등 겨울준비로 바쁘고, 또 날씨가 추워서 집에만 있습니다. 봄날이 되면 부인들은 거리를 돌아다니다 노래를 듣기 위해서 혹은 서양인 선생을 보기 위해서 우리 모임에 쉽게 들어옵니다.[80)]

봄철 석가탄신일과 단오는 부녀자의 나들이 날이었다.[81)] 특히 단오는 중하류 계층의 여성들이 주로 즐기는 여성의 축제일로, 거리를 지나

---

78) "릴리어스 호튼이 엘린우드에게, 1888년 6월 2일 자 서신," 『언더우드 자료집 I』, 107.
79) Lillias Horton Underwood, "Letters from Korea," *WWW* 4.3 (1889), 72.
80) Mary Hayden, "Incidents in Work among the Women of Korea," *WWW* 7.8 (1892), 214-217.
81) 이규태, 『개화백경 6』 (서울: 조선일보사, 2001), 98.

는 남자는 손에 꼽을 정도이며 무리를 지은 여성들이 한꺼번에 거리로 몰려나왔다. 이날에 중년의 행복을 빌기 위해 "쌀과 여러 음식을 가지고 숲속으로 가서 아주 기분 좋게 불편함을 견디며 소풍을 하는 모습"은 미국인과 비슷해 보였다.[82] 평상시에는 남편의 허락을 받아야 겨우 외출할 수 있거나, 외출 기회가 있어도 별 즐길 거리가 없었던 한국 여성들에게 선교사와 서양 문물은 좋은 구경거리였다.

나중에 헤론 부인이 원산으로 이사할 때 가져간 물건목록을 통해 선교사 집의 살림살이 규모를 짐작할 수 있는데, 프랑스식 거울 옷장, 큰 거울이 달린 두 개의 서랍장, 응접실에 놓는 천을 댄 가구들 등 다소 사치스러운 물품들이 포함되어 있었다.[83] 언더우드 부인, 기포드 부인 등 부인선교사들은 서양식으로 쾌적하게 꾸며진 자신의 집을 구경꾼 여성들에게 개방했다. 기본적으로 집에는 오르간과 재봉틀, 침대, 식탁이 있었고, 음악상자, 커다란 거울, 사진, 흔들의자 같은 것들은 한국인들이 좋아하고 신기하게 여겼다.[84] 다른 나라에서 온 살림살이를 직접 체험하는 재미도 있었다.

> 그들은 호기심을 만족시키러 우리 집에 와서 "구경(sight see)"을 합니다. 이것이 그들에게 닿을 수 있는 우리의 기회입니다. 그들에게 옷가지와 가구들의 쓰임새를 설명해 주면서 그들의 방문이 가능한 한 즐겁도록 모든 방법을 동원합니다. 그들은 우리 난로를 보고 놀라워하고, 오르간은 끊임없는 즐거움을 줍니다. 흔들의자에 앉아본 그들은 깜짝 놀라 떨어지지 않

82) 릴리어스 호튼, 『호러스 언더우드와 함께한 조선』, 정희원 역 (서울: 아인북스, 2013), 145.

83) "수잔 도티가 엘린우드 박사에게 보낸 편지, 1894년 6월 13일," 정신여학교 사료연구위원회 편찬, 『장로회 최초의 여학교 선교편지』 (서울: 홍성사, 2014), 254.

84) Lillias Horton Underwood, "Letters from Korea," *WWW* 4.12 (1889), 328.

> 으려고 서로 붙잡습니다. 식당과 부엌은 놀라운 것들로 가득 차 있고요. 식탁 주위에 우리가 앉아있는 걸 보는 것은 큰 구경거리이며 그들도 한 번씩 자리에 앉아보곤 합니다. 이 여자들은 매우 친절하고, 호기심이 만족되면 도티 양과 전도부인이 그들에게 예수에 대해 이야기합니다.[85]

선교사들은 구경하는 여성들에게 낯선 물건과 가구의 쓰임새를 설명해 주고 나서, 그냥 돌려보내지 않고 질서 있는 청중으로 만들어서 기독교 복음을 전하는 일도 시작했다. 여선교사들은 전도부인의 통역과 도움을 받아 새로운 세간살이 구경을 마친 여성들에게 예수 이야기를 했고, 흥미를 느끼는 이들은 선교사의 집을 다시 찾아왔다.

1887년 정동 언더우드의 사랑방에서 장로교회가 조직되었을 때, 여성 신자는 한 명도 없었다. 그다음 해가 되어서야 장로교 세례인 중 여성 신자가 생겨났다. 정동은 각국 공관이 있는 외국인 거주 구역으로 한국인들의 출입이 쉽지 않은 데다가 저녁 어두운 거리에 쓰개치마를 쓰고 다니는 여성들은 얼굴을 보여주지 않았다. 이런 사회적 분위기와 풍속의 제약이 있었지만, 서양 선교사의 증가와 함께 한국인 고용인의 숫자도 늘어나고, 또 남학교와 여학교 등이 점차 활성화되면서 일반 여성들도 호기심을 가지고 선교사의 집을 구경하러 정동을 방문하기 시작했다. 1890년대에는 한해 누적 인원 2,000명을 헤아리는 여자들이 정동을 중심으로 한 여성 사역 거점을 다녀갔다.[86] 이런 구경꾼 여성들을 초대해서 모임을 만들려는 시도는 헤론 부인, 언더우드 부인에 의해서 이루어졌다. 이 부인

85) Mrs. Webb, Mrs. Graham Lee의 어머니가 한국 서울에서 1895년 3월 9일에 쓴 편지, "Letters from Korea," *WWW* 10.8 (1895), 225.

86) Mrs. Gifford, "Report of Woman's Work"(1892), *Letters and Reports of the Korea Mission, PCUSA(1884-1920)*.

선교사 두 명은 건강이 썩 좋지 않아서 지속적인 여성 모임을 운영하기가 힘들었다. 헤론 부인이 아플 때는 언더우드 부인이 대신 모임을 이끌었고, 언더우드 부인도 제중원 진료, 가사 돌보기와 병행하기에는 건강에 무리가 따랐다. 1890년까지 여성사업은 거의 감독하는 사람이 없이 정동 근처에 사는 한국인 여성 신자들이 자발적으로 하고 있었다. 조선 정부의 종교정책이 느슨해지자 조금 더 개방적인 여자관(Woman's House)이라는 여성 전용 건물로 확장되었다. 안방에서 여자관으로 이행하는 징검다리 역할을 한 것이 선교사의 주택과 여선교사들의 존재이다. 서양인에 대한 호기심과 여성들의 외출 시기를 이용해서 여성 대중을 모았다.

2.3. 정동여학교와 여성사업의 개시

여학교는 여선교사들에게 표준적인 사역이었다. 가르치는 일에 여성이 적합하다는 시대적 관념에 따라 여학교를 시작하는 일은 여선교사들이 선교지에 도착했을 때 가장 기대하는 일 중 하나였다. 그러나 장로회 선교사들의 여학교 계획과 운영은 정동에 있는 내내 기대에 미치지 못했다. 알렌 부인과 헤론 부인 모두 한국 여성들에게 서양 지식을 전해주고 성경을 가르치는 학교를 자신의 집에서 시작하고 싶었으나, 육아와 건강상의 문제로 번번이 좌절되었다. 여성의료선교사로는 처음 내한한 애니 엘러스는 제중원 부녀과에서 환자를 돌보면서 적당한 여의사가 오면 자신은 의료선교에서 물러나고 여학교를 맡겠다고 지원했다. 다섯 살짜리 고아 아이 하나를 데리고 시작한 정동여학교는 서양인에 대한 편견과 여성교육에 대한 이해 부족으로 운영이 쉽지 않았다. 선교회 내부적으로는 남학교 하나 운영하는 데에도 인력과 재정이 부족했다. 결혼 후에 두 차례의 폐출혈과 말라리아로 건강이 악화한 엘러스가 자리를 비우게 되자 미국에서는 여학교를 전담할 선교사로 메리 헤이든을 보냈다. 손이 많이 가는 어린 소녀들을 키우는 일보다는 교회로 들어오는 여성들을 교육하는 일이 시급했던 선교회는 한국어를 빨리 습득한 헤이든이 교회 여성 모임을 맡도록 하고, 새로운 선교사 수잔 도티를 요청했다.

1890년 하반기에 언더우드 부인이 출산과 함께 급성 류머티즘이 재발해서 사역의 전선에서 물러나자, 기포드 부인(Mrs. Gifford)이 된 헤이든은 도티에게 여학교를 맡기고 언더우드 부인의 성경반을 인계받았다. 기포드 부인은 관심 있는 여성들을 교회의 회중으로 만드는 여러 가지 교육을 시도하는 데 여학교와 협력하며 여학교식 방법을 사용했다. 이전에 헤론 부인과 언더우드 부인이 성경 읽기에 중점을 두었던 방식을 바꾸어서 십계명과 주기도문을 암송하게 하고, 교리문답을 가르쳤다.[87]

1891년 어느 날, 한국에 온 지 이제 4개월 된 베어드 부인(Mrs. Annie L. A. Baird)은 정동 집에서 나와 주일 오후 모임을 가는 길에 할머니 보모의 인도를 받아 역시 여학교를 나서는 여학생 무리와 만났다. 베어드 부인은 어스름한 무렵에 초롱을 들고 가는 여학생들을 만났다고 했으므로 여자들의 주일 모임은 오후 늦게 열리고 있었다.

> 작은 무리는 매주일 저녁 여자반이 모여 성경을 배우는 기포드 부인의 집에 가는 중이다. 사실 여자들은 일요일 내내 기포드 부인의 집에서 모인다. 그들은 저녁 식사 전에 오기 시작해서, 날씨가 좋으면 2시 30분에도 와 있는데, 50명에서 60명이 마루에 서로 바짝 붙어 앉아있다. 그러면 기

87) "Report of Woman's Work by Mrs. Gifford" presented as the Annual Report(Feb. 1891), *Letters and Reports of the Korea Mission, PCUSA(1884-1920)*.

> 포드 부인은 작은 오르간을 치고 도티의 학생들은 그들의 말로 "예수 사랑하심은"이나 "예수의 피 밖에 없네" 나 "한 복지 있으니"를 부른다. 학생들과 부인들 말고도 3명에서 많게는 15명까지 길거리의 어린 부랑아들과 소년 소녀들이 모인다. 그들은 엉킨 더러운 머리를 하고 벌레가 득실거리지만 밝고 다정하다. 이들은 나의 몫이다. 노래가 끝나면 도티는 그녀의 작은 여학생들을 맡고, 나는 이 누더기를 걸친 나의 무리를 맡아 우리 집에 가곤 한다. 거기는 더 많은 공간이 있으며 더 조용하다. 우리는 모두 마루에 앉고 도티는 한쪽 구석에, 나는 다른 쪽 구석에 앉아 주의 기도를 한 목소리를 한 다음, 4개월밖에 되지 않는 짧은 어학 실력으로 십계명을 가르친다. 아니면 복음서 중의 한 군데를 몇 절을 더듬거리긴 하지만 한국어로 큰 소리로 읽는다. 그리고 그 부분을 설명해 주는 그림을 사용하면 그들은 무슨 말인지 빨리 알아듣는다. 그들이 아직도 듣고 싶어 하는 예수님의 이야기는 그분이 작은 어린아이들을 사랑하시고 모아서 품에 안으신 이야기와 우리를 위해 십자가에서 죽으신 이야기이다.[88]

이 모임에는 세 부류의 사람들이 참여했다. 첫 번째 무리는 정동여학교의 학생들로 할머니 보모의 인도를 따라 예전에 알렌이 살던 집을 개조한 여학교에서 건너편 기포드의 집으로 이동했다. 이들은 열 명 남짓밖에 되지 않았다. 두 번째 무리는 집안일을 오전에 마쳐두고 찾아오는 여자들로 날씨가 좋은 봄에는 50~60명가량 모였다. 그들은 모임이 시작되기 한참 전에 와서 구경을 마치고, 오르간 반주에 맞춰 노래하는 여학생들의 찬송가를 들었다. 세 번째 그룹은 길거리에서 놀고 있던 어린아이들로 찬

88) Annie Laura Baird, "Some Things that may be seen in Seoul, Korea," *WWW* 6.9 (1891), 236-238.

송 소리를 듣고 모여들었다. 이렇게 찬송 소리에 모여든 사람은 여학생들 10여 명과 성인 여성 50명, 거리의 아이들 10명 안팎이었으므로 많을 때는 모두 합쳐서 100명이 모였다. 이들은 찬송이 끝나면 세 반으로 나뉘어 가르침을 받았다. 여학생들은 도티와 함께, 부인들은 기포드 부인과 함께 했고, 한국어가 익숙하지 않은 베어드 부인은 아이들 담당으로 그들을 집으로 데려가 작은 주일학교를 열었다.

THE WAY WE KOREAN SCHOOL-GIRLS LOOK. IN 1893 THERE WERE ONLY NINE OF US.

그림 1. 1896년 연동여학교 학생들
남이(왼쪽 끝에 안경을 쓴 소녀)와 신마리아(오른쪽 끝)가 보인다. [출처. *WWW/OMF* (1896), 215]

베어드 부인은 여학생의 행렬에서 할머니 보모 바로 뒤에 따라오는 정이(Chong-e 또는 Chong-i)와 남이(Nami)를 보았다. 어려움이 많았던 정동여학교 시절, 초기 여학생 정이와 남이는 선교사들에게 많은 도움을 주었다. 남이는 병원에서 일하는 아버지를 둔 시각장애인 소녀로, 정동 시절 몇 안 되는 통학생 중 한 명이었다.[89] 도티는 남이를 위해 시각장애인에

89) Ellen Strong, “Girls’ School Report for 1894”(1893.12.1.-1894.12.1.), *Letters and Reports*

게 알맞은 교육 방법으로 암송을 택해서 요한복음을 매일 조금씩 외우도록 했고, 점자로 된 국문 성경책을 준비하려고 했다.[90] 남이는 재학생 시절 한국에 온 지 얼마 안 되는 스트롱을 도와서 여성들을 가르치기도 했고, 미국 남장로회 선교사들과 스트롱이 함께 운영하는 인성붓재 예배처소에서 여성들을 가르치는 데 도움을 주었다.[91]

그림 2. 1890년 정동여학교 학생과 교사들
(맨 뒷줄에 서있는 정이, 앞쪽의 기포드 부인과 수잔 도티) [출처: Moffett Korea Albums, Moffett Korea Collection]

---

of the Korea Mission, PCUSA(1884-1920).

90) *22nd ARWPBN* (1893).

91) Ellen Strong, "Report of Woman's Work"(1893), Ellen Strong to Dr. Ellinwood, "Woman's Work at In Sung Pooh Chai"(1895), *Letters and Reports of the Korea Mission, PCUSA(1884-1920)*. 인성붓재는 중구 인현동2가와 예관동 사이에 있던 고개로, 선조 임금의 일곱째 아들 인성군의 저택이 있던 데서 유래한 이름이다. (서울역사편찬원 서울지명사전 https://history.seoul.go.kr/nuri/etc/sub_page.php?pidx=146579435936, 2020. 08. 07 접속).

정이는 졸업제도가 없던 시절의 정동여학교에서 가장 나이가 많은 학생이었다.[92] 정이는 손녀에게 줄 먹을 것이 없는 할머니가 선교사들에게 양육을 맡긴 고아 소녀로, 엘러스가 여학교의 첫 학생으로 받아들였다.[93] 정이는 엘러스의 사랑과 미국에 있는 선교 여성들의 기도를 받고 자랐다. 뒤를 이어 후견인이 된 도티와 기포드 부인은 정이를 정성스럽게 양육해서 좋은 짝을 찾아주려 했다. 열다섯의 어린 나이에 자기 혼례복을 바느질해서 직접 만든 정이는 선교사들의 자랑거리였다.[94] 정이는 1891년 가을에 예수교학당에 다니는 남학생과 결혼하고, 1년 후 딸을 출산했다. 1892년 성탄절, 마펫(Samuel A. Moffett, 마포삼열)이 주례한 세례식에서 정이의 아기는 유아세례를 받았다.[95] 그리고 그사이에 기포드 부인의 든든한 동역자로 일했다.

> 작년 가을 남학교에 있는 청년과 결혼한 정이(Chong-i)는 결혼 후부터 계속 성공적으로 학생들에게 한국어와 성경을 지도하고 있습니다. 그녀는 요한복음을 가지고 성경공부를 시작하면서 가르치는 일에 헌신하고 있습니다. 일반적으로 한국 여성들은 각 가정에서 바느질에 역점을 두고 많은 관심을 갖고 있습니다. 훈련을 받은 만큼 이들은 자신의 바느질을 스스로 할 수 있습니다. 열다섯에 결혼한 정이는 수년 동안 바느질을 직접 하였기에 실력이 매우 뛰어납니다. 그래서 여학생들에게 바느질도 가르

92) 정신여학교 역사에서는 애니 엘러스가 처음 받은 여자아이를 5살짜리 정네라고 한다. 정네와 정이는 동일 인물이다. 나이에 비해 체구가 작아서 5살이라고 했지 실제 나이는 더 많았을 것이다. 김영삼, 『貞信七十五年史』 (서울: 계문출판사, 1962), 57.

93) Annie Ellers Bunker, “Personal Recollection of the Early Days,” Charles A. Sauer ed., *Within the Gate* (Seoul: Korea Methodist News Service, 1934), 65.

94) “Letters from Korea,” *WWW* 6.10 (1891), 277.

95) Samuel A. Moffett, “The Church Established in Korea,” *WWW* 8.6 (1893), 134.

치고 있습니다. 기포드 부인의 지휘 아래에서 정이가 전도부인으로서의 역량이 커지면 앞으로도 계속 맡은 사명을 훌륭하게 수행할 것으로 기대합니다. 그녀와 어린 학생이 지난 성찬식에서 예수님을 구주로 여러 사람 앞에서 선포했습니다. 밝게 빛나는 그 작은 얼굴들을 보면 한국 여성들에게 큰 격려의 원천임을 생각하지 않을 수 없습니다.[96)]

결혼이 곧 졸업이었던 시절에 첫 졸업생 정이는 여학교에서 어린 학생에게 언문과 성경, 바느질 등을 가르쳤다. 여학교에서 한국인 교사로 일하면서, 한편으로는 기포드 부인의 전도부인 역할을 했다.[97)] 선교사들이 정이가 학교에서 후배들을 가르치고 있다고 보고한 내용과, 정이를 결혼 후에는 "이씨 부인"으로 부르는 것을 보아 1892~1893년 보고서에 나타나는 첫 번째 여교사는 정이였을 것이다. 당시 서울에 하나밖에 없는 장로교 여학교에서 일하는 교사는 이남기의 부인(Mrs. Yi Nam Ki)으로 기록되어 있는데, 이남기는 서울 선교지부의 조사로 일하고 있었다.[98)] 훗날 엘러스에 따르면, 정이가 결혼한 남성은 빈튼(C. C. Vinton)의 조사였다.[99)] 이런 기록들을 볼 때, 정동여학교의 첫 번째 한국인 교사는 조사 이남기와 결혼해서 이씨 부인이 된 정이였다. 1892년 마펫은 성탄절 예배를 드린 후 쓴 편지에 따르면 한국 장로교회 안에 정이 부부를 포함해서 기독

96) "Report of School Work by Susan A. Doty"(1892). *Letters and Reports of the Korea Mission, PCUSA(1884-1920)*.

97) "우리 전도부인 역할을 하는 조사(helper)에 대해 감사할 이유가 있다. 그는 전에 여학교의 일원이었다. 한 해 동안 그는 활기 있고 신실하고 효율적으로, 사례비도 받지 않고 2,000명의 여자들을 가르쳤다." Mrs. Gifford, "Report of Woman's Work"(1892).

98) "Summary Report of The Korea Mission Station, 1892-93," *Letters and Reports of the Korea Mission, PCUSA(1884-1920)*.

99) Annie Ellers Bunker, "Personal Recollection of the Early Days," 65.

교 가정을 이룬 부부가 3쌍이 되었다.[100)]

정이는 1892년 가을에 출산하고 나서 시댁이 있는 남양[101)]에 1년 반 동안 내려가서 살다가 1895년경에 돌아왔다. 시골 마을에서도 정이는 조심스럽게 복음 전도 활동을 한 것으로 보인다.[102)] 나이 어린 새댁의 영향력은 보수적인 양반 친족들의 마음을 돌리기에 역부족이었다. 많은 결실을 보지 못했지만, 어느 농사꾼 부부가 찾아와 복음을 듣고 가는 소득은 있었다. 정이가 시댁에 나가 있는 동안 여선교사들도 이 지역을 방문해서 정이의 사역을 도우려 했다. 스트롱과 기포드 부인은 1895년 봄, 정이를 만나러 남양을 방문했다. 이들은 닷새간 이곳에서 여러 부인들을 만났으나 지속적으로 모임에 참여할 만큼 관심을 보이는 사람을 찾지 못했다.

정이가 그 이후로 어떻게 되었는지에 대해서는 1934년 벙커 부인(Mrs. Bunker, 결혼 전에는 애니 엘러스)의 회상록에서 서울에서 훌륭한 가정을 이루고 살고 있다는 것 외에는 알려진 것이 없다.[103)] 1900년, 언더우드 부인의 보고에 따르면, 어리지만 재능이 많은 딸을 데리고 전도 여행을 다닌다고 한 서울의 이씨 부인이 정이일 가능성도 배제할 수 없다.[104)] 1892년에 태어난 그의 첫딸은 9살이 되었겠지만, 이 보고서에서는 12살의 딸을 데리

100) Samuel A. Moffett, "The Church Established in Korea," *WWW* 8.6 (1893), 134. 이날 서상륜의 아내도 세례받아 서상륜 부부가 기독교인 부부 대열에 합류했다.

101) 경기도 남양군은 경기도의 옛 행정구역명으로 지금의 경기도 화성시 서쪽 일부와 안산시 일부를 포함하는 곳이다.

102) "Report of Woman's Work of Seoul Station," *Letters and Reports of the Korea Mission, PCUSA(1884-1920)*. 1894년 하반기에서 1895년 상반기로 추정(도티와 스트롱의 사역보고서를 포함하는 총보고) 1894~1895년.

103) Annie Ellers Bunker, "Personal Recollection of the Early Days," 66.

104) 정신여학교 역사는 정이가 동문 이임순의 어머니였다고 기록하고 있다. 이임순은 김마리아(1891년생), 유각경(1892년생), 우봉운(1889년생), 노숙경(1890년생) 등과 같이 정신여학교 졸업생 명단에 있는 것으로 보아 정이가 1892년에 낳은 딸이었을 것이다. 김영삼, 『貞信七十五年史』, 57, 253-254.

고 다니는 이씨 부인이라고 했다.

> 이씨 부인은 12살 먹은 딸을 데리고 지난봄에 두 달간 행주, 사뫼, 통진, 김포와 다른 마을에 전도 여행을 갔습니다. 이 소녀는 아름답게 노래하고 책을 읽는데, 성경을 이해하고 설명하는 은사가 있는 듯합니다. 여자들은 그 아이가 말하는 것을 즐겁게 경청합니다.[105)]

이씨 부인은 기독교인 그룹이 있는 서울 근교의 마을마다 자비로 전도 여행을 다니며 어린 딸을 동반했다. 그와 비슷한 시기에 정동에서 가르침을 받고 활동한 다른 전도부인들도 있었다. 서울 근교에 친척 집이나 연결된 지인을 찾아다니며 기독교를 전하는 부인들은 대체로 중년을 넘긴 부인들이었으나 정이와 같은 여학교 출신의 젊은 부인들도 없지 않았다.

여학교의 학생들은 언제나 여성 사역의 첨단에 있었다. 전도부인이 부족한 시절에 여선교사들은 이들을 선교사로 훈련해서 활용했다. 이들은 바이블 리더(Bible reader)가 되어 일주일에 두 번씩 여러 가정을 정기적으로 방문해서 "아픈 병자들, 나이 든 사람들, 문맹자들로 영혼의 양식을 얻는 데 도움이 필요한 사람들"에게 성경을 읽어주기도 했다.[106)] 그리고 순회 여행에 성인 전도부인 대신 데려가는 경우도 있었다. 여학생은 "수천 가지 다른 길로 빠지지 않고 복음을 전한다"라는 장점이 있었고, 학교에서 형성된 좋은 습관과 태도, 대화, 행동을 통해 다른 여성들에게 모범이 되었다.[107)]

105) "1900년도 언더우드 부인의 의료 및 전도사역 보고서," 『언더우드 자료집 II』, 258-259.

106) *Annual Report of Seoul Station of the Presbyterian Mission in Korea for the year of 1898-1899*, Korea Mission of the Presbyterian Church in the U.S.A.(1899), 17.

107) Georgiana E. Whiting, "Letters from Korea," *WWW* 15.2 (1900), 46.

3. 여성사업의 확장과 전도부인의 활동

서울지부 여성사업의 역사는 도시 구성원의 다양한 필요와 욕구를 반영하는 작은 모임들의 분화와 발전이었다. 1895년 언더우드 부인이 보낸 서울 지도에 여성 모임이 있었던 선교 거점들을 표시하면 〈그림 3〉와 같다.[108]

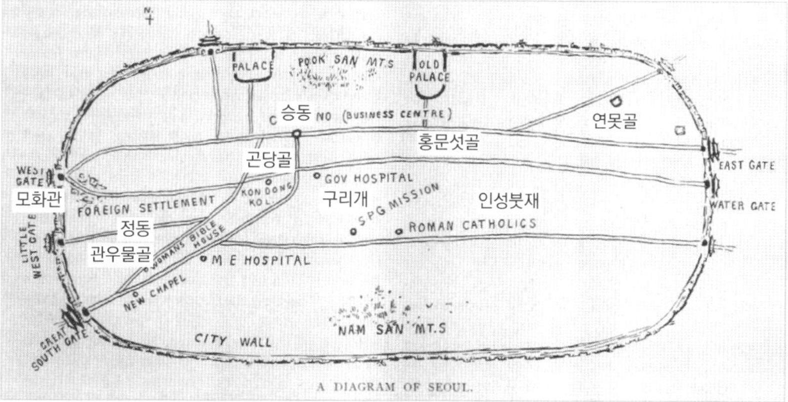

그림 3. 1885~1905년 한양 도성 내 여성 모임이 있었던 지점

정동 밖에 처음으로 여자관이 있었던 관우물골은 남대문으로 통하는 큰길에 면해서 도성 주변으로 드나들기가 좋았다. 남대문 밖 칠패시장에서 숭례문을 통과하여 종로 운종가를 잇는 도로가 가까워 양화진과 마포나루 등 한강을 이용한 조운 사업에 관련된 상인들과 뱃사람, 노동자들이 모여 살았다. 그다음에 모임이 생긴 곤당골과 구리개, 홍문섯골, 인성붓재는 동서남북 네 촌으로 통하는 도성의 중앙에 해당하는 곳으로 사대부

108) Lillias Horton Underwood, "Work in Seoul," *WWW* 10.8 (1895), 211에 있는 다이어그램에 우리말 지명을 표시했다.

양반은 아닌 중인과 상인 등이 섞여서 살고 있었다.[109] 서대문 안팎에 있었던 모화관 전도소와 피병소는 한강 주변의 농어촌 지역 사람들을 모았다. 연못골은 북촌 양반과 성균관 근처의 관인들처럼 점잖은 양반 동네와 인접해 있었고, 종로에서 동대문까지 형성된 시장의 상인들, 도성 밖 왕십리 지나 중곡동에 사는 사람들까지 찾아왔다. 초기 여성 모임의 거점이었던 관우물골(남부), 곤당골, 구리개, 홍문섯골(중앙), 모화관(서부), 연못골(동부) 등은 서울 도성 안의 사방에서 다양한 신분과 계층의 여성들이 접근하기에 용이한 길목에 세워졌다.

헐버트(Homer B. Hulbert)가 발행하는 코리아 리뷰 1904년 8월호의 첫 기사는 지난 10년 동안 한국 사회의 실제적 변화를 '사회 계급의 융화'라고 불렀다. 계급의 구분이 확실했던 사회가 점차 그 벽이 허물어지며 서로 다른 계급에 속한 사람들 간의 관계가 현저히 변화되었다는 것인데, 그 과정을 촉진하는 요인으로 과거제의 폐지와 교육받은 젊은 세대의 개혁 의지, 상업화, 지방과 서울 간 통신의 발달, 기독교 선교의 영향을 꼽았다.[110] 특히 기독교는 기존 질서를 '해체하는 힘'으로 작용해서 일시적으로 사회적 혼란을 야기하기도 하지만, 서로 다른 지역민들과 다른 계급의 사람들이 지적인 접촉뿐 아니라 물리적으로도 서로 교류하면서 동일한 관심사를 가진 형제로서 보편적 인류애를 경험하고 협소한 지역 의식에서 벗어나는 것을 도와주었다.

---

109) 서울 각 지역의 옛 지명은 서울역사편찬원 서울지명사전을 따랐다. https://history.seoul.go.kr/nuri/etc/sub_page.php?pidx=146579435936&page=1048&CLSS1=0&CLSS2&first_con_text=

110) "The Fusion of Korean Society," *The Korea Review* 4.8 (1904), 337-344.

3.1. 관우물골 여자관(Woman's House)

미국 북장로회 한국선교회에서 처음으로 전도부인이 통계에 등장하는 해는 1887년에서 1888년 사이이다.[111] 이때는 언더우드와 아펜젤러가 이수정역 마가복음을 개정한 순언문체의 〈마가의젼한복음셔언히〉가 요코하마에서 인쇄를 마치고 준비된 시기로,[112] 미 북장로회 한국선교회 내부에서는 여성 사업에 이를 활용하고자 한 움직임을 찾을 수 있다. 1888년 1월, 엘린우드 총무에게 보낸 편지에서 엘러스는 언더우드가 형제들이 보내준 돈으로 중심가에서 좀 떨어진 곳에 집을 샀고, 그곳에서 곧 여성 사업이 시작될 것이며, 마가복음을 읽을 계획이라고 보고했다. "헤론 부인은 방을 수리하고 청소하고 여성들에게 좋은 옷을 주며 조용히 일을 시작"했다.[113] 그는 여자들을 모아서 성경을 읽었고, 1888년 8월에는 이 모임에서 4명의 여성이 세례를 받았다.[114] 헤론 부인은 주일 오후에 정동에서 가마를 타고 여성들이 모이는 장소에 갔다. 미국 여성들에게 보낸 편지에 따르면 다음과 같이 모임이 이루어졌다.

> 그들은 우리에게 "그동안 안녕하셨어요?"라고 인사하고 8×14피트 크기의 작은 방으로 우리를 인도한다. 거기에 있는 의자는 귀한 손님을 위한 자리로 나는 그곳에 앉는다. 나는 종종 부인들에 둘러싸여 돗자리에 앉아

111) 부록 I 참조.

112) 언더우드와 아펜젤러는 한국어를 공부하면서 시험 삼아 마가복음을 번역했고, 아직 성서번역자회가 생기기 전이었다. 옥성득 · 이만열 편역, 『대한성서공회사 자료집 I: 로스 서신과 루미스 서신』 (서울: 대한성서공회, 2004), 106-130.

113) "애니 엘러스가 엘린우드 박사에게 보낸 편지, 1888년 1월 15일," 『장로회 최초의 여학교 선교편지』, 88-93 참조.

114) "언더우드가 엘린우드에게, 1888년 8월 14일," 『언더우드 자료집 I』, 113.

그들이 마가복음을 읽는 동안 우리는 영어 성경의 같은 장을 펼쳐놓고 따라가도록 돕는다. 그 부인들 중 한 명이 노래 부르듯이 읽어 가면 다른 이들은 따라간다. 조금씩 읽고 나서 멈추면 읽은 구절에 대해 잠깐씩 이야기한다. 마칠 때 내가 기도하면 그동안 부인들은 머리를 숙이고 있다. 이 부인들은 매주 일요일 오후 두세 시간씩 복음서를 공부하고 있으며 때로 30명까지 모일 때도 있다. 9명은 기대되는 기독교인이 되어가고 있으며 바라기는 굳게 서서 어두운 이 땅에 빛이 되길 바란다.[115)]

장소의 이름은 언급하지 않았지만, 성경반이 열리는 집은 가마를 타고 이동해야 했던 만큼 정동 안에 있었던 것은 아니다. 모임은 주중에도 열렸다. 거기에서는 여자들이 바느질을 하는 동안 어느 한 여자가 책을 읽어주었다.[116)] 기포드 부인이 1891년에 보고한 바에 따르면, 여성들이 2년 이상 꾸준히 모임을 열고 있는 곳은 관우물골(Kwan-no-mo Kol)이었다.[117)] 이는 헤론 부인이 모임을 시작한 시기와 일치한다. 관우물골은 정동에서 걸어가기에는 조금 먼 거리였고, 언더우드가 서상륜을 위해 마련한 집이 건너편에 있었다. 장로회 선교사들이 한국인과 접촉이 어려운 정동 대신 여성이나 낮은 계층의 사람들을 만나기 위해 새로운 거점을 관우

115) Hattie Heron, "Letters from the Front," *WWW/OMF* 4.4 (1889), 101. 미국에서 1889년 4월에 출판되었으므로 적어도 1889년 1월 전에 보낸 편지이다.

116) "마펫이 엘린우드에게, 1890년 10월 20일," 옥성득 편역, 『마포삼열 서한집 I』 (서울: 두란노아카데미, 2011), 149.

117) Mrs. Gifford, "Report of Woman's Work"(1891). 관우물골의 동명은 관정동(官井洞)이며, 현재의 중구 태평로2가와 서소문동에 걸쳐있던 마을이다. 선교사들은 Kwan-no-mo Kol로 표기하기도 했다. (서울역사편찬원 서울지명사전 https://history.seoul.go.kr/nuri/etc/sub_page.php?pidx=146579435936, 2019. 09. 28 접속). 새문안교회역사편찬위원회, 『새문안교회 100년사』 (서울: 신앙과 지성사, 1995), 113에서는 영어표기를 '관내못골'이라고 읽었으나 '관우물골'로 읽는 것이 의미가 통한다. 『언더우드 자료집 II』, 8에서 '큰나뭇 골'이라고 번역한 곳은 '관우물골'이다.

물골에 마련했던 것이다.

관우물골에 있는 집은 연못골로 여학교를 이전하기 전까지 기포드 부인, 언더우드 부인, 스트롱 등이 여자성경관(Woman's Bible House) 혹은 여자관(Woman's House)으로 사용했다. 게일(James S. Gale, 기일)이 그린 서울 다이어그램의 일부인 〈그림 4〉를 보면, 건너편에는 서상륜의 집이 있었고, 가까운 곳에 스크랜턴의 상동병원(M. E. Hospital)이 있었다. 남대문으로 가는 큰길 옆에 있는 관우물골은 사대부와 상인 계층이 어울려 사는 서울의 대표적인 주거 밀집 지역으로 선교사들이 대중 여성들과 접촉하기 용이했다.[118] 1889년 헤론 부인에 따르면, 관우물골에는 성경을 읽어주는 여성(a Bible reader)이 있었다. 헤론 부인은 그해 5월에 열린 미국 여선교회 총회에 4명의 수세자 중 "착하고 진실한(good and true)" 한 명을 바이블 리

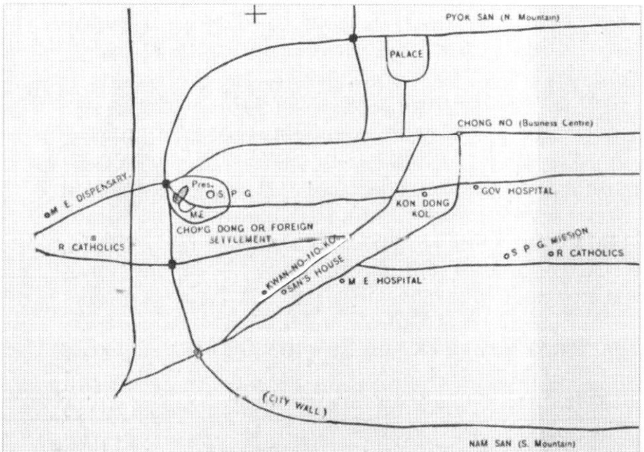

그림 4. 게일이 그린 서울 다이어그램의 일부
정동에서 남동쪽 방향을 보면 관우물골(Kwan-no-mo-kol)과 서상륜의 집(Saw's House)이 마주 보고 있다. [출처: *WWW* (1892), 210]

118) 강명관, "조선후기 서울 성안의 신분별 거주지," 「역사비평」 35 (1996.5), 338-339.

더로 파송했다고 보고했다. 그러나 이 사람의 이름을 밝히지 않았다.[119)]

선교회가 아직 전도부인에 대한 관리 체계를 세우지 않았을 때, 기포드 부인은 관우물골에서 두 명의 한국 여성들이 포교 활동을 하고 있었다고 보고한다.

> 관우물골 근처에서 몇 번의 심방을 했는데 두 명의 여성들을 통해 이루어진 것이 대부분입니다. 한 명은 자기 가족으로 시작해서 자신의 집에서, 다른 한 명은 나이 든 한의사(native doctor)로 "양반"과 "상놈"의 집을 찾아다니며 진리를 전하고 서울뿐 아니라 다른 마을 두 곳에서도 복음을 전했습니다.[120)]

관우물골에서 활동하는 한국 여성이 한 명에서 두 명으로 늘어났으며, 그중 한 명은 자기 가족에게 먼저 기독교를 전하고 자신의 집에서 모임을 갖고 있었다. 또 다른 한 명은 나이가 많은 의녀(醫女)로 활동 범위가 훨씬 넓었다. 그의 나이와 경력이 말해주듯이 계층 간, 마을 사이로 자유롭게 이동하면서 기독교를 전하고 있었다. 같은 해인 1892년 도티는 관우물골에서 토요일 오후가 되면 매주 여자들의 예배가 있는데, 이곳에 살고 있는 전도부인이 집집마다 방문해서 여자들을 모임에 초대하고, 자신의 집을 방문하는 여자들에게 책을 읽어주고 가르치고 이야기하면서 사

---

119) *19th ARWFMS* (Philadelphia, 1889), 26-27. 이덕주, 『태화기독교사회복지관의 역사: 1921-1993』 (서울: 태화기독교사회복지관, 1993), 45에서는 김씨 부인이 '성경을 읽어주는 부인'이 되었다고 했지만, 그 근거가 되는 미국 북장로회 WFMS 보고서(1889)에는 김씨 부인이라는 이름이 특정되지 않았다.

120) Mrs. Gifford, "Report of Woman's Work"(1892).

역을 잘하고 있다고 했다.[121] 일주일에 한 번 빈튼 의사가 와서 시약소를 열 때도 여자들과 교류하면서 그들에게 기독교를 소개했다. 1893년 오랜 병가를 마치고 한국으로 돌아온 언더우드 부인은 빈튼 의사를 대신해 관우물골 시약소에서 여자들을 만나기 시작했다. 도티는 언더우드 부인과 한국인 전도부인의 사역이 좋은 영향을 주고 있다고 보고했다.

> 관우물골에서 언더우드 부인의 의료사역은 그녀가 약을 나누어 주는 날뿐만 아니라 주간 내내 좋은 결과를 보여줍니다. 그곳에 사는 우리 전도부인은 매우 신실하다고 생각합니다. 그는 할 수 있는 한 가르칠 기회를 놓치지 않습니다. 병자들을 다루고 돌볼 때 나타나는 자기희생은 한국인의 양심에서 없어지지 않았습니다. 어느 날 시약소에서 힘들고 고된 일을 하는 것을 보고 놀란 한 여인이 다른 사람을 돌보는 것이 미국 풍속이냐고 물었습니다. 전도부인은 기독교 풍속이라고 대답했습니다.[122]

언더우드 부인은 일주일에 두세 번 관우물골 진료소를 방문해서 두 시간 정도 진료하곤 했다.[123] 전도부인은 그 영향력을 일주일 내내 지속시키는 역할을 했다. 도티가 관찰한 관우물골 전도부인은 '신실함'과 '자기희생'의 태도를 가졌고, 가르칠 기회를 잘 포착하는 재치 있는 사람이었다.

---

121) Susan A. Doty, "Report of Woman's Work in Seoul Station" (1892년 사역으로 추정). *Letters and Reports of the Korea Mission, PCUSA(1884-1920)*. 마이크로필름으로 보관하던 보고서들을 복사한 것이라 상태가 좋지 않고, 순서대로 되어 있지 않아서 내용을 보고 보고서 작성 시기를 추정했다.

122) Susan Doty, "General Report of Woman's Work, Seoul"(1893). *Letters and Reports of the Korea Mission, PCUSA(1884-1920)*.

123) "언더우드 부인이 엘린우드에게 보낸 편지, 1893년 6월 8일," 『언더우드 자료집 II』, 8.

1894년 봄에 스트롱은 정동여학교를 잠시 비우고 관우물골에서 한국말을 익히고 한국인들과 사귈 겸 일주일간 머물고 있었다. 그때도 여전히 전도부인은 정기적으로 여자들을 방문해서 만나고 있다고 했다. 또 관우물골에서는 어린이 주일학교가 열리고 있었고, 평일에도 아이들이 찬송을 배우러 여자관을 드나들었다.[124] 관우물골에 살면서 담당 여선교사들이 몇 차례 바뀌어도 여러 해 동안 여성 사업이 꾸준히 이어지도록 한 전도부인의 정체는 기포드 부인의 1895년 보고서에서야 드러난다.

> 관우물골에 살던 전도부인 신 씨는 올해 상당한 기간 동안 특별한 가르침을 받았다. 그는 눈에 띄게 은혜 안에서 성장했다. 그의 남편과 어머니, 시어머니가 이번 해에 모두 그리스도를 고백했다. 아직 관우물골에 있을 때, 나는 그녀에게 심방한 횟수와, 우리 주중 모임 숫자에서는 제외된, 그녀의 집에서 만난 여성들의 숫자를 보고하라고 했다. 23주 동안 심방한 횟수는 127회, 그녀가 집에서 만난 여성들의 숫자는 234명으로 보고했다. 내가 그녀를 믿을 만한 이유가 있다. 그녀는 여자들의 집에서 조용히 앉아서 몇 시간이고 여자들과 함께 복음의 주제를 이야기한다. 그녀는 서양인을 집에 들이지 않는 사람들을 방문할 수 있다. 장소를 택할 때 그녀는 강원도에 있는 언니 집에 갔다. 마을 사람들에게 신실하게 가르쳐서 서양 선생이 그들을 방문할 수 있도록 초대를 받아왔다. 10월에 그녀가 복귀한 뒤, 여학교가 있는 새로운 장소에서 긴급한 필요가 있어 그녀를 도시의 그쪽으로 이전시켰다.[125]

---

124) Miss Strong, "Letters from Korea," *WWW* 9.8 (1894), 213.

125) Mrs. Gifford, "Report of Woman's Work of Seoul Station(1894-1895)," *Letters and Reports of the Korea Mission, PCUSA(1884-1920)*.

관우물골에 거주하면서 활동했던 전도부인은 신씨였다. 이 지역의 책임자인 기포드 부인은 신씨 부인을 몇 년 동안 지켜보다가 마침내 그를 신뢰하기 시작했다. 1894년, 기포드 부인은 신씨 부인에게 특별한 수업(special instruction)을 했다고 한다. 이것이 바로 해리 로즈(Harry Rhodes)가 말한, 서울에서 있었던 최초의 전도부인 훈련반으로 추정된다.[126] 모두 세 명의 전도부인이 배출되었는데 관우물골에서 일하는 신씨 부인과 한의사 할머니, 또 한 명은 남장로회의 매티 테이트(Mattie S. Tate)와 함께 전주로 내려간 전도부인이었다. 기포드 부인은 신씨 부인을 전도부인으로 감독하고 가르쳐서 보고 형식을 알려주고 다른 마을로 파송했다. 신씨 부인은 결혼한 언니가 살고 있는 강원도를 택해서 전도 활동을 하고 돌아왔고, 그 결과는 기포드 부인을 만족시켰다.[127] 기포드 부인은 믿을 만한 신씨 부인을 새로운 여성사업의 중심지 연못골로 데리고 갔다. 이 시기에 그의 친정어머니, 시어머니와 남편 모두 기독교인이 되었다. 시어머니는 기포드 부인과 도티의 감독 아래 얼마간 전도부인으로 활동했다.[128]

정동여학교가 연못골로 이전하면서 신씨 부인의 가족도 이사하자 관우물골의 여성사업은 자연스럽게 정리가 되었다. 정동에 있는 교회와 곤당골과 구리개 제중원 모임 등 가까운 곳에서 관우물골 신자들을 흡수한 것으로 보인다. 연못골 이전 후 도티는 보고서에서 신씨 부인이 훌륭한 조력자로 학교 운영에 얼마나 큰 도움을 주고 있는지 다음과 같이 말

126) 해리 로즈, 『미국 북장로교 한국 선교회사1』, 117. 1894년 초에 여자훈련반이 전도부인 양성을 위해 일주일에 두 번 개최되었고 여기서 3명의 사역자가 나왔다고 한다.

127) Mrs. Gifford, "Report of Woman's Work of Seoul Station 1894~1895."

128) The Korea Mission of the Presbyterian Church of the U.S.A., "Report of the Committee on Appointment of Substation and Work" (Dec. 1896), *Letters and Reports of the Korea Mission, PCUSA(1884-1920)*.

했다.

> 그녀의 한결같은 삶(consistent life), 점잖은 태도(gentle manner), 꼼꼼함(thoroughness), 분별력(carefulness), 능숙한 조력(competent assistance)으로 학생들의 사랑과 존경을 받고 있으며 학교 업무에 매우 소중합니다. 그녀는 한 번도 일을 제대로 못하거나 저희를 실망시킨 적이 없습니다. 그래서 그녀는 '주님께서 주신 아름다운 은총의 트로피(a beautiful trophy of the grace of God)'란 저의 찬사를 받기에 부족함이 없습니다.[129]

1888년부터 1895년까지 이루어진 관우물골 사역에서 선교사들은 신씨 부인이라는 "트로피"를 얻었고, 이어진 연못골 사역에서도 신씨 부인은 여성 집회와 여학교 운영 모든 면에서 없어서는 안 될 존재였다.

관우물골은 여러모로 여성사업의 실험장이었다. 이 작은 마을에서 전도부인이 가족과 가까운 이웃을 대상으로 포교 활동을 해서 신자를 얻는 결과가 있었다. 성경을 읽는 모임과 아울러 여성의료선교사가 방문할 때 임시로 열리는 진료소에서는 의료 활동이 이루어졌고, 어린이 주일학교가 운영되었다. 모든 시도가 다 결실을 맺은 것은 아니었다. 여성들에게 글을 가르치는 학교를 운영하려는 시도가 실패했고, 전도인 서상륜의 부인을 지도자로 세우려고 했지만, 계획대로 이루어지지 않았다.[130] 몇

129) Susan A. Doty, "Report of Girls' School for 1894-1895," 『장로회 최초의 여학교 선교편지』, 356-372 참조.

130) Ellen Strong, "Report of Woman's Work"(1893)와 Ellen Strong, "Girls' School Report for 1894"(1893.12.1.-1894.12.1.)을 보면 서상륜의 서울 집에서 여성모임을 가지는 시도를 했으나, 서상륜이 다른 지부 개척을 위해 떠나자, 가족들도 따라서 모두 이사했다. 서울의 서씨 부인은 둘째 부인이었기 때문에 1897년 서상륜은 축첩 문제로 전교사의 지위를 박탈당했다. 옥성득, "초기 한국교회의 일부다처 논쟁," 「한국기독교와 역사」 16 (2002.2), 26-27.

가지 실패에도 불구하고 여선교사와 전도부인 사이에 생긴 신뢰 관계를 바탕으로 연못골로 옮긴 여성사업은 더욱 활발해졌다.

3.2. 곤당골 여성 모임

미 북장로회 한국선교회는 1888년 남학교 용도로 정동에서 10분 거리에 있는 곤당골에 건물 하나를 매입했다.[131] 곤당골에는 백정 해방에 도움을 준 것으로 유명한 사무엘 무어(Samuel F. Moore)가 교회를 개척한 것으로 알려져 있다.[132] 그러나 무어가 내한하기 전, 게일 부부가 약 3개월 동안 이 건물을 신혼집으로 사용하면서 곤당골 모임을 만들었고, 뒤를 이어 들어온 사무엘 무어와 수잔 도티, 엘렌 스트롱이 본격적인 사역을 시작할 수 있는 터전을 마련했다. 정동 선교사 지역과 구리개 제중원 사이에 위치한 곤당골은 중상류층 사람들이 거주하는 인구 밀집 지역으로 지나가는 사람들을 모아 성경을 읽고 가르치기에 좋은 곳이었다.[133] 하지만 짧은 시간 안에 새로운 동네에서 사람들을 모아 가르친다는 것은 한국인 조력자 없이는 불가능했을 것이다. 게일은 한국에 들어와서 몇 년 동안 동서남북 사방으로 떠돌다가 결혼하고 이제 막 서울에 정착한 참이었다. 단기간에 곤당골 모임이 형성된 것은 게일 부인의 전도부인들 덕분이었

---

131) Lillias Horton Underwood, "Letters from the front," *WWW* 4.3 (1889), 72.

132) 곤당골교회는 현재 서울시 중구 소공로에 있는 웨스틴조선호텔 자리에 있었다. 미동이라고도 하는 곤당골의 유래에 대해서는 H. N. Allen, "The Legend of Chong Dong: Kong Dang Kohl," *The Korean Repository* (March 1895), 107-110 참조. 곽안전, "내가 아는 승동교회," 「승동공보」 (1971.6). 정준모, 『사무엘 F. 무어의 생애와 사상: 한국백정해방운동 선구자』 (서울: 은혜기획, 2000), 승동교회110주년사편찬위원회, 『승동교회110년사』 (서울: 대한예수교장로회승동교회, 2004). 이용민, "미국 북장로회 서울 선교지부 연구," 111.

133) 제임스 게일, 『제임스 S. 게일 목사의 선교편지』, 12.

다. 게일과 결혼한 여성은 1890년 갑작스러운 죽음을 맞이한 동료 헤론 의사의 미망인이었다. 5년 동안 고생하고 별 성과 없이 세상을 떠난 남편의 유언에 따라 헤론 부인은 계속 선교 현장에 남기로 결정했고, 남편이 생전에 알고 지낸 한국인 관료들과 양반층 부인들을 상대로 과감한 전도 활동을 펼쳤다.[134]

1. Mrs. Chang. 3. Mrs. Pack and little Chita. 4. Mrs. Yi. 5. Mrs. Chun. 6. Holmonie. 8. Mrs. Sin. 2. Unnamed on the photograph, presumably Unlge-nie. 7. Unnamed.

그림 5. 게일 부인과 함께 복음을 위해 수고한 여성들

할머니(앞줄 왼쪽에서 두 번째), 신씨 부인(오른쪽 끝)이 있다.

[출처: *WWW* 7.8 (1892), 216]

남편의 죽음을 애도할 틈도 없이 헤론 부인은 성경을 읽으면서 바느질을 하는 침공반을 만들고, 양반층 부인들을 위해서는 환등기 시연을 하

134) "Mrs. Heron's Report on Woman's Work & Work among Korean Friends of Dr. Heron, (Oct.-Dec. 1890)," *Letters and Reports of Korea Mission, PCUSA(1884-1920).*

면서 각계각층의 여성들을 모았다. 이때 함께 사역한 한국인들이 신씨 부인과 "할머니"를 비롯한 사진 속(그림 5) 부인들이었다.

1892년 4월에 결혼한 게일은 자신의 부인이 곤당골에서 여자들을 만나느라 여전히 바쁘고, 자신도 여자들의 모임에 관심을 두고 "할머니가 무엇이라 말하는지" 궁금해서 들러본다고 했다.[135] 게일 부인은 서울을 떠나기 전에 쓴 기고문에서 자신의 동역자들을 소개하며 여러 여성 중 "할머니(Halmonie)"가 자신의 전도부인 역할을 했다고 한다.[136] 그리고 할머니와의 비상했던 첫 만남에 대해 다음과 같이 말했다.

> 모든 사람 중에서 최고이며 가장 총명한 사람은 사랑하는 할머니(Holmonie)이다. 처음 나와 공부하러 왔던 그때를 생생하게 기억한다. 뾰족한 수가 없을 것 같은, 그러나 주부의 삶에서 자주 맞닥뜨려야 하는 걱정으로 하루 종일 보낸 날이었다. 어두워지기 전에 나는 바깥바람을 쐬고 쉼을 얻으러 거리로 나갔다. 머리에 옷 바구니를 올린 빨래하는 가난한 여자들과 지친 막노동꾼과 물장수를 지나쳤다. 모두 하루 종일 힘든 일을 해도 겨우 보잘것없는 저녁과 추운 잠자리를 지킬 만큼 버는 사람들이 초라하고 어둡고 작은 그들의 집으로 돌아가는 길이었다. 이것이 일상의 모든 것이며, 그들에게는 평생 계속되고 죽은 후에도 두 번째 죽음이 기다리고 있다! 한순간 나는 우리 주님께 나의 낙심을 용서해 주시고 이 사람들 가운데에서 그분을 위해 할 일을 보여 달라고 기도했다. 바로 그때 초

---

135) "제 아내는 곤당골에서 여자들을 위한 모임을 가졌고, 동시에 남자들이 말하고 찬송하는 것을 들을 수 있는 입구에서도 모임을 열었습니다. 저는 여자들 모임에 가서 할머니가 무엇이라 말하는지 즐겁게 듣는 것을 낙으로 삼았습니다." James S. Gale, "Report of 1892," *Letters and Reports of Korea Mission, PCUSA(1884-1920)*.

136) Harriet G. Gale, "The Women Who Labor with me in the Gospel," *WWW* 7.8 (1892), 217.

> 라한 늙고 구부정한 여자가 절뚝거리며 오다가 지팡이에 몸을 기대고 서양 여자를 쳐다보았다. 대부분의 한국인들과 달리 그녀는 내 옷이 아니라 내 얼굴을 똑바로 쳐다보았다. 마치 지금까지 알던 모든 사람과 내가 정말 다른지 보려는 것처럼 말이다. 몇 마디를 나눈 후, 나는 다음 날 우리 집에 오라고 초대했다. 그녀는 매일 와서 신기한 물건들은 전혀 신경도 쓰지 않고 복음서를 한 장씩 열심히 파고들었다. 그녀의 하얀 머리와 옷에 햇빛이 비칠 때 이따금 커다랗고 둥근 안경으로 광선을 보내면서 앉아있는 그녀의 모습은 재미있는 그림이 된다. 하루는 그렇게 많이 읽으면 피곤하지 않은지 이웃 사람이 물었다. 그러자 그녀는 "나는 78살이나 되었고 오래 살지 못할 테니 죽기 전에 이 문제에 대해 배워야만 해요."라고 대답했다. 사랑하는 할머니! 그녀는 배워서 자신만의 진지하고 분명한 방법으로 그녀의 모든 친구를 가르치고 나를 도와서 모임을 인도하고 나머지 남는 시간에는 성경을 공부한다.[137]

할머니는 글을 읽을 줄 알았고, 구경은 하지 않고 복음서를 읽으면서 궁금한 것을 물어보았다. 가난한 노동 계층의 여성들과 한데 어울려 길거리를 다니는 할머니가 어떻게 글을 알았을까? 당시 글을 아는 여성은 양반을 제외하고는 기녀, 무녀, 의녀, 궁녀와 같은 전통적 여성 직업인이었다. 할머니는 다른 여선교사의 보고서에 나오는 "한의사(native doctor) 할머니"와 동일 인물은 아니었을까? "할머니"는 신씨 부인과 항상 짝이 되어 보고서에 등장하는데 "한의사"라는 수식어가 붙을 때도 있고, 없을 때도 있다. 기포드 부인이 1892년 여성 사업 책임자가 되어 관우물골을 둘러볼 때, 전도부인 활동을 하던 두 명의 여성이 있었다. "한 명은 자기 가족

137) Harriet G. Gale, "The Women Who Labor with me in the Gospel," 217.

으로 시작해서 자신의 집에서, 다른 한 명은 나이든 한의사로 '양반'과 '상놈'의 집을 찾아다니며 진리를 전하고 서울뿐 아니라 다른 마을 두 곳에서도 복음을 전했다."[138] 전자는 신씨 부인이었고, 후자는 한의사 할머니였다. 1893년 관우물골에서 파생되어 나온 곤당골 모임이 수잔 도티 주관으로 열렸는데 이 모임에 한의사 할머니가 있었다.[139] 1894년 기포드 부인이 훈련시킨 세 명의 전도부인 중 한 사람은 신씨 부인이었고, 다른 두 명은 할머니들이었다.[140] 그리고 1894년 서울지부의 전도부인으로 임명된 두 명의 여성은 신씨 부인과 "할머니"였다.[141] 1892년에서 1894년까지 보고서들을 종합해 보면, 서울지부의 "할머니"는 신씨 부인과 보고서에 같이 언급되는 경우가 많고, 어느 경우에는 "한의사 할머니"로, 때로는 "할머니"로 나타난다. 그가 관우물골에서 시작해서 곤당골로 옮겨서 전도부인 사역을 한 동일한 인물이다. "할머니"의 세례는 마펫이 주례하여 1892년 성탄절에 치러졌다.[142] 그의 나이는 이때 81세였고, 헤론 부인의 기록이 정확하다면 78세에 처음 헤론 부인을 만났으므로 1889년부터 관우물골과 정동을 드나들며 기독교에 대해 배웠다.

초라하고 늙고 구부정하지만, 책을 좋아하는 할머니가 처음 헤론 부인을 만난 곳은 정동길이 아니라, 사람이 많이 왕래하는 남대문에서 서북쪽으로 나 있는 큰길과 관우물골 사이였을 것이다. 할머니는 첫 만남 후에도 성경을 배우러 계속해서 헤론 부인의 집을 방문했으며, 자기가 배운

138) Mrs. Gifford, "Report of Woman's Work"(1892).

139) Susan Doty, "General Report of Woman's Work, Seoul"(1893).

140) Mrs. Gifford, "Report of Woman's Work of Seoul Station(1894-1895)."

141) "Report of the Committee on Appointment of Substation and Work(Dec. 1894)," *Letters and Reports of the Korea Mission, PCUSA(1884-1920)*.

142) Samuel A. Moffett, "The Church Established in Korea," *WWW* 8.6 (1893), 134.

것으로 다른 사람을 가르쳤다. 헤론 의사가 사망한 후에도 할머니와 일대일 성경공부는 계속되어 헤론 부인의 오후 일과의 한 부분을 채웠다.

> 손님들이 가기 전에 내가 사랑하는 꼬부랑 할머니가 나랑 성경을 공부하러 왔다. 할머니는 매주 온다. 그녀를 생각하면 6년 동안 (여기서) 산 보람이 있다. 할머니가 그리스도가 한 일을 말하면서 가르쳐주어 감사하다고 말할 때 그 얼굴을 보여주고 싶다.[143]

곤당골로 이사한 후 할머니는 매일 와서 집을 꽃으로 장식해 주었고, 새로 시작한 여성 모임에서 중요한 역할을 담당했다. 1892년 봄, 게일 부부가 원산으로 이주할 때 눈물로 작별한 할머니는 그 뒤로 빈튼 부인(Mrs. Letitia C. Vinton)의 보고서에 등장한다. 1893년 중반부터 할머니는 헤론의 뒤를 이은 의사 빈튼이 자신의 집에서 운영한 진료소에서 전도부인으로 일했다. 빈튼은 1891년 9월부터 제중원과 별도로 개인 진료소를 열고 한국인들을 직접 만났다.[144] 십 대 후반의 나이에 한국에 온 빈튼 부인은 낯선 곳에서의 신혼생활에 적응하느라 언어 공부나 사역에 별 진전이 없이 할머니의 여성 사역을 감독하는 역할을 했다.[145]

> 과거에 있었던 시험거리에도 불구하고 나는 언어공부나 직접적 사역을

143) Mrs. Heron, "One Afternoon at Home in Seoul," *WWW* 6.9 (1891), 246. 본문에서 "6년"은 헤론 부인이 1891년 시점에서 한국에 머문 시간을 말한다.

144) *NP Report* (1892), 145.

145) 빈튼 부인(Letitia Coulter Vinton)은 18세에 결혼하고 한국에 바로 들어와 12년 동안 사역하며 5명의 자녀를 낳았는데 그중 세 명이 어릴 때 죽어 양화진에 묻혔고, 자신도 1903년 12월에 생을 마감했다. *WWW* 19.1 (1904), 1.

간절하게 원했었다. 그러나 이렇게 된 것은 할머니 덕분이며 그녀의 사역에 대해 선교회에 한 마디 하고자 한다. 할머니는 1년 반 동안 나의 지도 아래 있었으며, 지난 8개월 동안 선교회는 그분께 사례비가 아닌 의복비를 보조하는 셈으로 한 달에 2원씩 드렸다. 그분은 보고한 기간 동안 비가 오나 해가 뜨나 신실하게 여기에 와서 남녀 구분하지 않고 그리스도를 전하고 이야기했다. 여자들을 위해서 분리된 대기실이 있어서 할머니는 여자들에게 이야기할 좋은 기회를 잡는다. 그리고 거기서 할머니는 기다리며 오는 사람들을 받는다. 가능하다면 나도 그와 함께 환자들에게 짧게 이야기하려고 한다. 그러나 할머니가 자기 일을 하고 나는 조금밖에 말할 수 없어서, 할머니가 자세한 이야기를 하고 나에게 설명을 해주면 내가 무엇을 말하는 것이 쓸데없이 여겨진다.[146]

할머니는 따로 사례를 받지 않고 활동에 필요한 의복비를 받으면서 매우 성실하게 사역했다.[147] 병원에는 여성 전용 대기실이 있어서 기다리는 여자들에게 전도할 수 있었는데 빈튼 부인은 상징적인 존재일 뿐, 할머니가 거의 도맡아 했다. 빈튼 부인은 그다음 해에는 아예 '할머니의 사역'이라고 보고했다.

우리의 지난 연례회의 이후로 9개월 동안에 있었던 할머니의 사역에 대해 여러분께 보고하는 것은 저의 특권입니다. 이 기간 중 6개월 동안 할머

146) Letitia C. Vinton, "Report of Mrs. Vinton"(Dec.20, 1894), *Letters and Reports of the Korea Mission, PCUSA(1884-1920)*.

147) 같은 시기 전도부인이었던 신씨는 4원의 월급을 받았고, 언더우드 부인이 처음 고용한 아마는 5원의 월급을 받았다. 이 정도의 월급은 한 가족을 부양하기에 충분했다. 할머니가 2원을 받은 것은 의복은 당시 의식주 가운데 조선인들에게 가장 부담이 되는 항목이었으며, 전도부인 활동에 계절에 맞는 의복은 필수적이었기 때문이었을 것이다.

니는 빈튼 의사에게 진료받기 위해 기다리는 여자들이 있는 작은 행랑채에 있었습니다. 그는 오는 사람은 누구나에게 그리스도의 이야기를 알아듣게 해주고, 어떤 사람들은 귀 기울여 듣다가 경동예배당(번역자 주: 정동예배당을 보고서에서 빈튼이 표기하는 방식)에서 열리는 오전 예배에 참석하고 있습니다. 4월까지 여러 차례 거기 가서 그녀와 함께 잠시라도 머무르는 습관을 만들었지만 생각만큼 성실하게 이루어지지 않았습니다. 그러나 이번 가을에는 이 사역에 보다 신실할 수 있기를 바랍니다. 빈튼 의사의 보고서에서 보여주었듯 많은 여자들이 오고 있으며 할머니가 이 진료소와 연결해서 사역을 잘 하고 있다고 저희는 생각합니다.[148]

빈튼 부인은 출산과 유산, 육아 등으로 진료소에 거의 나가 보지 못했다. 그래서 할머니의 신실한 사역에 비해 자신이 한 일이 별로 없음을 솔직하게 말했다. 할머니는 행랑채에 차려진 진료소 대기실에서 사람들을 만나 이야기를 나누었다. 그리고 관심을 보이는 사람들을 정동교회로 안내해서 정기적인 예배와 모임으로 유도했다. 그 후 할머니는 선교사들의 보고서에 나타나지 않는다. 1895년 12월에 작성된 사역 계획에 할머니는 빈튼 부인과 일하는 것으로 되어 있었고, 1897년 연못골로 빈튼 가족이 이사할 때에 할머니에 대한 언급이 없는 것으로 보아 그새 할머니는 세상을 떠난 것으로 추정된다. "할머니"는 나이가 상당히 많아서 언제 세상을 떠난다 해도 모두가 놀라지 않을 정도였다. 1893년 도티의 보고서에는 그 나이에 먼 곳을 다니며 전도하고 돌아온 할머니를 보고 놀라는 사람들의 이야기가 나온다.

148) Letitia C. Vinton, "Report of Mrs. Vinton"(Oct. 18, 1895). *Letters and Reports of the Korea Mission, PCUSA(1884-1920)*.

> 지난 보고서에서 언급한 적이 있는 한의사 할머니는 지난 8개월 간 시간을 보낸 시골에서 이제 막 돌아왔습니다. 그는 자기가 항상 갖고 다니는 책에 관심을 가지는 여자들을 얻는 데 성공했다고 합니다. 그리스도가 나타나심을 증거하는 데 삶의 소망을 둔 그녀는 그 어느 때보다 밝게 빛났습니다. 그녀가 돌아온 것을 보자 어느 여자가 아직도 살아있냐고 놀라서 말했습니다. 그러자 그녀는 완벽한 신실함을 가지고 이렇게 대답했습니다. "예수님이 다시 오실 때까지 내가 살 거라는 걸 모르다니 놀랍군요!"[149)]

다시 1895년 말에 쓴 도티의 보고서에는 "할머니"의 임종을 연못골에 있는 여선교사들과 전도부인이 함께 했다는 언급이 있는데, "할머니(halmoni)"라는 이름표기가 겹따옴표로 처리되어 특정한 할머니를 가리키고, 보고서에서 그 이름이 사라진 시기와 맞아떨어진다는 점에서 동일한 할머니였을 것으로 추정된다. 할머니는 자신의 장례비용으로 쓸 돈을 연못골교회 전도부인에게 남겼다. 그 돈은 장례를 치르고도 넉넉히 남았고, 전도부인은 그 유산을 예배당 건축을 위해 내놓았다.[150)]

여선교사들은 언어와 문화적 이해가 부족한 상태에서 한국 여성들과 직접 접촉하는 일에 다소 어려움이 있었기 때문에 "할머니"에게 많이 의존했다. 또 젊고 의욕적이지만 현실적 문제로 어려움을 겪는 여선교사들에게 할머니는 안정감을 제공하고 지혜로운 대처 방법을 안내해 주는 후견인과 같았다. 또 한의사라는 직업을 갖고 있었던 "할머니"는 독립된 경

---

149) Susan Doty, "General Report of Woman's Work, Seoul"(1893), *Letters and Reports of the Korea Mission, PCUSA(1884-1920)*.

150) Susan A. Doty, "Report of Girls' School for 1894-1895," 『장로회 최초의 여학교 선교편지』, 356-372.

제력과 여행의 자유를 복음 전도에 사용했다. 또 오랜 세월 동안 관계를 맺었던 자신의 손님과 동료 등 인맥과 사회활동의 경험이 바탕에 있었기 때문에 다양한 신분의 사람들을 만나는 것이나 남자들과 대화하는 데에도 어려움이 없었다.

3.3. 곤당골-구리개-홍문섯골-승동교회

곤당골에서 열리는 여성 모임에 계속 참여하면서 전도부인이 된 또 한 명의 여성으로 김 부인이 있었다. 평양에서 1909년에 열린 미국 북장로회 한국선교회의 25주년 기념식에서 한국 여성 사역의 대표자이며 대변인 격인 마가렛 베스트는 그동안의 여성사업의 발전을 회고하면서 1세대 한국기독교 여성들의 이름을 나열했다. 그중 처음으로 거명한 이가 "수도 서울에서 선교사들의 친구이자 신실한 조력자로 지내온 김 부인(Lady Kim)"이었다.[151] 다른 여성들과 다르게 특별히 레이디(Lady)라는 존칭을 붙인 것은, 그가 영향력 있는 양반가의 부인이었기 때문이다. 특히 이 보고서가 작성된 시기에 김 부인의 사역은 이미 오래되었다. 곤당골에서 시작한 사역이 승동교회에서 결실을 보고 있었고, 그는 원로 기독교인으로 한국인과 선교사들의 존경을 받고 있었다. 베스트의 25주년 보고서에 따르면, 그가 헤론 부인이 시작한 성경반에 있었고, 첫 번째 여성 세례교인 중 한 명이었다.

서울에서 알렌 부인은 바로 주변에 한 무리의 여성들(a class of women)을

151) Margaret Best, "Development of Work Among Women," *Quarto-centennial Papers* (1909), 53.

모았는데 잠깐 후에 그들은 헤론 부인의 보살핌을 받게 되었다. 그들은 하나님의 말씀을 아는 일이 주는 위로와 영감과 풍성함을 그들에게 열어 준 첫 번째 한국 여성들이었다. 여기서 세례를 받아 한국 장로교회로 받아들여진 처음 3명의 여성이 나왔다. 그 중 김 부인은 양반의 신분으로 태어나 영향력과 지위를 가지고, 두 명의 동반자와 함께, 세례가 공개적으로 이루어진다면 일어날지 모를 일에 두려워하며 닫힌 문 뒤에서 세례를 받아, 보이는 교회로 받아들여진 이후로 지난 모든 세월 동안 수도의 여성들 사이에서 선한 힘이 되고 있다.[152)]

김 부인은 1888년 한국 장로교회에서 처음 세례받은 여성 중 한 명이었다.[153)] 김 부인의 이름이 처음 나타나는 곳은 스트롱의 기고문이다. 곤당골에서 만난 양반 계층의 점잖은 기독교 여성이 있었는데, 남편과 사별하고 어렵게 두 남매를 키우고 있었다.[154)] 스무 살쯤 되는 아들은 관리가 되기 위해 관립학교에 재학 중이었고, 어린 딸과 함께 사는 부인은 스스로 생계를 책임져야 했다. 관립학교에 보낼 수 있는 양반 권세가에 속하는 그는 기독교인이 된 것뿐 아니라 딸을 여학교에 보내는 문제에 대해서도 문중의 반대에 직면했다. 무어는 1900년 엘렌 스트롱이 속한 여선

152) Margaret Best, "Development of Work Among Women," 44-45.

153) 헤론 부인이 첫 여성 수세자를 4명이라고 보고한 것과 다르게 베스트는 김 부인을 포함한 3명의 여성이 세례를 받았다고 하는데 숫자상의 착오로 보기에는 좀 이상한 점이 있다. 1895년에 기포드 부인은 선교회 초기에 세례를 받았던 6명의 여성들을 추적해 본다. 3명은 그가 아는 범위 안에 있고, 3명의 행방은 알 수 없었다. 그러다가 그들 중 한 명은 예배에 참석하고 있으며, 한 명은 죽고, 나머지 한 명은 신앙을 부인하고 떠난 것으로 파악했다. 다시 정리하면, 1888년 여름과 겨울에 모두 6명의 여성들이 세례를 받았는데 그중 4명이 1895년 현재까지 생존해서 교인으로 출석하고 있고, 한 명은 죽고, 한 명은 배교했다. 처음 여성 수세자의 숫자는 배교자를 제외하고 나서 3명이 된 것이 아닌가 한다. Mrs. Gifford, "Report of Woman's Work of Seoul Station," 1894-1895년(도티와 스트롱의 사역보고서를 포함하는 총보고).

154) Ellen Strong, "One thing that Hinders in Korea," *WWW* 14.8 (1899), 221.

교회(WNPB) 총회에 마침내 김 부인이 친척과 친구들의 반대를 이겨내고 자신의 담당 구역에서 기독교 사역을 하고 있다는 소식을 전했다.[155)]

김 부인이 기독교 사역에 헌신한 시점은 곤당골교회와 홍문섯골교회(홍문동교회)의 화해기였다.[156)] 무어는 곤당골에서 1893년부터 전도를 시작해서 정식으로 교회를 설립했는데, 1895년 백정 박성춘의 세례 문제와 그에 대한 선교사의 일 처리 방식에 불만을 품은 사람들이 홍문동교회로 분립해서 나갔다. 그 후 두 교회는 독자적으로 발전하다가 곤당골교회가 화재로 소실된 후 홍문동교회 사람들의 제안으로 합하게 된다. 당시 구리개병원의 에바 필드(Eva Field, M.D)와 에스더 쉴즈(Esther Shields, R.N)가 곤당골교회의 여성 사역을 이어받았는데, 그들과 함께 일하던 전도부인이 김씨 부인이었다. 여자들은 곤당골 예배당 화재가 일어난 1898년 6월부터 구리개병원에서 계속 예배를 드리고 있었다. 1893년 이후 곤당골교회 여성 사역 담당자였던 스트롱이 과로로 건강이 악화되어 미국으로 잠시 안식년을 떠난 사이에 새로 들어온 의료선교사들이 곤당골 여성들을 담당하게 되었다. 이들은 아직 언어 공부에 매진하고 있었고 한국문화에 서툴렀지만, 전도부인 김 부인이 심방한 결과로 교회를 떠난 여러 가족이 다시 돌아왔다.

> 필드 의사와 쉴즈 간호원이 병원일을 시작하고 바로 여성반 하나가 시작되었다. 곤당골에서 열리다가 후에 병원에서 모인다. 네다섯 명에서 20명

155) *Eleventh ARWNPB* (1899), 28. 무어의 담당구역은 이 당시 홍문섯골교회였다.

156) 홍문섯골교회(홍문동교회)에 대해서는 김일환, "홍문동교회의 설립과 분열에 관한 연구: 1902년 징계사건을 중심으로," 「한국 기독교와 역사」 51 (2019), 5-40 참조. 김권정은 1898년 독립협회와 만민공동회를 중심으로 일어난 민권운동이 옛 신분질서를 깨고 두 교회가 합하는 계기가 되었을 것이라 본다. 김권정, "초기 한국교회 신분-홍문동교회의 사례를 중심으로," 「한국교회사학회지」 11 (2002), 67-99.

> 까지 모이는데 가정을 방문해서 이 여성들과 더욱 친밀해질 필요가 있다. 이 중에는 스트롱 양이 가르친 반도 있어서 그녀가 돌아오기를 간절히 기도하고 있다. 스트롱 양에게 배운 적이 없이 교회에 온 사람들은 심방을 통해 마음을 나누는 사역이 필요하다. 새 신자들이 오지만 배운 적도 없고 무지해서 여러 번 반복해서 들어야 이해한다. 전도부인인 김 부인이 심방한 결과로 교회를 떠난 여러 가족이 다시 돌아왔다. 김 부인은 양반의 편견을 극복한 바람직한 경우이다.[157]

교회 내의 갈등과 분규로 교회를 떠났던 여러 가족이 김 부인의 심방과 설득, 가르침을 통해 돌아왔다. 또 김 부인의 친족들이 적대적인 마음을 돌이켰다. 김 부인은 기독교인이 되고 나서 여러 해 동안 친척들에게 핍박을 당하면서도 기독교적 삶과 인격으로 영향을 주어 기독교에 대한 가족들의 태도에 변화가 생긴 것이었다.[158] 김 부인은 마침내 자신의 며느리를 교회의 주중 예배와 주일예배에 데리고 다닐 수 있게 되었다. 그 며느리는 아들 셋을 두었으며, 남편의 허락을 받고 시어머니와 함께 교회의 충실한 회원이 되었다.

김 부인은 홍문동교회에서 승동교회로 이적한 회원 중 한 명이었던 다동(茶洞) 김 부인을 가리킨다.[159] 승동교회는 곤당골교회와 홍문동교회

157) *Annual Report of Seoul Station of the Presbyterian Mission in Korea for the year of 1898-1899* (1899), 18-19.

158) *Annual Report of Seoul Station* (1899), 19.

159) 홍문섯골교회(홍문동교회)에서 승동교회로 이전(移轉)한 교인은 박성춘(朴成春, 1895년 수세)과 그의 아들 박서양(朴瑞陽, 1895년 수세), 세브란스 의학교 재학 중이던 김필순(金弼淳), 정윤수(鄭允洙, 1901년 수세)와 송인순(宋仁淳, 1909년 수세), 박중근(朴重根), 그리고 다동(茶洞) 김 부인 등이었다. 차재명 편, 『朝鮮예수교長老會史記』(이하 『史記』) (경성: 조선기독교창문사, 1928), 111. “승동교회 학습·세례교인 명단(1895-1931),” 「승동공보」 4.1 (1989.8), 18-19. 수세년도가 확인된 사람들은 모두 중앙교회와 이를 계승한 승동교회에서 세례를 받은 이들이다.

가 합하여 된 서울중앙교회가 1904년 승동으로 자리를 옮기고 나서 붙은 이름이다. 다동 김 부인에 대해서는 차재명의 『사기(史記)』에 단 한 차례 언급되었을 뿐이지만, 쉴즈의 보고서에 "다방골 김 부인"이 선교사와 동행하여 심방을 다닌 전도부인으로 나타난다.[160] 남자들과 나란히 한 교회의 창립자로 되어 있다는 점에서 다동 김 부인의 신앙적 영향력은 상당했다. 구리개병원이 남대문 밖으로 이전할 무렵인 1903년에서 1904년 사이에 김 부인은 노쇠해져서 에비슨 부인(Mrs. Jennie B. Avison)과 함께 심방이나 전도 여행 다니는 일을 그만두었다. 말년의 김 부인은 힘닿는 데까지 사람들을 심방하고 위로하고 도움을 베풀었다. 이 무렵 그가 전도한 은행가 친척은 승동교회에서 신앙생활을 하고 있었다.[161]

김 부인은 스트롱의 보고서에 처음으로 나타나고, 베스트의 기고문에 따르면 헤론 부인의 성경반에도 있었다. 그런데 헤론 부인의 보고서에는 김 부인이라는 이름이 나오지 않는다. 이 두 자료를 어떻게 조화시킬 수 있을까? 게일과 결혼한 헤론 부인이 서울 사역을 정리하면서 쓴 글에 나오는 박씨 부인(Mrs. Pack)은 곤당골교회 김 부인과 매우 비슷한 처지이다.

> 박씨 부인(Mrs. Pack)은 두 아이를 키우는 과부로 서울에서 선교사들이 거의 아무도 들어가지 않았고 서양인이라면 의심받는 지역에 살고 있다. 그

김필순과 다동 김부인은 중앙교회에서 세례를 받지 않았다.

160) 박형우 편역, 『에스터 L. 쉴즈 자료집 I: 1868-1911』 (서울: 연세대학교 대학출판문화원, 2016), 361-365. "Ja Bang Kol"이라고 필사하고 "자방골"로 번역했으나 "Da Bang Kol"로 읽어야 옳다. 다방골은 다동(茶洞)이라고도 했으며, 현재 중구 다동과 태평로1가 일부에 해당한다. (서울역사편찬원 서울지명사전 https://history.seoul.go.kr/nuri/etc/sub_page.php?pidx=146579435936, 2020. 10. 31 접속).

161) Mrs. O. R. Avison, "Three Choice Women-from Annual Report of Mrs. Avison, June 1903," *KF* (Aug. 1903), 119-120.

> 녀의 친구들과 이웃들은 그녀를 버렸다. 자기 아들에게 적당한 혼처를 찾아보는 모든 시도는 거절당했다. 그는 13살의 바람직한 젊은이고, 그의 어머니가 "특이한 종교관"을 갖고 있는 것 외에는 이 냉담함의 다른 이유는 있을 수 없다. 이런 상황에서 그녀가 자신을 공개적으로 기독교인이라고 말하기를 두려워하는 것은 이상한 일이 아니다. 그리고 자기 가족을 먹이고 입히는 걱정 때문에 그녀가 사역을 하지 못할 때가 생기면 오랫동안 그녀를 못 볼 수도 있다. 그러나 나는 그녀가 "예수의 비밀스러운 제자"라고 믿는다. 그리고 그녀는 종종 그 작은 집을 밤에는 걸어 닫고 적대적인 눈이 가까이 없을 때, 자녀들과 친구 몇몇을 데리고 같이 복음서를 읽는다는 것이 감사하다.[162)]

박씨는 가마를 타고 다닐 수 있는 양반가 부인이었고, 아들을 포함한 두 자녀가 있었으며, 친척과 이웃의 위협 속에 기독교인임을 공개적으로 밝히지 못했다. 박씨 부인의 남동생이 1890년 이전에 사망한 헤론의 어학 선생이었기 때문에 헤론 부인은 그와 알게 되었다. 기독교 서적을 함께 읽고 신앙을 나누던 남동생과 어머니는 헤론 의사의 사망 전후로 모두 세상을 떠났다. 헤론의 미망인이 된 선교사 부인 집에 가마를 타고 두 아이와 함께 박씨 부인이 위문을 온 적이 있었다. 그 집안의 내력과 이 여인이 당하고 있는 어려움에 대해 헤론 부인은 미국에 보내는 편지에 다음과 같이 적었다.

> ...박씨의 누이(Pack's sister)가 두 아이와 함께 가마를 타고 왔습니다. 박씨는 헤론 의사의 어학교사였고 초기 기독교인 중 하나이며 전도인으로 서

162) Harriet G. Gale, "The Women Who Labor with me in the Gospel," *WWW* 7.8 (1892), 215.

적과 한문성경을 들고 남북으로 여행을 다녔습니다. 그는 죽기 전에 자기는 죽는 것이 두렵지 않으며 구원에 대해 그리스도를 신뢰한다고 했습니다. 그러나 그는 불쌍한 노모와 젊은 아내와 과부인 누이와 조카들을 남겨두고 떠나는 게 괴롭다고 헤론 의사에게 말했습니다. 헤론은 그에게 자신이 살아있는 한 그들이 고통당하지 않게 돌보겠다고 약속했고 지켰습니다. 1, 2년 후 박씨의 미망인은 재혼했고 그것은 이 가족에게 큰 슬픔이자 부끄러움이었습니다. 왜냐하면 한국 풍속에 따르면 재혼하느니 굶어 죽는 것이 낫기 때문입니다. 지난주에는 작은 소년이 와서 할머니를 임종해달라고 나를 부르러 왔습니다. 그녀는 곧 천국에서 그의 아들과 헤론 의사가 함께 있을 것이라고 말했습니다. 이 어두운 땅에서 어떻게 그렇게 보일지 말할 수 없습니다! 죄와 비참과 어두움이 가득하며 사방이 큰 바다 같지만 여기서도 그리스도를 위해 영혼을 얻을 수 있다는 것을 느낍니다. 그 누이가 어제 눈물이 가득한 눈으로 왔지만 어떤 불평도 하지 않았습니다. 그녀는 힘든 시간에 대해 아무 말도 하지 않았습니다. 그녀는 용감한 부인입니다. 힘든 일을 두려워하지 않고 견디는 부인입니다. 그녀는 자기 남동생이 살아있을 때 그가 어머니와 함께 성경을 배우는 데 많은 시간을 보냈다고 말했습니다. 그가 죽은 후에는 그녀가 어머니랑 성경을 공부하기 시작했고 지금은 예수 그리스도가 구세주라는 것을 믿습니다. 그런 다음 그녀는 나에게 큰 격려가 되는 질문을 했습니다. "성묘를 해야 할 때가 다가오는데 모든 사람들은 당연히 제가 절을 할 거라고 예상하고 있어요. 제가 하지 않는다면 저를 욕할 거예요. 어떡하죠?" 저는 한국인 개종자들 모두에게 이 질문은 참으로 어려운 것이라는 것을 알고 있습니다. 그러나 그들은 종종 여기에 대해 우리에게 아무 말도 하지 않습니다. 나는 그들 중 조상을 숭배하는 풍속대로 하면서 선교사들이 이를 몰랐으면 하고 바라는 많은 이들이 두렵습니다. 나는 이 가엾은 여인에게 예수님이 우리를 위해 당하신 어려운 일들을 상기시켰습니다. 그녀는 그분을 슬프게 하기보다는 친구들의 모욕을 견딜 수 있다고 생각했습니다.[163)]

헤론의 어학 선생이자 전도인 역할을 하던 박씨의 누이인 이 여성은 양반으로서 기독교를 수용하기 어려운 여러 상황에 직면해 있었다. 과부의 재가 문제, 조상제사 문제, 딸을 서양인이 운영하는 여학교에 보내는 문제 등 여러 고민을 안고 있었고, 기독교인임을 공개적으로 말할 수 없는 처지였다. 그런 박씨의 누이가 김씨인 남편을 두었다면 선교사들은 그를 김 부인이라고 불렀을 것이다. 그렇다면 베스트가 양반의 신분으로 영향력과 지위를 타고난 첫 번째 여성 수세자라고 말한 김 부인은 "수도 서울에서 선교사들의 친구이자 신실한 조력자로 지내온 김 부인"이 될 수 있다. 그리고 그가 헤론 부인의 성경반에 속해 있었다면 헤론 부인과 스트롱의 기록을 연결할 여지가 생긴다. 헤론 부인은 곤당골에서 서울 사역을 마무리하고 그 지역은 스트롱이 이어받았다. 거기서 스트롱은 친족들의 압력에 힘겨워하는 김 부인을 만났다. 무어는 곤당골교회와 홍문섯골교회를 합친 중앙교회를 새건하면서 김 부인을 여성 사역의 길로 끌어들였다. 마침내 양반의 편견을 극복하고 당당하게 며느리를 교회에 데려온 홍문섯골교회의 '김 부인'은 에바 필드, 에스더 쉴즈, 웰본 부인(Mrs. Welbon), 에비슨 부인과 협력하는 선노부인으로 활동했다. 에비슨 부인을 비롯한 여선교사들은 김 부인과 친밀한 관계를 유지했다.

웰본 부인(이전의 누스 양(Miss Nourse))과 나는 홍문섯골교회(Hong Mun Suk

163) Mrs. Heron, "One Afternoon at Home in Seoul," *WWW* 6.9 (1891), 246.

> Kol Church)라고 알려진 중앙교회에서 여자부를 맡고 있다. 웰본 부인은 아주 흥미로운 일을 하고 있다. 그녀는 오랫동안 믿어온 사랑하는 김 부인과 함께, 교회에 속한 부인들 집을 심방한다.[164]

선교 보고를 종합해 보면, 김 부인은 양반의 신분으로 기독교를 진지하고 신중하게 받아들인 여성이었고, 첫 여성 수세자 중에 있었으며, 과부로서 가문의 압력을 이겨내고 마침내 기독교 사역에 종사하는 전도부인이 된 경우이다. 그런데 첫 번째 수세자라는 베스트의 말을 의심하게 할 만한 김 부인의 이야기가 있다. 1916년 *The Korea Mission Field*에 김 부인과 기독교가 어떻게 연관되었는지에 대한 선교사들의 이야기가 실려 있다.

> 약 25년 전에 한국이 은둔의 왕국이었을 때 중년의 양반 부인이 여학교에 있는 양부인을 만나도 되겠느냐고 물어왔다. 그는 "구경"을 하러 온 것이 아니었다. 만약 그때 무슨 일로 오셨느냐고 물었다면 그는 대답하지 못했을 것이다. 그녀는 우리가 말하는 것을 모두 경청했고, 이 첫 번째 방문은 우리가 "김 부인"을 알고 사귀게 된 시초가 되었다.[165]

그 후 김 부인은 여학교에서 만난 기포드 부인, 스트롱과 함께 성경공부를 시작했다고 한다. 김 부인이 베스트의 말대로 최초 수세 여성 중 한 명이라면 헤론 부인의 성경반 출신으로, 기포드 부인과는 관계가 없다. 기포드 부인은 첫 번째 여성 수세자가 나온 지 2년 후에 내한했다. 이 글

164) Mrs. Avison, "Letters from Korea," *WWW* 17.3 (1902), 77-78.

165) Mrs. F. S. Miller, Mrs. O. R. Avison, "Lady Kim," *KMF* 12.4 (April 1916), 95-98.

에서 믿을 만한 부분은 김 부인이 친척들의 반대를 산 이유에 대한 설명이다. 예수교를 따르게 된 김 부인은 함께 사는 친족들의 심한 반발에 부딪혔다. 그는 결단을 내리고 따로 집을 얻어 나와 살았기 때문에 경제적 도움이 끊어지고 혼자 가난을 감당했다. 그 와중에서도 이웃과 친구들을 불러 모으고 선교사들을 집으로 초대해서 가르침을 받았고, 곧 그곳에 정기 모임이 생겨났다. 친척들은 설득과 위협을 번갈아 하며 집으로 돌아오도록 회유했으나, 오히려 김 부인은 도를 전하는 기회로 삼았다. 친척들이 그토록 반대한 이유는 신분이 다른 사람들과 어울리는 것 때문이었다.

> 김 부인은 사무엘 무어 목사의 교회 회원이 되어 거기서 마치 유급 전도부인처럼 열심히 활동했다. 비록 친척들이 그녀를 좌절시키기 위해 주는 쥐꼬리만 한 '생활비'로 살아가지만 그의 얼굴은 누구보다 행복해 보였다. 친척들은 양반이 '신앙'을 고백하고 모든 계층의 사람들과 형제처럼 어울릴 뿐 아니라 그들과 그렇게 신분이 다른 이들에게 '전도'하는 것이 매우 못마땅했다.[166)]

서울 북부 시역 여러 백정 가속이 출석하고 있는 무어의 교회에서 김 부인이 천한 신분의 사람들과 어울리고 그들의 집을 방문한 것이 양반 친족들의 반발을 샀던 것으로 보인다. 심한 경제적 곤란 속에서 김 부인은 무어가 제안한 전도부인 월급 2달러(한화로는 4원)를 마지못해 받아들였다.[167)]

---

166) Mrs. F. S. Miller, Mrs. O. R. Avison, "Lady Kim," 95-96.

167) Mrs. F. S. Miller, Mrs. O. R. Avison, "Lady Kim," 96. 1914년 6월, 안식년을 앞둔 에비슨 부부가 김 부인을 찾아갔을 때, 그는 친척집에서 사랑하는 손주들과 함께 여생을 보내고 있었다. 그는 에비슨 부부의 안식년 기간 동안(1914~15년 사이) 사망해서 에비슨 부인을 다시 보지 못했

김 부인이 사무엘 무어처럼 열렬한 백정 해방 운동가는 아니었을지라도 평등을 옹호하는 신념을 갖고 있었기 때문에 백정이 많은 교회에서 양반 출신이라는 권위를 버리고 전도부인으로 활동할 수 있었을 것이다. 곤당골-구리개에서 이어지는 승동교회는 사무엘 무어의 목회 시절에 교인이 된 백정들이 있었기 때문에 '백정교회'라는 낙인이 찍혀서 많은 양반들이 연동교회나 북촌에 세워진 안동교회로 옮겨가기도 했다. 김 부인은 곤당골에서 시작한 지역교회가 우여곡절 끝에 승동교회라는 교회로 안착하기까지 우직하게 신앙을 지키고 흩어진 사람들을 모으며 완고한 친족들을 감화시킨 전도부인이었다.

3.4. 모화관 전도소

미국 북장로회에서 한국에 파송한 첫 번째 여자 의사였던 언더우드 부인은 의료선교사로 내한했다. 하지만 그에게 더 강한 선교의 동기는 복음 전도에 있었다.[168] 그가 한국에 온 지 일 년도 되지 않아 신혼여행으로 두 달간의 내륙 순회 여행을 택한 이유도 금지된 것이 많고 조심스러운 서울을 떠나 더 많은 한국인과 자유롭게 접촉하면서 복음을 전하고 싶다는 열망 때문이었다. 이 일은 개척기의 전설적인 신혼여행으로 두고두고 회자되었다. 결혼 후 릴리어스 호튼은 언더우드 부인으로서 왕실 여성들과 도시 빈민, 시골 사람들 사이를 오가며 의료 활동을 하면서도 복음 전도에 더욱 열정을 쏟았다.

다. 김 부인이 "아버지 집"으로 부름받은 후에도 그 신앙은 친척들에게 깊은 감명으로 남았다고 한다.

168) 송정연, "릴리아스 호튼 언더우드(L. H. Underwood)의 선교사 정체성," 「신학논단」 80 (2015), 207-235.

언더우드 부부는 건강상 문제로 2년간 한국 선교 현장을 비웠다가 1893년 봄 다시 돌아왔다. 그들은 미국에서 사적으로 모금한 기부금을 가지고 서대문 안쪽 언덕 위 기와집 한 채와 서대문 앞 대로변 집 두 채를 매입했다. 언더우드의 형 프레드릭(Frederick Underwood)이 남긴 유산으로 먼저 매입한 언덕 위의 기와집은 전염병으로 가족에게 버림받은 사람들을 수용하고 치료하는 병동으로 개조해서 프레드릭 피병소(Frederick Shelter)라고 했다.[169] 1897년 봄에는 바로 옆에 있는 집을 한 채 더 매입해서 나환자를 수용했다.[170] 이곳은 정부가 세운 피병소들이 활성화되기 전까지 에비슨과 빈튼, 언더우드 부인이 전염병 환자와 나환자들을 격리 치료하는 시설로 사용되었다.

피병소가 있는 언덕 아래 그리 멀지 않은, 사람들이 많이 다니는 대로변 집 두 채는 기부자인 뉴욕 휴 오닐 부인의 바람대로 그 외아들을 기념하는 휴 오닐 진료소(Hugh O'Neil Dispensary)와 여성 모임을 위한 전도소로 사용했다.[171] 언더우드 부인과 화이팅 의사는 휴 오닐 진료소를 주말만 제외하고는 매일 오전에 열고 찾아오는 여성 환자와 어린이를 진료했다. 나중에는 에비슨의 의학교 학생이 와서 남자 환자까지 진료하기도 했다.[172] 찾아오는 환자 수는 처음에는 한두 명에 불과했지만, 점차 10명 이상으로 늘어났고, 왕진을 나가서 만난 여성들은 주중이나 주일에 열리는 성경공부 모임에 나오기 시작했다. 모화관 전도소는 중국 사신을 영접하던 모화관 앞에 있었기 때문에 붙은 이름이었다. 서대문을 통해 도

---

169) Lillias H. Underwood, *Fifteeen Years among the Top-knots*, 107-108.

170) L. H. 언더우드, "의료 보고서, 1897," 『언더우드 자료집 II』, 204.

171) 『언더우드 자료집 II』, 108, (Dr.) Lillias Horton Underwood, "A New Arm of Medical Missions in Seoul and a Korean Christian," *WWW* 9.8 (1894), 206-208.

172) L. H. 언더우드, "의료보고서, 1897," 『언더우드 자료집 II』, 201-202.

성 안팎을 이어주는 길목에 있었으므로 서강과 잔다리, 마포, 행주, 김포 등으로 이어지는 한강 마을과 인근 농촌 지역에 사는 여성들이 와서 진료를 받기도 하고, 성경을 공부했다. 모(母) 교회인 정동교회와 가까워서 여성들은 모화관에서 한 번, 언더우드 집에서 한 번 번갈아 모이면서 정동교회 예배와 연결되었다. 그러나 정작 예배에 참석하는 여성들은 많이 늘어나지 않았는데 주변에 작은 예배당들이 생기면서 분산되었기 때문이었다. 1898년이 되면 정동교회 여성들은 잔다리 예배당, 홍문섯골 예배당, 감리교 여성주일학교 등으로 흩어졌고, 이런 분산에 대해서 언더우드 부인은 그다지 실망하지 않았다.[173] 언더우드 부인은 건강과 집안일 때문에 모임을 지속적으로 인도하지 못했다. 왐볼드(Katherine Wambold)와 화이팅 의사가 한 팀이 되어 공백을 메워주었고, 수요일 오후와 주일 오후에 정기적인 여성 모임이 정착되었다. 언더우드 부인은 1898년 가을쯤에 이 여성들을 자신의 집으로 초대해서 여성들을 위한 사경회를 열었고, 평균 30명이 참석했다고 기록했다.[174]

모화관 전도소에서는 수요일 오후마다 모임이 있었다. 여선교사들이 여러 사정으로 오지 못하거나 늦을 때에도 한국 여성들끼리 모여서 선교사를 위해 하나님의 인도를 간절히 기도했다. 그 모습에 언더우드 부인은 그들이 자신을 "더 가르치고 도와준다"라고 고백했다.[175] 성경공부 시간에 선교사를 도왔던 사람 중 1899년 봄에 세상을 떠난 잔다리의 정기반 부인을 언더우드 부인은 특별히 언급했다.[176] 잔다리에 살고 있던 정

173) "언더우드 부인의 의료 및 전도 보고서, 1898," 『언더우드 자료집 II』, 213.

174) "언더우드 부인의 의료 및 전도 보고서, 1898," 213.

175) "언더우드 부인의 의료 및 전도 보고서, 1898," 214.

176) "언더우드 부인의 1899년 의료사업과 전도사업 보고서," 『언더우드 자료집 II』, 232-233.

기반은 3~4년 동안 빠짐없이 주일을 포함 일주일에 3번 이상 모화관 전도소와 정동까지 얇은 비단 쓰개치마 하나 두르고 비가 오나 매서운 바람이 부나 기도회와 교회 예배에 참석했다. 이렇게 자유롭게 종교 활동에 시간을 할애한 것을 보면 정기반은 노년의 과부였을 것이다. 그는 성경공부 시간에 언더우드 부인이 서투른 한국어로 가르치는 말을 금세 이해해서 다른 여자들에게 설명해 주고, 이웃과 친구, 친척들을 교회로 데려오기도 했다. 그리고 그들에게 나누어주려고 직접 소책자를 구매해서 가져갔다. 정기반은 본향으로 간다는 소망 가운데 즐겁게 이생을 떠났지만, 언더우드 부인의 상실감과 슬픔은 매우 컸다.

모화관에서 공부한 여성들 중에서 화이팅 의사의 조사(helper)로 전도여행에 동행한 사람도 있었다. 대부분 여성들이 어린 자녀와 가족을 돌보아야 했기 때문에 여행을 갈 수 없지만 쉬지 않고 이웃 사람들에게 복음을 전했다. 화이팅 의사는 서울지부에서 순회 여행에 열정을 가졌던 여선교사 중 한 명이었다. 그는 1898년 한 해에 12회에 걸쳐 전도 여행을 떠나 30개 지역을 순회했다.[177] 그는 잔다리의 고 부인을 조사(helper)로 삼아 경기도 안산(1897년)[178]과 안성, 장호원을 돌면서 여성들과 사경회를 열고,[179] 천씨 부인(조사 천광실의 부인)과 소래의 김 부인(안성은) 등의 도움을 받아 배천, 해주, 태탄, 조촌, 장연, 은율 등 황해도 주요 지역을 순회하며 여성들과 만났다.[180] 그가 순회했던 지역은 뚝섬과 같은 서울 인근에서부

177) Whiting, Georgiana E., "Itinerating among Women of Seoul Station," *WWW* 14.8 (1899), 215-216.

178) (Dr.) Georgiana E. Whiting, "Evangelistic Effort in Country Districts, Korea," *WWW* 13.3 (1898), 67-69.

179) Dr. Georgiana Whiting, "Letters from missionaries," *WWW* 15.2 (1900), 46.

180) Georgiana E. Whiting, "Itineration in Seoul Field, Korea," *WWW* 15.11 (1900), 309-310.

터 기포드(D. L. Gifford)와 밀러(F. S. Miller)의 구역인 경기도 서쪽과 남쪽, 황해도 소래까지 이어지는 언더우드의 순회 구역을 포괄하는 광범위한 지역이었다. 그와 동행했던 고 부인은 선교사가 가르치는 여성들을 위해 간절히 기도하고, 하나님을 향한 단순한 신뢰로 선교사에게나 만나는 사람들에게 감동을 주었다.[181)]

북경로 초입 독립문 앞에 위치한 모화관 전도소는 강변 마을과 황해도 해주와 소래까지 이어지는 언더우드의 순회 구역에 있는 여성들이 제중원까지 들어가지 않고 진료소에서 치료를 받고, 각종 모임에 참석할 수도 있었다. 도성 안팎의 다양한 여성들에게 의료적 도움과 함께 종교적 필요를 채워주는 곳으로써, 어느 한 교회의 부속 전도소도 아니었고, 선교회에 속한 건물도 아니었던지라 언더우드 부부가 개인적으로 모금한 기부금이 큰 역할을 했다. 이 건물을 관리하는 한국인이 따로 있었지만 조사 역할을 하지는 않았다. 유급 전도부인이 있는 것도 아니었다. 모이는 여성들이 스스로 알아서 선교사를 돕고, 서로를 가르치는 자율적인 공간이었다. 여기서 기도회와 성경공부로 기독교 훈련을 받은 여성들은 정동교회, 중앙교회(승동교회), 잔다리교회 외에도 감리교파의 교회로, 혹은 이사로 인해 지방에 있는 다른 기독교 공동체로 흩어졌다.

---

181) Dr. Georgiana Whiting, "Letters from missionaries," 46.

4. 교회와 사회의 전도부인 인식

4.1. '전도부인'이라는 이름의 여성

선교 현장에서 필요에 따라 등장한 전도부인이 제도적 교회 안으로 편입되기까지는 시간이 걸렸다. 1930년까지도 전도부인을 선교회의 일꾼으로 인식해서 교회가 외면하는 경우가 있었다.[182] 장로회의 공식적 기록이 시작되는 1907년 독노회록에는 '여전도인'이라는 항목으로 1905년부터 그 숫자를 기록했는데,[183] 1917년부터는 '여자조사'라는 여사역자의 종류가 추가되었다. 이는 교회 안에서 목회의 필요성이 증대하자 여성 직분이 분화된 것으로 이해할 수 있다. 전도부인은 기독교 복음이 알려지지 않은 지역에서 불신자들을 위해 일하는 여전도인으로 시작해서, 교회 내부의 조직이 분화되고 목회적 요구가 커지자, 교회 안의 필요를 돌보는 교역자가 된 것이다. 전도부인의 활동은 신앙공동체의 경계가 확실하게 형성되지 않았을 때 시작되었으며, 현장에서 이들을 부르는 이름도 제각각이었다. 서울 지역 교회에서는 1910년대까지만 해도 여조사, 여매서인으로 부르다가, 1920년대가 되어 전도부인이라는 교회 직원의 항목이 개교회 기록에 나타나기 시작했다.[184] 이들은 교회 제직회에서 남성 교인과 함께 교회의 자치활동에 활발히 참여하고 있었다.

문헌적으로 가장 이른 시기에 비기독교인이 전도부인을 언급한 사례는 「하재일기」의 1905년 9월 29일 기록에서 찾을 수 있다. 양평에 사는

182) 박승호, "삭군과 일군," 「기독신보」, 1930. 01. 08.

183) "장로공의회 통계보고표(1907)," 『독노회록 및 제1회 총회록, 1907-1912』.

184) 『새문안교회 제직회록』(1914~1930), 『연동교회 세례교인 명부』(1910), 「승동교회 교인명부」(1925, 연세대학교 국학자료실 소장) 등 참조.

지규식은 미국인 전도부인과 한국 부인들이 자기 마을에 찾아왔다고 일기에 기록했다.[185] 그에 따르면, '전도부인(傳道夫人)'은 초기에는 한국인 여성사역자를 일컫는 말이 아니라 서양 여선교사들을 부르는 이름이었다. '부인(夫人)'이라는 호칭은 여성에 대한 적절한 사회적 호칭이 없을 때 중요한 사회적 지위를 가진 남자의 아내를 부르는 존칭어였으며, 한국인들은 서양 여선교사들을 "부인(Pueen, Puin)"이라고 불렀다.[186] 그런데 신분이 높은 여성을 가리키는 '부인(夫人)'은 결혼한 여성을 가리키는 부인(婦人)으로 치환되어 1920년대에 가면 "서양 전도부인(傳道婦人)", "선교부인(宣敎婦人)"이라고 해서 여선교사를 지칭하는 말로 사용되었다. 전도부인이라는 명칭이 처음 사용될 때는 여선교사를 가리키는 말이었다가 점차 선교사들과 같이 다니는 한국 여성들에게도 적용되는 용어로 정착한다.[187] 1907년 「황성신문」의 연재 소설에는 "정동교회에서 나온 전도마누라"라는 표현이 등장한다.[188] 소설 속의 화자인 검둥 어멈은 구어적 표현으로

---

185) 지규식, 『荷齋日記』 九권, 乙巳年(1905년) 9월 29일 자, (서울역사편찬원 한국종합고전DB https://db.itkc.or.kr/dir/ITKC_BT_1441A_0090_070_0290_2011_008_XML, 2019. 07. 08 접속): 美國敎傳道夫人二人 與韓國夫人一人 來到于朴鳳來家 吾儕幾人 往見入敎 (해제: 1905년 9월 미국 전도부인 2명이 한국부인 1명과 함께 박봉래 집에 왔다. 우리들 몇 사람이 가서 보고 기독교에 들어갔다.) 하재일기는 궁궐과 관청에 각종 그릇을 납품하는 공인(貢人) 지규식(池圭植)이 쓴 일기로, 고종 28년(1891)부터 1911년까지 20여 년간에 걸쳐 쓴 것이다. 김상환, 이종덕, "『荷齋日記』 서지정보" (서울역사편찬원, 한국종합고전DB https://db.itkc.or.kr/dir/pop/heje?dataId=ITKC_BT_1441A, 2019. 08. 26 접속)

186) "그들은 우리를 "부인(Poo-een, Pu-ine)"이라고 부른단다. 그 말은 영어의 "lady"에 해당하는 높임말이다. 나는 "의원 부인" 즉 여자 의사란다." "앨리스 피시가 사촌 엠마에게 보낸 편지, 1898년 4월24일," 옥성득 편역, 『마포삼열 자료집 2』 (서울: 새물결플러스, 2016), 367.

187) "嘉尙한 西洋婦人, 安息敎會 傳道婦人 띠어왕글리 씨," 「동아일보」, 1920. 08. 23. "婦人聖經學院 定礎式, 平北寧邊 美監理敎會 米宣敎婦人 愛施治氏의 努力," 「동아일보」, 1922. 06. 21. "하안나 선교부인," 「조선중앙일보」, 1934. 04. 16.

188) 「황성신문」, 1907. 09. 09. 한국 여성에게 전도부인(傳道夫人)이라는 호칭을 붙인 용례는 「대한매일신보」, 1908. 10. 01 참조.

"전도마누라"라는 단어를 구사하고 있는데, 이는 아직 사회활동을 하는 여성에 대한 인식이 낮고, 적당한 호칭을 찾는 것이 수월하지 않았음을 보여주기 위해서일 것이다.

한국인들은 1910년을 전후로 여선교사와 유사한 사역을 하는 한국인 여성을 전도부인이라 불렀을 것으로 추정된다. 한때 「황성신문」의 편집인이었던 남궁준은 1913년에 펴낸 계몽 소설에서 전도부인을 새로운 직업여성으로 소개했다.[189] 청일전쟁 이후 약 20년 동안 기독교는 한국 사회의 계층과 지역을 불문하고 널리 확산되었다. 동 시기에 개화된 지식인 남성들은 위기에 처한 나라가 어떻게든 독립된 문명국의 반열에 진입하는 것을 꿈꾸며 강연회와 토론회, 신문과 신소설 등 초보적인 각종 대중매체를 활용해서 대중을 계몽하기 위해 노력했다. 남궁준의 이 소설은 특별히 여성을 위한 계몽서로서, 그 안에서 전도부인은 이제 막 부상하는 여성계의 지도자로 소개되었다. 이때는 〈애국부인전(愛國婦人傳)〉(1907), 〈라란부인전(羅蘭夫人傳)〉(1908)과 같은 영웅적인 서양 여성의 역사 전기물이 번안되어 지식인과 대중에게 소개되었던 때로 서양 여선교사와 함께 다니는 한국 여성을 '전도부인'으로 부를 만한 대중적 언어 환경이 조성되었다고 할 수 있다.[190] '전도부인'이라는 호칭은, 적어도 개화기에는 여성의 긍정적인 면과 결합하여 사용한 '부인'이라는 말에 드러나듯이 존중이 담긴 표현이었으며, 여성의 지위 향상을 알리는 신호이기도 했다.

전도부인은 남궁준이 묘사한 대로 현실에서도 여성 계몽과 여성교육

189) 남궁준 편, 『텬즁가절』 (경성: 유일서관, 1913).

190) 이민우, "개화기(開化期) 국어(國語) 여성(女性) 관련(關聯) 어휘(語彙)의 개념화(概念化) 양상(樣相) 분석(分析)," 「어문연구」 41.4 (2013), 109-131. '여자', '여인', '계집', '아낙', '부인'은 개화기에 여성을 지칭하는 용어로 '부인'은 그 사용빈도가 20세기에 점점 줄어들었음에도 불구하고 가장 보편적으로 사용되었다.

의 지도자로서 나타난다. 초기에 활동한 전도부인 간에는 교육 편차가 매우 컸다. 글자를 전혀 모르지만, 배운 대로 통째로 암기해서 가르치는 시골 마을의 전도부인도 있었고, 해외 유학을 다녀온 전도부인도 있었다. 박에스더로 알려진 김점동은 한국인으로서 미국 북감리회 여선교회의 파송을 받은 여선교사이자, 전도부인이었던 매우 특이한 사례였다.[191] 그는 1900년에 미국 볼티모어에서 의학 공부를 마치고 귀국해서 병원과 사경회라는 선교 공간에서 한국 여성들을 위해 일했다. 하란사 역시 미국 오하이오에서 문학사 과정을 마치고 귀국해서 여학교를 중심으로 활동했던 북감리회 전도부인이었다.[192] 1906년 황실의 안주인인 엄비를 중심으로 한일부인회라는 한국과 일본 여성의 교류 모임인 귀족부인회가 매주 1회씩 강연회를 열고 유학을 다녀온 하란사나 여메례황과 같은 여성 명사의 연설을 듣고 여성교육에 관한 정보를 나누었다.[193] 1905년 러일전쟁 이후에는 일반 대중 여성도 각종 집회와 강연회, 운동회, 토론회 등에 참석하여 단체 활동을 시작했다. 기독교적 훈련을 받고 성장한 여성 지도자들은 서양 선교사와의 접촉에서 얻은 여러 가지 정보와 지식을 강연과 교육을 통해 변화를 열망하는 한국 여성들에게 전달했다. 초기 전도부인 중에는 해외 유학을 마치고 귀국해서 한국 여성을 위해 서양 선교사와 동등한 위치에서 일하는 여성도 있었지만, 대부분의 전도부인은 서양 여선교사에게서 받은 교육이 전부였으며, 꾸준한 교회 생활을 통해 습득한 지

---

191) 박에스더(1877-1910년)는 우리나라 최초의 여의사이며 미국에서 유학하고 감리교 선교사로 파송되어 홀 부인(Mrs. Hall)과 함께 평양에서 의료사역과 전도사역을 했다. 결혼 후 남편 박여선의 성을 따라 박에스더라 불렀다. 「신학월보」 1.1 (1900.12). Helen Montgomery, *Western Women in Eastern Lands*, 135, 221.

192) "歡迎會盛況," 「황성신문」, 1909. 05. 05.

193) 최은희, 『개화여성열전: 여성을 넘어 아낙의 너울을 벗고』 (서울: 문이재, 2003), 120-121.

식으로 다른 여성들을 가르쳤다.

4.2. 유교적 개화 지식인이 본 전도부인

1907년, 전도부인이 주요 인물로 등장하는 소설 〈몽조〉가 신문에 실렸다.[194] 이 소설은 중편 분량으로 1907년 8월 12일부터 9월 17일까지 「황성신문」에 24회에 걸쳐 연재되었다.[195] 「황성신문」은 국한문 혼용체 신문으로 개명한 유학자층을 대상으로 한 것이라 알려져 있는데 이 소설은 유일하게 순 한글로 되어 있어서 여성 독자들을 염두에 둔 것으로 보인다.[196] 개화기의 정치적 격변으로 남편을 잃은 정씨 부인이 정동교회 전도부인의 인도로 기독교에 끌리게 된다는 내용의 이 소설은, 여타의 개화기 소설이 가진 전형을 깨트리면서 당시 현실을 반영하고 있는 사실적 소설로서 학자들의 관심을 끌었다.[197] 반아(槃阿)라는 필명을 사용한 의문의 작가에 대해서는 최근에서야 학제 간 연구를 통해 한 말에서 일제 강점기까지 정부의 고위 관리로 있었던 석진형(石鎭衡, 1877~1946)이라는 사실이 알려졌다.[198]

---

194) 반아, <몽조>, 「황성신문」, 1907. 08. 12에 첫 회가 실렸으며, 1907. 09. 09일자 19회에 전도부인이 처음 등장한다. (그림 6 참조)

195) 이재선, 『韓末의 新聞小說』 (파주: 한국학술정보, 2001), 26

196) 황성신문은 국한문 혼용으로 남성 독자들을 계몽하는 역할을 맡았고, 순 한글을 채택한 제국신문은 여성들을 대상으로 한 신문이라 하여 각각 수(雄)신문과 암(雌)신문이라 했다. 장진식, 『황성신문 초대사장 남궁억』 (서울: 기파랑, 2014), 57-60.

197) 송민호, 이재선, 조남현, 최원식, 양진오, 임기현 등의 연구자가 있고, 북한에서도 이 소설은 문학사에서 우호적인 평가를 하고 있다고 한다. 임기현, "반아 석진형의 <몽조> 연구," 「현대소설연구」 39 (2008), 264-265.

198) 최원식, 『한국계몽주의문학사론』 (서울: 소명, 2002), 309, 최종고, "최초의 국제법학자," 『한국의 법률가상』 (서울: 길안서, 1995), 198. 석진형은 경기도 광주에서 출생하여 일본에 건너가 도쿄의 화불법률학교를 졸업하고 돌아와 법학자로 강단에 섰고, 개화기에는 여러 계몽단체에서 활

그림 6. 황성신문과 순 한글 소설 〈몽조〉

저자가 밝혀지고 나자, 한학에 정통한 유교주의자인 석진형이 어떻게 친기독교적 소설을 쓸 수 있었는지 의문을 낳았다. 그의 소설을 인물중심으로 연구한 임기현은 석진형이 교육과 실업을 강조한 실력양성론자로서 기독교의 교육적 기능을 사회에 도입하려 했다고 보고, 여러 종교에 대한 해박한 지식을 가진 그가 기독교의 장점을 유교에 적용하려 했다고 파악한다.[199] 그는 석진형의 "시대와 종교"(1921)라는 글을 주목하면서 피로 상태에 빠진 유교가 현재 전진하고 있는 개신교의 왕성한 전파력을 배울 필요성이 있다는 점을 석진형이 주장했다고 독해했다. 석진형의 이 글을 살펴보면 기독교에 기우는 직접적 언급을 한다기보다는 유교, 불교, 예수교, 이슬람교, 네 종교를 예로 들면서, "종교란 것이 이와 같이 나아감에는 원동력이 있으니, …다름이 아니오라 종교를 믿는 교도, 또는 그 교를 지배하기 위하여 배치한 지도자 그것이 즉 그 원동력이 될 것이올시

동했다. 일제강점기에는 충남과 전남의 도지사를 지낸 최고위급 관료였다.

199) 임기현, "반아 석진형의 <몽조> 연구," 263-287.

다."라며 그 전파력은 인물 경쟁에 달려있다고 파악했다. 그리고 종교의 포교가 그 생명력을 소멸하게도 연장하게도 한다며 "만일 공자님이 오늘날에 탄생하셨더라면 전도하시기를 위하여 당시의 소위 천하보다도 넓은 천하는 철환하실 것이겠습니다. 또한 포교하시기를 위하여 '삭발(削髮), 착양복(着洋服), 승전차기선비행기(乘電車汽船飛行機), 용서력음력노력(用西曆陰曆露曆)' 하실 줄로 생각됩니다."라며 어떤 문명의 이기나 서양의 용모를 취하더라도 전도가 중함을 주장한다.[200] 석진형은 삼강오륜과 같은 유교의 좋은 뜻(善道)을 새로운 포교방식을 통해 인류 전체에 널리 전하는 것을 추구했으므로 기독교적 인재 양성과 포교방식이 그의 관심을 끈 것이라 본다. 감리회 선교사 존스(George H. Jones)도 박영효와의 대화에서 "그 규범대로 살 수 있는 새사람을 배출하는 힘"이 있기 때문에 기독교에 기대를 건다는 말을 들었다.[201] 조선에도 기독교 못지않은 훌륭한 도덕률이 있지만 인재를 양성하는 방식을 기독교에서 배울 필요가 있다는 인식은 서구 문명에 관심을 가졌던 개화 지식인들에게서 공통적으로 발견할 수 있다.

석진형과 기독교의 연관성은 또 다른 곳에서 발견할 수 있다. 연못골교회(연동교회) 세례교인 명부에는 북부 계동에 사는 "석진형의 모(母)"라는 교인이 있었다.[202] 1906년 당시 석진형의 주소지도 계동(桂洞)이었다는 것을 보면 그의 모친임이 분명해 보인다.[203] 개신유학자 중 집안의 부녀자

200) 석진형, "시대와 유교,"「儒道」4 (儒道振興會, 1921. 12), 45~52,『친일반민족행위관계사료집 13, 일제강점기 유학계의 친일협력과 친일한시』(서울: 친일반민족진상규명위원회, 2009), 326.

201) 조지 히버 존스,『한국교회 형성사: 한국 개신교의 여명, 그 첫 이야기』, 옥성득 편역 (서울: 홍성사, 2013), 96.

202) 연동교회,「세례교인명부(1896-1911)」.

203) 석진형의 두 개의 주소지 漢城 北署 陽德坊 桂山洞契 桂洞 第二統 第十二戶와 漢城 北署 桂山洞 第二統 十二戶는 같은 주소지이나 행정구역명 변경으로 인한 차이이다. 계동은 桂生洞,

들에게 기독교 입교를 허락했던 경우가 심심치 않았던 것을 생각할 때 그의 모친이 개신교인이었던 것은 이상한 일이 아니다. 더 나아가 석진형의 모친은 연동교회가 교인명부를 따로 작성하기 이전, 즉 1896년 이전에 입교한 교인 목록에 있다. 이는 장로교회가 서울에서 초기에 여러 명의 양반 부인들에게 영향을 미쳤다는 점을 보여주며,[204] 일부 남성들은 초기 입교자인 가족의 일원을 통해서 기독교에 대한 지식을 얻었으리라 점을 시사한다. 그는 소설에서 전도부인이 처음 등장할 때 그 모습과 행동을 이렇게 묘사한다.

> 이 새로 온 손님은 나이가 갓 마흔이 자칫 넘은 듯한 곱게 늙은 여편네라. 헐고 낡은 치마를 쓰고 검정물 들인 솜둔 조백이를 회동그랗게 쓰고 무엇인지 참빗장수의 빗주머니 같은 것을 메고 태연히 들어와서 양지쪽 마루 끝에 걸터앉으면서, "네에 나는 정동교회에서 왔소."[205]

정동교회에서 나왔다는 전도부인의 외양은 쌀쌀한 날씨에도 심방을 다니느라 귀를 가리는 방한용 모자 조바위를 썼던 신마리아를 떠올리게 한다. 실제로 어머니를 방문한 전도부인에게서 그는 소재를 얻었을 것이다. 그가 이 소설을 쓴 1907년까지도 서울 거리를 다니는 여성들은 천한 계층이 아니면 나이가 많아도 쓰개치마로 가리고 다녔다. "헐고 낡은 치

桂山洞 등 여러 별칭이 있는 동네였다. 「대한제국관헌이력」 17책, 444, 20책, 537 (국사편찬위원회 한국사데이터베이스 http://db.history.go.kr/id/im_107_00306, 2019. 09. 19 접속).

204) 정동에서 여성사역이 시작할 때, 헤론 부인의 성경반에도 여종을 데리고 온 양반 부인들이 있었다. "언더우드가 엘린우드 박사에게 쓴 편지, 1888년 3월 12일," 『언더우드 자료집 I』, 96.

205) 석진형, <몽조> 17회, 「황성신문」, 1907. 09. 06. 이재선, 『한말의 신문소설』 (파주: 한국학술정보, 1975), 142의 번역을 다듬어 사용.

마"는 전도부인이 입고 온 쓰개치마를 말하고, "빗주머니 같은 것"은 단권 성경과 전도지를 넣은 주머니였다. 전도부인은 마루 끝에 걸터앉은 채로 한참 동안 안주인과 이야기를 나눈다.

석진형의 〈몽조〉가 다른 개화기 소설과 비교해서 선악에 대한 교훈적 설명보다는 사실성에 바탕을 둔 개화 의식을 드러내면서, 전도부인의 설교에 많은 비중을 할애하고 있는 점도 특별하다.[206] 이 소설을 발표한 시기는 석진형이 대한자강회 회원으로 활동하던 때였다. 개화 의식과 전도부인의 메시지를 같은 선상에 둔 것은 단체 활동을 통해 개화 지식인들이 기독교인과 교류하면서 여성에게 기독교가 제공하는 여러 계몽과 사회참여의 기회를 긍정적으로 보고 있다는 점을 시사한다.[207] 그리고 전도부인의 활약을 잘 알고 있으며, 여성과 민중 계몽에 전도부인을 통한 기독교 전파력을 활용할 수 있다고 여긴 것이다.[208]

남자 친족의 태도는 여성이 기독교로 개종하고 신앙생활을 지속하는데 걸림돌이 되기도 하고 촉진제가 되기도 했다.[209] 1900년대가 되어 여성 신자의 유입이 급격히 증가하는 것은 여성교육에 대한 열망과 기독교에 대한 기대감이 전통적 지식인들의 승인과 합하여 작용한 것이라 할 수 있다. 같은 시기에 석진형은 서울 지역의 여학교를 후원하기 위한 기금 모금과 여학교 홍보활동을 위해 여자보학회가 발행하기 시작한 월간잡지

206) 이재선, 『한말의 신문소설』, 29-30. 기독교적 요소를 드러낸 신소설 중에 석진형의 작품은 안국선의 <금수회의록>보다 앞선다.

207) 석진형은 1907년 자결한 민족주의자 정재홍의 장례식의 연설자 중 한 명이었다. 「대한매일신보」, 1907. 07. 05, 「황성신문」, 1907. 07. 06, 08. 대한자강회를 매개로 한 석진형의 상동파와의 교류에 관해서는 이덕주, 『한국 토착교회 형성사 연구』, 259를 참조.

208) 표언복은 석진형이 기독교도 개화적 정치혁명과 마찬가지로 현실적 대안이 될 수 없다고 생각했기에 소설의 제목을 '몽조'라고 했다고 본다. 표언복, "한국 근대소설 속의 기독교 조명: 계몽기 소설 속 교회사 풍경 두 장면," 「기독교사상」 738 (2020), 142-154.

209) Ellen Strong, "One thing that Hinders in Korea," *WWW* 14.8 (1899), 221.

「녀ᄌ지남」의 창간호에 축사를 썼다.[210] 여기서 석진형은 어머니가 최초의 교사라는 전통적 모성관을 근거로 여성교육을 옹호하고 부인의 지식 증진이 가져올 유익을 잡지를 통해 기대하고 있다고 밝혔다.

> 대저 교육이나 실업이나 무슨 일이든지 발전함이 모두 그 길을 인도하고 그 방법을 강구하지 아니하고는 될 수 없는 일이라. 혹 어떤 사람은 말하되 우리나라에는 남자의 교육도 아직 극히 유치하거늘 해가에 여자의 교육을 생각하리오 하는 망녕된 사람이 있지만은 이는 밝지 못함이 심한 말이라 어찌 그러하리까 우리 사나이 사람은 항상 장성한 뒤에는 부인에게 대하여 이러니저러니 말하지마는 당초에는 우리 사나이 사람의 교육이 반드시 부인으로부터 얻은 바 되는 일을 알지 못하는다. 이 세상 사람에게 교육이라 하는 것은 어렸을 때의 교육이 제일이라 이 시대의 좋은 사상이 뇌 속에 깊이 들어가서 장성한 뒤나 늙은 뒤나 결단코 잊어버리는 일이 없는 바라 이러한 교육은 항상 누구에게 받는고 하면 제일 어머니에게 받는 것이라. 그러한 고로 우리 대한에도 우리의 어머니 되는 부인의 지식이 넉넉하면 이로 좇아 우리의 지식을 이룰지니 이것이 불가불 부인에게 지식이 있을 필요요 중대한 일이라 이 사람은 항상 이 일을 생각하는데 여자의 교육을 지남하는 잡지를 발간한다하기에 그 월보가 일반 자매동포에게 지남철 되기를 축수하노라.[211]

석진형은 이 글에서 여성을 어머니와 동일시하며, 자녀의 일차양육자로 보는 유교 전통과 같은 선상에서 여성의 교육을 장려하고 있다. 이

210) 이은희, “한말여성지 <녀ᄌ지남>연구” (숙명여자대학교 석사학위논문, 1995) 참조.

211) 「녀ᄌ지남」 1.1 (1908), 11-12.

와 비교하면, 기독교인들은 역사적 섭리에 대한 믿음과 여성의 평등한 권리에 대한 의식이 있었다. 같은 호에 실린 소래교회 출신이자 새문안교회 교인이었던 김윤오(金允五)의 축사는 새로운 문명 창출의 관점에서 여성교육을 지지한다. 그는 개신교인으로서 서북학회 설립 시 주도적 역할을 했고, 부총무를 역임한 계몽 인사이기도 했다.[212] 김윤오는 여성 계몽을 목적으로 한 잡지를 창간하는 여자들의 지력과 단합이 하나님의 은혜이며, 여성들에게 특별히 신이 부여한 시대적 책임이 있다고 축사했다.

> 대저 아동교사를 보건대 여러 부인이 나서 정렬을 자슈하며 문명을 표시한 일이 있으나 여자학교라 칭함은 사천년 역사상에 처음 듣난 명사라 어찌 감하할재 아니리오 반갑고 깃부도다 텬하만ᄉᆞ가 시작은 용이ᄒᆞ나 나중이 극난한데 이미 여자학교라는 명사가 기초되고 오늘 녀ᄌᆞ지남이라는 기관으로 집을 지으니 이러한 성적으로 신대한을 산출함이로다 부인사회에 몸을 바치신 자매제씨여 묻잡나니 이같이 원대한 지식과 단합의 열심을 어디서 배웠으며 뉘한테 받았삽나이까 정령코 사람에게서 능히 얻지 못하였으리니 그런즉 하나님께서 우리나라를 불쌍히 여기사 오늘날 부인제씨로 하여금 은혜주실 기관을 삼으셨으니 나는 수족으로 뛰놀며 찬송하고 마음으로 분향하며 비옵나니 부인제씨여 힘쓰고 힘쓰시오 쉬지말고 힘쓰시오 문명대한 탄생토록[213]

---

212) 김윤오는 김용순(金容淳)이라고도 알려져 있다. 백범 김구와 도산 안창호는 그와 절친한 동지였다. 이송희, “대한제국시기 애국계몽단체 연구” (이화여자대학교 박사학위논문, 1986), 71, 황민호, “김마리아의 국내에서의 독립운동과 대한민국애국부인회,” 「한국민족운동사연구」 99 (2019.6), 94-95, 김구, 도진순 주해, 『백범일지』 (서울: 돌베개, 2002), 186.

213) 「녀ᄌᆞ지남」, 30-31.

김윤오는 중앙정치에 환멸을 느끼고 낙향해서 황해도 소래에 터전을 잡고 살아온 양반 지주 집안의 가장이었다. 소래 마을은 일찍이 서상륜, 서경조 형제의 전도로 두 가구를 뺀 마을 전체가 기독교로 개종하고, 1895년 최초의 자립교회인 소래교회가 예배당을 헌당했다. 김씨 집안의 어린 소녀들은 소래교회 부설 금세학교(金世學校)에서 초등교육을 마치고 모두 연동여학교에 진학했으며, 아직 자립의 원칙을 적용하지 않은 장로회 선교회 운영 여학교에서 자청해서 학비를 지불했다.[214] 김윤오의 아내와 계모 안성은은 정규 여학교 교육은 받지 못했으나 사경회 교육을 통해 둘 다 전도부인으로 활동했다. 김윤오의 집안은 전통 관료로 출세한 석진형에 비하자면 중앙정계에 진출할 기회가 거의 없는 향반에 속했다. 사회 주류에서 다소 동떨어져 출세의 길이 막힌 지방 향토 세력에게는 집안 전체가 기독교로 개종해서 여자를 포함한 가족 구성원 하나하나 근대 교육의 기회를 얻고, 새로운 국가 창출에 동참할 수 있다는 것은 새로운 '출세(出世)'의 길이었다.

1910년대는 그 어느 때보다 전도부인에 대한 사회적 요구와 기대가 높았던 전도부인의 전성기였다. 어느 남성 필자는 전도부인이 비록 성경과 찬미가로 예수의 도를 전파하는 일을 주로 하지만, 여학교를 다니지 못하는 "朝鮮女子의 十分의 九에 居하는 大多數"에게 "신문명의 공기"를 제공할 수 있다고 보았다.[215]

---

214) 김윤오의 외동딸 김세라와, 형 김윤방의 딸 김함라, 김미렴, 김마리아, 그리고 조카 김순애, 김필례이다. 김영삼, 『김마리아』 (서울: 한국신학연구소, 1983), 15-17, 고춘섭 편, 『연동교회 애국지사 16인 열전』 (서울: 연동교회, 2009), 112-115. 김윤오의 딸 김세라는 1906년 연동여학교를 졸업하고 어빈 의사의 조사 고학윤의 아들이자 세브란스 의학교 3회 졸업생인 고명우와 결혼했다. 황의근, "개인면허 시험합격 1호-고명우," 「의사신문」, 2011. 03. 24.

215) 白山, "傳道婦人의 責任," 「選民」창간호 (경성: 選民社, 대정8년 1월 30일), 18.

> 傳道婦人의 責任은 다만 聖經을 解釋하며 祈禱를 가르치는 데에만 있는 것이 아니라 우리 朝鮮婦人들에게 供給하지 아니면 아니될 여러 가지 材料를 供給하여야홈네다 즉 家庭이라던지 衛生이라던지 言語의學이라던지 交際의法이라던지 簡單한 歷史地理에 관한 것이며 淺近한 自然科學에 이르기까지 卽常識에關係되는 一切事項을 다 가르치지 아니하면 아니되리라고 생각홈네다 이것은 그리스도를 專홀적에 갓치專하여야홈네다 그들로 하여금 참으로 이십세기의 形便을 깨닷게 하여야 홈네다 이것이 전도부인의 책임이올시다.[216]

20세기를 맞아 아직도 시대 변화를 따라가지 못하는 여성들에게 전도부인은 성경과 찬송, 기도를 가르치는 것 외에도 가정, 위생, 언어뿐 아니라 교제하는 법, 역사와 지리, 자연과학 등의 상식을 심어주는 교육을 해줄 수 있다고 기대한 것이다. 1890년대 후반만 해도 상류층 여식에게나 기회가 주어졌던 여성교육은 모든 계층의 여성들에게 열려있고, 그 필요성이 나날이 높아갔다. 여학교를 졸업한 여교사의 숫자가 늘어나는 여성 교육의 요구를 다 감당할 수 없을 때, 전도부인이 전반적인 여성의 의식을 고양하고 변화를 매개하는 이로써 그 책임과 가치는 더욱 컸다. 개화기의 전도부인은 여학교 교육에서 소외된 수많은 여성 대중의 계몽과 교육을 책임지는 지도자로서 주목받았으며, 한국 남성 지식인의 관심은 문명독립국에 있었다.

1920년대 신교육을 받은 여성들이 사회의 전면에 등장하기 전, 전도부인은 분출되는 사회적 요구 앞에서 복음화와 문명화라는 두 가지 큰 목표를 향해 여성들을 견인해야 했다. 그 첫걸음은 여성을 안방에서 더 넓

216) 白山, "傳道婦人의 責任," 19.

은 세상으로 이끌어내는 것이었으며, 새로운 변화에 적응해서 사회의 구성원으로 이바지할 후세를 교육하는 어머니의 역할이 크게 부각되었다. 이는 효(孝)와 열(烈)을 중요한 부덕으로 여겼던 전통적인 여성관과의 결별을 뜻했다. 모성의 강조는 여성들에게 뜻밖에도 교육의 기회를 열어주었고, 모성에 적합하다고 여겨지는 직업을 갖고 사회활동을 할 수 있었다. 전도부인은 다른 여성들을 계몽하기 위한 교사로서, 새로운 문명을 창출하는 선구자로서, 종교적 신앙에서 비롯된 도덕성과 진정성을 가진 지도자로서 기대받으며 활동하기 시작했다. 여성을 바라보는 시각의 변화와 한국 여성을 며느리와 아내의 자리에서 전도부인으로 도약하게 하는 과정에서 기독교와 여선교사의 역할은 그 어떤 것보다 크게 작용했다. 19세기 우리나라에 전파된 개신교는 문명과 복음을 별개로 보지 않는 경향이 있었고, 선교에서 여성의 역할이 증대하는 시점에 있었으므로 전방위에 걸친 전도부인의 활동이 가능했다.

제3장

전도부인 양성의 체계화

1. 사경회란 무엇인가

19세기 말 20세기 초에 기독교 모임은 점점 규모가 커져서 주일 예배와 사경회는 수백 명의 대중 집회 성격을 갖게 되었다. 선교 초기에는 흩어진 여러 개의 성경반이 있었지만 더 이상 비밀스럽게 모이지 않아도 될 만큼 사회적 여건이 변화하자 작은 성경반들을 한자리에 모아 대사경회를 기획할 수 있었다. 백낙준은 대사경회(General Bible Class)를 "성경학교이기도 하고, 종교적 수양회이며, 교육적 문화 프로그램"이라고 소개했다.[1] 그는 초기 한국 기독교인으로서 자신이 직접 경험한 한국 사경회를 케직 사경회나 노스필드 수양회가 아닌 19세기 말 20세기 초 미국에서 유행했던 쇼터쿠어 운동(Chautauqua movement)에 빗대었다. 그가 보기에 미국 성인교육 운동으로 농촌지역에서 크게 인기 있었던 쇼터쿠어 운동과 한국에서의 사경회는 공통점이 많았다.[2] 농촌에 사는 사람들에게 문화와 즐길 거리, 교육적 효과를 모두 가져왔다는 점, 정치, 경제, 문화 각 방면의 관심사들을 교환하는 장이 되었다는 점, 고립된 느낌의 사람들을 서로 연결하고 시야를 넓혔다는 점, 그리고 순수한 종교적 집회라기보다는 문

---

1) "The general class was a Bible institute, a religious convention, an educational Chautauqua." George L. Paik, *The History of the Protestant Missions in Korea, 1832-1910*, 301. "What was Chautauqua?" University of Iowa Libraries 홈페이지, 2019. 09. 18 접속.

2) 영국에서 유행한 케직 사경회(The Keswick Conference)는 도시에서 시골로 향하며, 활발한 사회활동에서 개인의 조용한 내면 성찰로 초점을 옮기는 특징을 갖고 있어서 한국의 사경회와 추구하는 방향이 달랐다. 한국의 사경회는 시골에서 도시로, 개인의 공간에서 사회적 교제의 장으로 나아가는 운동이었다. 케직 사경회에 관해서는 Charles F. Hartford ed. *The Keswick Convention: Its Message, its Method, and Its Men* (London: Marshall Brothers Keswick House, 1907), 5-9 참조.

화적 여흥과 자극을 함께 추구했다는 점 등이다. 불신자들도 참가할 수 있는 대사경회는 일반 대중 속으로 기독교의 영향력을 확장하는 좋은 기회가 되었다.

한국 교회에서 사경회는 현지인 지도자 양성과 원입교인 교육이라는 두 개의 목표를 따로 다루지 않고 자원하는 기독교 일꾼을 양성한다는 새로운 목표를 설정했다. 1890년에 방한한 네비어스(John Nevius)가 제안한 사경회는 현지인 지도자를 훈련하기 위한 성경과 교리교육반이었다.[3] 1901년 한국선교회가 미국 북장로회 해외선교부에 보낸 보고서를 살펴보면 사경회(Training class)의 성격이 처음에 선교사들이 의도했던, 조사를 훈련하는 신학반(theological class)에 머무르지 않고 더 나아가 학습교인을 교육하는 과정(catechumen class)이자 기독교 일꾼을 양성하는 훈련반(leaders' training class)으로 확장된 것을 알 수 있다. 주로 서울과 평양지부를 중심으로 열리는 사경회는 열흘에서 길면 3주까지 모여서 집중적인 기독교 훈련을 실시했다.

> 사경회-이것을 성경반과 학습교인을 교육하는 다른 형태와 구별하는 것은 어렵다. 차이가 있다면, 자원하는 조력자로-소수는 지원을 받지만- 활동할 것을 기대받는, 좀 더 앞서나가는 기독교인들을 위한 교육이다. 이 사경회는 서울과 평양, 그리고 선교지부 중 몇 군데서 열리고 있다. 모이는 사람들은 열흘에서 3주까지 다양한 기간에 그리스도가 제자들에게 기독교 신앙과 사랑의 기초를 가르치셨던 것처럼 주로 가르침을 받는다. 성경공부가 큰 부분을 차지하고 어떤 경우에는 일반역사, 교회역사와 약간

3) H. G. Underwood, "Principles of Self-support in Korea," *KMF* 4.6 (1908), 91-94, 해리 로즈, 『미국 북장로회 한국 선교회사1』, 250.

의 생리학 지식, 식물학 등을 배우기도 한다. 이 모든 것이 선교회의 사역에서 사역이 급박하게 요구될 때, 한층 진전된 단계로 나가기 위해 준비하는 것이다. 선교회의 의견으로는 고등교육을 중요한 요소로 간주해야 할 때가 왔다고 본다. 현재까지 사람들이 간단한 진리를 받아들이는 수용적 자세는 너무 놀라워서 추수가 급박해 보이기 때문에 모든 신자가 수단과 기회에 따라 참여하도록 하는, 대부분 자원활동인 복음전도사역이 가장 중요한 요구사항이었다. 남자와 소년들을 위한 사경회는 선교회의 남자들이 가르쳐왔다. 여자와 소녀들을 위해 만들어진 사경회는 여자들의 가르침 아래 있다. 성경의 여러 부분을 체계적으로 공부하는 데에 더 진보한 현지인 조력자들이 참여해왔다. 이 훈련학교들을 상세히 말하는 것은 사경회에 대해서 다시 반복해서 말하는 것이다. 왜냐하면 훈련반이 사경회이고, 사경회가 훈련반이기 때문이다. 모든 것은 실제적이고, 모두 성경적이다. 그리고 모든 것은 진리를 받아들이는 것뿐 아니라 널리 알리는 것까지 기대한다. 모든 신자는 자신이 받은 하나님의 은혜를 다른 사람들에게 전해줄 책임이 있는 보물로 여기는 법을 배운다.[4)]

사경회는 학습교인들을 교육하는 각 교회의 작은 성경모임에서 발전하여 복음 전도를 자원하는 사람들이 참석하는 성경공부반이자 훈련반이 되었다. 성경을 가장 중심에 두고 가르쳤고, 고등교육으로 발전할 것을 염두에 두고 일반 교양과목도 가르치고 있었다. 처음에는 서양 선교사들이 가르쳤으나 규모가 커지면서 한국인 사역자들이 교사진에 참여했다. 자원하는 복음전도자 양성이라는 사경회의 목표는 모든 신자들에게 적용할 수 있었기 때문에 남성을 대상으로 한 사경회만 있는 것이 아니라 여

4) *NP Report* (1901), 171.

성을 위한 사경회도 이루어지고 있었다.

여사경회, 여자사경회라고도 하는 부인사경회는 안방에서 모이는 사경반과 남성 조사 사경회가 합쳐진 성격이었다. 1898년이 되자 각 지부에서 개별적으로 열리는 부인사경회를 좀 더 확대해서 기독교 부인들이 한 자리에 모여 남자 조사 사경회처럼 일정 기간 숙식을 함께 하며 기독교에 대해 집중적으로 공부할 수 있는 계기로 만들자는 제안이 서울과 평양에서 동시에 있었다.[5] 이런 제안을 한 여성들은 선교사들이 거주하는 도시로 주변 농촌 여성들을 초대해서 도시에서만 매주 누리고 있는 사경반의 유익과 즐거움을 나누고자 하는 동기를 갖고 부인대사경회 개최를 적극적으로 추진했다.

사경회의 공식적 통계가 시작된 1917년부터 1927년까지 장로회 총회 통계를 보면 평남과 황해지역은 가장 많은 전도부인이 활동하고 있었으며, 사경회가 가장 활성화되어 있는 것으로 나타난다.[6] 양적 성장으로 보았을 때 평양은 1900년에 서울의 교세를 넘어섰고, 사경회의 중심지도 평양이 되었다.[7] 1900년 9월, 선교사 연례회의에 참석하기 위해 신혼여행 이후 처음으로 평양을 방문한 언더우드 부인은 기독교가 놀랍게 성장한 것을 보았나. 십여 년 전 "따분하고 가슴 아픈 인간쓰레기들"이 살던 곳이 "편안하고 쾌적한 집에 사는 선교사들과, 거의 2,000명을 수용할 수 있도록 –현지인이 비용을 부담해서– 새로 지은 커다란 교회가 있고, 소박하고 신실한 농부들의 대집회"가 열리는 곳이 되었다.[8]

5) 『언더우드 자료집 II』, 89.

6) 송종인, "초기 한국교회 전도부인 연구," 16-24, 62.

7) 이용민, "미국 북장로회 서울 선교지부 연구," 139-147.

8) Lillias H. Underwood, *Fifteen Years among the Top-knots* (NY: American Tract Society, 1904), 47, 231.

且將來所要의費用은同區內人民이負擔ᄒᆞ기로設計ᄒᆞ고組內職員을選定ᄒᆞᆫ後設置認可를本道警務部에出願ᄒᆞᆫ中이더니最近日認可를下附ᄒᆞ얏다더라

●聖經卒業 (平壤) 當府慶昌門內女聖經學堂에셔去十五日午前十時브터同學堂內에셔卒業을擧行ᄒᆞ얏는ᄃᆡ今回卒業者는平壤府岩洞李貞一京城申미리아外六名이라더라

●兩鑛許可 (平壤) 平原郡順安面所在金銀鑛區域三十六万五千五

그림 7. 평양부 경창리 여성경학당 신마리아 졸업 기사 [출처: 「매일신보」, 1914. 06. 18]

1900년대 평양은 황해도와 평안도에 광범위하게 영향을 미치는 기독교 중심지로 부상했다. 사경회는 교육과 문화의 혜택에서 소외된 농촌 사람들이나 노동자들에게 더욱 동경의 대상이었다. 평양은 대부분이 농촌지역인 선교 현장에 적합한 전도부인 양성 체계의 모델을 선도했다.

이렇게 되자 서울지부의 전도부인들은 더 집중적이며 수준 높은 성경교육을 받기 위해 평양에서 열리는 여사경회나 여성경학교에 몇 개월씩 다녀오곤 했다.[9] 서울에서 전도부인으로 활동하다가 연동여학교 교사가 된 신마리아는 서울이 아닌 평양에 있는 여성경학교를 졸업했다.[10] 그가 여선교사에게서 개인적으로 받은 훈련, 연동여학교에서 받은 교육, 부인사경회를 통한 성경교육 등 1888년부터 30여 년간 받은 모든 기독교적 훈련은 평양 여성경학교에서 마무리되었다. 평양은 1900년부터 서북 지역에서 한 해 동안 열릴 여사경회의 거점과 교육 내용, 강사진을 계획하는 본부 역할을 했으며, 다른 선교지부에도 같은 제도를 적용할 수 있도록 도왔다. 평양이 성경학교와 신학교 장소로 발전하게 된 데에는 경제적 이점도 작용했다. 평양은 서울과 비교해 물가가 낮았기 때문에 기숙하며 학업을 해도 생활비가 그리 많이 들지 않았다.[11]

9) Katherine Wambold, "Local Churches and Country Work-Extract from Report," *Woman's Work* 24.11 (1909), 256. 염씨 부인을 평양여사경회에 보냈고 돌아와서 자랑하자 다른 부인들도 가고 싶다고 했다.

10) 「매일신보」, 1914. 06. 18.

11) David L. Soltau, "Pyengyang as an Education Center," *KMF* 21.3 (1925), 55-57.

평양을 비롯한 서북 지역이 가진 소박한 농경사회의 특성은 사경회에 매우 적합했으며, 자립 자전의 선교정책도 다른 지역에 비해서 성공적으로 안착했다.

2. 일반 부인사경회의 분화

2.1. 연합 부인사경회

안방에서 시작된 도시의 여사경반은 지역 거점들이 많아지면서 정기적인 연합사경회로 모이기 시작했다. 여성들을 위한 연례사경회는 서울지부는 봄에, 평양지부는 도시 부인들만 따로 정초에 열고, 농촌 부인들을 위해서는 봄에 열었다. 1902년 한국을 방문한 *Woman's Work for Woman*의 편집장 엘렌 파슨스는 서울 연합 부인사경회에 참석해서 자신이 방문한 나라들에 대한 강연과 담화를 나누면서 한국 기독교 부인들과 교제했다.

> 필자가 열흘간 머물렀던 한국의 수도에서 연합 부인사경회를 방문해서 교제한 기억이 있다. 어떤 곳에서도 동양 여성들로부터 이처럼 긴 시간 동안 직실직이고 생기 있는 많은 이야기를 들어본 적이 없었다. 흔히 외국인들이 그런 것과 달리, 방문객이 보기에 그들의 얼굴은 모두 똑같아 보이지 않았다. 문명화되면 될수록, 나는 그들의 외양이 더 분화되는 것을 발견했다. 60명의 여성이 모여 있었는데 그중에는 20대 초반의 어린 부인들도 있었다. 모두 한국인들이 입는 흰옷을 입고 왕립병원에 있는 커

다란 방에 바닥이 잘 깔린 마루에 앉았다. 그들은 3개의 예배처를 대표해서 모인 기독교 부인들로, 거의 모두가 연륜 있는 기독교인들이었으며, 정기적인 성경강습을 받고 있었다. 서울지부에 있는 모든 선교사의 합쳐진 영향력은 그들의 외양과 지식에서 나타났다. 한 달에 3주는 각자 교회에서 성경반으로 모이고 네 번째 주는 연합모임을 가지는 것이 그들의 모임 방식이었는데, 마침 내가 방문했을 때가 함께 모이는 날로 서로 자극이 되는 좋은 기회였다. 그날 본문은 베드로의 오순절 설교였다. 잠시 나는 흥미로운 관찰자로 가만히 앉아서 이해할 수 없는 그들의 한국어를 듣고 있었다.[12)]

구리개병원의 예배당에서 만난 한국 부인들은 엘렌 파슨스가 이미 6개월간 여행하면서 본 다른 동양 여성과 달리 직설적이고 자유롭게 자신의 이야기를 사경회에서 하고 있었다. 이들은 매주 자신의 교회에서 성경공부를 하다가 한 달에 한 번 마지막 주에는 넓은 회집 장소에서 연합으로 모임을 가졌다. 이런 식의 여성 연합 집회는 1902년 3월에 열린 연례부인사경회에서 참가자들이 정한 것이었다.[13)] 서울 지역의 새문안으로 대표되는 서부, 연못골로 대표되는 동부, 구리개와 홍문섯골로 대표되는 중앙 이렇게 세 교회의 부인들과 여선교사들이 모두 모였다. 언어 장벽은 있었지만, 엘렌 파슨스는 그들의 대화가 자유롭고 생기가 넘친다는 점을 알아챘으며, 우연히 그날의 성경 본문은 언어 장벽을 넘어 소통했던 사도 베드로의 오순절 설교였다.

12) Ellen C. Parsons, "A Class of Korean Women at Seoul," *WWW* 19.11 (1904), 243. 이 글은 1902년 5월에 있었던 부인연합사경회를 2년 후에 회고하면서 작성했다.

13) Dr. Eva H. Field, "Seoul Woman's Class," *KF* (May 1902), 37-38.

무리 중에서 눈에 띄게 바로 주의를 끄는 사람은 키가 크고, 소박하며, 골격이 큰 부인으로 깨끗한 옷을 입고 기운이 넘치는 태도를 가지고 있었다. 각자 좋아하는 성경구절이 무엇이냐고 내가 물었을 때, 드보라의 노래를 연상시키는 이 부인은 앞으로 몸을 기대며 빛나는 얼굴로 반복해서 말했다. "너희는 마음에 근심하지 말라. 내 아버지 집에 거할 곳이 많도다." 후에 나는 그녀의 마음이 최근에 얼마나 "근심했는지" 알게 되었다.[14)]

요한복음(14:1-2)에 있는 예수의 약속을 가장 좋아한다는 이 건장한 부인은 13명의 자녀를 둔 백정 계급의 여성으로, 딸이 에바 필드 의사에게 치료받아 나은 후에 신자가 되었다. 연합사경회에는 백정의 부인에서 양반가의 부인까지 각계각층의 부인들이 한 자리에서 성경을 공통 분모로 삼아 교제하고 있었다. 또한 여성의 문맹이 크게 문제시되는 선교 현장을 둘러보고 온 파슨스는 한국 부인들이 각자 소지한 성경에서 바로 본문을 찾아 읽으며 공부하는 모습에 놀랐다.[15)] 엘렌 파슨스가 사경회에서 만난 60명의 부인 중에는 오랫동안 믿어온 부인들이 있었다. 시편 23편을 암송한 신씨 부인은 신마리아로, 그는 성경을 사랑하고 성경이 번역되어 나오기를 간절히 기다렸던 사람이었다.

부인 중에서 한 명이 오순절 베드로의 설교 중 한 구절의 의미를 물어보자, 파슨스는 자신이 직접 이 사건이 일어난 현장 예루살렘을 방문하고 한국에 왔다는 말을 꺼냈다. 그의 이야기를 경청하던 부인들은 예루살렘이 현존하는 도시라는 사실에 놀라고, 성경 속의 유적들이 그대로 남아

14) Ellen C. Parsons, "A Class of Korean Women at Seoul," 243.

15) 1900년 단권 <신약전서>가 임시본이지만 처음으로 출간되었다. 1902년에는 가격을 인하해서 보급했고, 1904년에는 개정된 사본으로 찍어냈지만 오류가 많았다. 공인역 신약전서는 1906년에야 출판되었다. 『대한성서공회사 II: 번역·반포와 권서사업』, 54-70.

있는 것에 놀랐다. 그리고 예루살렘을 둘러싼 분쟁에 대한 슬픈 이야기도 들었다. 이 모든 지식과 정보의 교류는 대륙과 대륙을 이어주는 자매애의 결과로 하나님의 자녀로서의 일체감을 더욱 견고하게 했고, 부인들이 알고 있던 세상을 확장했다. 여성들은 최근 예루살렘을 방문하고 소식을 전해준 것에 감사를 표하며 더 나아가 자신들의 소식도 타국에 전해주길 부탁했다.

> 또 다른 사람, 아마 사례 없이 봉사하는 전도인인 고씨 부인이 일어났다. 그는 모든 반을 대신해서 품위를 갖추어 말했다. "당신은 한 사람으로 여기에 오셨어요. 하지만 당신이 고향으로 돌아갈 때 거기 있는 기독교인들은 당신을 볼 것이고, 그들이 우리를 본 것과 똑같을 것입니다. 그들에게 한국에 있는 자매들이 인사한다고 전해주세요. 그들에게 우리의 안부를 전해주세요."[16)]

"사례 없이 봉사하는 전도인"이라는 고씨 부인은 잔다리의 고 부인이었다. 고 부인은 거기 모인 한국 부인들을 대표해서 엘렌 파슨스를 매개로 미국 부인들과 자매애의 인사와 교감을 나눌 수 있다고 믿는 듯이 말했다. 엘렌 파슨스는 미국으로 돌아가서 그해 뉴욕 유티카(Utica, New York)에서 열린 해외여선교회 총회에서 한국 부인들의 인사를 그대로 전했다.[17)] 이런 국제적 연대감은 안방에 있던 부인들에게는 새로운 경험이었고, 멀리 떨어져 있더라도 그리스도를 통해 서로 연결되고 영향을 미친다

16) Ellen C. Parsons, "A Class of Korean Women at Seoul," 244-245.

17) Editorial, *WWW* 18.5 (1903), 119.

고 믿었다.[18)]

서울 부인들의 연합사경회는 제중원이 남대문 밖으로 이전하면서 승동에 새로 자리 잡은 중앙교회로 옮겨갔다. 승동의 중앙교회는 특별히 서울 지역에서 열리는 도사경회나 연합집회를 위해 선교회에서 건축비의 절반을 보조해서 1,000명 이상 수용할 만한 크기로 1913년에 다시 건축되었다. 그해 2월 25일부터 열흘 동안 바로 이곳에서 열린 부인사경회에는 시골에서 올라온 부인들을 포함해서 500여 명이 참석했고, 10개 반으로 나누어 28명의 교사가 가르쳤다. 또 서양인과 한국인뿐 아니라 일본 기독교 여성들도 초대한 집회가 일요일 오후 여성 모임 시간에 열렸다.

> 사경회는 특별히 이 목적을 위해 건축된 중앙교회의 새 건물에서 열렸다. 지혜롭게 설계가 잘 된 덕분에 훨씬 편안하게 사역을 할 수 있었다. 3월 2일 일요일 2시에는 부인들을 위한 대중 집회를 열었다. 40명의 여성 안내인이 자신의 직분을 나타내는 명찰을 품위 있게 달고 천 명이 넘는 사람들을 교회 안의 좌석으로 안내했다. 서울에 있는 7개의 장로교회에서 각각 한 명씩 대표로 나온 한국인 자매들이 식에서 역할을 맡았다. 피터스 부인(Mrs. A. A. Pieters)의 순서가 서양인이 한 유일한 프로그램이었다. 한국 여성이 사회를 보았다. 루이스(Margo Lee Lewis) 양의 학교에서 온 50명의 여학생이 가장 순수한 소프라노 목소리로 찬송을 불렀다. 한국인 교사는 오르간을 연주했다. 일본인 기독교 부인 14명과 서양인 부인 18명이 손님으로 자리했다. 그들은 우리 한국인 자매들이 진행하는 자세나 능력

18) (Mrs. Charles H.) Bertha K. Irvin, “Fusan Encouraged,” 249. 하와이로 이민을 떠나는 한국 부인은 어빈 부인에게 “당신의 하나님은 우리 하나님이시고, 우리는 서로 직접 보지 못하더라도 그리스도를 통해서 우리는 당신과 가까이 있어요.”라고 말했다.

을 보는 기쁨을 우리에게 친절하게 표현해 주었다. 가장 좋았던 것은 하나님이 우리와 함께하신다는 느낌이었다. 어느 방문자가 말했듯이 "마치 하나님의 영이 교회를 채우는 것 같았다."[19)]

열흘간의 사경회 중 하루를 대중 집회로 열고, 일본과 서양 부인들도 초대한 가운데 서울의 7개 장로교회를 대표하는 부인들이 연합해서 손님들을 맞이하고 거의 모든 순서를 진행했다.[20)] 서울이 다른 도시와 비교해서 가진 문화적 다양성을 이런 기독교 행사에서 경험하는 여성들은 여성단체를 통해 역할을 맡고 자신의 부족함을 다른 사람의 도움으로 보완하면서 지도력과 연대 의식을 키워나갔다. 이런 경험은 "하나님의 영이 교회를 가득 채우는" 거룩한 느낌 속에서 서로 연결된 사회에서 기독교인으로 살아가는 것의 의미를 생각하게 했다. 특별한 사회적 지위나 재산이 없는 평범한 여성들에게 기독교는 사회적 상승 욕구를 만족시켜 주는 하나의 통로가 될 수 있었다.

2.2. 농촌 순회사경회

1890년대 후반부터 독신 여선교사들은 남자 선교사들이 돌보는 순회구역을 따라 광범위한 순회 여행을 다니기 시작했다. 의사인 조지아나 화이팅은 서울에서 황해도에 걸친 언더우드의 순회 구역뿐 아니라 밀러(F. S. Miller)가 담당한 경기 남부 순회 구역까지 여행했다.[21)] 평양지부에서도 마

19) Katherine Wambold, "Women's Class," *KMF* 9.6 (1913), 168.

20) 당시 서울에 있는 7개 장로교회는 새문안, 연동, 승동, 남대문, 안동, 묘동, 하교 등이었다. Notes from the Station: Seoul, *KMF* 6.7 (1910), 168.

21) 경기도 안성지역 여행에 대해서는 Georgiana E. Whiting, "Itinerating among Women of

가렛 베스트가 평안도 강서와 대동, 황해도 황주, 곡산 등지와 북쪽으로 숙천, 선천, 의주 지역까지 순회하기 시작했다.

숙천은 평양에서 북쪽으로 백 리 떨어진 곳으로 아직 교회가 아닌 예배처가 있을 뿐이었다. 1900년 베스트는 그곳에 가서 여사경회를 열면서 시골 여성들의 진지함과 열심을 느낄 수 있었다. 딸의 혼인날을 앞두고 잔치 준비로 바쁜 어느 부인은 밤새 일을 하고 와서 "공부"했다. 또 이웃 마을에서 사경회에 참석한 6명의 부인은 모두 숙박비를 지불했다.[22] 헌트 부인(Mrs. Bertha Hunt)도 1900년 봄과 가을에 각각 사리원과 안악으로 사경회를 열기 위해 순회 여행을 다녀왔다. 열흘 동안 사경회가 열린 안악 집에는 집을 관리하는 사람(keeper)이 없어서 여성들이 지목한 사람이 음식을 준비하고 이런 식으로 참가비(등록비)를 면제받는 것으로 했고, 쌀을 가지고 오지 않은 사람들은 현금으로 참가비를 냈다. 80세 된 할머니는 시골에서 소문을 듣고 와서 추위도 배고픔도 잊을 정도로 읽는 법을 끈질기게 배웠다. 사리원에서는 한창 바쁜 철인데도 불구하고 여성들이 모여들었고, 팔다리가 마비되어 쓰지 못하는 어느 부인은 남편의 등에 업혀서 20km 떨어진 마을에서 왔다. 또 자신이 사는 마을에서 유일한 기독교인인 할머니는 예수교에 대해 더 알고 싶어 하는 마을 남자 두 명을 데리고 왔다.[23] 시골 여성들은 거의 다 문맹이었고, 무지함을 부끄럽게 여기며 "공부"하기를 원했다.

녹신 여선교사는 부인선교사보다 더 과감하게 일 년의 3분의 1 정도

Seoul Station," *WWW* 14.8 (1899), 215-216. 황해도 순회 여행에 대해서는 Georgiana E. Whiting, "Itineration in Seoul Field, Korea," *WWW* 15.11 (1900), 309-310 참조.

22) Margaret Best, "Korean Women's Country Class," *WWW* 15.11 (1900), 313-314.

23) Mrs. Hunt, "Two Country Trips," *KF* (Oct. 1901), 1-2.

를 순회 여행에 시간을 보낼 수도 있었다.[24] 본래 독신 여선교사는 여학교를 운영하는 감독자로서 선교 현장의 일차적 요구가 있었다. 하지만 한국의 경우는, 특히 북쪽 지방에서는 성경 반포의 결과로 자생적으로 생겨난 작은 공동체들(groups)이 선교사들의 방문을 요청하고 있었기 때문에 독신 남성뿐 아니라 독신 여성들도 정기적인 순회 여행에 꽤 많은 시간을 할애했다.[25] 선교지부의 숫자가 늘어나고 안전한 선교거점들이 확보된 1900년대에는 독신 여선교사의 역할이 부인선교사보다 더 중요해졌다. 이들은 일 년 내내 순회 여행과 도시에서 여는 대사경회 사역을 번갈아 하면서 점점 여성 사역을 확장하고 다져갔다.

마가렛 베스트는 여러 지역에 흩어진 기독교 여성들을 사경회를 통해 연결하고, 연결망을 통해 지도력을 재생산해서 지속적인 여성사업의 체계를 만든 기획의 중심에 있었다. 그는 서울보다 새로운 개척지인 평양을 선택했고, 평양 주변 촌락에 있는 더 많은 여성과 접촉하길 원했기 때문에 여학교 교장직을 사임하고 순회 여행을 맡았다. 베스트는 젊고 똑똑한 소녀들보다는 깨닫는 것이 둔하고 글을 못 읽는 부인들을 가르치는 것에서 더 보람을 느꼈다.[26] 베스트의 이런 생각은 평양에 도착한 지 얼마 안 되었을 때부터 나타났다. 인근 마을에서 평양까지 먼 거리를 마다치 않고 찾아오는 농촌 여성들의 요청에 그의 마음은 크게 움직였다.

---

24) 순회 여행에 들인 기간은 100일에서 7개월까지 소요되었다. "Pioneering and Progress: Kang Kai," *Woman's Work* 26.11 (1911), 249-250.

25) 초기 회중의 형태인 '그룹'에 대해서는 Norman C. Whittemore, "The Growth of a Korean "Group" or Congregation," *Woman's Work* 20.11 (1905), 257-258 참조. 미조직 교회로서 그룹은 아웃스테이션(outstation)이라고도 불렸는데 "두 명 이상의 원입교인이 있으며, 다섯 명 이상의 회원이 모여서 한 달에 한 번 이상 주일 예배를 드리는 곳이다." *KM Report* (1904), 88.

26) Margaret Best, "Diary of a Week in Whang Hai Province," *WWW* 18.11 (1903), 256.

> 주변 마을에 있는 여자들을 대상으로 할 사역이 커서 봄이 되자마자 내가 조금밖에 말을 못하더라도 농촌에서 시간을 좀 보내길 원합니다. 매주 일요일, 여자들은 3~10마일을 걸어서 우리 예배에 옵니다. 지난 일요일에는 어느 할머니가 그녀가 할 수 있는 것을 배우러 와서 누가 자기 마을에 와서 사람들을 가르쳐달라고 부탁했습니다. 그런 호소를 만날 수 있다는 것보다 더 큰 기쁨을 생각할 수 있나요?[27]

평양과 견줄 만큼 기독교의 세력이 급속하게 커진 덕에 '한국의 노스필드'라는 별명을 얻은 선천에서도 여선교사와 한국인 전도부인이 짝을 이루어 주변의 시골을 돌며 사경회를 열었다. 1905년 선천 주변에서는 15번의 사경회가 열렸고, 선교사들은 10월부터 이듬해 4월까지 순회하고 있었다.[28] 이때까지만 해도 전도부인들은 참가자 관리와 글을 모르는 사람들을 지도하는 역할을 맡고 사경회에서 여선교사의 보조역할을 했다. 그런데 실상은 말이 서툰 여선교사를 위해 전도부인이 그의 말을 풀어 설명하기 위해 더 많은 말을 하곤 했다.[29] 여선교사가 한 반을 다 가르칠 수 없을 때는 그 지역을 담당한 순회 조사나 교회의 영수, 장로, 나중에는 전도부인이 단독으로 가르쳤다. 농촌에서 열리는 사경회 일정은 대체로 다음 〈표 2〉와 같았다.[30]

---

27) "마가렛 베스트가 평양에서 처음 보낸 편지, 1898. 01.17," *WWW* 13.5 (1898), 127-128.

28) "A Round of Classes," *KMF* 1 (Nov. 1905), 9.

29) 『에스터 L. 쉴즈 자료집 I』, 280-281.

30) "A Round of Classes," 9.

표 2. 시골 사경회 일정

시간	인도	프로그램
오전 7:30	교회 제직	아침기도
오전 9:00	여선교사/조사, 전도부인	출석 확인/ 공부 1
오후 12:00	다 같이	점심 및 휴식
오후 1:00	여선교사/조사	공부 2/ 찬양 배우기
저녁 전	다 같이	체조, 운동, 산책
저녁	교회 제직이나 조사	주제 토론

아침기도회는 대개 사경회를 개최하는 교회 여성들이나 장로, 영수가 인도했다. 시골 사경회는 노동에 익숙한 여성들이 공부에 대한 집중력을 잃지 않도록 공부와 휴식 시간을 적절히 안배했다. 저녁 시간에는 육아, 살림, 고부관계, 부부관계, 위생법, 생리학 등을 위주로 여성들이 일상이나 신앙 때문에 겪는 실제적인 어려움 중에서 주제를 골라 강의를 듣고 토론했다. 대부흥과 백만인구령운동 이후에는 오후 시간을 축호전도와 부흥집회로 변경하기도 했다.

순회하는 전도부인과 선교사, 조사들이 모든 시골 마을을 다 돌며 사경회를 여는 것은 아니었다. 효율적으로 가용자원을 활용하기 위해 몇 개의 중심지를 정해두고 거점 교회를 담당한 조사나 영수가 주변 마을 교회에 통지를 보내 사경회 개최를 알리고, 강사를 접대할 준비를 했다. 여선교사와 전도부인들이 미리 조를 정한 대로 소책자와 전도지, 사경회 대지 요목이 적힌 강의안을 들고 거점 교회를 방문해서 짧으면 2~3일, 길면 일주일 정도의 사경회를 열었다. 대체로 농한기인 11월부터 2월 사이에 집중적으로 순회 사경회가 열렸다. 한 마을에서 다음 마을로 이동할 때 아쉬운 참가자들은 순회하는 강사를 따라 다음 사경회에 참석하기도 했다.

2.3. 대사경회

대사경회는 선교지부에서 열리는 누구나 참석할 수 있는 일반 사경회였으며, 점차 그 규모는 이름에 걸맞게 대형집회가 되곤 했다. 특히 봄에 열리는 여사경회는 가장 많은 인원이 참가하는 연례행사가 되었다. 대사경회는 농촌 부인들을 위한 사경회로 시작하여 그 기간에 열리는 도시의 예배와 기도회에 몰리는 군중과 합류되면서 그 규모가 1,000명을 넘어가곤 했다.

1898년 봄에 처음 열린 농촌 부인들을 평양으로 초대한 대사경회는 여선교사들과 평양의 기독교 부인들이 협력해서 준비한 것이었다. 정초에 열린 도시 사경회에서 농촌 부인들을 초대해서 평양에서 사경회를 열자는 제안이 나왔다. 평양의 기독교 부인들은 선교지부가 있는 도시에서 받는 혜택을 인근의 농촌 부인들과 나누고 싶다고 했다.[31] 이를 위해 사경회 비용은 평양 부인들이 부담하기로 하고 기부금을 약정했다. 선교사들은 의주에서 황해도까지 초대장을 보내 열흘간의 부인사경회가 열린다는 소식을 알렸다. 농번기인 5월에 열리는 사경회에 농사가 주업인 여성들이 참석하기 어려울 것을 예상했으나, 저 멀리 선천에서부터 일주일을 걸어 온 할머니와 등에 아기를 업고 손에 걸을 수 있는 아이를 데리고 온 부인들을 본 평양 사람들은 자신들이 벌인 일의 결과를 보고 놀랄 수밖에 없었다. 평양 구역 밖에서 온 19명과 평양 구역의 40명까지 해서 모두 60여 명이 참석한 것은 본래 예상했던 인원의 열 배였다. 그뿐 아니라 넉넉하지 않은 형편에서 기부금을 낸 평양 부인들의 헌신과 환대도 성공에 기여했다. 선교사들은 선교회가 돈 한 푼 쓰지 않고도 이런 행사를 했다는

31) Annie L. Baird, "A Great Ten Days," *WWW* 13.3 (1898), 201.

사실에 흥분했다.[32] 적어도 서북 지역은 자립의 원칙이 여성들을 교회로 모으는 데 방해가 되지 않았다. 물론 한국 여성들은 큰 희생을 치르고 참여했다. 등록비를 마련하기 위한 계획을 세우고, 집안일도 미리 해두거나 대신 할 사람을 구해야 했다. 참가하고 싶은데 준비를 미리 하지 않은 사람은 누군가 그 간절함을 보고 도와주기도 했다. 이들이 얼마나 가난한지 알고 있었던 베어드 부인은 기부하는 평양 부인들이나 참가하는 부인들의 희생을 생각했다.[33]

그해 겨울에 열린 두 번째 부인사경회에서는 원칙이 더 명확해졌다. 이번에는 참가비를 자부담으로 하거나 교회가 부담해야 한다는 조건으로 영수들을 통해 11월에 통문을 넣었다.

> 원입교인과 세례교인 모두 참가할 수 있으나, 그들의 비용은 스스로 부담하거나 파송하는 교회가 대야 한다는 조건이 있었다. 지난봄 평양 부인들이 그들을 대접했다. 그러나 일 년에 두 번이나 그들에게 기대하는 것은 너무 큰 부담을 지우는 것이다. 한국인들은 돈이 많지 않다. 그래서 우리는 많은 참가자가 있을 것이라 기대하지 않았다. 베어드 부인과 리 부인이 초대장을 준비할 때 방 씨 할머니가 말했다. "자, 우리가 친한 친구니까 솔직히 말하는데 여자들이 많이 오리라 생각지 않아요." 그래서 우리

32) Dr. J. Hunter Wells, "Further Items on Woman's Class and Other Victories," *WWW* 13.8 (1898) 201. 감리교회도 1898년 11월 노블 부인이 감리교회의 첫 번째 "여자사경회"(Woman's Bible Institute)를 개최했다. 1904년부터 졸업장 제도가 생기고, 사경회의 규칙과 과정이 완전히 정리되었다. 전삼덕, "내 생활의 략력," 노불 부인 편, 『승리의 생활』, 10. 김세듸, "나의 과거생활," 노불 부인 편, 앞의 책, 40. 이들은 1897년 11월에 여성경학원이 시작되었다고 기억하고 있는데 노블 부인의 일기에는 1898년 11월에 시작된 것으로 되어 있다. 조선혜, 「노블 부인의 선교생활」, 88-89.

33) Annie L. Baird, "A Great Ten Days," 201.

는 최악의 상황을 대비했으며, 우리가 그럴 자격이 없어서라기보다는 그럴 만도 했기 때문에 실망했다. 평정심을 지킬 수 있다는 것은 일종의 실망이었다. 100리 반경 안에 있는 17개 교회에서 28명의 여자들이 왔다. 평양 교회는 단 두 명의 비용을 지불했다. 한 명은 너무 오고 싶어서 돈 없이 온, 머리가 하얀 할머니였고, 다른 한 명은 90리 밖에 있는 마을에서 왔는데 그때 마침 평양에 있었으나 숙박할 대비가 없는 사람이었다.[34)]

예상보다 많은 인원이 무료가 아닌데도 불구하고 참석해서 이번 사경회도 성공적으로 열렸다. 자비 부담으로 시간을 내서 온 사람들은 거의 모두 읽을 수 있어서 그들을 가르치는 일은 한결 쉬웠다. 하루에 세 번씩 한 시간 분량의 성경 강의가 있었다. 강의는 질문과 대답으로 진행되었고, 30분씩 두 번의 노래 시간도 있었다. 이런 정규강의 시간 외에도 세 번의 특별집회가 있었다. 12월 중순, 열흘 동안 두 번 있었던 수요일 오후 집회에서 여자들은 일어나 간증했으며, 그들이 대표하고 있는 각 교회에서 일어나는 일들을 이야기했다. 토요일에는 여학교 학생들이 준비한 공연을 참관했다. 그리고 사경회가 끝나고 난 수요일 이후에도 남아서 성탄 예배에 참석한 사람들도 많았다. 이렇게 해서 1899년에도 5월과 12월에 농촌 부인을 위한 사경회가 연속해서 열리고, 참가자 수와 프로그램이 일정한 틀을 갖추기 시작했다.[35)] 1899년 겨울에 열린 사경회에는 이제 막 글을 뗀 12살 된 소녀들이 노래를 배우고 싶어서 참석하기도 했다.[36)]

평양에서 열리는 농촌 부인사경회에 참석할 수 없는 사람들을 위해

34) Margaret Best, "Letters from Korea," *WWW* 14.4 (1899), 108-109.

35) Blanche W. Lee, "Letters from Korea," *WWW* 14.8 (1899), 225.

36) Lulu R. Wells, "Letters from Korea," *WWW* 15.3 (1900), 75, Margaret Best, "Letters from Korea," *WWW* 15.4 (1900), 105-106.

서는 중심이 될 만한 지역으로 선교사들이 가서 사경회를 열었다. 선천에서는 선교지부가 아직 생기기 전인 1901년 5월, 부인사경회를 크게 열었다. 평양에서 베스트와 샤록스 부인(Mrs. Sharrocks)이 남자 선교사들과 함께 가서 조사 양전백의 도움을 받아 삭주, 창성, 의주와 선천 인근에서 온 123명의 여성을 가르쳤다. 참석한 사람들의 숫자는 같은 시기 평양에서 열렸던 사경회보다 많았다. 번하이즐 선교사(Charles F. Bernheisel, 편하설)는 사경회 소식을 신문을 통해 전했다.

> 교회통신(편목ᄉᆞ) 평안도 선천서 녀사경회를 ᄒᆞᄂᆞᆫᄃᆡ 오월 그믐게부터 륙월 초생ᄭᆞ지 한 열흘동안을 ᄒᆞ엿ᄂᆞᆫᄃᆡ 션싱은 베스트 부인과 솰락스 부인이라 명수 긔록ᄒᆞᆫ거시 합 일백이십삼명이니 십륙명은 일백육십리 상거되는 의주 지방에서 오고 또 여러 명은 삼백리 상거되는 삭주 창성 지방에서 오는 중에 혹 쌀을 머리에 니고 온 이도 있고 혹 돈을 가져다가 밥을 사먹는 이도 있나니 그 동네 사람이 보고 이상히 여겨 와서 물으되 우리가 보니 명절도 아닌ᄃᆡ 먼 데 사람과 가까운데 사람이 날마다 모이니 이것이 무슨 뜻이뇨 하거늘 여러 자매들이 예수의 도리를 전하였다 하오며 자매 중에 륙십여명은 도를 믿은 후에 국문을 배워 책 볼 줄을 아는 자라 하니 이처럼 열심을 먹고 하ᄂᆞ님의 뜻을 알고자 하는 것을 보ᄂᆞᆫ 우리ᄂᆞᆫ 주앞에 감사한 마음이 없을 수 없소.[37]

같은 사경회에 대한 베스트의 보고에서도 읽을 줄 아는 부인들 60여 명은 복음서에 대한 상당한 지식을 이미 갖고 있으며, 이들을 전담해서

37) 「그리스도신문」, 1901. 08. 01.

가르칠 여선교사가 있으면 좋겠다는 의견을 보고했다.[38] 선천에는 선교사들이 정주하기 이전에 이미 한국인 신자들이 있었다. 어효준과 라병규가 평양에 갔다가 우연히 기독교를 접하고 돌아와 동리 사람들에게 전도하기 시작했다.[39] 이들은 전도 문서를 받아와서 배포했다. 이때 여성들도 새로운 종교에 관심을 갖고 받아들였다.

평양에서 발전한 여성 사업은 주변에 새로 선교지부를 열 때 하나의 좋은 모범이 되었다. 평양은 선천 지부가 생기기 전까지 서북 지역에 있는 단 하나의 선교지부였다. 1900년대 초까지 의주, 삭주, 선천, 정주, 구성, 강계 등 평안도 북쪽의 도시를 관할하고 있었는데 이 도시들은 선교사가 들어가기 전부터 권서 활동으로 복음서가 반포되어 있었다. 남쪽으로는 1905년 재령 지부가 개설되기 전까지 황해도의 곡산, 사리원, 안악, 황주 등을 조사와 선교사가 순회했다. 넓은 지역에 퍼져있는 수많은 시골 마을에는 선교사가 들어가기 전에 예배 처소를 두고 정기적인 모임을 가지고 있는 그룹들이 있었으며, 선교사가 있는 도시로 주일 예배나 대사경회에 참석하러 올라왔다. 서북 지역에 평양 외에도 선천과 재령이 선교지부를 열고 사경회를 따로 열었을 때에 참가인원이 줄어들기는 커녕 더 늘었다. 선천에서 열린 부인사경회는 평양에서 열리는 것보다 더 많은 여성이 모여들었다. 재령에서 1908년 3월에 열린 부인사경회는 약 200명의 여자가 그들의 가정과 일터를 떠나 성경책과 찬송가를 보자기에 싸서 허리에 두르고, 혹자는 아기를 등에 업고 필요한 옷가지와 쌀 보따리를 머리에 이고 사경회를 향해 출발했다.[40] 1910년대 여성경학교가 각

38) Miss Best, "Women's Bible Classes in the North," *KF* (Nov. 1901), 3.

39) 차재명, 『史記』, 41.

40) "Progress at Chai Ryong," *Woman's Work* 23.11 (1908), 254.

지부마다 설립되었음에도 불구하고 동시에 봄철에 열리는 부인대사경회는 수많은 소녀와 부인들을 모았다. 그만큼 사경회는 농촌 여성들에게 인기 있었으며, 이들의 영적인 욕구뿐 아니라 교육 · 문화적 욕구를 채워주었다.

The general class for women out on the hillside at Chai Ryung in the spring of 1916.
Photos. sent by Mrs. W. B. Hunt.

그림 8. 봄철 부인대사경회(1916, 재령)

농촌 여성들은 도시에 사는 여성들보다 사경회가 주는 기회를 더욱 간절히 기다렸다. 헌트 부인은 재령에서 찍은 사진 두 장으로 이 여성들의 목마름과 간절함을 보여주었다.[41] 산비탈에 서서 기념사진(그림 8)을 찍은 참가자 중에는 8살부터 80세까지 다양한 연령층의 여성들이 있었다. 500여 명이 모였는데 그중 50명은 글을 배우러 온 사람들이었다. 나머지 글을 읽을 수 있는 사람들도 그전에 열린 사경회에 참석할 때는 초급반에 있었지만, 다음 해에는 글을 읽을 수 있는 상급반으로 곧장 진급했다. 이 많은 사람들을 한꺼번에 수용할 수 있는 장소는 교회밖에 없어서 여성들은 모두 교회에서 새벽기도회를 가진 후, 각자 오전에 열리는 자신의 사

41) Anna L. Hunt, "Chai Ryung Items," *WWW* 32.2 (1917), 38.

그림 9. 1917년 재령 부인대사경회
교회에서 아침기도회를 마치고 중앙도로를 통과해서 사경회 장소로 가는 여성들

경반을 찾아 여성경학교 건물로 이동해야 했다(그림 9).[42] 오전 시간에 읍내의 중앙도로를 통과해서 지나가는 여자들의 행렬은 이제 막 조반을 먹고 있는 사람들에게 호기심을 일으키는 구경거리였으며, 500명의 여성들이 가정과 생계를 제쳐놓고 한자리에 모여서 공부한다는 것은 매우 특별한 일이었다.[43]

여성들이 한자리에 모이는 사경회는 미래의 여성교육과 여성의 사회활동을 위한 예비 초석을 놓았다. 아이들을 데리고 참석한 농촌 여성들은 선교사들이 운영하는 학교에 다니는 학생들의 읽기 능력과 노래 실력을 직접 목격하고 자신의 아이가 교육을 받았을 때 누리는 여러 가지 혜택과 기회를 알게 되었다. 또 공부라는 목적을 가지고 여행하는 여성들은 많은 희생을 치르고 더 넓은 세상을 알게 되고, 자신이 넘을 수 없었던 한계를 극복했다. 사경회에 등록하는 비용을 대기 위해서 어떤 여성들은 자신이 만든 물건이나 농산물을 가져와서 상업 활동을 했다.

---

42) Anna L. Hunt, "Chai Ryung Items," 38-39.

43) Anna L. Hunt, "Chai Ryung Items," 39.

대구 지역에서도 서양인을 경계하던 사람들의 보수적인 태도가 바뀌어 1905년을 전후로 많은 시골 사람들이 사경회를 원했다. 바렛(Barrett) 부부는 사람들이 가장 많이 모인다는 대구 인근 마을로 여러 번 주일 예배를 인도하러 다녀왔다. 그곳에는 무식하지만 매우 신실한 어느 노부인의 노력으로 여성들이 모이고 있었다. 그중 6명이 세례문답을 통과했는데 모두 문맹이었고, 성경책도 갖지 못한 여성들이었지만, 그들의 종교적 체험은 진실했다.[44] 1902년부터 농촌 여성들을 초대한 사경회가 열리기 시작했는데, 그때는 부인 6명과 소녀 2명이 와서 열흘간 배우고 그중 3명이 원입인이 되었다.[45] 1904년 12월 28일부터 다음 해까지 2주간 대구에서 열린 겨울 부인사경회에는 13개의 지역 교회들을 대표한 60명, 대구 시내 교회의 20명 모두 80명의 부인들이 참가했다.[46] 글을 모르는 여성들을 위해 국문반을 운영하여 성경으로 쓰기 연습을 하고 신앙고백, 주기도문, 십계명, 중요한 성경 구절을 익혔다. 그리고 매일 저녁 참가자들을 위한 특별 프로그램이 있었다. 다음은 사경회 중 진행된 저녁 프로그램의 일정이다.

1일 밤(수): 아담스 씨가 정기수요기도회 인도했다.

2일 밤(목): 아담스 씨가 환등기로 예수의 생애를 상영했다.
60명의 여자와 6주간의 사경회에 참석한 남자들 30명이 함께 관람했다.

3일 밤(금): 축음기를 틀어주었다.

---

44) Elizabeth C. Barrett, "Untitled," *KMF* 2.11 (Sep. 1906), 215.

45) 해리 로즈, 『미국 북장로회 한국 선교회사1』, 189.

46) Mrs. J. E. Adams, "Adjuncts of Missionary Work," *KMF* (Nov. 1905), 17.

4일 밤(토): 결혼을 주제로 토론했다.

5일 밤(일): 아침에는 예배가, 오후에는 아담스가 설교를 담당한 복음집회(Gospel service)가 있었다. 100명이 넘는 여자들이 여자객사(Women's Guest House)에 모였다.

6일 밤(월): 환등기로 다른 그림을 보았다. 남자들도 와서 꽉 찼다. 십자가 그림에 많은 이들이 훌쩍거리는 소리가 들렸다.

7일 밤(화): 브루엔 부인의 집에서 환영 행사가 열렸다.

8일 밤(수): 브루엔 씨가 기도회를 인도했다.

10일 밤(금): 축음기를 들었다.

12일 밤(일): 복음집회가 열렸다.

2주에 가까운 긴 기간에 거의 매일 저녁 모여서 문화적 여흥을 즐기거나 토론을 하고, 기도회가 있는 수요일과 금요일에는 도시 교회 신자들과 함께 모였다. 또 복음집회를 열어서 불신자들이 결단하는 시간을 가졌다. 환등기와 축음기, 악기 등이 동원되었고, 선교사의 집을 방문하는 시간도 있었다. 객사는 참가자 수에 비해 좁았기 때문에 여자들은 불편하게 잠을 자야 했지만 아무도 불평하는 사람이 없었다.[47] 대구에서는 1907년에야 단 한 명의 전도부인이 활동하고 있었으며, 시골 여성 사업을 위한 인력이 턱없이 부족했다. 1908년에 열린 겨울 대사경회에는 선천에서 제인 사무엘(Jane Samuel)과 그의 전도부인이 내려와서 도와주었고,[48] 1910년 3월 봄 사경회에는 청주에서 F. S. 밀러 부인(수잔 도티)이 와서 도와주었

47) Julia Winn Erdman, "Taiku Christians," *Woman's Work* 23.11 (1908), 251.

48) 해리 로즈, 『미국 북장로회 한국 선교회사1』, 189.

다.[49] 한국 여성들뿐 아니라 선교사들도 사경회가 크게 열리는 곳으로 이동하고, 서로 도움을 주고받았다.

사경회가 열리는 기간은 앞에서도 언급했듯이 규모에 따라 3~4일에서 2주일까지 다양했다. 기간이 길수록 여성들은 미리 계획을 짜고 참가하는 데 드는 경비를 마련하느라 짧지 않은 시간을 준비해야 했다. 파종 시기 직후의 짧은 휴식기를 이용해서 농촌 여성들은 도시에서 열리는 사경회에 다녀올 기회를 잡았다. 이들은 사경회 등록비를 내기 위해서 일 년 동안 아끼고 모은 쌀이나 돈을 가져왔고, 시골교회에서는 순서를 정해서 한 사람에게 등록비를 모아서 주고 다음 해에는 그다음 차례 사람이 참석하는 방법으로 그 혜택을 공평하게 나누려고 했다.

3. 사역자를 위한 특별사경회

3.1. 사역자 사경회

평양에서는 사역자를 위한 사경회(Workers' Bible Class, Normal Class for training Workers)[50]가 다른 곳에 비해서 일찍부터 발달했다. '사역자(Workers)'라는 말은 농한기에 사경회를 인도하러 다니는 전도부인들을 통칭하는 용어였다. 1900년대가 되자 평양을 둘러싼 서북 지역 여성들에게는 봄과 가을에 정기적으로 농촌 여성들을 위한 사경회가 열린다는 소문이 거

49) "Notes from Stations: Taigu," *KMF* 6.6 (1910), 138.

50) 용어의 번역은 다음 책의 번역을 따랐다. 곽안련, 『한국교회와 네비우스 선교정책』, 박용규·김춘섭 역, 262.

의 퍼져있었다. 여자들은 언제든지 이 기회를 이용해서 사경회에 참석할 수 있었다. 그렇지만 열흘 넘게 열리는 사경회에 참석하기 위해서 미리 철저한 계획을 세우지 않으면 참가비와 시간을 확보할 수 없었다. 또 참가하는 여성들의 기대도 각양각색이어서 글을 배우러 오는 사람부터 성경을 더 배우러 오는 사람들, 찬양을 배우러 오는 사람 등 수요가 다양했다. 기대와 다르거나 힘들다고 중도에 포기하고 돌아가는 사람들이 제법 있었다. 선교사들은 이런 단기 사경회로는 여성들의 관심이 지속될 수 없고, 양질의 교육을 제공할 수 없는 점을 고민하기 시작했다. 평양에서는 발 빠르게 1901년 여름, 5년 과정의 사경반을 만들어서 시행할 것을 계획했는데 이미 1900년부터 사경회에 참석한 횟수도 포함해서 1902년에는 3개의 반이 자연스럽게 형성되었다.[51] 이들을 대상으로 한 사경회는 농촌부인 사경회와는 별도로 겨울에 개최했다. 초급반 29명, 중급반 76명, 고급반 61명으로 출석은 그 어느 해보다 규칙적이었고, 새로 온 사람들도 아주 소수만 제외하고 모두 끝까지 남아있었다. 수준과 기대에 맞춘 교육은 점차 분화되어 사역자라 부를 만한 그룹이 나타났다.

1901년 1월에는 농촌 교회에서 성장 가능성이 있는 지도자급 여성들을 평양으로 불러서 20일 동안 특별한 사역 훈련을 시켰다. 8명의 여성이 참석했는데 베스트는 이들이 사는 마을을 방문한 적이 있어서 그들이 사역을 어떻게 하고 있는지 파악하고 있었다. 프로그램은 일반사경회보다 다양한 성경 본문과 성경 지리를 다루었고, 평양의 예배와 주일학교, 여학교 등 사역 현장을 둘러보고 전도부인을 따라 심방하는 실습 위주의 교육도 병행했다.

51) Miss Margaret Best, "Winter training Class for Women," *KF* (May 1902), 35.

> 마펫 부인은 죄, 구원, 세례의 주제들에 대해 성경을 읽는 형식으로 가르쳤다. 베어드 부인은 야고보서와 빌립보서의 일부를, 헌트 부인은 노래를 가르쳤다. 조 씨는 매일 마가복음을 가르쳤다. 나는 복음서 강의를 8번 했는데 '그리스도 우리의 모범'이라는 주제로 가르쳤다. 매일 아침 45분씩 기도 시간을 우리 집에서 가졌다. 팔레스타인 지리에 대한 강의도 여러 차례 했다. 정규수업 외에도 기도주간에 열린 저녁 모임과 평양 교회의 세 번의 주일예배에 참석하는 혜택을 누렸다. 그들이 평양에 머무르는 짧은 기간 가능한 한 평양에서 이루어지는 사역을 알게 하려고 노력했다. 그러니까 부인들이 정규예배와 사경반에 참석하는 것을 독려하고, 여학교에 방문하기도 하고, 마펫 부인과 전도부인이 심방하는 데 동행하기도 했다.[52)]

이들의 등록비는 출신 교회가 부담하도록 했다. 이미 여러 시골교회들은 전도부인을 고용해서 여성들을 가르치고 있었다.[53)] 전도부인 한 명을 교육하면 돌아와서 다른 여성들을 가르칠 수 있기 때문에 교회들은 기꺼이 후원했다. 최소한 4원에서 많게는 22원 5전까지 교회마다 후하게 참가비를 지원했다.[54)] 농촌부인 사경회와 주일학교 교사 사경회, 사역자 사경회 등 여러 종류의 사경회에 참여한 한국 여성들을 교육해서 1904년 12월, 첫 수료생 16명을 배출했다. 이들은 농촌순회 사경회를 인도할 수 있

---

52) Margaret Best, "Eight Country Women," *KF* (Nov. 1901), 3-4.

53) Miss Best, "Some Korean Women: Door Openers and Door Enterers," *WWW* 19.1 (1904), 5.

54) Margaret Best, "Eight Country Women," 4. 쌀 한 말에서 서너 가마니 정도를 보내온 것이다. 당시 신화폐로는 1원=100전, 상평통보 엽전으로는 1냥=10전=100푼. 백미 1 말에 50냥 하던 때이므로 4원=40냥, 22원 5전=225냥이다. 당시 물가는 <하재일기>6, 기해년(1899년) 3월 10일(백미 두 말에 95냥), 14일(백미 두 말에 98냥), 4월 4일(110냥), 경자년(1900년) 1월 24일(백미 두 말 두 되에 121냥), 7월 9일(두 말 117냥) 참조.

WORKERS' CLASS OF BIBLE INSTITUTE AT PYENG YANG
After two weeks' preparation there they taught country classes during the winter.

그림 10. 평양 여성경학교 사역자 사경회반(1912) [출처: *Woman's Work* (1913), 33]

1912년 가을, 버츠 선교사(Alice M. Butts, 부애을)는 사역자 사경회가 얼마나 발전했는지 소개했다.[55)]

> 성경학교의 사역자 사경회는 어느 때보다 많은 인원이 공부한 가운데 10월 25일 끝났다. 약 115명 중에서 95명의 여성들이 초대에 응해서 올해 농촌교회 사경회에서 가르칠 준비를 위해 2주간 과정을 공부하러 왔다. 이 사경회의 목적은 단순히 가르칠 과목을 준비하는 것뿐 아니라 교수 원칙도 준비한다. 각 시간의 첫 번째 부분은 여선교사가 그 전날 가르친 교과의 일부분을 한 명 이상의 여성이 맡아서 가르친다. 시범 교수가 끝나면 그들은 우리의 비평을 아주 주의 깊게 듣는다. 해마다 우리는 이 여성들의 교수 능력이 향상하는 것을 볼 수 있다. 고급 단계에는 정말 훌륭한 교

55) Miss Butts, "Report of Workers Class of Bible Institute, Pyeng Yang," *KMF* 9.1 (1913), 11.

사들이 있으며, 아래 단계에는 몇 년이 지나며 좋은 교사가 될 자질을 가진 사람들이 있다.

사역자 사경회는 주변에 있는 마을에서 일주일간의 사경회를 인도할 자원자들을 받아 2주 동안 순회 사경회에서 가르칠 내용을 배우고 시범 교수와 토론을 거쳤다. 1912년 사역자 사경회(그림 10)에서는 공부를 마친 80명의 강사가 나가서 3,000명이 넘는 여성들을 가르쳤다. 이들은 전국에서 열리는 사경회를 위해 여선교사들의 사경위원회가 계획한 공과를 가르치기 위해 준비하러 온 것이었다. 그중 19명은 한국 교회나 선교사들이 고용한 사람들로 2.5달러에서 4달러(5원~8원 사이)까지 월급을 받지만, 나머지는 모두 자원활동가로 공부하는 2주 동안에 드는 시간과 비용을 부담했다. 그리고 순회 구역에 있는 시골교회들에서 각각 일주일씩 한 개에서 대여섯 개의 사경회에서 가르칠 것을 약속한다. 가르침을 받는 교회는 그들이 머무는 동안 대접하고 때로 기차비를 대기도 했다.[56)]

3.2. 교회 여성 제직을 위한 사경회

지역교회에서 배우는 일에 앞서고 주일학교 교사와 집사 등 교회 제직이 될 만한 여성들을 위한 특별 사경회가 이르면 1901년부터 시작되어 1910년에는 주일학교 교사 사경회로 자리 잡았다.[57)] 초기 한국교회에서 주일학교는 예배나 전도보다 더 중요한 자리를 차지했다. 출석을 계수할

---

56) Margaret Best, "from Pyeng Yang, Korea," *Woman's Work* 28.5 (1913), 109.

57) Margaret Best, "Eight Country Women," *KF* (Nov. 1901), 3-4.

때 기준이 되는 것은 주일학교 참석자였다.[58] 사경회 훈련을 받아 배출된 전도부인들은 평상시에는 주일학교에서 여성들을 가르치고, 농한기에는 지역 사경회를 개최하는 역할을 했다. 점차 교회마다 원입교인 교육을 위해 장년 주일학교가 활성화되고 교사 수요가 많아지면서 주일학교 교사 사경회도 연례행사로 자리 잡았다. 기존의 주일학교 교사들은 매주 토요일 오후에 선교사의 지도를 받아 공과를 준비하는 모임을 가졌다. 하지만 교사의 재충전을 위한 집중교육 기간이 필요했다. 주일학교는 남녀로 나뉘어 있었고, 1910년대 장대현교회에는 400여 명의 여성들이 30개가 넘는 반으로 분반해서 가르침을 받았으므로 최소한 30명의 주일학교 여교사가 있었던 셈이다.[59] 성경교사를 양성하는 것이 주목적인 주일학교 여교사 교육은 장로회 총회 산하 주일학교연합회로 이관되기 전까지 여사경회 체계 안에서 사경회로 해마다 열렸다. 개최 시기는 봄철 농촌 부인 사경회가 끝난 후와 가을이 시작할 때였다. 1910년 평양 여성경학교의 교과과정이 완성되었을 때, 가을 학기의 첫 번째 사경회가 되었다. 봄에는 순회 여행 후에 성경학교 정규과정을 준비하고 실행하는 등 사역의 부담이 커서 가을에 한 번 개최하기로 한 것이다.

주일학교 교사 사경회에서는 성경 지식뿐 아니라 학생들의 이목을 집중시킬 만한 새로운 교수법을 소개하기도 했다. 1911년 9월 12일부터 2주간 열린 주일학교 교사 사경회(Class for Sabbath School Teachers)[60]에는 농촌에서 온 참가자들을 포함해서 132명이 등록했다. 공고 기간이 짧았고,

58) Stacy L. Roberts, "Fifty Years of Christian Training in Korea," *Jubilee Papers* (1934), 105.

59) Margaret Best, "Personal Report, 1916-1917," *Letters and Reports from the Korea Mission, PCUSA(1884-1920)*.

60) 이 사경회에 대한 보고서는 다음을 참조. Miss Best, "Woman's Bible Institute, Pyeng Yang," *KMF* 8.10 (1912), 302.

날씨가 좋지 않아서 참가율이 예년보다 저조했음에도 불구하고 농촌 여성들이 삼분의 일을 차지했다. 이들은 6월 60전의 등록비를 내고 기숙사에 머무르며 일정에 참여했다.[61] 성경을 공부하는 정규수업은 모우리 부인(Mrs. Mowry), 마펫 부인(Mrs. Moffett), 번하이즐 부인(Mrs. Bernheisel), 박도신, 베스트(Miss Best)가 가르쳤고, 아침 기도회는 사경회에 참석한 여러 부인들이 인도했다. 주일학교 방법과 사역에 관해 5번의 강의가 있었는데 다음과 같은 주제를 다루었다.

1. 주일학교의 중요성 ············· 베스트
2. 주일학교 교사의 도구 ········· 베스트
3. 준비된 교사 ····················· 블레어 부인
4. 목자로서의 교사 ··············· 마펫 부인
5. 예수, 이상적인 교사 ··········· 베어드 부인

주일학교 교사사경회에서는 오래된 교사들을 재교육하여 더 좋은 교사가 되도록 하고, 신규 주일학교 교사 양성 과정을 별도로 두어 한 달 과정으로 운영했다.[62] 꽤 긴 시간을 집중적으로 가르친 것은 기독교에 입문한 지 얼마 되지 않은 여성들이 사경회를 통해 기독교적 습관을 몸에 익히고 선교사와 먼저 믿은 기독교인들의 생활을 직접 보면서 영향을 받을 것을 기대했기 때문이었다. 특히 혼자서 여성들을 가르쳐야 하는 시골 교회의 전도부인이나 여성 지도자들에게 주일학교 교사 사경회는 교수법과 기독교적 실천을 익힐 수 있는 좋은 기회였다.

61) 전도부인의 한 달 치 봉급에 가까운 금액으로 결코 적은 돈이 아니었다.

62) Alice M. Butts, “The Training of Presbyterian Women for Service,” *KMF* 21.3 (1925), 60.

재령에서는 1908년부터 시골에 있는 주일학교 교사들을 위해서 성경 통신과정이 개설되었다.[63] 시골에서 온 여성들은 한 주일짜리 사경회로는 충분하지 않다는 고충을 말했고, 집에서도 매일 성경을 읽고 공부하길 원했다. 처음에는 성경 읽기를 장려하기 위한 단순한 목적으로 시작했으나 배부된 질문지를 채워오는 한국 여성들의 열성 때문에 선교사는 통신과정을 더 확대하고 질문을 심화해 나갔다. 요한복음 한 권을 가지고 2년 동안 진행한 통신과정은 〈표 3〉과 같은 방식이었다.

표 3. 1908~1910년 재령 성경통신과정 운영

학기(6개월)	과 제
1학기	요한복음 다섯 번 읽고 각 장의 제목 달기, 각 장마다 한 구절씩 암송. 책의 개요를 만들기
피드백	수정된 답안지, 개인적인 격려 편지, 다음 과제
2학기	10개의 내용 파악 질문에 답하기
연례 사경회	요한복음 복습
3학기	예수의 행적을 확인하고 각 장소마다 예수의 행동 기록
피드백	등사판으로 복사한 예수의 행적지도와 수정한 답안지
4학기	예수와 관련 있는 여성 인물의 이름 적고 예수의 가르침 기록하기
연례 사경회	요한복음 마무리

통신과정 학생들은 연례 사경회에 질문에 대한 답변이 적힌 숙제를 가져와서 일 년 동안 공부한 요한복음을 선교사와 다시 공부했다. 이렇게 하면 다른 어떤 과정보다 이해도와 만족도가 높았다. 사경회가 끝날 때 그다음 해에도 요한복음을 공부한다고 알려주었는데도 학생들은 별로 불평하지 않았다. 첫해에는 숙제를 제대로 해 낸 학생이 4명에 불과했지만, 1년이 지난 후 이 반에 있는 50명 중에서 37명이 과제를 훌륭하게 완수

63) Mrs. J. Whiting, “Home Bible Study,” *KMF* 6.5 (June 1910), 106-107.

해서 제출했다.

2년 동안 통신과정에 참여한 여성들은 요한복음을 최소한 8번은 읽는 셈이었고, 한 권을 가지고 성경 암송과 읽기, 분석, 지리와 인물 등 다양한 지적 훈련을 받게 되었다. 6개월간 숙제를 하느라 고민하고 수고한 흔적은 답안지의 "찌그러지고 삐뚤빼뚤한 글씨"로 다만 짐작할 뿐이었다.[64] 성경통신과정은 매우 인기가 좋아서 나중에는 해마다 1,000명 이상의 여성들에게 강의안이 배포되었다.[65] 1915년에는 창세기와 그리스도의 생애로 통신과정 강의안을 만들었는데 1,300명의 여성이 등록했다.[66]

목회자의 아내라는 지위의 특수성은 여러모로 사경회에 참석할 수 있는 기회를 제한했다. 초기 목회자들은 순회 여행과 신학교육을 받느라 일 년 중 집에 있는 날이 드물었다. 아직 나이가 젊은 목회자의 아내는 남편이 부재한 집에서 시부모와 아이들을 돌보느라 자신의 시간을 내는 것은 매우 어려웠다. 여사경회는 남자 사경회가 끝난 후 열리곤 했으므로 남편을 먼저 사경회에 보내려면 오랫동안 집을 떠나 있을 때 필요한 행장을 꾸리는 것도 아내의 몫이었고, 또 그다음에 아내가 참석하려면 집안일을 그만큼 미리 해두어야 했다. 점차 목회자들의 순회 여행 기간이 짧아지고 한곳에 정착하는 시간이 많아지자, 평양 지부의 한국인 목회자들은 "목회자 부인을 위한 사경회"를 열어달라고 요구했다.[67]

이 문제는 사경회위원회로 위임되어 가능성과 더 많은 사역을 수행할 현실성에 대해 논의했다. 남편의 교구에 영향력을 가질 여성들을 도

---

64) Mrs. J. Whiting, "Home Bible Study," 107.

65) "In Memory of Mrs. Elizabeth F. Whiting," *KMF* 14.12 (Dec. 1918), 261.

66) 해리 로즈, 『미국 북장로교 한국 선교회사1』, 229.

67) Mrs. W. L. Swallen, "A Class of Native Pastors'Wives," *KMF* 10.6 (June 1914), 166.

울 좋은 기회로 이 사경회의 필요는 분명했다. 사경회를 계획하고 실행할 위원회가 지명되었다. 평양 구역에는 29명의 한국인 목회자들이 있었다. 그들 아내 중에서 19명이 초대에 응해서 1914년 2월 19일 열린 사경회에 참석했다. 불참한 10명은 아주 어린 아기들이 아파서 집에 있어야 했다.

사경회가 시작되자 오전은 성경공부에 시간을 보냈고, 오후에는 한국인 목사나 선교사 중 한 명이 강연을 했다. 오후에 열린 강연은 선교사의 집에서 이루어졌기 때문에 부인선교사는 집을 개방하고 강의 전후로 간식을 제공했다. 그리고 매일 저녁마다 도시교회가 제공하는 환대의 순서가 있었다. 서로 잘 알기 위해서 참가자들은 각자 받은 종이에 모든 여성의 이름과 그 남편의 이름, 그가 봉사하는 교회의 이름을 적었다. 스왈른(William L. Swallen)이 담당한 지역은 평서 구역으로, 대부분의 여성들은 남편이 신학 공부를 하는 동안 농사를 지어 살림을 꾸려나가고 있었다.

> 많은 부인들은 가정과 아이들을 돌보고, 어떤 이들은 신학교 과정 중에 있는 남편을 돕기 위해 농사를 짓고, 쥐꼬리만 한 봉급을 받기 때문에 가족을 부양하느라 수고하고 있다. 어린 아기들을 데리고 온 어떤 부인들은 어머니 혹은 할머니를 같이 모시고 와서 그들이 공부하는 동안 아기들 돌보도록 했다. 모두 사경회가 성공적이며, 주님을 위해 많은 열매를 맺지 않을 수 없다고 느꼈다.[68)]

남편이 없는 동안 집안을 책임지면서 어린 아기를 돌보고 시부모를 모시는 목회자의 아내는 다른 여성 지도자들보다 공부할 기회를 많이 얻지 못했다. 목회자 사모가 교회에 미치는 숨은 영향력을 생각할 때 목사

68) Mrs. W. L. Swallen, "A Class of Native Pastors' Wives," 167.

자신이 가정에서 의무와 책임을 다하고, 신학교에서도 목회자의 가정에 관한 가르침이 필요했다. 점차 기독교계 여학교를 졸업한 여성들이 목회자 후보생과 결혼하면서 목회자 부부의 지적인 불균형은 초기에 비해 크게 문제가 되지 않았다.

4. 평양 여성경학교 설립

4.1. 운영과 확장

평양 여성경학교는 서북 지역의 크고 작은 부인 사경회를 계획하고 지휘하는 사경회 제도의 본부이자 각종 여자 사경회가 열리는 독립 건물의 이름이었다. 건물은 1908년에 먼저 마련되었고, 전문적인 성경교사를 양성하기 위한 정규과정은 1910년에야 시작되었다. 그동안 크고 작은 여사경회가 이 건물에서 열렸다.

1898년부터 발전한 수준별 사경회들은 서로 유기적으로 연결되어 있었고, 중복으로 참여하는 사람들도 백 명이 넘었다. 지역사경회는 규모가 좀 큰 교회에서 주변 마을 여성들이 모여서 일주일 동안 개최했는데 아무리 지역 거점에서 모여도 선교사들만으로 감당하기에는 수요가 너무 많았다. 1908년 보고서에 의하면 여선교사들이 주최한 사경회는 10개인데 비해 한국 여성들은 75개 사경회를 주최했다.[69] 이 여성들은 모두 가을에 열리는 사역자 사경회에서 가르칠 대지요목을 받고 이를 숙지한 후 두 명씩 짝지어서 계획한 대로 파송한 사람들이었다. 한 팀이 4~5개의 지역

69) *KM Report* (1908), 46.

사경회를 개최하는 것이 보통이었으므로 최소한 30명 이상의 여성들이 사경회 강사로 활약한 것이다. 〈표 4〉와 같이 한 주일짜리 작은 지역 거점 사경회들이 농촌에서 열리고, 평양 시내에서는 대사경회와 사역자 사경회를 포함해서 일 년에 최소한 4개의 부인 사경회를 크게 운영했다.

> 4개의 사경회가 평양에서 서로 다른 시기에 열렸으며 지부의 여선교사들과 한국인 조사들이 가르쳤다. 모두 1,163명의 여성이 참가했다. 사경회 참가인원의 총수는 이렇게 하면 4,123명이다. 이 숫자는 중복된 사람이 있기도 하지만 몇 백도 안 될 것이다. 사경회의 일정과, 위생, 주일성수에 관한 실제적인 강연은 시골 여성들을 위한 지역사경회에서 이루어지는 정규 과정과 조화를 이루도록 짜였다. 평양에서 열리는 4개의 사경회는 두 개로 구분할 수 있다. 첫째, 두 개의 일반사경회로 하나는 일주일간 열리며 도시교회의 모든 여성들에게 열려있다. 또 다른 하나는 12일간 열리며 시골교회의 모든 여성들에게 열려있다. 둘째, 두 개의 특별사경회가 있는데 하나는 초가을에 2주간 열리는 사역자 사경회로, 정해진 숫자의 전도부인과 선교사들이 선발한 사람들만 참가할 수 있다. 이들은 그 해 시골사경회에서 가르칠 과정을 공부한다. 또 다른 특별사경회는 선교사들과 그들의 조사들이 특별히 초대하는 여성들, 그리고 한국교회 목사들이 초대하는 여성들로 훗날 전도부인, 목회자의 조사, 주일학교 교사로 훈련하고 가르치면 좋을 사람들이다.[70]

70) *KM Report* (1908), 46.

표 4. 1908년 발표한 여사경회 체계

<table>
<tr><th>규모</th><th>사경회 종류</th><th>개최시기(기간)</th><th>대상</th></tr>
<tr><td>대
(일반)</td><td>일반 사경회
(General class)</td><td>1월/봄(열흘)</td><td>도시부인/ 농촌부인</td></tr>
<tr><td rowspan="2">중
(특별)</td><td>주일학교 교사 사경회
(Sabbath School
Teachers' Training Class)</td><td>봄, 가을(2주)</td><td>주일학교 교사, 전도부인,
목회자의 조사, 사모</td></tr>
<tr><td>사역자 사경회
(Normal Class for
training Workers)</td><td>10월(2주)</td><td>사경회 강사로 자원하는 여성들</td></tr>
<tr><td>소</td><td>지역거점 사경회
(district class, country class)</td><td>성탄절 전후 10월 말
~2월 말(1주씩)</td><td>주변 마을 여성들</td></tr>
</table>

두 개의 일반 사경회는 각각 도시교회 여성과 농촌 교회 여성을 대상으로 해서 정월에서 3월 사이에 열렸으며, 두 개의 특별 사경회는 교회의 일꾼들과 자원하는 여성 일꾼들을 대상으로 봄과 가을에 열렸다. 단기간의 특별 사경회가 1907~1909년 사이 진행되면서 성경 지식에 앞서 있고 교회사역에 잘 준비된 여성그룹이 형성되자, 베스트는 미국의 무디 성경학교(the Moody Bible Institute) 정도의 교육과 실습을 충분히 따라갈 수 있다고 판단했다. 그래서 이들에게는 매년 보다 긴 시간의 성경공부와 실제적인 기독교 사역을 배울 추가적인 기회를 제공하기로 했다.[71]

마가렛 베스트는 이만큼 발전하고 넓게 사역하는 여사경회 제도를 운용하는 여성 사역을 위한 건물을 짓기 위한 기부금을 확보하고 여기에 평양 여성경학교(Women's Bible Institute of Pyeng Yang)라는 명칭을 부여해달라고 한국선교회에 요청했다.

71) Margaret Best, "Fifty Years of Woman's Work," *Jubilee Papers*, 88.

> 시카고의 보든 부인(Mrs. Borden)과 크로웰 부인(Mrs. Crowell)이 평양지부를 위해 보낸 4,500달러의 후한 선물 덕분에 올해 우리 여성사업을 위한 아름답고 넓은 건물을 마련할 수 있게 되었다. 이제 우리는 먼 곳까지 이르러 활동하는 우리 사경회 체계(training class system)에 평양 여성경학교라는 이름을 달라고 선교회에 요구한다.[72]

1910년에 진행된 백만인 구령운동으로 인해 평양에서 열리는 모든 사경회에 사람들이 이전보다 배는 더 참석했다. 또 농촌에 있는 교회에서도 사경회 강사와 전도부인을 요구하는 목소리가 여기저기서 나왔다.[73] 1910년 4월 1일에 처음으로 1년에 2달 반(10주), 전체 5년 과정의 여성경학교 정규과정을 운영하기 시작했다. 평양 여성경학교의 목적은 성경교사와 지도자로 활동할 최고의 여성들을 준비시키는 것이었다.[74] 평양의 여선교사들은 다른 학교와 마찬가지로 성경학교 운영에도 학생들이 재정적인 부담을 감수하고 매년 2달 반의 시간을 내서 공부하러 오는 자립의 원칙을 세웠다.[75] 여기에 대해 가난한 여성들은 사역에서 제외된다는 우려의 목소리가 있었다.

베스트와 버츠 등 성경학교 운영자들은 경제적 형편뿐만 아니라 성경학교에 등록하기를 원하는 기독교 여성 중에서 30세 이하는 혼자서 시

72) Margaret Best, "Pyeng Yang Women Developing in Efficiency," *WWW* 23.11 (1908), 259, *KM Report* (1908), 46-47.

73) Miss Butts, "Notes from Stations: Pyengyang," *KMF* 6.6 (1910), 139.

74) *NP Report* (1911), 279.

75) 요구사항: 시내에서 가족과 함께 사는 사람을 제외하고 모든 여학생은 성경학교 기숙사에서 살아야 한다. 성경학교에서 사는 모든 여학생은 침구류, 수저, 식량을 가져와야 하고 부엌 연료에 대한 일정한 비용을 지불해야 한다. 학비: 한 달에 50전 또는 한 학기에 1원. Margaret Best, "Course of Study and Rules of Admission of the Pyeng Yang Presbyterian Woman's Bible Institute," *KMF* 6.6 (June 1910), 154.

골에 파송할 수 없기 때문에 제외해야 하고, 또 중년 이상이라 하더라도 가사와 육아에서 자유로워야하고 건강한 체력을 갖춰야 하는 등 여성이 사역하기 위해서는 다른 제약 조건도 많다고 했다. 이런 어려움에도 불구하고 평양과 선천에서는 자립의 원칙을 실행할 가능성을 보여주었으니 하지 않는 것보다는 시도하는 것이 옳다고 주장했다.[76] 이를 보완할 방안으로 교회가 전도부인의 연봉을 보장하고 1년에 두 달 반은 공부할 시간을 주고 나머지는 사역에 전력하도록 배려하는 것을 제안했다. 만약 자신이 비용을 들여 공부할 수 없다면 교회의 전임사역자가 되는 길을 터놓은 것이다. 성경학교의 일차적 목적은 교회의 '평신도' 지도자들을 훈련하는 것이었지만 많은 이들이 이 과정을 거쳐 신학교로 진학했다.[77]

사실 성경학교와 사경회의 차이가 무엇인지 모호하다는 지적도 있었다.[78] 평양 여성 사업의 경우, 베스트는 사경회와는 별도로 더 강화된 훈련이 일어나는 성경학교의 필요성을 강조했다.

> 좀 큰 선교지부들은 대부분 전도부인을 위한 열흘에서 2주 정도의 예비사경회를 운영하고 있으며, 그 안에서 그들은 가르칠 공과에 대해 주의 깊은 실전훈련을 받고 대지요목과 함께 파송된다. 준비가 잘 된 편이지만 아직도 성경학교의 훈련만큼 완전한 것은 있을 수 없다.[79]

76) Miss Butts, "Notes from Stations: Pyengyang," 141.

77) Stacy L. Roberts, "Fifty Years of Christian Training in Korea," *Jubilee Papers*, 109.

78) Walter C. Erdman, "Bible Classed and Bible Institutes," *KMF* 10.10 (1914), 365.

79) Miss Butts, "Notes from Stations: Pyengyang," 140.

사경회 강사를 훈련하는 단기 교육을 보완해서 여선교사들이 사경회를 여는 것만큼 주도적으로 성경을 해석하고 가르치는 능력을 키우기 위해서 좀 더 긴 시간을 가지고 제대로 된 교과과정을 통과하는 학생들을 키우는 것이 필요했다. 물론 이전의 사경회들이 무력화되는 것은 아니었다. 여러 단계에 있는 여성들을 계속 가르치고 훈련하기 위해서 여러 사경회들을 특별반으로 해서 성경학교의 두 달 반 과정이 없는 동안 연중 운영했다. 1910년 평양 여성경학교 정규과정의 교육과정과 규칙을 발표하면서 각종 여사경회들을 특별반으로 두었다.[80]

> 성경학교는 다음과 같은 특별반과도 연결되어 있다.
> (1) 2주 기간의 사역자 사경회
> (2) 2주 기간의 주일학교 교사 사경회
> (3) 12일 동안의 농촌교회 부인들을 위한 대사경회
> (4) 1주일간의 도시교회 부인들을 위한 사경회

4개의 과정에 따른 대상과 목적과 교육 내용을 정리하면 다음 〈표 5〉와 같다.

80) Margaret Best, "Course of Study and Rules of Admission," 154.

표 5. 1910년 이후 평양 여성경학교 학사 운영

과정/시기	대상	목적	교육 내용
주일학교 교사 사경회 9월(2주)	주일학교 교사 교회 조사, 전도부인	주일학교 교수법과 사역에 대한 교육	주일학교의 중요성, 주일학교 교수 도구, 올바른 교사상(준비된 교사, 목자로서의 교사, 이상적인 교사 예수)
사역자 사경회 10월 (2주)	사경회 강사 (자원하는 성경교사)	시골사경회를 개최할 준비	초급반: 성경요리문답과 마가복음, 누가복음, 요한복음의 선택 공과 상급반: 누가복음, 요한복음 선택 공과와 요한계시록, 요한1서
성경학교 정규반 4월~6월 (2개월 반)	가사와 경제활동에 구애받지 않고 자유롭게 공부할 수 있는 여성들 (40세 이상)	교회 평신도 사역자 육성	5년 과정. 성경뿐 아니라 생리학, 위생학, 분수를 포함한 산수, 국문 쓰기

1910년 평양 여성경학교는 건물이 완공되고 교육과정도 마련하여 여사경회 체계를 흡수하여 여성 사역의 중심지로 만들고자 했다.[81] 이곳에서 1912년 제1회 장로회 총회가 열렸다는 것은 장소의 적합성뿐 아니라

그림 11. 평양 여성경학교에서 모인 시골부인 사경회(1909) [출처: *Woman's Work* (1911), 248]

81) Margaret Best, "Fifty Years of Woman's Work," *Jubilee Papers*, 88.

성경학교가 가지는 중요성을 상징하기도 했다. 교인 중에서 여성이 차지하는 비율은 1905년 이후 남성과 거의 같아졌고, 여성 신자의 교육은 교회의 운영과 활력에 중요한 요인이 되었다. 남자성경학교는 1926년까지 독립된 건물이 없었다. 〈그림 11〉에서 보듯이 여성경학교 건물은 아래층에는 두 개의 교실과 사무실, 위층에는 3개의 교실이 있는 2층 건물이었다. 2층 교실은 격막을 없애면 650명이 앉을 수 있는 예배 공간이 되었다.

4.2. 정규과정의 발전

1910년부터 시작된 평양 여성경학교 정규과정은 전도부인과 주일학교 교사, 교회의 일꾼을 양성하는 것을 목적으로 3월 말이나 4월 초에 개강해서 6월 중순에 한 학기를 마쳤다. 두 달 반, 혹은 10주 과정으로 된 학기를 다섯 번 이수하고 졸업시험을 통과하면 졸업할 수 있었다. 정규과정의 교육 내용은 〈표 6〉과 같이 초등 과정의 일반 과목과 성경 과목이 주요 교과였으며, 병자를 돌보는 데 필요한 간호법과 여성들의 가정생활을 시도할 실생활 교육, 그리고 개인전도와 선교, 성경교수법을 습득했다.[82] 고등교육으로 이어지기 위한 외국어나 인문교양교육이 결여되어 있었고, 깊이 있는 성서 해석보다는 전반적인 성경의 내용을 숙지하고 효과적으로 그 내용을 전달하는 데 필요한 교육을 받았다. 초등교육 과정과 성경교사가 되기 위한 사범 과정을 혼합한 여성경학교의 교과과정은 문

82) Margaret Best, "Course of Study and Rules of Admission of the Pyeng Yang Presbyterian Woman's Bible Institute," 152-153. 양미강, "초기 전도부인의 신앙과 활동에 관한 연구," 「한국기독교와 역사」 2 (1992), 101에 있는 교과과정표의 출처와 번역에 사소한 오류가 있어서 수정한 표이다.

맹률이 높은 대중 여성과 근거리에서 이들을 지도하는 전도부인에게 필요한 실용적 지식과 실습을 위주로 했다. 졸업생들은 선교회가 운영하는 중등여학교의 성경교사가 되기도 했다.

표 6. 평양 여성경학교 정규반 교육과정(1910)

<table>
<tr><th rowspan="2"></th><th colspan="2">1학년</th><th colspan="2">2학년</th><th colspan="2">3학년</th><th colspan="2">4학년</th><th colspan="2">5학년</th></tr>
<tr><th>과목</th><th>시수</th><th>과목</th><th>시수</th><th>과목</th><th>시수</th><th>과목</th><th>시수</th><th>과목</th><th>시수</th></tr>
<tr><td rowspan="4">전공</td><td rowspan="2">누가복음</td><td rowspan="2">5</td><td>요한복음</td><td>4</td><td>그리스도의 생애</td><td>5</td><td>로마서 갈라디아서 유다서</td><td>4</td><td>데살로니가 전후서 베드로 전후서 계시록</td><td>5</td></tr>
<tr><td>고린도 전후서</td><td>4</td><td>레위기+히브리서 요한 1, 2, 3 빌레몬, 디도서</td><td>5</td><td>이사야서</td><td>4</td><td>다니엘 스가랴</td><td>4</td></tr>
<tr><td>사도행전</td><td>5</td><td>출애굽기</td><td>4</td><td>구약역사</td><td>2</td><td>구약역사</td><td>2</td><td>구약역사</td><td>2</td></tr>
<tr><td>신약 지리 (누가-행전)</td><td>2</td><td>구약 지리 +출애굽기</td><td>1</td><td>구약역사 +구약 지리</td><td>1</td><td>성경교리 (하나님, 예수, 성신)</td><td>3</td><td>성경교리 (인간, 천사, 귀신, 사탄)</td><td>3</td></tr>
<tr><td rowspan="4">선택</td><td rowspan="2">산수 (숫자 읽기, 덧셈, 뺄셈)</td><td rowspan="2">3</td><td rowspan="2">쓰기</td><td rowspan="2">2</td><td rowspan="2">산수(복습과 큰 자리 나눗셈)</td><td rowspan="2">2</td><td>산수 (분수)</td><td>2</td><td>생리학, 위생학</td><td>2</td></tr>
<tr><td>생리학 위생학</td><td>2</td><td>성경교수법 (구성과 강의 실습)</td><td>1</td></tr>
<tr><td rowspan="2">쓰기</td><td rowspan="2">2</td><td rowspan="2">산수(곱셈 간단한 나눗셈)</td><td rowspan="2">2</td><td rowspan="2">생리학 위생학</td><td rowspan="2">2</td><td>성경교수법 (구성과 강의 실습</td><td>1</td><td rowspan="2">음식, 간병, 개인전도, 개신교 선교 강의 준비</td><td rowspan="2">2</td></tr>
<tr><td>음식, 간병, 개인전도, 개신교 선교 강의 준비</td><td>2</td></tr>
<tr><td>방학 과제</td><td>독서: 마태복음 암송: 시편과 여러 성구</td><td></td><td>독서: 창세기 암송: 시편과 여러 성구</td><td></td><td>독서: 디모데 전후서, 여호수아 암송:시편과 여러 성구</td><td></td><td>독서: 에베소서, 역대상하 암송: 시편과 여러 성구</td><td></td><td></td><td></td></tr>
<tr><td>이수 시간</td><td></td><td>17</td><td></td><td>17</td><td></td><td>17</td><td></td><td>20</td><td></td><td>20</td></tr>
</table>

이곳의 초기 졸업생들은 일반 사경회와 특별 사경회를 여러 번 참석하여 교육받았을 뿐 아니라 농촌에서 열리는 사경회들을 주최하고 가르치는 역할을 해온 경력자들이었다. 5년 과정으로 되어 있지만 이들의 과거 경력을 포함해서 1910년 개교한 이래 첫 졸업식은 1912년 6월 12일에 열렸고, 다섯 명이 졸업증서를 받았다.[83] 이들이 공부한 과목들은 이제 막 완역된 신구약 성경에 대한 지식이었고, 졸업생들은 교회나 선교사에게 고용되어 전도부인으로 활동하고 있는 사람들이었다. 몇 년 동안 첫 졸업생들만큼 훌륭한 반이 없었다는 평이 돌았다.[84] 이들 중에서 평양 여성경학교의 교사진에 합류한 첫 한국 여성은 여선교사의 전도부인으로 동역해 왔던 박도신과 석유실, 두 사람이었다. 1911년 가을, 베스트의 전도부인 박도신과 스왈른 부인의 전도부인 석유실은 주일학교 교사 사경회에서 가르치고, 초가을에서 겨울까지 시골 사경회를 다니느라 바빴다. 봄에는 다시 성경학교에서 공부하고 1912년에 졸업했다.[85]

1917년부터는 졸업생들의 요청에 따라 연장교육과정(Post graduate course)을 5월 한 달 동안 열기 시작했다. 1900년대 초부터 계속해서 사경회와 성경학교, 졸업 후 연장교육과정 등을 거친 전도부인들은 10년 이상의 학습과 경험과 훈련으로 다져진 성경교사이자 전도자였다. 1922년 베스트는 「신학지남」에 기고한 "예수교와 여자계의 관계"라는 글을 통해 교회 목회자와 영수, 장로들에게 여성이 가진 수많은 장점을 인식하고 이

83) Miss Best, "Woman's Bible Institute, Pyeng Yang," *KMF* 8.10 (1912), 303; *NP Report* (1912), 36.

84) Margaret Best, "Personal Report & Bible Institute Report, 1917-1918," *Letters and Reports of the Korea Mission, PCUSA(1884-1920).*

85) Margaret Best, "Personal Report, 1911-1912," *Letters and Reports of the Korea Mission, PCUSA.*

들을 교회에서 봉역하게 하라고 강력히 권고했다.[86)]

평양 여성경학교가 10년 만에 부인 사경회를 발전시켜서 체계를 갖출 수 있었던 것은 평양이 가지고 있는 기독교적 자산과 풍부한 인력, 축적된 성공의 경험 등 전국에서 학생들을 모집할 수 있는 유인이 컸다. 평양 여성경학교에서 공부하는 여성들은 평양뿐 아니라 선천, 강계, 재령, 서울, 대구 등 북장로회 선교회 지역 출신과 전주, 함흥, 부산과 같이 호주, 캐나다, 미국 남장로회 지역에서도 왔다. 학생들은 올림머리를 한 황해 이북 지방, 뒤로 쪽진머리를 한 황해 이남 지방 등 서로 다른 머리 스타일과 옷차림을 하고 있었던 만큼 지역적으로 다양한 배경을 가지고 있었다(그림 12).

한편, 여성경학교를 통해 여성들의 지도력을 키워주고 진로를 다방면으로 열어주려고 노력했음에도 불구하고, 1920년대에는 중등여학교

Graduates and teachers, Women's Bible Institute, Pyeng Yang. No. 1, Mrs. Swallen; 2, Miss Best; 3, Miss Doriss; 4, Mrs. Holdcroft; 5, Mrs. Blair. The fourteen graduates represent six provinces. Notice with what honest pride they show their hard-earned diplomas! Photo. sent by Mrs. W. N. Blair.

그림 12. 평양 여성경학교 졸업생과 교수진(1917) [출처: *Woman's Work* (1917), 36]

---

86) 배귀례(배씨부인) 저술, "가정연구:예수교와 여자계의 관계," 「신학지남」 4.4 (1922), 106-110.

과정을 졸업한 우수한 학생들은 일본이나 미국에 있는 여자신학교 유학을 선호하는 편이었다. 현장의 요구에 따라 1922년 선교회 연례회의와 장로회 총회에서는 여자고등성경학교의 설립을 승인했다. 그리고 성경학교의 지위는 9개의 선교지부 현장을 섬기는 여성을 훈련하는 곳, 여자고등성경학교는 전체 선교회와 한국교회를 섬길 여성을 훈련하는 곳으로 규정했다.[87] 평양 여성경학교 재학생들은 성인이 된 후 기독교에 입교한 사람들로 불신자들 사이에서 사역하는 여성들이었지만, 1923년 3월 26일 개교한 평양여자고등성경학교의 첫 입학생 11명 중 6명은 미션계 중등여학교 출신이었고, 5명은 성경학교 졸업생이었다.[88] 점차 입학생의 연령이 낮아지고, 기독교 가정에서 자라난 젊은 여성들, 장로와 목사의 딸들로 채워졌다. 졸업생들은 도시교회의 '전도사' 혹은 일본, 산둥과 같은 타문화권 '선교사'로 사역했다. 초기 전도부인이 개척적인 자원활동가였다면, 이들은 지적이고 전문적인 성경교사인 편이었다.[89] 여자고등성경학교가 개교한 이후에도 여성경학교는 계속해서 시골교회와 사경회에서 여성들을 지도할 전도부인을 양성했다. 두 학교는 처음에는 같은 건물을 사용하다가 1930년 가을에 여자고등성경학교는 경창리 신축 교사로 독립 이진했다.[90]

87) Margaret Best, "Fifty Years of Woman's Work," *Jubilee Papers*, 89.

88) H. H. Underwood, *Modern Education in Korea*, 31-32.

89) 여자고등성경학교에서는 영어와 한문 등 제2외국어를 사용한 교육과 오르간 실습과 같은 음악교육이 추가되었다. 또 성경암송에서 그치지 않고 초보적인 성서비평을 다루었다. 김린서, "여자고등성경학교방문기," 「신학지남」 13.1 (1931.1), 41-45.

90) 해리 로즈, 『미국 북장로교 한국 선교회사1』, 162.

4.3. 여성경학교의 확산

선교사들은 급증하는 교인들을 가르치기 위해 소수의 선교사로는 감당이 되지 않았기에 주일학교와 시골교회에서 가르칠 성경교사와 교회 제직들을 체계적으로 양성하길 원했다. 1910년 가을과 겨울에 각각 방문한 윌버트 화이트(Wilbert W. White)와 아더 피어선(Arthur T. Pierson)은 성경교사를 양성하는 성경학교를 각지에 설립하려는 움직임에 구체적인 영감을 주었다.[91] 성경교육과 선교를 결합한 성경학교의 계획은 서울과 평양이 한마음으로 추진했고, 평양 외에도 각 지부마다 성경학교들이 생겨났다. 먼저는 교회 영수와 집사, 그들의 아내, 전도부인들이 등록했다. 기간이 좀 더 길고 집중적인 성경교육을 받는다는 점에서 사경회의 심화 과정으로 볼 수 있다. 앞서 보았듯이 1908년 재령에서 처음으로 성경통신과정이 생겨서 성경학교에 참가할 수 없지만 주일학교 교사와 전도부인으로 일하고 싶은 여성들을 위해서 성경학교와 유사한 교과과정을 제공했다.[92] 재령에 여성경학교가 시작된 해는 1914년으로, 60명으로 시작해서 평균 100명이 넘는 학생들이 해마다 참석했고, 1928년부터는 남자성경학교 학생 수를 추월해서 1931년까지 총 2,000명의 수강생을 배출했다.[93]

선천은 1912년부터 제인 사무엘의 감독 아래 여성경학교가 시작되어 헬스트롬(Hilda Helstrom), 커빙턴(Hallie Covington), 핸슨(Marjorie L. Hanson) 등

91) 윌버트 화이트는 뉴욕신학교(New York Theological Seminary)의 전신인 성경교사양성학교(Bible Teachers' Training School)을 1900년부터 설립해서 운영하고 있었다. 조상열, 『피어선기념성경학원』(서울: 대한기독교서회, 2011), 48-59.

92) "In Memory of Mrs. Elizabeth F. Whiting," *KMF* 14.12 (Dec. 1918), 261.

93) 해리 로즈, 『미국 북장로교 한국 선교회사1』, 229-231.

의 독신 여선교사들이 교장을 맡았다.[94] 한 해 평균 35명 정도가 공부했고, 10주 과정으로 운영되었다. 평양과 개강일이 달라서 부족한 교사진을 조금이라도 거들기 위해 베스트가 도와주러 오곤 했다. 박미도와 김신일, 김신환 같은 유능한 전도부인들도 교사로 참여했고, 기숙사 사감을 맡았다.[95]

대구에서는 1911년 1월에 여성지도자를 위한 사경회가 열렸는데, 평양의 사역자 강습회와 같은 성격의 훈련을 받은 수료자들은 둘씩 짝지어 나가서 시골사경회를 개최했다. 여성경학교가 시작된 것은 1913년이었다. 56명이 참석했고, 전주에 있는 맥커첸 부인(Mrs. McCutchen)이 와서 도왔다.[96] 콜레라가 대유행이었던 1917년에는 가을 학기를 건너뛰었다.[97]

서울에서는 1914년 가을부터 남감리회와 연합하여 여자성경학교를 시작했다. 46명의 첫 학생들 중 30명이 장로교인이었다.[98] 1년에 봄 학기와 가을 학기로 나뉘어 공부했으며, 학생들은 전도부인 사역을 하고 있는 여성들로 선교사들도 잘 알고 있으며, 지적으로 준비되어 있었다.[99] 1919년까지 평균 40여 명의 학생들이 공부했다고 한다. 1916년에는 북감리회 선교회가 참여해서 세 개의 선교회가 협력하여 교사진을 구성했다. 장로회 선교회에서는 연동여학교 교장(1905~1912)이었던 밀러 부인

94) 해리 로즈, 『미국 북장로교 한국 선교회사1』, 207.

95) "Report of Women's Bible Institute, Syenchun, 1917."

96) 해리 로즈, 『미국 북장로교 한국 선교회사1』, 188. 미국 성경학교 출신인 맥커첸 부인은 전주에서 1910년 가을 여성경학교(Neil Woman's Bible Institute)를 시작했다. Josephine Hownsell McCutchen, "Chunju Bible Institute," *KMF* 6.3 (1910), 62-63.

97) Henry M. Bruen, *40 Years in Korea* (서울: 한국기독교역사연구소, 1998), 240.

98) 서울여자연합성경학교에 대해서는 해리 로즈, 『미국 북장로회 한국 선교회사1』, 117와 Mrs. E. H. Miller의 보고서를 참조.

99) Mrs. E. H. Miller, "Report of the Woman's Union Bible Institute, Seoul, For year 1914-1915," *Letters and Reports of the Korea Mission, PCUSA(1884-1920)*.

(Mrs. E. H. Miller 또는 Mattie Henry Miller)이 꾸준히 교사로 참여했다. 밀러 부인이 맹장염으로 수술을 받아서 회복하는 기간 동안 언더우드 부인이 그 자리를 일 년 동안 대신하기도 했다. 브라운리(Miss Brownlee), 겐소 부인(Mrs. Genso), 왐볼드가 교사로 활동했고, 교사진이 부족할 때는 남자 선교사들도 도움을 주었다. 이 학교는 1921년에 세 선교회의 연합사업으로 승동에 세워진 태화사회복지관으로 통합되어, 마리안 킨슬러(Marian Kinsler)가 연합사업이 중단될 때까지 이곳을 담당하게 되었다. 전도부인 양성을 위한 성경학교 기능은 지부의 필요를 충족시킬 만큼 만족스럽지 못해서 몇몇 전도부인들은 훈련을 받으러 평양여자고등성경학교로 가는 경우도 있었다.[100] 승동에 있었던 장 · 감의 연합여자성경학교(Woman's Union Bible Institute)와는 별개로 북감리회 여선교사들은 스크랜턴 대부인 때부터 있었던 여성경학교를 발전시켜서 1917년에 서대문 밖 죽첨정에 독자적인 건물을 신축했다.[101] 1920년에는 남감리회가 참여하여 감리교협성여자성경학교(Union Methodist Woman's Bible Training School)라고 이름을 붙이고 이 학교를 통해 여전도사를 양성했다. 원한경(H. H. Underwood)은 1920년대 여성경학교 중 가장 좋은 시설과 훌륭한 교수진을 갖추고 높은 수준의 학생들을 양성하는 곳으로 이 학교를 꼽았다.[102]

---

100) 해리 로즈, 『미국 북장로회 한국 선교회사1』, 117.

101) 이덕주, 『태화사회복지관의 역사, 1921-1993』, 96-100.

102) H. H. Underwood, *Modern Education in Korea* (New York: International Press, 1926), 35.

표 7. 미국 북장로회 선교지부별 여성경학교 개설 연도

선교지부	여성경학교 개설 연도	부인대사경회 시작 연도
평양	1907년	1898년
선천	1912년	1901년
강계	1912년	1910년
대구	1913년	1902년
서울	1914년	1898년
재령	1914년	1907년
안동	1920년	1911년
청주	1921년	1910년

청주, 강계, 안동은 후발 선교지부로 다른 곳의 사경회와 성경학교의 모델을 따랐다. 청주는 서울, 강계는 선천, 안동은 대구와 연결되어 있었다. 강계는 무척 외진 산간 지역이었음에도 여성 사업이 활발했다. 1889년 언더우드 부부가 신혼여행으로 강계에 들른 후 그곳 기독교 신자들은 국경 지역으로 연결되어 신앙을 유지하고 있었다. 1902년 가을에 정주에 사는 김씨 부부가 강계와 그 길 도중에 있는 마을 여자들을 가르치는 데 2개월을 보냈고, 1910년에서야 선천에서 제인 사무엘이 강계까지 가서 단독으로 여자사경회를 처음 열었다. 여선교사들이 아직 들어오지 않았을 동안 유익도라는 전도부인이 선천에 가서 훈련을 받고 여성들을 지도했다.[103] 1912년 강계에 세워진 여성경학교는 포터기념관(Dwight E. Porter Memorial Bible Institute)이라고도 했는데 미국 캘리포니아 오클랜드 노회 부인들이 건축기금을 보내온 덕분에 남성경학교보다 훨씬 먼저 세워졌다. 그해 겨울에 그 건물에서 처음으로 여사경회가 열렸다. 청주에서는 사경회로 신자들을 교육하다가 1921년에서야 남녀 성경학교가 설립되었다.

베스트는 이타주의와 봉사 정신을 여성의 보편적 특성으로 보았다.

103) Mrs. Herbert Blair, “Woman’s Work in Kang Kai,” *KMF* 7.11 (Nov. 1911), 317.

기독교의 복음이 들어와서 한국 여성들에게 이타적, 헌신적 사역을 하는 재주가 있다는 것은 가까운 남자 친족들에서부터 목사까지 다 알고 있는 사실이라고 했다.[104] 그리고 기독교는 여성들의 시야를 넓혀주어 '부녀와 모친의 직무' 외에도 할 일이 많다는 것을 알게 해준다고 언급함으로써 베스트는 가정 밖의 여성 활동을 지지했다.[105] 이는 초기에 선교 목표가 기독교 가정의 주부를 양성하는 데서 진전된 변화였다. 교회와 학교에 공헌한 여성도 있으며, 언어와 풍속이 다른 외국에서도 재정과 기도를 요청하면 도움을 제공하는 여성들이 생겨난 것을 크게 평가하며 베스트는 지난 25년 동안 이런 가능성을 나타낸 여성들에게 교회와 목회자들은 알맞은 교육과 준비를 시켜서 미래에 더 큰 활동을 하도록 장려할 것을 요청했다. 성경을 기초로 어린 자녀를 교육하는 어머니들에게 성경을 가르쳐서 도와주고, 또 목회자들은 가사에서 자유로운 젊은 부인들에게는 특별학교나 성경학교를 위해서 일하도록 권면할 수 있다. 교회의 전도 사업에 여성을 빼놓지 말고 부인들에게 빈곤한 자를 돌아보게 하고, 교회 어린이들과 교회 밖의 믿지 않는 어린이들을 도와주고, 주일학교를 위해 일할 수 있고, 불신자들을 대상으로 사역할 수도 있었다.[106] 여학교와 사경회를 통해 교육받은 여성들을 사회가 어떻게 활용할 수 있게 만들 것인가? 여선교사들은 선교 초기의 여성교육이 가져온 변화와 사회적 변화에 따라 기독교 여성을 양육하는 목표를 더 상향해야 한다고 판단했다.

104) 배귀례, "가정연구: 예수교와 여자계의 관계," 107.

105) 배귀례, "가정연구: 예수교와 여자계의 관계," 108.

106) 배귀례, "가정연구: 예수교와 여자계의 관계," 109-110.

제4장

전도부인의 유형과 활동

1. 최초의 전도부인

1888년 처음으로 바이블 우먼을 활용한 헤론 부인은 1892년 원산으로 사역지를 옮겨서 여성 사역을 이어갈 때 "할머니와 총명한 신씨 부인"과 같이 "언문으로 된 성경을 읽을 수 있고, 새로운 선교지부에 있는 여성들의 집에 들어가 그 마음을 얻을 수 있게 도와줄 한국 기독교 여성"을 간절히 구했다. "그들은 우리가 서울에서 보냈던 시절에 아주 소중한 도움을 준 조력자들이었다."라고 회상한다.[1] 이 두 명의 첫 바이블 우먼은 헤론 부인의 지도로 기독교인이 되었는데, 선교사 부인을 따라가지 않고 서울에 남아 성경 사업에 매진했다. 이 둘은 전혀 다른 배경을 가지고 있었으며, 각자 다른 영역, 즉 한 명은 전도실로 사용하는 병원 대기실에서, 다른 한 명은 여학교와 주일학교에서 일했다. 할머니와 신씨 부인은 미국 북장로회 선교사들이 한국에서 발견한 두 가지 유형의 여성 지도력, 즉 모권 연장자와 교사의 권위를 선교에서 이용할 수 있는 가능성을 보여주었다. 할머니 전도부인은 삶의 경륜에서 우러나오는 지혜로 기독교의 속뜻을 이해했고, 가사노동으로부터 자유롭고 가족 부양의 책임에서 벗어나 있었기 때문에 종교 활동에 몰두할 수 있었다. 젊은 전도부인들은 일찍 과부가 되었거나 남편의 경제력을 기대할 수 없어서 독립적인 생계 방편을 만들어야 하는 여성들이었다. 이들은 조혼으로 인해 교육의 기회를 놓쳤지만, 교회에서 받은 훈련으로 배움의 욕구를 충족하고 빠르게 성장했다.

1) Harriet G. Gale, "Hosanna, A Korean Woman," *WWW* 9.8 (1894), 205.

1.1. 젊은 여성의 보호자 할머니

할머니들이 초기 전도부인이 된 것은 몇 가지 이유가 있었다. 언더우드 부인은 초기에 여성 사업이 얼마나 미약하게 시작했는지를 돌아보면서 "초기에는 한 개의 여학교에 버려진 어린아이들과 마가복음을 한 글자씩 읽어가는 할머니들 몇몇 밖에"[2] 없었다고 했다. 젊고 건강한 여성들은 육아와 살림의 책임에 매여 있고, 내외법의 제약을 받아 외출할 수 없었기 때문에 할머니들과 어린아이들로 초기 여성 모임이 시작되었다. 할머니들은 남자들과 어울려 앉아있거나 대화를 나누는 것이 관습적으로 허용되었다. 마펫은 의주나 평양 등 북쪽을 순회하면서 사경회를 열 때 남자들 사이에 할머니들이 함께 앉아있는 것을 보았다.[3] 내외법이 엄격했던 시절에 할머니들이 없었더라면 기독교가 서울과 주변의 시골 마을에 사는 여자들 사이로 퍼져나가는 데 더 많은 시간이 걸렸을 것이다. 부인선교사들은 지방 순회 여행을 갈 때 경험 많고 사람을 잘 다루는 현지인의 도움이 절대적으로 필요했기 때문에 할머니를 전도부인으로 삼았다. 그렇게 하면 할머니는 모여드는 군중으로부터 여선교사를 보호하는 역할을 했고, 사람들은 가마 속에 있는 서양 여성을 양반층의 존경받는 부인으로 인식했다.[4]

할머니들은 선교사들이 만난 한국 여성들 중에 가장 자유롭고 기독교에 개방적인 태도를 보이는 여성층이었다. 다른 선교지와 비교해서 우리나라에서는 할머니 세대의 개방성이 기독교를 수용하고 여성교육을 발

2) L. H. U., "The Anniversary of the Twenty-fifth Year of Protestant Missions," *KMF* 5.11 (1909), 199.

3) Samuel A. Moffett, "Preaching to Women in North Korea," *WWW* 9.8 (1894), 203-205.

4) Mrs. Baird, "Letters from Korea," *WWW* 11.8 (1896), 220.

전시키는 데 큰 역할을 했다.[5] 대가족 안에서 딸과 며느리, 손녀의 교육 여부를 결정하는 권위는 집안의 어른인 할머니의 손에 있는 경우가 많았다. 할머니들은 자신이 누리지 못한 가능성과 기회를 젊은 여성들이 누리도록 후원했다. 한편으로 죽음이 멀리 있지 않았던 할머니들은 기독교의 사후 세계와 종말에 관한 가르침을 환영할 만한 실존적 이유가 분명했다. 한국의 할머니들은 새로운 지식에 대한 호기심이 왕성했고, 끈기 있게 배움을 추구했다.

할머니들은 젊은 여성들에게 연장자로서 가르침을 주거나 일을 바르게 하는 지시를 내리기도 했다. 평양에서 열린 전도부인 사경회에 참석한 어느 할머니는 선교사의 눈길을 끄는 행동을 했다. 그는 오래된 신자였으며, 2~3일이 걸리는 먼 곳에서 도보로 사경회에 참석했다.

> 우리 자원사역자 중 한 명은 작고 등이 굽은 나이든 부인으로 80마일을 공부하러 걸어왔다. 그는 자기 마을에서 15년 전에 처음으로 믿은 사람 중 하나였으며, 그곳에는 지금 약 200명의 사람이 모이는 교회가 있다. 그는 흥미로운 인물이다. 주일이면 그녀는 여자석 앞쪽에 있는 작은 의자에 앉는다. 그 자리는 회중을 볼 수 있고 시킬 일이 있으면 거기에서 그들을 부른다. 그녀의 말은 때로 신랄해서 듣는 사람들에게 불편함을 주지만, 대부분 그 말이 맞고 그의 열심은 의심할 바 없다.[6]

초기 한국 교회는 앞자리에 귀빈이나 연장자가 앉는 자리를 만들어 두는 관습이 있었다. 할머니가 앉은 여자석 앞쪽에 놓인 작은 의자는 공

---

5) C. L. McLaren, "The Korean Women's New Day," *KMF* 19.11 (1923), 236.

6) (Mrs. J. G) Nellie C. Holdcroft, "Systematic Seed Sowing," *Woman's Work* 28.2 (1913), 34.

동체의 존경을 받는 사람을 위해 따로 만들어 둔 자리였다. 그는 거기에 앉아 참석자들을 바라보며 앉아서 이것저것 눈에 띄는 대로 시키고, 다른 여자들의 일에 '참견'을 했다. 그는 1900년 이전에 자신의 마을에서 처음으로 믿었던 신앙의 어머니이기도 했다. 할머니 전도부인들은 교회 여성 공동체 안에서 신앙과 연배의 연장자로서 자신의 권위를 행사할 수 있었다. 그래서 이들에게는 여성들의 목회를 돕는 조사(woman helper) 역할이 맡겨지기도 했다. 그 마을 여성들의 형편과 이름을 다 기억하고 있는 여성으로서, 일 년에 한두 번 방문하는 순회 조사와 선교사를 도와서 여성들을 심방하고 목회적 도움을 줄 수 있기 때문이었다. 황해도에서는 재령의 송영생과 소래의 안성은, 평양에서는 신반석이 여조사로 활동했다.

할머니 전도부인들은 신앙과 삶의 연장자로서 가르치고 훈계하는 역할만이 아니라 교회의 물적 토대를 형성하는 데에도 자신의 재산을 아낌없이 내놓았다. 교회와 학교에 재산을 기부했으며, 여성들이 공부할 수 있는 공간으로 자신의 집을 제공하기도 했다. 그래서 여선교사들이나 한국 교인들은 교회의 개척자로서 할머니들을 '우리 모친' 또는 '어머니'라고 불렀다. 잔다리의 고 부인, 선천의 김기반은 전도인으로 자원해서 인근 마을을 다니면서 사람들에게 기독교 문서를 소개하고 전도한 결과, 기독교인이 없었던 곳에 교회가 처음으로 생기기도 했다. 초기에 젊은 여선교사와 기독교 여성의 보호자 역할을 했던 할머니 전도부인들은 1910년 전후로 그 지도력을 교육받은 중년의 전도부인에게 넘기고 선교 현장에서 대부분 물러났다. 이신행은 여전도회를 통해서 오랫동안 영향력을 행사한 특별한 사례로서 서북 지역에서 전도부인이 권사라는 직분으로 큰 세력을 형성하게 된 이유를 설명해 준다.

1.2. 성경교사 신마리아

"아마(Amah)는 아시아에 있는 서양인 공동체에서 가장 유용한 제도"[7] 라고 알렌이 말했듯이, 중국, 일본, 한국에 있는 선교사들이 가장 먼저 구하는 현지인으로, 보모, 여주인의 하녀 혹은 가정부(lady's maid) 역할을 했고, 집사이자 시종, 심부름꾼인 '보이'가 안 보일 때 심부름을 대신하기도 했다. 아마와 보이는 선교사에게 가족의 일원 같은 사람들이었다. 초기 선교사의 허드렛일을 도와주는 일꾼에서 훌륭한 기독교 일꾼으로 성장한 사례는 남녀 가리지 않고 나타난다.

헤론 부인의 아마로 고용된 신씨 부인, 신마리아는 기독교로 개종한 후 이름을 바꾸었다. 그는 기혼 여성이었지만 나이가 어렸기 때문에 헤론 부인은 그를 "어린 신씨 부인(Little Mrs. Sin)"이라고 불렀다. 신씨 부인은 양반이라서 노동을 할 수 없는 남편과 시어머니, 어린 아들을 부양해야 했기 때문에 선교사 집의 고용인이 되었다.[8] 공개적 선교활동을 할 수 없어 답답했던 헤론 부인은 자신의 작은 왕국인 집안에서 모든 고용인들을 모아 성경과 찬송을 가르치고 예배를 드렸다. 큰 딸 애니 헤론은 어머니가 적당한 대상만 나타나면 가르치는 일을 즐겼다고 했으므로 그의 집에서 첫 바이블 우먼이 배출된 것은 놀라운 일이 아니다. 그가 가르친 것이 종교만은 아니었다. 바느질과 서양식 살림살이, 간단한 교양학문 등을 가르쳐서, 게일은 그의 부인이 길러낸 가정부 중에는 원산의 고위 관리와 결혼한 여성도 있고, 서울 여학교 교사 신씨 부인도 그중 하나라고

---

7) Horace N. Allen, *Things Korean:a collection of sketches and anecdotes, missionary and diplomatic* (New York: Fleming H. Revell Co., 1908), 20.

8) Harriet G. Gale, "The Women Who Labor with me in the Gospel," *WWW* 7.8 (1892), 215-216.

했다.[9] 당시 여학교에서 한국인 교사로 일하고 있는 신마리아(1873~1921년)가 바로 게일이 말하는 신씨 부인이다.

신마리아는 초기에 전도부인으로 활동했다는 사실만 알려져 있을 뿐 전도부인으로 시작한 그의 경력과 선교사와의 관계, 초기 여성 사역에서의 역할에 관해서 연구된 바는 없다.[10] 신마리아가 영면했을 때 세상은 "여자교육계의 은인"이라고 말했는데 그의 정체성은 초기 기독교 세례와 함께 주어진 전도부인에서 벗어난 적이 없었다.[11] 그는 교회에서 새 신자를 가르치고, 부인회를 조직했으며, 오전에는 학교에서 가르치고, 오후 시간은 전도와 심방에 사용했다.[12] 또 여학교의 초급반 학생들을 가르치는 교사였지만, 상급반 학생들과 함께 산수와 세계사, 지리학, 생리학 등의 신학문을 배우고, 새로 번역되어 나오는 성경이 인쇄본으로 나오기 전에 임시사본을 받아서 일반 신자들보다 먼저 공부할 수 있었다.[13]

신마리아가 신앙생활의 대부분을 보냈던 연동교회에서 1910년에 작성된 교인명부를 보면, 신마리아는 "김마리아"라는 항목으로 표기되어

---

9) "게일이 엘린우드에게 보낸 편지, 1895년 11월 28일," 『제임스 S. 게일 목사의 선교편지(1891-1900)』, 90, 해당 원문은 230. 필기체 원본을 타이핑하는 과정에서 오류가 있었던 것 같다. "Her former serving woman and amah in Seoul is **not** Mrs. Gifford's and Miss Doty's most valued Christian teacher(Mrs. Shin)."에서 **not**을 **now**로 바꾸어야 내용상 맞다.

10) 박용규, "한국교회 최초 여집사 신마리아와 동생 박에스더," 「기독교사상」 432 (1994, 12), 223-229, "신마리아 선생 소전," 김영삼, 『貞信75年史』 (1962), 91-93, 고춘섭, 『하늘과 땅 사이에서: 순원 신의경 권사 전기』, 72-73 정도의 자료에 전기 형식의 기록이 남아있다. 이 자료들은 오류가 많아 다른 자료들과 병행 검토를 해야 한다.

11) "女教育界의 恩人, 故신마리아녀사 작일립비식擧行," 「동아일보」, 1921.10.21. 주선애, "여성교육의 관점에서 본 한국 기독교여성교육의 초기 현황과 미래 전망-정신여학교를 중심으로(1886-1920)," 「기독교교육논총」 13 (2008.6), 53-77에서 신마리아의 교육관을 다루고 있다.

12) Susan A. Doty, "Woman's Work at Yun Mot Kol"(1895), *Letters and Reports from the Korea Mission, PCUSA*.

13) Susan Doty, "Girls' Boarding School-Seoul, (연도 표기 없음)" 『장로회 최초의 여학교 선교편지』, 128-133. 보고서의 시기는 내용으로 볼 때 1898년으로 추정된다.

있으며, 병기된 정보에는 연령38세(1910년 기준), 정우 처(신정우는 사망으로 처리되어 있다.), 직업은 정신여중학교 교감, 가족은 남자 1인과 여자 3인, 지식 정도는 국문, 비고란에는 정동교회서 온 교인이라고 되어 있다.[14] 그의 남편 신정우는 1895년 기독교인이 되어 부인과 함께 연동으로 터전을 옮겼으나, 1905년에 갑자기 세상을 떠났다. 당시 남은 가족으로는 시어머니 정혜신, 아들 둘과 딸 하나가 있었는데 1910년 교적부를 정리할 즈음에는 큰아들은 사망하고 없었다. 신마리아라는 이름이 본인의 성을 살린 '김마리아'로 되어 있는 곳은 이 교인명부가 유일하다.[15]

신마리아와 오랜 교분을 가졌던 연동교회 목사 게일은 어느 강연에서 그의 자매들을 조선 여자사회의 진보를 상징하는 인물로 언급했다.

> 또 몇 해 후에 내가 어떠한 교인의 집을 찾아간즉 주를 독실히 믿고 홀로 사는 가난한 여인 한 분이 딸 사형제를 데리고 즐겁게 지내기로 주께 감사함을 마지아니하였더니 그 후에 한 여자는 성경의 지식을 얻어 몸을 바쳐 일하는 중학교의 교사가 되고 한 여자는 외국에 유학하여 문명한 의사가 되고 한 여자는 간호학을 공부하여 간호부가 되었으니 이 세 여자의 일은 세계 신문상에 반포하였은즉 조선의 여자사회가 발전되는 데 대하여 선도자라 하리로다.[16]

---

14) 연동교회, 『세례교인명부』(1896~1911년), 연동교회 역사관 소장자료.

15) 다른 자료들과 비교해 보면 신마리아에게 여러 이름이 있었는데 세례 전에는 김점예, 김점혜라는 이름이 있었다고 하고, 선교사들은 Mrs. Sin, Mrs. Shin이라고 했다. 1906년 「그리스도신문」에서 "련동 신마리아"라고 했고, 여자교육회의 여학교 교사 명단에는 교사 신마리아로, 1910년 이후에는 경성 신씨 부인, 경성 신마리아라는 이름으로 신문에 보도되고 있다. 정신여학교 학생들은 그를 신마리아 선생으로 기억하므로 이 이름을 가장 많이 사용했다고 할 수 있다. 현재 정신여자중학교 건물 명칭이 신마리아관이다.

16) 기일 목사, "조선녀자사회의 진보," 「기독신보」, 1916.03.08.

신마리아의 어머니는 가난한 과부에다가 아들을 낳지 못한, 사회적 기준으로 볼 때 불행한 처지였으나, 그의 딸들은 조선에서 앞서가는 여성이 되었다. 아버지는 아펜젤러(Henry Appenzeller)의 고용인이었다고 알려졌는데, 그는 에스더를 이화학당에 보내고 나서 사망했다고 한다.[17] 일찍 시집간 첫째 딸을 제외하고 둘째 신마리아는 교사로, 셋째 박에스더는 의사로, 막내 김배세는 간호사로 우리나라에서 근대직업을 가진 최초의 여성들이 되었다. 두 동생과 달리 신마리아는 '가정부인'이자 '직업부인'이라는 두 가지 경력을 관리해야 했던 초기 신여성이었다.

신마리아는 조용하고 강인하게 자신의 성장을 이루었을 뿐 아니라 여성들을 이끄는 힘이 있었다. 그는 한국인으로서 정신여학교의 첫 번째 교감이 되었고, 세브란스 간호부양성소 졸업식과 같은 중요한 행사의 강연자로 서기도 했다.[18] 그가 1912년부터 14년까지 사용한 것으로 보이는 수첩에 적힌 몇 가지 내용에서 경제적으로 고단한 삶, 동생 에스더의 죽음과 같은 그림자가 드리워 있지만, 한편으로는 전도와 매주 성경공부(사경식), 그리고 평양 여성경학교에서 계속 공부하고 자신을 연마하는 부지런한 사역자로서의 면모를 엿볼 수 있다.[19] 신마리아는 교회와 학교를 통해 심씰레, 유각경, 김마리아, 김미렴, 김함라, 장선희, 이혜경, 백신영, 박양무, 우봉운, 노숙경 등 1920~30년대 여성계를 이끌어갈 많은 제자

17) "1893년 5월 8일 일기," 로제타 홀, 『로세타 홀 일기 4』, 김현수 · 강현희 역 (서울: 홍성사, 2016), 123.

18) M. Willis Greenfield, "Commencement Month in Seoul," *Woman's Work* 23.11 (1908), 257.

19) 「신마리아 수첩」(연동교회 역사관 소장). 이 일지는 오늘날의 달력형 수첩과 같은 형식으로 조선예수교서회에서 해마다 발행하는 포켓 다이어리이다. 그가 써놓은 중요한 날짜는 동생 에스더가 죽은 날(1910년 3월 27일), 장사한 날(3월 30일), 신고한 날(1913년 12월), 그리고 평양에 다녀온 날 등으로 자신에게 의미있는 날을 적어놓았다. 「매일신보」, 1914.6.18.의 기사를 보면, 그가 여성경학교 과정을 마치기 위해 평양에 다녀온 것을 알 수 있다.

들을 길러냈다.[20]

평양 여성경학교 교사로 일한 석유실과 박도신 역시 선교사의 고용인이었다가 전도부인이 되어 교육을 받고 교사가 되었다. 또 평양에서 멀리 떨어진 제주도로 파송 받은 두 명의 여성도 선교사의 고용인이었다가 기독교 사역에 헌신하게 되었다. 이들은 자신과 비슷한 연배인 여선교사와 가까이 지내면서 그들을 모델로 삼아 사역을 펼쳐 나갔다.

다음에 소개하는 전도부인들의 생애와 활동을 통해서 초기 전도부인의 두 가지 유형이 어떻게 발전했으며, 장로교회의 여성 지도력이 어떤 특성을 갖게 되었는지 이해하는 실마리를 찾고자 한다. 이들의 이름과 선교사와의 관계는 미국 북장로회 여성 사역에 종사한 여선교사의 보고에서 찾았으며, 한국교회의 기록에서 그 이름에 따라 행적을 찾아 재구성했다.

---

20) 김마리아를 비롯한 이혜경, 장선희, 신의경, 백신영 등은 1919년 애국부인회 사건으로 실형을 받고 대구형무소에서 복역했다. 김필례와 유각경, 박양무, 신의경 등은 YWCA, 근우회 등의 여성운동에 참여했다. 우봉운은 불교에 귀의해서 불교여성청년회를 조직했고, 백신영은 성결교회 전도사로 부산, 서울 체부동, 충남 강경 등에서 사역하고 성결교에서 여전도회를 처음 조직했다. 김미렴, 김함라는 김마리아의 언니들로서 여전도회 활동과 독립운동 뒷바라지를 했다. 친딸 신의경을 포함한 애국부인회 사건은 신마리아에게 큰 충격이었고, 심한 두통으로 가끔 몸져눕다가 1921년 딸이 출소하기 전에 조용히 세상을 떠났다. 1900년 이전부터 활동한 장로교회의 전도부인 중 유일하게 생몰 연도와 행적이 남아있는 이유는 그가 전도부인이면서 여학교라는 기관에서 일하는 교사였다는 점과, 그의 자손들이 어머니의 교회인 연동교회를 떠나지 않고 신앙생활을 이어가고 있기 때문이다.

2. 교회의 어머니

2.1. 잔다리의 고 부인

1899년 언더우드 부인은 한강의 과부 진씨와 잔다리의 고 부인이 혼자서 시골을 다니며 자비로 전도하고 있다고 보고했다.[21] 잔다리는 정동에서 초기 여성사업을 할 때부터 여성들이 찾아왔다.[22] 이곳은 정동에서 5km 거리에 있는 농촌 마을로 한강으로 나가는 작은 다리가 있어서 잔다리, 나중에는 세교리(細橋里)[23]라 불렀으며, 비교적 여유로운 생활을 하는 사람들이 살기 때문에 소래처럼 선교사들이 한국인들과 직접 접촉하며 언어와 문화를 익힐 수 있는 마을로 이용되었다. 이곳에는 1895년 잔다리교회가 설립되었는데, 그 이전에 기포드 부인과 언더우드가 고군보의 집을 피서지 삼아 머물면서 전도하여 신자들이 생겼다고 한다.[24]

1898년 4월, 잔다리에서 어학 공부를 하며 한국 문화를 직접 체험하려는 목적으로 알리스 피시 의사가 고군보의 작은 방 하나를 빌려서 머물고 있었다.[25] 고군보의 부인 역시 남편과 같이 진실한 기독교인이며, 화이팅 의사가 순회 여행 중에 이곳을 들렀을 때 고 부인의 전도로 이미 기독교인이 된 여성들이 많은 것을 발견했다. 고 부인은 그 선행 때문에 신문에 실렸다. 흉년이 들었던 정유년(1897년) 섣달그믐에 그는 굶고 있는 동

21) "언더우드 부인의 1899년 의료사업과 전도사업 보고서,"『언더우드 자료집 II』, 232-233.

22) Lillias Horton Underwood, "Letters from Korea," *WWW* 4.12 (1889), 328.

23) 현재의 서대문구 서교동으로 잔다리교회는 행정명의 변화에 따라 세교리교회, 세교동교회, 서교동교회로 명칭을 바꾸었다.

24) 한국교회사학회 편,『朝鮮예수敎長老會事記(下)』(서울: 연세대학교출판부, 1968), 11.

25) Alice Fish, "Letters from Korea," *WWW* 13.8 (1898), 218.

리 사람들에게 쌀을 나누어 주었다.[26]

고 부인은 잔다리 마을에서 여자들을 모으고, 사경회가 열릴 때 안주인 역할을 했다. 그리고 서울지부 여선교사들의 순회 여행에 동행한 전도부인으로 이름이 자주 등장한다. 화이팅 의사가 서울 인근을 순회할 때 뚝섬, 당골, 안성, 장호원 등으로 동행한 전도부인도 고 부인이었다.[27] 화이팅 의사가 결혼하고 광주로 떠난 후에는 왐볼드의 전도부인으로 오래 활동했다.[28] 그는 주로 뚝섬과 마포, 행주, 김포 등 한강을 중심으로 활동하며 강변 마을 여자들에게 전도했다. 김포읍교회는 교회가 서게 된 연유를 이 순회 구역을 담당했던 선교사 언더우드도, 조사 신화순도 아닌 잔다리의 고군보와 박산라미에게 돌리고 있는데, 잔다리의 고씨 부부가 이곳에 그 누구보다 열심히 기독교를 전했다는 흔적을 보여준다.[29] 왐볼드가 김포를 방문했을 때 고 부인은 여성들이 모인 장소에서 그를 맞았다.[30] 그 집은 김포읍교회 영수 유선달의 집이었는데, 그는 고군보와 친한 친구로 고씨 부부의 영향을 받아 술고래에 도박꾼이었던 옛 생활을 청산하고 기독교인이 되었다. 그리고 김포읍의 첫 번째 예배당을 제공했고, 자신도 친구처럼 자발적인 전도인이 되어 다른 마을로 전도하러 다녔다.[31]

---

26) 「그리스도신문」, 1898. 05. 05.

27) Georgiana E. Whiting, "Letters from Korea," *WWW* 15.2 (1900), 46.

28) Katherine Wambold, "Woman's Work in Churches of Seoul Station," *WWW* 23.11 (1908), 255-256.

29) 차재명, 『史記』, 39. 「김포읍당회록」의 표지 안쪽 가장 먼저 교회의 역사를 설명하는 글에도 비슷하게 기록되어 있다.

30) 『언더우드 자료집 III』, 114.

31) 릴리어스 호튼 언더우드, 『호러스 언더우드와 함께 한 조선』, 196-198. 유공삼 혹은 유공선으로 알려진 유선달은 김포군 풍곡리에 전도하여 그곳에 교회가 성립되었다.

청주지부를 개척하러 내려간 수잔 도티 밀러[32]를 1907년 신마리아와 함께 방문한 강변의 고 부인도 잔다리의 고 부인과 동일 인물로 추정된다.

> 서울 여학교의 신씨 부인이 청주를 깜짝 방문했다. 그가 있는 동안 두 번의 집회를 가졌다. 그녀는 우선 기독교인들의 가정을 방문하고, 그런 후에 그들과 함께 불신자 가정을 방문해서 모임에 나오도록 초대했다. 서울 근교의 강변 마을에 사는 고씨 부인도 여성 사역에 관심을 가지고 두 번이나 내려왔다. 처음에는 여사경회를 도왔으나 병에 걸려 몸도 약해지고 집이 그리워져서 돌아갔다. 약 2주 후에 소식도 없이 다시 찾아와 건강해졌다고 했다. 아직 사역을 끝내지 못한 채 청주를 떠난 것이 못내 마음이 쓰여 마무리하러 돌아왔던 것이다. 그녀는 6마일 떨어진 한 교회에 가서 여성들을 가르치고 그중 한 명을 데리고 근처 마을을 방문했다. 여기에 사는 나이가 든 부인 중 일부, 특히 생각을 전하러 발로 다니는 사람들이 주변 마을에 나누어줄 전도지를 달라고 했다.[33]

고 부인은 10년 넘게 서울에서 활동한 경험으로 사경회에서 가르치고, 직접 마을을 방문하여 전도하는 시범을 보여주기 위해 부인 한 명을 동반하여 나갔다. 잔다리에 살던 고 부인이 강변 마을로 거주지를 옮긴 것에 대해서는 언더우드 부인이 소개한 K 부인 이야기에서 실마리를 찾을 수 있다.

---

32) 수잔 도티(Susan A. Doty)는 아내와 사별한 밀러(F. S. Miller)와 1907년 결혼하고 청주 개척 선교사로 정든 연동여학교를 떠났다.

33) Susan A. D. Miller, "Korean Women Advancing the Kingdom at Chong Ju," *WWW* 22.11 (1907), 252.

> K 부인은 서울에서 5마일 떨어진 곳에서 일주일 두 번 예배와 성경공부반에 참석한다. 묘지기로 중류 정도의 신분을 가지고 있으며, 우리는 그녀를 거의 15년간 알고 지냈다-그의 남편은 몇 년 전 천국에 갔다. 그 모든 시간 동안 자기 마을의 여자들에게 "말씀을 전하려는" 진실한 노력은 결코 사그라들지 않았다. 그녀의 사역은 전적으로 자발적인 것이며 대부분 자기가 먼저 시작한다. 그는 어떤 교회의 여전도인으로 봉사할 때 사례비를 1년 정도 받은 외에는 자비로 전도한다. 교회의 전도인으로 일하는 것을 그만둔 것도 그의 결정이었으며, 자기 친척이 사는 마을 가까이 이사해서 서울에서 일할 때보다 더욱 효과적으로 주를 위해 일했다. 그녀는 우리가 순회 여행을 갈 때 좋은 전도부인이 필요하면 언제나 같이 갈 준비가 되어 있다. 시골사경회를 열고 도시사경회에 오기도 한다.[34)]

1906년 당시 언더우드 부인은 K 부인을 15년쯤 알고 지낸 자발적인 전도부인으로 소개한다. 1890년대 초부터 1900년대 중반까지 여선교사의 여행에 동행할 뿐 아니라 자기가 사는 마을의 여자들을 가르치는 일에도 이름난 부인은 서울 인근에서 고 부인 외에는 생각하기 힘들다. K 부인이 고 부인이 맞는다면, 고군보는 몇 년 전 세상을 떠났으며, 지금은 잔다리를 떠나 자기 친척이 사는 마을 가까이 이사했다. 거리는 더 멀어졌으나(3마일에서 5마일, 즉 5km에서 8km로 늘어났다) 새문안교회로 출석하고 있으며, 활발하게 활동하고 있다. 그러나 이후로 고 부인에 대한 선교사들의 언급은 발견하지 못했다. 고 부인이 청주를 방문했을 때 몸이 아팠던 것은 오랜 여행을 버텨내지 못할 만큼 연로한 나이에 이르렀기 때문일 수 있다.

34) L. H. Underwood, "Sketches of some Korean Women," *KMF* 2.6 (Apr. 1906), 105-106.

2.2. 선천의 김기반과 강신삼

차재명의 『史記』에 따르면, 평양에서 의주로 가는 길목에 있었던 선천에서는 1897년 성탄절에 배위량(윌리엄 베어드)이 와서 세례를 베풀고 집사를 세웠고, 1898년에 신도 김기반이 큰 기와집 한 채를 사서 부인들의 집회소로 기부했다고 한다.[35] 이는 1902년 체이스의 보고서와도 일치하는 내용으로, 선교지부가 개설되기 전에 김기반(Kim Que Ban Si)이 선천 교회에 "여성관(Woman's Study)"이라고 이름 붙인 건물을 기부했다.[36] 김기반은 선천 지역에서 현지인 사역자를 후원하는 데 돈을 낸 첫 번째 한국인이었다. 처음 믿었을 때부터 선천 지역에서 일하는 조사의 봉급을 약정하고 12년 동안 지급했다. 김기반이 내놓은 것은 여성 사역을 위해 쓸 기와집뿐만이 아니었다. 선천 기독교인들이 남학교를 세우기로 결정했을 때 남학교의 기금

KIM QUE BANSI OF SYEN CHUN
"One of our stars."

그림 13. 선천의 김기반 [출처: *Woman's Work* (1911), 249]

35) 차재명, 『史記』, 84. "1898년(戊戌) 선천읍교회女徒 김기반이 其時通貨팔백냥으로 大瓦家一座(今日 北會堂基地가 即其地)를 買受하야 敎會에 寄附하야 당시 부인의 會所로 작정하니라."

36) *Annual Report of Syen Chyun Station, 1901-1902* (1902), 19; 해리 로즈, 『미국 북장로회 한국 선교회사1』, 207; 주선애, 『장로교여성사』, 85. 김기반은 1910년 이후로는 나이가 많아 은퇴기에 접어들었다. 그는 한국인 조사의 봉급을 후원하기로 약속한 첫 번째 신자였으며, 12년 동안 계속해 오고 있다. 또 여성관 뿐 아니라 1905-6년 사이 남학교를 위한 땅을 기부해서 신성중학교의 일부로 편입되었다. Maud W. P. Whittemore, "Characteristic Features and Problems of Women's Work in Syen Chyun," *KMF* 7.11 (Nov. 1911), 323.

을 위해 김기반이 내놓은 땅은 휴 오닐 씨에게 팔려서 선천 신성학교의 일부가 되었다.[37)]

김기반은 1898년 평양 부인들이 각 지역으로 보낸 사경회 초대를 받아들인 용감한 여성 중 한 명이었다. 선천 지부의 제인 사무엘은 초기 교인이면서 1911년 당시에도 활동하고 있는 김기반이 처음 입교했을 때와 1898년 봄에 열린 사경회의 기억을 직접 들을 수 있었다.

> 우리의 할머니(senior) 전도부인
>
> 김기반 씨는 아직도 리 부인의 사경회에서 들었던 것을 기억하고 얘기한다. 그것은 지금까지 듣고 배웠던 것 중에서 최고였다고 한다. 한번은 내가 "어머니, 어떻게 그렇게 아파서 다른 사람이 만지지 못하게 손을 내밀지도 못할 정도였는데 백 마일을 걸어서 갈 수 있었죠?" 하고 물었다. 그랬더니 "음, 아프기 시작했는데 걷다 보니 나도 모르게 다 나았어요." 남편이 죽었을 때 그녀는 48살이었고 너무 병약해서 오로지 죽은 다음에 좋은 곳에 갈 생각만 했다. 어느 날 머리에 물동이를 이고 가던 한 여자가 대문 앞에 와서 이렇게 말했다고 한다. "불쌍하기도 하지. 이제 뭘 할 거예요?" 그래서 "절에 들어가 머리를 깎고 비구니가 될까 봐요."라고 대답했다. 이 이교도 여자가 말하기를 "왜 예수교를 믿어보지 그래요? 그 사람들은 죄인도 갈 수 있는 천국이 있대요."라고 말했다. 김기반 씨의 동생은 그 마을에 단 하나밖에 없는 소책자 참진리(The True Doctrine)를 사왔고, 그녀는 가장 높이 모시는 신령에게 하듯이 똑같이 그것을 잘 모셨다. 그

37) Maud W. P. Whittemore, "Characteristic Features and Problems of Women's Work in Syen Chyun," *KMF* 7.11 (Nov. 1911), 323.

녀가 아직 평양에 가기 전이었고 처음 기독교를 접한 때였다.[38]

KANG SI AND TUNG SI OF SYEN CHUN.
The latter sits on the low seat. She told Mrs. Sharrocks she longed to have her husband a believer. "I couldn't read, so I bowed before God and prayed and prayed and prayed. Now he believes." At her age she has learned to read.

그림 14. 선천의 강신삼(오른쪽) [출처: *WWW* (1904), 246]

김기반이 입교하기 전, 선교사들이 아직 한 번도 방문하지 않은 선천에는 기독교에 대한 소문이 널리 퍼져있었고, 기독교 문서도 들어와 있었다.

선천에서는 경제적으로 독립했거나 여유가 있는 여성들이 적극적으로 활동했는데 김기반 외에도 강신삼이라는 전도부인이 있었다. 그도 경제적인 여유가 있어서 집안일과 바느질을 돌봐주는 과부 한 사람과 살면서 자유롭게 여행을 다닐 수 있었다. 샤록스 부인은 김기반과 강신삼이 기생 출신이기 때문에 문해 능력이 있다고 했으며,[39] 체이스(Marie L. Chase)는 강신삼이 어릴 때 아버지로부터 글을 배웠다고도 했다. 아무튼 체이스가 처음 선교지부에 왔을 때부터 함께 일한 강신삼은 상인이었던 남편이 유산으로 남긴 땅이 있어서 거기에서 나오는 소득으로 안락한 삶을 누릴 수 있고, 자식도 없었다.

> 강 씨는 사진에 나온 것보다 훨씬 잘 생겼다. 57세의 나이에 5피트 7인치의 키로 아주 곧은 체격이다. 그녀의 흑갈색 눈은 크다. 옷은 흠 없이 깨끗

---

38) "Pioneering and Progress: Syen Chun," *WWW* 26.11 (1911), 248-249.

39) Mrs. A. M. Sharrocks, "Two Humble Workers," *KMF* 1 (Nov. 1905), 9.

하고 예쁘다. 많은 여성 청중이 있을 때, 그녀의 얼굴은 강한 성격을 드러내며 시선을 사로잡는다. 강씨는 자신의 자매들을 기독교인이건 이교도이건 사랑의 관심을 갖고 즐겁고 솜씨 있는 방법으로 설득하기 때문에 모두에게 사랑받는다.[40)]

170cm가 넘는 키를 가진 강신삼은 여자들 중에서 외모로도 단연 돋보일 뿐 아니라 사람들을 설득하는 말솜씨와 인간애, 지치지 않는 체력과 부지런함을 갖고 있었다. 일 년 중 3개월을 체이스와 함께 순회 여행을 다닐 때 그는 휴식 시간에도 몰려드는 여자들에게 전도하고, 사경회에서 여자들을 밤늦게 가르치고도 새벽에 일어나서 글을 못 읽는 사람들에게 글자를 가르쳤다. 이렇게 빡빡한 일정을 소화하는 강신삼은 선교사 눈에 고된 일이나 의무로 하는 것이 아니라 즐거움과 특권을 누리는 것처럼 보였다. 다른 사람들을 위해 시간과 관심과 도움을 주고 어떤 불편함도 주의 일을 위해서라면 잘 견뎌내는 그의 성품과 태도가 어머니와 같았기 때문에 선천의 한국인과 선교사 모두 강신삼을 "우리 모친(Ouri Mochin)"이라고 불렀다.[41)]

강신삼이 어머니와 같은 교사 역할을 했다면, 김기반은 전도자였다. 그는 관절염으로 아픈 다리를 이끌고 이틀 동안 세 개의 사경회에 참석하느라고 80km가 넘는 거리는 걸어야 했다. 선교사들은 그렇게 무리하지 말고 덜 걸어 다니면 다리가 덜 아플 거라고 조언했더니 이렇게 말했다. "주님이 내게 집에 있어야 한다고 보여주시지 않았으니, 나에게 말씀

40) M. Louise Chase, "One of the Voluntary Korean Evangelists," *WWW* 19.11 (1904), 246.

41) "Some Korean Women: Door Openers and Door Enterers," *WWW* 19.1 (1904), 7.

하시기 전에 가만히 앉아서 조용할 수 있나요?"[42] 그는 불신자에게 보내신 하나님의 종이라는 자의식을 가지고 있었으며, 멈추라는 확실한 증거가 나타나기 전에 전도하러 다니는 일을 그만둘 수 없었다. 1911년 그의 나이가 노쇠해져서 정기적으로 선교사의 여행에 함께 따라갈 수는 없었지만 힘닿는 데까지 전도하러 다녔다.

> 그녀는 선생이라기보다는 전도자(preacher)이다. 이곳저곳 걸어 다니다 만나는 사람 누구나 남녀노소 할 것 없이 설교하는 것을 좋아한다. 10년 넘게 그녀는 발로 걸어서 복음을 설교하러 다닌다. 친구들은 그녀가 (전도)여행을 갈 때면 가마꾼을 살만한 돈을 주었지만 돌아올 때 그 돈을 그대로 가져오곤 했다. 그러면서 만약 가마를 타고 가면 걸어가면서 사람을 만날 기회를 놓치기 때문에 가마를 안 썼다고 말하곤 한다. 그녀가 복음을 소개한 공동체는 많이 있다. 내가 교회들을 돌아다니면서 어떻게 처음 기독교를 알게 되었느냐고 물어보면 김기반 씨를 지목하는 경우가 많다. 한번은 어떤 교회가 그녀에게 잔치를 열어주려고 했다. "왜 나한테 잔치를 열어주는 거요?" 그녀는 물었다. "지난번에 당신이 여기 왔을 때 우리가 당신을 쫓아냈기 때문이죠. 당신이 가고 나서 전도한 내용이 생각났어요."[43]

자재명의 『史記』에도 김기반의 전도와 연관된 교회가 선천읍교회(1897) 외에도 의주군 용산교회(1901), 선천 보신교회(保新敎會, 1904), 선천 갑

42) "Some Korean Women: Door Openers and Door Enterers," 7.

43) "Pioneering and Progress," 349.

암교회(甲岩교회, 1910) 등이 있었다고 전한다.[44] 김기반의 왕성한 전도 활동은 1890년대 후반부터 1910년대 초까지 이어졌고, 그의 이름대로 선천과 의주에 걸쳐 평북 지역의 교회가 서기까지 직접 전도하거나 조사를 후원하는 간접적 방식을 통해서 기독교의 기초를 세웠다.

2.3. 재령의 송영생

송영생은 황해도 재령읍에 사는 부인으로 1897년 평양의 전도인들에게서 기독교를 듣게 되었고, 주를 믿게 된 후 회개하고 주의 도를 사람들에게 무보수로 전하기 시작했다.[45] 그뿐 아니라 평양 부인들의 모임에도 참석한 것으로 나타난다. 1897년 2월 13일, 평양에서 리 부인(Mrs. Graham Lee)이 주관하는 부인회에는 이신행, 신반석 등 평양의 초기 기독교 여신도들이 아이들과 함께 수십 명이 모여서 간증을 하고 있었다. 그때 황해도에서 온 부인이 그 자리에서 이렇게 말한다.

> 저는 황해도 여자예요. 일 년도 전에 예수교에 대한 책을 받았어요. 그것을 읽고 많이 생각해보았어요. 평양에 가서 서양 선생님들을 만나서 이것에 대해 더 배워야겠다고 결심했지요. 4일간 걸어서 마침내, 지난 8월 첫날 선교사에게 도착할 수 있었어요. 나는 기독교인들을 만나고 예배에 참석하고 내 이름을 원입교인에 올리고 책들을 사고 내가 할 수 있는 모든 것을 배웠어요. 그리고 집에 돌아갔죠." "더 열심히 공부해서 더 잘 읽게 되었어요. 그리고 다른 여자들에게 구주에 대해 이야기하기 시작했어요.

44) 차재명, 『史記』, 41, 84, 131, 213.

45) 「그리스도신문」, 1897. 09. 23, 1897. 10. 07.

얼마 전에 내 조카와 함께 평양에 와서 사경회(theological training class)에 참석해서 더 많이 배울 수 있었어요. 나는 회개가 '더이상 죄짓지 않는다'는 의미뿐 아니라 '나의 옛 죄를 고친다'는 뜻도 있다는 것을 알았어요. 하나님의 도움으로 나는 그렇게 할 거예요. 부모님이 살아계실 때, 나는 그들에게 거짓말하고 그들을 속여 돈을 빼내서 내가 지금 가진 재산은 모두 내 죄로 얻은 것이에요. 그러니까 나는 나 자신과 내가 가진 모든 것을 하나님을 섬기기 위해 모두 바칩니다. 나는 돌아가서 황해도 여자들에게 예수님을 가르칠 거예요. 저를 위해 모두 기도해주실 거죠?[46]

평양 사경회에 조카와 함께 왔다는 것과 재산을 바치겠다는 약속을 한 것으로 보아 이 황해도 여자는 재령의 송영생이었다. 해리 로즈는 "1898년에 송영생(Song Yung Saing) 부인이 이 작은 회중에게 집회 장소를 제공하기 위한 집을 샀다."[47]라고 전하며, 그의 조카 송정신과 함께 천주교의 박해를 견디며 재령읍교회를 지켰다고 한다.[48] 리 부인이 기록한 황해도에서 온 송영생의 말에 따르면, 그는 1895년 즈음에 재령 사람들이 평양에 가서 기독교를 접하고 전도 책자를 가지고 돌아와서 사람들에게 전도할 때 책을 통해 기독교를 알게 되었고, 직접적인 지식을 얻기 위해 1896년 8월에 평양에 다니러 왔다가 그때 기독교인들과 교제하며 원입교인에 이름을 올렸다. 1897년에는 조카가 참석하는 사경회에 따라와서

46) Blanche Webb Lee, "Christian message to Woman," *WWW* 12.5 (1897), 120.

47) 해리 로즈, 『미국 북장로교 한국 선교회사1』, 222.

48) 차재명은 송정신(宋正信)이 기와집을 기부했으며, 그가 평양여학교 교사로 있다가 재령으로 내려와서 열심히 전도했다고 기록하고 있다. 차재명, 『史記』, 32, 54. 송정신은 평양에서 여학교를 마치고 1900년 서문 밖에 있는 교회부설 여숙 교사로 임명되었다. 강규찬 외 2인, 『평양노회 지경 각 교회 사기(주후 1925년 7월 7일)』, 이교남 역 (서울: 한국기독교사연구소, 2013), 27-28.

리 부인의 모임에 참석하게 된 것이다. 그는 여기서 회개가 뜻하는 바를 명확히 알고 나서 자신의 과오를 돌이키기 위해 속여서 모은 돈을 교회를 세우는 데 기부했다.

1898년부터 1900년대 초까지 재령읍 예수교 신자 모임은 내부적 갈등과 천주교의 방해로 고전했다. 그러다가 1907년 재령에 선교지부를 개설하면서 교인이 10배 이상으로 늘어났다. 그동안 송영생과 송정신은 교회를 지키고 믿음을 지켰다. 1906년 화이팅 부인(Mrs. Elizabeth Whiting)의 가족이 선교지부가 될 땅에 집을 짓고 들어오던 날부터 송영생은 전도부인 역할을 했다. 헌트 부인(Mrs. Anna Lloyd Hunt)은 1908년 송영생과 함께 재령의 부인들을 심방하고 있다고 보고한다.

> 건물이 늘어가면서 우리 일도 늘어가고 있다. 화이팅 부인의 응접실에서 모이던 소수의 여자들이 지금은 30명이 넘는 성경반을 이루어 두 반으로 나누었다.-세례교인반과 원입교인반. 다른 부인들도 더 일하고 있으며, 심지어 나는 한국 여성 한 명의 인도를 받아 심방을 한다. 매주 수요일 송 씨는 나를 찾아오곤 한다. 손에 성경을 들고 우리는 출발한다. (미국에서, 성경을 가지고 심방을 다니는 것을 상상해보라!) 우리는 교회 회원들을 방문했다. 그렇게 해서 나는 그들과 친해질 수 있다. 나는 아직도 기침을 하고 목을 가다듬는 소리를 내서 내가 왔다는 것을 알리고 바로 집 안으로 들어가는 풍속을 받아들일 수 없다. 우리가 이웃에 왔다는 소식은 재빨리 퍼진다. 우리와 방 안에 있는 사람들 뿐 아니라 다른 사람들은 문틈으로 바라보면서 호기심을 만족시킨다. 그래서 송 씨는 전도할 기회를 잡는다. 그녀의 첫 번째 질문은 그들이 신자인지 아닌지를 묻는 것이다. 우리가 떠날 때면 여자들은 문까지 우리를 따라 나와 감사의 표현을 하면서 인사를 하고

"평안"을 빈다.[49]

송영생과 그의 조카 송정신은 거의 한 마음으로 재령의 기독교인들을 위해 헌신했는데 마가렛 베스트는 1909년 송영생을 1세대 기독교 여성으로 언급했고, 차재명의 『史記』에는 송정신의 이름만 남았다. 해리 로즈는 고모와 조카의 협력관계를 공평하게 다루었다.

송영생은 1911년 재령 교인들이 슬퍼하는 가운데 세상을 떠났다. 장례식 날, 애나 맥키(Anna McKee)는 많은 여자들이 자기에게 와서 눈물을 글썽거리며 "우리 교회의 어머니" 송영생에 대해 말해 주었다고 한다.[50] 한국인들은 송영생을 잘 알지 못하는 신입 선교사에게 이렇게 소개했다: 그는 좋은 기와집에 사는 부자였는데 방 하나만 자신이 쓰고 나머지는 예배당으로 사용하도록 해서 교인들이 그 방에 꽉 차고도 창문과 문에 붙어서 더 이상 들어올 수 없을 때까지 예배를 드렸다. 그리고 맞은편 언덕에 새 예배당이 건축되고 모두 이사한 후에는 그 집을 여자 초등학교로 사용하게 했다.

3. 여성 목회자

3.1. 황해도의 김 부인

1896년 11월, 언더우드 부부는 어린 원한경을 데리고 황해도 장연의

49) "Progress at Chai Ryong," *Woman's Work* 23.11 (1908), 254-255.

50) Anna M. McKee, "Second Year Experience," *Woman's Work* 26.11 (1911), 254.

바닷가에 위치한 소래 마을로 떠났다. 언더우드 부인에게는 1889년 신혼 여행 이후 두 번째 순회 여행이었다. 이들 부부가 꾸린 행장은 6주간의 겨울 여행을 대비해서 "무시무시한 행렬의 짐"이 되었다.[51] 여자와 아이를 위한 가마 두 대, 음식과 옷, 침구, 야전침대 여러 개, 의자, 조리도구가 담긴 상자 등을 실은 조랑말 두 마리, 그리고 배로 보낸 약과 책들이었다. 이 행렬은 행주–사뫼–배천–해주–소래의 경로를 따라 이동했다. 언더우드 일행은 신학생들을 위한 사경회를 열기 위해 소래로 가는 도중에, 한국인 조사가 담당하고 있는 구역의 예배 처소에 들러 한국인들과 직접 접촉하고 그들의 반응을 살폈다. 소래는 한국의 첫 토착교회가 세워진 마을로 멕켄지(William J. McKenzie)와 펜윅(Malcolm C. Penwick), 게일 등 서양 선교사들이 일정 기간 한국어와 한국 문화를 습득하기 위해 머물렀던 곳이라서 마을 사람들은 서양인이 낯설지 않았다. 그들은 선교사들을 환대할 때 부담을 느끼지 않도록, 구경거리라는 느낌이 들지 않도록 배려하는 방식으로 "몰려오는 일은 없었다."[52] 그래서 선교사들은 이곳에 오면 고향과 같은 편안함을 느끼고 안식할 수 있었다.

남성들이 조사와 영수 사경회로 모이는 동안, 언더우드 부인은 복음 전도와 의료사역을 겸한 여성 사역에 착수했다. 매일 오후, 향장(鄕長) 김윤오의 집 안방에서 여성들만의 사경회(a Bible class)를 열었다. 추수와 김장이 다 끝난 초겨울이기 때문에 노동의 분주함도 덜했으며, 신자와 불신자들까지 매일 드나들었다.

---

51) Lillias H. Underwood, "An Itinerating Trip into the Interior of Korea," *WWW* 12.8 (1897), 205.

52) Lillias H. Underwood, "An Itinerating Trip into the Interior of Korea," 207.

> 사경회에 온 이들은 대부분 세례교인이거나 학습교인이었지만 불신자들도 언제나 참석했다. 약 25명의 부인들이 매일 김 씨의 안방(anpang)에 북적거렸다. 진리에 굶주리고 배움을 간절히 원하며, 어린아이 같은 믿음의 정신을 가지고 모든 말에 겸손하고 사랑스러운 관심을 나타내는 이 여자들을 가르치는 일은 즐거웠다.[53)]

황해도 장연군 대구면 소래 마을은 광산 김씨 일가가 일구어 만든 마을이었다. 서상륜과 서경조 형제가 기독교를 처음 소개했으나 이 마을의 세력가는 김씨 집안이었다. 언더우드의 방문이 있었던 때, 김윤오의 이복동생 김필순의 어머니인 '소래의 김 부인'이 세례를 받았다. 해리 로즈는 김필순과 그 동생 김필례의 어머니에 대해 이렇게 기록했다.

> 이 두 사람의 어머니는 소래교회와 그 지역에서 오랫동안 전도부인으로 활동했다. 그녀는 언더우드 부인이 소래에서 심하게 앓았을 때 딸과 함께 산으로 가서 밤새 기도했다.[54)]

소래교회 전도부인이자 소래의 김 부인으로 알려진 안성은의 이야기는 딸 김필례를 통해서 많이 알려졌다. 김필례는 자신을 소개하는 글에서 어머니 이야기를 빼놓지 않았다.[55)] 안성은은 소래마을의 향장인 김성섬(金聖蟾)의 누 번째 부인으로 들어가서, 장성한 김윤방, 김윤오, 김윤렬 등 삼 형제의 어머니가 되었고, 필순, 구례, 노득, 인순, 순애, 필례 이렇게

---

53) Lillias H. Underwood, *The Fifteen Years among the Top-Knots*, 190.

54) 해리 로즈, 『미국 북장로회 한국 선교회사1』, 115.

55) 편집부, "여성 교육의 선구자-김필례 여사 篇," 「기독교사상」 9.10 (1965), 90-96.

육 남매를 낳아서 길렀다.[56] 막내 필례는 집안의 장남 김윤방의 딸 김함라와 김미렴보다 나이는 어렸으나 이 자매들의 고모였으며, 정신여학교의 1회 졸업생으로 이들의 선배이다. 안성은의 남편 김성섬은 1891년 김필례가 태어나고 나서 2달 후에 세상을 떠났다고 한다. 안성은은 김필순과 김윤오 등 집안의 아들들이 기독교로 개종한 후에도 한참이나 조상제사를 모시다가 아들 김필순이 제사 용구를 다 태워버리자, 기독교로 개종했다고 한다. 이를 뒷받침할 만한 언더우드 부인의 기록이 있다. 1907년 이전의 세례문답 기록은 거의 남아있지 않은데 소래의 김 부인의 문답으로 보이는 내용을 언더우드 부인이 적어두었고, 출판된 책에 다음과 같이 실렸다.

> 15번. 김 부인: 친척들과 친구들이 자신을 믿으라고 유도했으나 마음은 점점 더 강팍해져서 기독교인이 되지 않기로 결심했다. 그러나 어느 날 밤 갑자기 그는 무서우리만큼 명확하게 자신이 대죄인임을 보게 되었다. 그 순간 그리스도께 거의 억지로(그만큼 저항할 수 없는 힘을 느꼈다) 자신의 마음을 내려놓았고, 그때부터 완전한 평화와 축복이 임했다. 이 주제로 믿지 않는 사람들에게 말한 적이 있느냐고 물었을 때, 긍정적인 대답이 돌아왔다. 이제 1년 3개월 동안 그리스도를 의지해 왔다. 이 여성은 그때부터 주님을 위한 헌신적인 자원봉사를 많이 해왔다.[57]

---

56) 이기서, 『교육의 길, 신앙의 길: 김필례 그 사랑과 실천』 (파주: 북산책, 2012)에는 김필례가 남긴 어머니 안성은에 대한 회고담이 실려 있다. 이 책은 태광문화사, 1988년판을 재출판한 것이다. 박용규, "황해도 교회의 어머니 안성은," 「기독교사상」 38.7 (1994), 256-264는 인명과 사실관계가 부정확하고, 참고 자료를 밝히지 않았다는 점에서 신뢰도가 떨어지는 글이다.

57) Lillias H. Underwood, *Fifteen Years among the Top-knots*, 193.

친척과 지인들의 권유, 하룻밤 사이의 회심, 자원하는 전도라는 특징은 김필례가 소개한 어머니 이야기와 유사하다. 세례받은 시기는 언더우드 부인의 기록을 따라 언더우드 부부가 소래를 방문한 1896년 말이라고 볼 수 있다.[58] 그는 개종 후에 글을 배웠고, 자기가 배운 것을 "주변 읍과 모든 마을에 가서 바울처럼" 권하고 가르쳤다.[59] 웰본 부인은 세브란스 병원에서 일하는 아들 김필순을 만나러 왔다가 다시 황해도로 돌아가는 김 부인에 대해 이렇게 말한다.

> 김 부인은 황해도의 여자조사이다. 그는 병원에서 에비슨 의사의 조수로 일하고 있는 아들을 방문하러 서울에 왔었다. 우리가 해주로 떠나려고 할 때, 자기도 집으로 가는 길이니 우리랑 같이 가게 해달라고 부탁했다. 가여운 부인! 그는 무서울 정도로 뱃멀미를 했다. 어느 날 그녀는 말했다. "저는 화이팅 의사와 언더우드 부부에게 더 자주 소래에 와달라고 간청하곤 했어요. 하지만 지금은 얼마나 여행이 힘든지 알게 되니까 그들이 어떻게 그렇게 여러 번 여행을 할 수 있었는지 궁금해요." 그래도 김 부인은 고난을 두려워하지 않는다. 한국에 있는 어떤 여성도 김 부인만큼 자기 사람들과 이 신실한 조사가 사는 지역을 넘어 복음을 전하기 위해 그렇게 많은 것을 견디지 못했을 것이다. '예수 그리스도의 좋은 군사로 고난을 견딘 사람.' 나는 그녀의 얼굴을 볼 때 생각한다. 그것은 강한 얼굴이다. 그분을 위해 싸움을 싸우고 이기면서 살아왔고, 시험과 고난을 참을성 있게 견뎌내고, 수많은 시간과 긴 밤 동안 기도와 금식까지 하며, 그 마

58) 그의 아들 필순은 1895년 소래교회 헌당식이 있을 때 세례를 받았다. 해리 로즈, 『미국 북장로회 한국 선교회사1』, 115.

59) Mrs. O. R. Avison, "Three Choice Women: From Annual Report of Mrs. Avison, June, 1903," *KF* (Aug. 1903), 120.

음이 구원받지 못한 영혼의 짐으로 무거워져 있거나 사랑하는 이의 목숨이 위험할 때 하나님을 기다리며 살아온 모든 특징을 나타내고 있는 얼굴이다. 그리스도에게 영혼을 데려오고자 하는 그녀의 강하고 위대한 목표와, 기도를 들으시고 응답하시는 하나님에 대한 강한 믿음은 쉽게 잊히지 않는 인상을 남긴다.[60)]

1900년대 초 안성은은 선교사들 사이에서 황해도 여성 사역의 개척자이며, 기도하는 사람으로 알려져 있었다. 언더우드 부인은 자신이 황해도 여행 중 병들었을 때 안성은이 밤을 새워 기도한 응답으로 회복될 수 있었다고 했다.[61)] 딸 김필례는 어머니가 뒷산에 기도하러 갈 때 자신도 따라다녔고, 나중에는 기도의 집을 만들어 놓고 수시로 기도했다고 한다. 안성은이 기도하는 집을 만들어 밤샘 기도와 금식 기도를 불사한 이유는 남편이 죽은 후 대가족을 책임져야 했기 때문이었다. 그 강한 믿음은 자신의 가족뿐 아니라 손님과 마을 사람들, 나아가 황해도 여자들에 대한 책임까지 포함하는 것이었다. 언더우드 부인은 1900년 황해도 지역을 도는 여행에서 소래의 김 부인이 자신에게 "천사와 같은" 도움을 주었다고 한다.[62)] 아무런 대가도 받지 않고, 누가 시키지도 않았는데 김 부인은 글자를 읽을 줄 모르는 시골 여성들에게 복음서를 가르쳐 왔고, 서양 부인이 오자 이들을 모아놓고 기다렸다. 안성은은 조지아나 화이팅 의사(Georgiana Whiting, M.D.)와 함께 순회 여행을 다니기도 하고, 추수가 끝나면 집안일을 남동생에게 맡기고 전도 여행을 떠났다가 한 달 만에 돌아오기

60) Mrs. Sadie Nourse Welbon, "Mrs. Kim of Sorai," *KF* (Nov. 1902), 35.

61) Lillias H. Underwood, *Fifteen Years among the Top-knots*, 229-230.

62) Lillias H. Underwood, *Fifteen Years Among the Top-knots*, 225, "1900년도 언더우드 부인의 의료 및 전도사역 보고서," 『언더우드 자료집 II』, 256-257.

도 했다.[63)]

안성은은 막내딸이 연동여학교에 입학할 때가 되자 소래를 떠나 서울로 이주해서, 의학교육을 받으며 제중원에서 조수일을 하고 있던 김필순과 함께 살았다.[64)] 안성은은 자신이 배운 것을 명확하게 가르치는 능력이 있는 검증된 교사이기도 했다. 에비슨 부인은 자신이 운영하고 있던 목요 성경공부반을 그에게 맡겼다.[65)] 화이팅 의사가 남장로회의 오웬(C. C. Owen)과 결혼하면서 광주로 옮기고 나서 훈련된 전도부인을 찾지 못하자, 안성은을 불러들여서 초기 사역을 함께 했다.[66)] 그 후의 행적은 막내딸 김필례를 통해 알 수 있는데, 만주 치치하얼로 이주한 아들 김필순을 도우러 갔다가 1919년 아들이 급사하고 나서 다시 딸이 있는 광주로 내려가 거기서 보살핌을 받았고, 1940년 82세의 나이로 소천했다고 한다.[67)] 안성은은 자녀들 때문에 기독교를 받아들였으며, 그의 종교심의 바탕은 매우 한국적이었다. 그는 조상숭배와 집안의 화복(禍福)을 연결하는 제사 전통을 버리고, 기독교 안에서 사랑하는 사람들을 지키고자 했다. 김필순의 배다른 형이자 '김형제 상회'를 운영했던 김윤오도 서울에서 기독교 인사로서 활발하게 활동했다. 그의 부인은 언더우드의 사경회가 소래에서 열리면 안주인 역할을 했으며,[68)] 장연읍으로 이사해서 서상륜을 도와서 교회를 세우는 김윤오와 함께 여성 모임을 주관했다.[69)] 서울로 이

---

63) 이기서, 『교육의 길, 신앙의 길: 김필례 그 사랑과 실천』, 33-40.

64) Mrs. O. R. Avison, "Three Choice Women," 120.

65) Mrs. O. R. Avison, "Report for 1903 to 1904," *KF* (Aug. 1904), 177.

66) "Annual Report of Kwangju Station," *KMF* 5.4 (1909), 58-64.

67) 이기서, 『교육의 길, 신앙의 길: 김필례 그 사랑과 실천』, 171.

68) Lillias H. Underwood, *Fifteen Years among the Top-knots*, 190.

69) "1900년도 언더우드 부인의 의료 및 전도사역 보고서," 『언더우드 자료집 II』, 254-255.

주한 후인 1913년에는 러들로 부인(Mrs. Ludlow)의 전도부인으로 순회 여행에 동행한 기록이 남아있다.[70)]

전통적인 부덕을 유지하면서 맡겨진 일에 대한 강한 책임감을 가진 안성은은 황해도 여성들에 대한 특별한 소명 의식을 가지고 자신이 사는 마을의 경계를 넘어 복음을 전했다. 1905년 언더우드 부인은 한국의 여성 사역에 자원해서 전도부인과 조사로 일하는 한국 여성 4명을 소개하면서 황해도에서 여자들을 가르친 안성은이 이룬 열매를 언급했다.

> 또 황해도 어느 섬에 있는 많은 사람이 완전한 가르침을 받은 것은 아니지만 어느 정도 지적인 확신을 갖고 기독교인이 되기로 결심했다. 그러나 그들은 아주 무지했고, 아무도 그들을 방문해서 가르치고 격려해 줄 시간을 내지 못했기 때문에 그들은 이전의 이교로 돌아갔다. 김 씨의 어머니는 개종 후에 비록 재산이 많고 밖으로 돌아다니는 계층의 사람이 아니었지만, 이 마을 저 마을을 부지런히 다니며 최선을 다해서 불신자들에게 전도하고 신자들을 가르쳤다. 그녀는 이 섬 주민들을 돕기 위해서 바다를 건너 위험한 섬으로 다소 모험적인 여행을 떠났다. 처음 보는 낯선 자가 왔으므로 아무도 잠잘 곳을 제공해 주지 않았고 모두 의심의 눈초리로 쳐다보았다. 그러나 그녀는 끈질기게 대문과 우물과 빨래터에서 여자들에게 말을 걸었고, 영혼을 구하는 그녀의 강력한 전도에 마침내 여러 명이 귀를 기울였고 믿기로 결심했다. 그들은 그녀를 집으로 초대했고 귀한 손님으로 대접했다. 일 년 후 그녀가 선교사와 함께 다시 섬을 방문했을 때,

70) (Mrs.) A. T. Ludlow, "A First Itinerating Trip," *KMF* 9.6 (1913), 164-167. 김윤오는 1907년 이전에 서울로 이주해서 서소문 밖에 살고 있었다. 이송죽 외, 『김필례, 그를 읽고 기억하다』 (서울: 열화당, 2019), 46-47.

> 신실한 남녀 기독교인 무리와 모든 사람이 볼 수 있게 언덕 위에 아담하게 지은 예배당이 세워져 있는 것을 발견했다.[71]

안성은이 건너간 섬은 소래마을과 바다를 사이에 두고 마주 보고 있는 백령도였는데, 그가 전도하고 가르친 결실로 그곳에 중화동교회가 설립되었다. 1920년대 김필례가 YWCA 조직을 위해 황해도를 순회할 때, 어머니를 알고 있으며, 어머니로 인해 기독교인이 되었다고 말하는 나이 많은 부인들을 만났다.[72] 안성은은 양반가 부인이었기 때문에 외출이 빈번한 계층은 아니었다. 그런데 세례받기 전에 그는 자신의 마을 주변에 이미 전도하러 다녔다고 문답했다. 그의 여행 반경은 여선교사들과 동행하면서 점차 넓어진 것으로 보인다. 서울에서 소래로 돌아가는 배에서 심한 멀미를 했던 그는 동행자 웰본 부인에게 이렇게 고생스러운 여행을 감수하고 여러 차례 소래를 찾아준 언더우드 부부와 화이팅 의사를 다시 보게 되었다고 말했다. 그에게 모험이라고 할 만한 집 밖으로의 외출과 낯선 곳에서의 숙식을 감행하는 모범이 된 것은 초기 선교사들의 순회전도 여행이었을 것이다. 안성은은 황해도 여성들은 자신의 책임 아래 있다는 인식을 갖고 여러 마을과 바다 건너 섬까지 다니며 여성들을 가르쳤다.

3.2. 장대현교회의 신반석

무당이었다가 회심한 신씨로 알려진 신반석은 평양 장대현교회의 여

---

71) Mrs. H. G. Underwood, "Woman's Work for Women in Korea," *MRW* (July 1905), 498. 『언더우드 자료집 III』, 194의 번역 참조.

72) 편집부, "여성 교육의 선구자-김필례 篇," 92.

조사(女助師)였다. 1899년 장대현교회 여조사로 임명되어 7년간 시무했다.[73] 이 해에 당회가 처음 시작되었으며, 남자들은 판동, 여자들은 창동에서 모이다가 장소가 협소해지자 장대현에 새로 큰 예배당을 짓기로 했다. 그에 대한 눈에 띄는 기록은 *Woman's Work for Woman*의 편집인인 엘렌 파슨스의 한국 방문기에 있다.[74]

평양의 초기 교인들은 그 고장의 랜드마크가 될 거대한 2층 한옥으로 장대현교회를 1901년에 완공했다.[75] 선교 현장 순회차 예루살렘과 중동 지역을 둘러보고 난 후 한국에 온 파슨스는 장대현교회의 성례주일에 참석하게 되었는데 한국인들의 특이한 복장과 예배행렬, 그리고 한국식 예배당의 외양과 내부 모습을 관심 있게 보았다. 끝을 하늘로 살짝 치켜든 유려한 곡선 모양으로 되어 있는 기와지붕의 커다란 건물은 여자와 남자가 따로 드나드는 두 개의 출입구가 있는 ㄱ자 모양으로 되어 있었다. 내부로 들어가면 휘장은 없고 남녀석이 가운데 강대상을 향하여 있고 앞쪽 두 개의 낮은 강단에는 노인들이나 고관대작을 위한 자리가 마련되어 있다. 그 외의 사람들은 모두 마루에 앉아 뒤에 들어오는 사람들을 위해 자리를 계속 조정했다. 그렇게 해서 1,000명이 족히 넘는 사람들이 성례주일 예배에 참여했다. 성찬식이 거행될 때 여자석은 헌트와 스왈른 목사가 떡과 포도즙을 돌리기 위해 왔다. 이 많은 사람 중 누가 성찬을 받을 사람인지 어떻게 아는가? 여기에 신씨 부인의 역할이 있었다. 그는 새로 온 사람들을 자리로 인도하고 믿음이 약한 사람들을 예배 중에 도와주는 등 예배가 순조로이 진행될 수 있도록 돕는 역할을 했다.

73) 강규찬 외 2인, 『평양노회 지경 각 교회사기』, 27.

74) Ellen C. Parsons, "Around the World Series," *WWW* 17.11 (1902), 315-317.

75) Alice Fish Moffett, "A Pauline Church," *WWW* 15.11 (1900), 305-306.

신씨 부인의 이름이 신반석으로 드러난 곳은 파슨스의 기행문에 뒤따라 나오는 그의 신앙고백문이다. 그는 전직 무당으로 사악한 우상숭배에서 떠나 극적으로 개종한 한국인의 표본이었다. 그는 1897년 해외선교부 총무 스피어 박사가 한국을 방문했을 때 자신의 신앙고백문을 헌사했다.[76] 1896년, 평양에서는 성탄절 예배에 500여 명이 모인 가운데 무당과 판수, 풍수지관 등 세 명의 "우상 숭배자들"이 회심하고 간증하는 기회가 있었다. 무당이었다가 개종한 사람은 리 부인(Mrs. Blanche W. Lee)이 만든 여성 모임에도 있었다. 그는 무당이었고, 50세가 넘은 부인이었다. 그리고 그의 얼굴에는 "사탄이 남겨놓은 흔적"이 있었다.[77] "죄로 주름진 얼굴(sin-seamed face)"을 가진 무당에 대해서 베어드 부인이 몇 번 더 언급했다. 한 번은 평양 교회의 부인들이 인근 외촌에 살고 있는 다른 부인들을 초대해서 처음으로 대사경회를 열기로 했을 때였다. 시골 부인들이 마음껏 성경을 공부할 수 있도록 도시 부인들이 그들을 대접하기 위한 회의에서 그도 자원해서 대접할 비용의 기부를 약속했다.

> 기나긴 악한 세월에서 구원받은 한 사람은 "여기 하나님을 기쁘게 할 수 있는 기회가 있어요. 우리 자신이 그분께 더 소중한 존재가 되도록 합시다."라고 말하고 앉을 때 그녀의 죄로 주름진 얼굴에는 눈물이 흐르고 있었다.[78]

또 한 번은 평양지부에 새로 들어온 부인선교사가 아기의 유모를 구

---

76) "Experience of a Korean Sorceress Told by Herself," *WWW* 17.11 (1902), 319.

77) Blanche Webb Lee, "Christian Message to Woman," *WWW* 12.5 (1897), 119-120.

78) Annie Laurie A. Baird, "A Great Ten Days," *WWW* 13.8 (1898), 201.

하지 못해 어려움을 겪고 있을 때, 밤새도록 교회의 모든 인맥을 동원해서 마침내 죽어가는 아기를 살리는 일에도 그 집의 아마와 시각장애인 판수와 함께 "죄로 주름진 얼굴이 사랑과 도움의 영으로 아름답게 빛나는 나이든 무당"도 개입해서 도움을 준 사건을 이야기한다. 베어드 부인은 이들에게 빚진 것이 많기에 궁벽한 작은 시골에서 "가난하고 강퍅하고 깔끔하지 못한 이 사람들"을 진정으로 사랑하지 않을 수 없다고 했다.[79] 이 전직 무당은 교회와 선교사 공동체에서 일어나는 일에 활발하게 참여하고 있었으며, 선교사의 어려움을 해결해 주기도 했다.

무당이 개종한 사례는 평양뿐 아니라 경기와 황해도 지역에도 있었는데 이들은 문해력과 넓은 사회적 관계망과 같은 장점을 갖고 있어서 전도부인으로 활동했다.[80] 그뿐 아니라 이들이 옛 종교에 정통한 종교인으로서 우상숭배의 공허함을 증언할 때 누구보다도 설득력을 가진 전도자가 되었다. 또 신반석은 여전도회의 조직과 운영에도 적극적으로 참여해서 이신행 다음가는 지도자로 1920년대까지 활동했다.

3.3. 베스트(M. Best)와 박도신

박도신은 순회 여행을 자주 다니는 마가렛 베스트의 전도부인이었다.[81] 그와 함께 일하면서 베스트는 "간니 어머니(mother of Gannie)로 알려진 박씨"는 사역에 대한 몰입도가 높으며, 여성들은 그를 매우 신뢰해서

79) Annie Laurie Baird, "Lovable Koreans," *WWW* 14.8 (1899), 218.

80) 대개 무당은 주문을 읽고 쓸 수 있기 때문에 한문을 사용하는 문해층이었다. 그러나 선교사들은 간혹 글을 읽지 못하는 무당도 만났다.

81) Margaret Best, "Diary of a Week in Whang Hai Province," *WWW* 18.11 (1903), 256-258.

그 말에 귀를 기울인다고 자신의 전도부인을 칭찬한다.[82] 1922년 헤어지기까지 20년 넘게 같이 동역했다고 하는 것으로 보아 박도신과 베스트의 관계는 늦어도 1900년대 초에 시작되었을 것이다. 박도신은 일 년 중 여름과 초가을 정도만 제외하고는 내내 순회하며 베스트와 함께, 혹은 따로 시골로 다니면서 사경회를 열었다.

> 4월 평양에서 열린 시골부인들을 위한 사경회가 끝나자마자 전도부인 박씨와 곡산을 향해 떠났다. 213마일을 가마와 말을 타고 22일간 여행했다. 아직 어떤 서양 여자도 여행해보지 않은 산악지대를 어린 소녀 같은 호기심을 가지고 방문했다. 자연 지형의 장벽으로 평양과는 단절된 곳이지만 기독교는 상당히 깊은 산골까지 퍼져있었고, 길을 따라 기독교인들을 만날 수 있었다.[83]

서양 여성이 아직 언어와 지리, 문화에 익숙하지 않은 채 한 번도 가지 않은 깊은 골짜기까지 여행한 것은 전도부인에 대한 신뢰와 그의 도움이 아니었으면 불가능했을 것이다. 순회사경회가 열리는 영수의 집 안방이 감당하기에 너무 많은 숫자의 여성들이 모이면 반을 둘로 나누어 베스트와 전도부인이 교대로 가르쳐야 했다. 1903년 황해도 지방을 돌 때 이 둘은 번갈아 가며 마가복음과 사도행전을 가르쳤다.[84]

베스트는 미 북장로회 선교 25주년 기념사에서 "시골 여성들을 섬기는 일에 자신을 잊고 일생을 드린 박씨 도신(Pak Si To Sin)"이라고 그 이름

82) Miss Best, "Fruits of Women's Work in the North," *KF* (Nov. 1901), 8.

83) Miss Best, "In the High Valleys," *KMF* 2.11 (Sep. 1906), 209.

84) Margaret Best, "Diary of a Week in Whang Hai Province," 256.

그림 15. 베스트의 전도부인 [출처: *KMF* 7 11 (1911) 표지]

을 언급하고 그 헌신을 기렸다.[85] 박도신은 평양 여전도회가 파송한 전도인 중의 한 명이기도 했다. 1913년 그는 배씨 부인이라는 또 다른 전도인과 함께 평양에서 북동쪽으로 400리 떨어진 구역에서 전도하느라 3개월을 보냈다. 그들이 34곳을 방문하는 동안 544명이 복음을 들었으며 44명이 믿겠다고 했고, 한 곳에서는 13명의 여신도가 이들의 가르침을 받았다고 여전도회 총회에서 보고했다.[86]

박도신은 베스트에게 오른팔과 같은 존재로 10여 년을 더 보내며 평

85) Margaret Best, "Development of Work Among Women," *Quarto-centennial Papers*, 53.

86) (Mrs. C. F.) Helen Kirkwood Bernheisel, "The Women's Missionary Society," *Woman's Work* 30.2 (1915), 33.

양 여성경학교에서 교사와 기숙사 사감, 사경회 강사로 활동했다. 그는 베스트와 함께 순회사경회를 다니기도 하고, 혼자서도 농촌을 다니며 사경회를 인도했다. 그러다가 목이 상해서 시골사경회 사역을 몇 년간 쉬기도 했지만, 도시에서 가르치는 일은 쉬지 않았다.[87)]

평양 시내 안에서 할 일이 점차 늘어나자, 베스트는 농촌 순회사경회보다 평양에서 보내는 시간이 많아졌다.[88)] 박도신도 평양 여성경학교를 졸업한 이후에는 교회와 학교를 중심으로 활동했으며, 학기 중에 수십 명의 학생이 숙식을 같이하는 기숙사 사감 역할을 맡았다. 기숙사에 입소하는 학생들의 연령은 해가 갈수록 낮아져서 이들의 민원을 들어주고 다툼이 날 때 조정하는 일도 사감의 업무였다. 가을에 두 달 동안 젊은 여성들을 위한 학교(Young Women's School)에서 성경을 가르치는 일도 곧 맡았다. 자식이 없거나 여러 이유로 소박맞은 40세 미만의 젊은 부인들로 자립을 위해 교육하는 학교였다.[89)] 주일은 항상 장대현교회에서 교회 어린이반과 여자주일학교에서 가르쳤다. 그러면서 "그가 없이는 거의 일을 하지 못하는 선교사(베스트)에게 오른팔이 되어"주었다.[90)] 베스트는 박도신 외에도 다른 두 명의 전도부인을 감독하고 있었다. 박도신이 혼자서 시골사경회를 인도하러 나갔을 때 베스트는 노성실이라는 성경학교 출신 전도부인과 사경회를 인도하기도 했다. 그러나 박도신만큼 그의 반쪽처럼 20여 년을 보낸 전도부인은 없었다. 1922년 베스트는 박도신을 동역관계에서 완전히 떠나보냈다.

---

87) Margaret Best, "Personal Report & Bible Institute Report, 1917-1918."

88) *KM Report* (1916), 19.

89) *ARWFMS* (1919), 34.

90) Margaret Best, "Personal Report & Bible Institute Report, 1917-1918."

> 올해 힘든 일 가운데 하나는 20년 넘게 나의 충실한 친구이자 전도부인이었던 박도신과의 이별이었다. 평양 구역의 여성들을 위한 복음 전도와 사경회 사역에 있어 오랫동안 개척자로 수고해 주었으며, 자기 자신을 온전히 드려 여성들을 위한 우리 복음전도 사역의 발전에 헤아릴 수 없는 가치를 지닌 신실함과 성별의 모범을 보여주었다. 중앙교회가 목회자의 조사를 필요로 할 때 박씨는 모든 사람이 동의하는 유일한 여성이었으며 일년 동안 숙고한 끝에 그 책임을 맡겠다고 동의했다.[91]

박도신이 베스트를 떠난 1922년은 베스트에게는 사역 25주년이 되는 해였다. 성경학교 졸업식에 맞춰서 여선교사들과 신구 졸업생들은 기념식을 열고 축하했다.[92] 이후 베스트는 지금까지 해왔던 오랜 농촌순회사경회를 그만두고 평양여자고등성경학교의 교장으로서 1934년까지 임기를 마치고 은퇴했다. 이때 박도신의 나이도 은퇴에 가까웠을 것으로 추정한다. 그는 장대현교회(평양중앙교회)의 조사로 일하다가 은퇴 후에는 명예권사로 계속 활동했을 수도 있다. 그와 함께 졸업했던 석유실의 사례를 보면 전도부인에게도 은퇴 시기가 일정 나이로 수렴되고 있으며, 건강이 허락하면 명예권사로 활동할 수 있었다. 박도신은 여선교사의 조사에서 교회의 조사로 자연스럽게 지도력이 이행된 사례이다. 박도신은 장대현교

91) Margaret Best, "Personal Report, 1921-1922," *Letters and Reports of the Korea Mission, PCUSA*.

92) 배귀례 부인 기념식: 평양부 신양리 여성경학교 신구 졸업생 일동의 주최로 지난 12일 오전 11시 章坮峴예배당에서 배귀례부인 선교 25년 기념축하를 거행하얏는데 심히 성황이엇다더라 (평양). 「동아일보」, 1922. 06. 17; 평양부 신양리 여성경학교에서는 배귀례 양의 선교25년 기념식을 거행하였다. 선교사 부인들의 합창과 학생의 기념가가 있은 후, 신구졸업생에서 금메다루와 수놓은 기를, 재학생에서는 금지환, 메다루, 수놓은 기, 은잔, 유기 등을 진정하였다. "교회통신: 배귀례 양의 25년기념," 「기독신보」, 1922. 07. 19.

회 여성주일학교와 어린이반 교사이기도 했으므로 교회원들은 그를 오래 알고 지냈고, 박도신 역시 누구보다 교회 사정을 잘 알고 있었을 것이다.

4. 경계를 넘은 '선교사들 (Missionaries)'

4.1. 이기풍의 아내 윤함애

78 EDITORIA

WHEN the first ministers of the Korean Presbyterian Church were ordained last September, Rev. Yee Kee Poung, one of the seven, was immediately set apart as a missionary and the whole Korean Church made a thank-offering for the establishment of his work. Mr. Yee was appointed to Quelpart, an island of 100,000 inhabitants destitute of the gospel; it lies south of Korea. Sixteen years ago, Yee was one of the men who stoned S. A. Moffett at Pyeng Yang.

MISSIONARY YEE, HIS WIFE AND CHILD.

그림 16. 제주도로 가는 도중 서울에서 촬영한 이기풍의 가족사진 [출처: *Woman's Work* (1908), 78]

한국에 있는 북장로회 선교사들은 미국 여선교회에 이기풍의 가족사진을 보내면서 그를 처음 안수받은 장로교회 7인의 목사 중 하나이며, '이 선교사(Missionary Yee)'라고 소개했다(그림 16). 그가 파송된 제주도가 육지와 사뭇 다른 언어와 문화를 갖고 있었기 때문이었다. 이러한 관점에서 보면 그의 아내 윤함애는 한국 기독교인이 파송한 첫 번째 부인선교사인 셈이었다.

그는 선교사 그래함 리(Graham Lee)의 집에 거처하며 아이들의 보모로 일하는 여학교 학생이었다.[93] 그의 후손에 따르면, 윤함애는 황해도 안악

93) 이사례, 『순교보』 (서울: 기독교문사, 1991), 48-57. 이사례는 게일의 집 양녀가 되었다고 했는데 이는 착오이다. 게일(한국명: 기일)과 그래함 리(한국명: 이길함)를 혼동한 것 같다.

중골, 파평 윤씨 집성촌에서 태어났다. 15세부터 18세까지 초학병을 앓아 사경을 헤맬 때 언더우드의 전도부인이 와서 전해준 기독교 복음을 받고 기도로 병이 나아 교인이 되었다고 한다. 그는 핍박을 견디며 불행한 시절을 보냈지만 신앙의 자유를 찾아서 평양으로 탈출했다고 한다.[94] 윤함애의 막내딸이 반복해서 들었던 어머니의 이야기 속에는 김채봉이라는 전도부인이 등장하는데 언더우드의 담당 순회 구역인 황해도에서 사역했던 전도인 중 하나였으리라 추정하지만, 기록에는 없다. 언더우드는 말라리아에 특효약인 금계랍(키니네)을 전도지로 포장해서 전도인들에게 제공했다. 봉급을 받지 않는 전도인들이 금계랍을 판매한 이익을 가지도록 해서 선교회가 직접 고용하는 전도인보다 많은 숫자의 한국인들이 활동할 수 있었다.[95] 윤함애도 전도부인이 들고 다닌 금계랍의 약효로 나았을 가능성이 크지만, 끈질긴 기도와 현현한 예수가 비춰준 빛으로 인해 완치되었다는 이야기를 딸에게 들려주었다고 한다. 이 이야기는 안악에서 평양까지 이르는 신앙의 출애굽과 같은 긴 이야기 속의 일부분이므로 사실관계는 많이 생략되었을 것이다.

평양에 처음 들어간 여선교사 리 부인(Blanche W. Lee)은 윤함애의 처지를 한국 선교 현장에서 흔히 볼 수 있는 조혼과 강제 결혼의 맥락에서 설명했다.

> 여학생 중 한 명은 남편과 제주도 선교사로 떠났다. 27살의 다정다감한 부인이다. 나는 그녀를 꽤 잘 알고 있다. 왜냐하면 우리 집에 3년을 같이 있으면서 아이들 돌보는 것을 도와주고 학교에도 다녔다. 그녀는 흥미로

94) 이사례, 『순교보』, 48-53.

95) Lillias H. Underwood, *Fifteen Years among the Top-knots*, 131.

운 과거를 가졌다. 그는 아주 어릴 때 결혼해서 부부는 기독교인이 되었다. 남편이 죽고, 그 친척들이 그녀를 부잣집에 팔아넘겼다. 그런데 얼마 지나지 않아 이 남자가 시름시름 앓으면서 거의 죽게 되었다. 다시 팔릴 것이 두려워 윤씨는 도망쳐서 교회로 피난처를 삼았다. 거기서 리 선교사(Mr. Lee)가 그녀를 발견하고 평양에 있는 우리 집에 데려왔다. 작년 여름 남자아기가 딸린 홀아비 이 씨와 결혼했다. 둘 다 독실한 기독교인이었기 때문에 기회가 오자 아무도 믿는 사람이 없는 제주도로 내려가겠다고 했다. 천주교가 거기서 수년 동안 사역하고 있었다.[96]

리 부인은 윤씨가 첫 번째 남편을 잃고 친척들의 결정에 따라 신부매매로 팔려 가는 등 매우 불안정한 삶을 살았지만, 교회를 피난처로 삼아서 마침내 자유를 얻었다고 전한다. 그래함 리 부부의 보호 아래 윤함애는 스누크(Velma Snook, 선우리)가 교장으로 있는 여학교(숭의여학교)를 졸업했다. 이기풍과 결혼한 시기는 그의 딸이 전하는 1903년이 아니라 리 부인이 말하는 1907년이 맞다.[97] 그 부인을 보아야 이기풍을 온전히 이해할 수 있다는 니스벳(J. S. Nisbet)의 말은 이기풍이 현재와 같은 삶을 살게 된 것에 윤함애의 역할이 매우 컸다는 뜻이었다.[98] 제주도 선교사로 자원해서 떠날 때 이기풍에게는 사별한 전처가 남긴 돌이 막 지난 어린 아들이 있었고, 평양에서 경성까지는 기차로, 배를 타고는 인천에서 군산, 다시 군산에서 목포, 목포에서 제주도로 가는 험난한 여정이 기다리고 있

96) Mrs. Graham Lee, "Letters from Korea," *WWW* 23.6 (1908), 139.

97) 이사례, 『순교보』, 56. 1908년 찍은 사진(그림 16) 속의 아기는 윤함애의 친자가 아니라 이기풍의 전처가 남긴 한 살배기 아기였다. 그 나이로 볼 때 1907년에 결혼했을 것으로 본다.

98) Rev. J. S. Nisbet, "Meet My Friend-Rev. Yi Ki Poong," *KMF* 24.11 (Nov. 1928), 229.

었다.[99] 만약 윤함애가 없었다면 그는 엄마 없는 돌쟁이 아들을 어찌할 바 몰랐을 것이고, 또 제주도로 자원해서 가는 일은 감히 생각하지 못했을 것이다. 목포에서 먼저 제주도로 들어간 이기풍을 기다리며 윤함애는 선교사 집에서 배운 대로 아기를 양육했고, 3개월 후에 온 가족이 제주도에 들어갔다. 제주도의 낯선 말, 낯선 문화 속에서 윤함애는 목회자 부인으로서 처음 한국에 들어온 미국의 부인선교사처럼 "저항하는 곳에 길을 만들기 위해" 7년 동안 제주도에 거주했다.[100]

1920년생인 그의 막내딸은 제주도에서 반(半) 목사라는 별명이 있었다는 어머니가 전남지역에서 활동한 모습은 생생하게 기억했다. 하얀 상자 안에 산모의 해산을 도울 물건들을 준비해 두고 있다가 아기가 태어나면 하얀 상자를 들고 나갔고, 폐병 환자가 피를 토하고 죽었다는 소식이 들리면 다른 상자를 들고 나갔다. 그 안에는 바지, 저고리, 앞치마, 마스크, 알코올, 약솜, 가제 등의 위생용품이 들어있었다고 한다. 또 교인들이 세상을 떠나면 "손수 시체를 목욕시키고 얼굴에 화장을 한 뒤 기도하면서 당신이 만든 수의를 입히셨다. 그리고 시체 곁에서 밤을 새우며 기도하고 유가족을 위로했다."[101] 윤함애는 목회자의 부인으로서 가정에 머무르기보다는 목회에 적극적으로 참여했다. 그는 새벽부터 이기풍 목사의 심방에 동행하고, 주일에는 예배당 뒷자리에서 드나드는 사람들의 신발을 관리하고 거지들을 환영했다.[102] 윤함애는 바쁜 목회 생활 중 자녀를 셋이나 잃는 아픔이 있었기에 욥기가 닳아지도록 읽었다고 한다.[103]

---

99) 「예수교신보」, 1908. 01. 29.

100) *16th ARWFMS* (1886), 32.

101) 이사례, 『순교보』, 91.

102) 이사례, 『순교보』, 110.

103) 이사례, 『순교보』, 103.

4.2. 제주도로 간 전도부인 이선광

스왈른 부인(Sallie W. Swallen)은 27세의 젊은 부인선교사로 내한한 이후로 원산과 평양에서 남편을 내조하며 복음 전도사역에 종사했고 부인 대사경회가 열리면 강사로 활약했다. 스왈른 부부가 발굴한 한국 기독교인들은 선교 50주년이 되었을 때 한국교회의 지도자들이 되어 있었다.

> 이기풍은 우리와 함께 평양으로 왔다. 스왈른 선교사의 요리사로 황해도 순회 여행에 동행하기도 하고 복음을 전했다. 그때 나는 평양에서 밑에 어린아이 둘의 양육을 도와줄 보모를 찾았다. 그녀는 성경을 배우는 학생이었다. 성경학교에 가지는 못했지만 나와 같이 집에서 성경을 공부했다. 나는 복음서 개요를 반복해서 알려주곤 했다. 그녀는 보모 일을 그만두고 여전도회는 그녀를 나가서 전도하는 사람으로 선택했다. 마침내 그녀는 제주도로 파송 받아 거기서 15년 동안 복음을 전했다. 그리고 아직도 평양 지역에서 전도를 하고 있다.[104]

이기풍 목사는 원산에서 처음 스왈른 부부와 만나서 기독교에 입문하고 스왈른의 요리사로 고용되었다가 권서, 조사를 거쳐 목사가 되었다.[105] 스왈른 부인 역시 불우하지만, 능력 있는 한국인들이 자력으로 살아갈 수 있을 때까지 자신의 가정에서 고용해서 훈련하는 방식으로 전도인을 키웠다. 석유실과 같이 재봉사로 고용한 경우도 있었고, 아이들을 돌보고 집안일을 도와주는 아마(amah), 즉 보모로 고용한 여성도 있었다.

104) Mrs. Swallen, "Reminiscences of Some Senior Missionaries," *Jubilee Papers*, 52-53.
105) 이만열, "이기풍(李基豊) 목사의 행적," 『순교보』, 255-276.

스왈른 부인의 기억에 따르면, 그 여성은 성경학교를 다니지는 못했지만, 자신이 복음서 개요를 반복해서 알려주었다고 했다. 그리고 아이 돌보는 일을 그만둔 후에는 전도부인이 되었고 제주도에 가서 오랫동안 사역하고 돌아와서 평양에서도 활동하고 있었다.

제주도 전도부인으로 평양에서 파송한 여성은 이선광으로 알려져 있다.[106] 이선광은 총회보고를 위해 잠시 돌아온 이기풍 목사의 요청에 응해서 평양연합여전도회가 1908년 10월에 제주도로 파송한 전도부인이었다.[107] 베스트는 이선광을 "첫 번째 해외선교사(the first foreign missionary)"라고 불렀다.[108] 평안도 안에서 활동하는 전도부인과 달리 도 경계 밖으로 나간 첫 번째 전도부인이라는 의미로 이해된다. 그에 대해서는 제주도에 가서 4~5년 동안 사역하다가 다시 평양으로 돌아왔고, 그가 조선예수교장로회 25대 총회장을 지낸 이승길 목사(1887-1965)의 장모였다는 것 외에는 거의 알려진 것이 없다.[109] 스왈른 부인의 기억과 비교하면 사역한

106) Mrs. C. F. Bernheisel, "Letters From Missionaries," *Woman's Work* 24.11 (1909), 257.

107) 박보경, "한국 장로교회 초기 여성 선교사의 사역과 선교학적 의의(1908-1942)," 「선교와 신학」 19 (2007), 151-155.

108) Margaret Best, "The Korean Woman's Missionary Society of Pyeng Yang," *KMF* 5.11 (1909), 187.

109) 곽안련은 이선광의 사역 기간을 1918년 판과 1935년 판에 다르게 기록했다.
① "평양에 잇난 녀전도회에서 리씨(李氏) 선관(善寬)을 택하야 제주에 녀선교사로 파송하야 **5년간** 계속 전도케 되얏나니라." 곽안련, 『長老敎會史典彙集』 (경성: 조선예수교서회, 1918), 52.
② "1907년 조선장로회가 조직될 때에 이기풍 목사가 제주 선교사로 파송되었고 그 뒤를 이어 1909년에 평양여전도회에서 이선광여사(이승길목사장모)를 여선교사로 택하여 제주에 보내였다. 이 여사의 복무 4년간 그 봉급을 본여전도회에서 부담하였고 이씨 귀환 후에는 또 다른 여전도인을 파송하였다." 곽안련, 『장로교회사뎐휘집』 (평양: 북장로회선교회, 1935), 133.
이승길 목사의 아들 이준경 장로(인천제이교회)는 인터뷰에서 이선광이 자신의 외조모라고 확인해주었다. 「기독신문」, 2007년 3월 5일. http://www.kidok.com/ 2020. 03. 09 접속. 이준경의 아들 이건영 목사에 의하면, 증조모의 정확한 이름은 '이선광'이며, 그의 맏딸 김유선이 이승길 목사의 부인이 되었고, 그 밑으로 딸이 하나 더 있었다고 한다. 이선광의 생몰연도는 알 길이 없

햇수가 다르지만, 평양으로 다시 돌아왔다는 점은 일치한다.[110] 모든 기억과 자료들을 종합해 보면, 이선광은 두 딸을 기르는 기혼 여성으로, 선교사의 집에 보모로 고용되었다가 성경을 배우고 전도부인으로 훈련받아 선교사로 자원했다. 그는 제주도에서 믿는 사람들을 모아서 예배를 드리기 시작한 이기풍 부부의 사역에 동참하여 제주도 여성들을 가르치고 심방하며 전도하는 일을 했다. 이선광은 1909년 7월에 열린 여전도회 총회에 선교보고와 함께 "제주도에 있는 여자들에게 복음을 가르치는 일에 남은 일생을 다 보내고 싶다"라고 편지했고, 여전도회는 선교 후원을 6개월 더 연장했다.[111] 1911년 평양으로 돌아온 이선광은 여전도회 총회에서 아주 흥미로운 연설을 했고, 그는 다시 1913년에 제주도로 파송되었다.[112] 제주 성내교회에는 이기풍 선교 공적비와 함께 이선광의 공적비가 있었으나 1973년 예배당을 이전하면서 유실되었다.

으나 남북 분단 이전에 황해도에서 여생을 마친 것으로 추정한다. 이건영 목사와의 전화인터뷰, 2020년 6월 20일.

110) 이선광이 제주에서 사역한 기간은 길어야 5년이었다. 스왈른 부인이 5년과 15년을 착각했거나 기록에 오류가 있어 보인다. 이기풍은 1914년을 끝으로 안식년을 가진 후 1916년 광주 북문내교회 목사로 이임한다. 대한예수교장로회, 『제5회 총회록』(1916), 이사례, 『순교보』, 272.

111) Margaret Best, "The Korean Woman's Missionary society of Pyeng Yang," *KMF* 5.11 (1909), 188.

112) 「예수교회보」, 1913. 07. 08.

5. 권사의 기원

5.1. 평양여전도회의 이신행

선교사들이 여조사라고 부른 사람을 서북 지역에서는 권사(Kuan-sa, 勸師)라고 불렀다. 평양에서 권사를 처음 세운 기록은 첫 교회 장대현교회가 1899년 장로와 집사를 세우고 당회를 조직할 때 신반석을 권사로 택립한 일이었다.[113] 그와 함께 있었던 이신행은 평양에 기독교가 들어갔을 때 처음 믿은 부인이었으나 먼저 권사로 택정되지 않은 것은 아직 가정을 돌보아야 할 책임으로부터 자유롭지 않은 상황이었던 때문이라고 추정된다.[114] 그에게는 남편과 아들이 있었고, 비슷한 연배로 독신이었던 신반석은 자유롭게 활동할 수 있었다. 1866년 병인양요 당시 20세였던 이신행은 제너럴셔먼호의 선교사를 통해 처음 개신교에 관해 알게 되었고 그 영향으로 나중에 개종했다고 한다.[115] 1928년에 출간된 오문환의 『도마스 목사전』에는 그렇게 기록되어 있지만 역사적으로 정확히 무슨 일이 일어났는지 알 수 없다. 그럼에도 불구하고 이신행의 나이와 기독교와의 첫 접촉에 대해서는 믿을 만한 정보라고 여겨진다. 해리 로즈는 나이가 어려서 평양의 첫 세례교인 7명 안에 들지 않았지만, 집으로 전도지를 가져간 16세의 소년이 어머니를 전도했다고 한다.[116] 그 소년은 장대현교회의 장로가 된 이덕환이며, 어머니는 평양에서 25년간 여전도회를 이끈 이신

113) 강규찬 외 2인, 『평양노회 지경 각 교회사기』, 27.

114) Blanche Webb Lee, “Christian Message to Woman,” *WWW* 12.5 (1897), 119.

115) 오문환의 책에 대한 논란에 대해서는 옥성득, “1866년 평양 양란(洋亂)과 토마스의 순교, 그 해석사 (2),” 「기독교사상」 721 (2019), 187-200 참조.

116) 해리 로즈, 『미국 북장로회 한국 선교회사1』, 149-150.

행이었다.

처음 신자들이 모인 판동(板洞, 널다리골)에서 1898년 2월에 이신행은 신반석, 박관선, 김성신과 함께 여전도회를 조직했다.[117] 이신행은 장대현으로 이전하고 크게 성장한 중앙교회에 할 일이 많아지자 1905년 권사로 택정되었다. 그리고 이듬해 아들 이덕환과 함께, 분립된 제4교회로 이적해서 유일한 권사로 교회 여성들을 지도했다. 여선교사 번하이즐 부인과 함께 여성사업을 했으며, 그 부부가 안식년으로 떠나있을 때는 김일선이라는 다른 권사와 동역하다가 1913년 권사직을 사임했다.[118] 활발한 현장 사역에서는 물러났지만, 그 후로도 10여 년 더 평양여전도회장직을 유지하며, 조직을 이끌고 전도 활동을 지휘했다.

WOMEN OF FOURTH CHURCH, PYENG YANG

On the left: Nisi, first Christian woman in the city, now president of the missionary society and Bible woman. *On the right*, a Bible woman. *The middle one* was cured of demon possession through the prayers of a company of women of Fourth Church.

그림 17. 평양 제4교회의 이신행과 귀신 들렸다 나은 여성, 그리고 또 다른 전도부인(김일선으로 추정)
[출처: *Woman's Work* (1910), 250]

이신행은 조직가이자 지도자로 오랫동안 평양 교회 여성들에게 신뢰를 받았다. 아들 이덕환이 넓은 토지를 여러 차례 교회와 학교에 기부했던 것으로 보아 그는 재력 있는 집안의 부인이었다. 그럼에도 이신행은

117) 강규찬 외 2인, 『평양노회 지경 각교회 사기』, 27.

118) 강규찬 외 2인, 『평양노회 지경 각교회 사기』, 56-57.

여전도회가 가난한 여성들도 참여할 수 있도록 회비체계를 합리적으로 운영했다. 이신행이 처음 조직했던 1898년 널다리골 여전도회는 회비 납부뿐 아니라 전도인 파송 체계가 일찍부터 갖추어져 있었다. 이들의 조직력과 운영 방식은 여선교사들에게도 감탄의 대상이었다. 평양 인근에 있는 불신자 지역을 선택해서 두 명의 전도부인을 짝을 지어 파송했으며, 그 비용은 여전도회가 지원했다. 첫 지역은 순안이었고, 돌아온 여전도인들은 비웃음과 무시에도 불구하고 자신들이 전한 복음을 듣고 우상숭배를 버린 이들이 있었다고 보고하며 그 증거로 무당들이 입던 옷과 제구를 가져왔다.[119]

이신행은 분립된 제4교회에서 여전도회의 지도자로서 합심 기도를 통해 귀신 들린 여자를 고치고 신자로 변화시켰다(그림 17). 전도부인의 축귀 능력 및 신유 은사는 한국 종교와의 연속성 측면에서 연구자들의 관심을 끌어왔다.[120] 여선교사에게는 없었지만 그들의 제자인 전도부인에게는 나타난 능력이었기 때문일 것이다. 몇몇 초기 전도부인들의 사례에서 보듯이 축귀는 기도와 찬송, 복음서에서 가져온 짧은 문장을 주문처럼 반복하면서 귀신과의 대화를 이끌어내는 무속적 특성을 나타내는 경우가 있었다. 무당 출신이 아닌 전도부인에게서도 치병을 위한 믿음의 기도를 종종 볼 수 있는데 그 효력은 당사자가 믿을 때 완전히 나타난다고 여겼다. 서울 중앙교회의 김 부인은 수술을 집도하는 "의사의 하나님"을 환자가 믿지 않으면 완전한 치유가 없다고 여겨서, 환자와 그 가족의 믿음을

119) Alice M. Fish, "Harvest in the North Korea: First Quarter of 1899," *WWW* 14.8 (1899), 214-215.

120) 옥성득과 Kale Yu는 전도부인 항목에서 샤머니즘의 영향. 축귀와 기도의 능력을 주로 다루고 있다. 옥성득, 『한국 기독교 형성사: 한국 종교와 개신교의 만남, 1876-1910』 (서울: 새물결플러스, 2019), 328-337, K. Kale Yu, *Understanding Korean Christianity*, 157-161.

위해 기도했다.[121] 이 시대 사람들은 질병의 원인을 영적인 존재에게 돌렸기 때문에 육체적 질병의 치유와 영혼의 구원은 이분법적인 충돌을 일으키지 않았다. 전도부인들에게 있었던 기도의 능력은 질병의 치유라는 외적인 증거로 확인될 수밖에 없었지만, 실상 그 기도는 남편이나 자녀, 친척과 이웃의 구원을 위한 끈질긴 기도였으며, 오랜 시간에 걸친 선행과 기도를 통해 마침내 변화의 결과가 나타났다.

이신행은 평양 시내와 인근 촌락에서 활동할 여전도인들을 한국인들이 직접 고용하는 체계를 만들어 미국 여선교회의 구조와 유사한 여전도회를 한국 여성의 손으로 운영하게 했을 뿐 아니라 그 자신도 전도부인의 직무를 수행하는 권사로서 여성들의 신앙생활을 지도했다.

5.2. 평서여전도회의 석유실

선교사의 기록에는 전도부인으로 나타나지만, 다른 기록에 권사라고 불린 또 한 사람은 스왈른 부인의 전도부인 석유실이다. 그는 마가렛 베스트의 전도부인이었던 박도신과 같은 해에 평양 여성경학교를 졸업하고 성경학교 교사가 되었다. 석유실은 베스트의 선교 25주년 기념식 당시 성경학교 졸업생 대표로 사회자 역할을 했으며, 평서부인전도회 회장도 맡는 등 한창 왕성한 활동을 하고 있었다.[122] 평서노회는 스왈른 부부가 담당했던 지역으로, 1921년에 평양노회에서 분립되었으므로 석유실은 평서여전도회의 첫 번째 회장이었을 것이다. 그의 인적 사항은 박도신보다 상세하게 남아있다. 1941년 3월에 발생한 만국부인기도회사건, 정

121) Mrs. F. S. Miller, Mrs. O.R. Avison, “Lady Kim,” *KMF* 7.4 (April 1916), 96.

122) 「기독신보」, 1922. 04. 19.

확히 말하면, '부애을 외에 대한 조선불온문서 취체령 등 위반 피의사건'에 연루되어 몇 차례 받았던 신문조서가 보존되어 있기 때문이다.[123] 이 사건의 신문조서를 보면 평양에서 사경회와 여성경학교 체계를 통해 형성된 전도부인의 그룹이 훗날 어떻게 발전했는지 볼 수 있다.

석유실을 통해서 평양 여성경학교를 한국인들이 '숭은(崇恩)여자성경학교'라고 불렀다는 사실을 알 수 있다. 그는 이 학교를 나이 32세에 입학하여 35세에 졸업하고 36세부터 교사로 봉직하기 시작했다고 조사에서 밝혔다.[124] 그의 나이가 신문 받을 당시 63세였으므로 거슬러 계산해 보면 1910년 입학, 1912년 졸업, 1913년부터 1939년까지 27년간 평양 여성경학교에서 교사로 일했다. 그를 처음 발탁한 사람은 스왈른 부인으로, 석유실이 다니던 대동군 반천리(般川里)교회에 사경회를 갔다가 그의 처지를 알고는 평양에서 생활하면서 공부할 길을 열어주었다. 석유실은 남편을 잃고 세 남매마저 모두 잃었지만 상심하기에는 젊은 나이였기에 1908년 평양으로 거처를 옮겨 스왈른 부인의 집에서 재봉 일을 하면서 성경학교 공부를 시작했다. 그리고 성경학교를 졸업한 해 9월부터 용강, 대동, 평원, 강서군 및 진남포 방면 각지에 걸쳐 예수교 포교 및 사경회 등의 강사가 되어 59세까지 일했다. 일 년에 2회 정도는 스왈른 부인과 시골사경회에 동행했다. 평양 숭은여성경학교 교사로 일하면서 담당한 과목은 누가복음과 고린도후서였고, 스왈른 부인의 전도부인으로 받는 돈이 있기 때문에 성경학교에서는 1년에 25원씩 상여금을 받았다. 스

123) "1941년 4월 1일 증인 석유실 신문조서," 『한민족독립운동사자료집:만국부인기도회사건II』 62 (국사편찬위원회 한국사데이터베이스, http://db.history.go.kr/id/hd_062r_0880_0010, 2020. 03. 08 접속), "1941년 5월 9일 증인 석유실 신문조서," 『한민족독립운동사자료집:만국부인기도회사건III』 63 (국사편찬위원회 한국사데이터베이스 http://db.history.go.kr/id/hd_063r_0050_0010, 2020. 03. 08 접속).

124) "1941년 4월 1일 증인 석유실 신문조서."

그림 18. 1939년 평양 여성경학교 정규과정 중 촬영한 석유실 회갑기념 사진
[출처: Alice Butts Album, Moffett Korea Collection]

왈른 부부가 떠난 후에는 버츠(Alice M. Butts, 부애을)에게서 일 년에 30원씩 받았다.[125)]

석유실은 평양 신암교회에서 권사로 일하면서 매월 6원씩 받다가 나중 10년 동안은 18원씩 받았다고 하는 것을 보면 그는 유급권사로 고용되었다. 적어도 1920년대부터 평양의 교회에서 일하는 교인 심방과 목회 보조를 하는 부인들을 권사라고 불렀는데 그중에는 유급권사와 무급권사가 있었고, 은퇴하면 명예권사라고 했다.[126)] 1939년 환갑을 맞은 석유실

125) 스왈른 부부는 1932년 은퇴해서 계속 평양에 머물다가 1939년에 미국으로 돌아갔다.

126) 장로회 총회 헌법상으로 권사 직분이 명시된 것은 1954년이었으나 총회록의 통계표에는 1920

(그림 18)은 평양 여성경학교에서 퇴직금으로 200원을 받고 은퇴한 후에는 명예권사로 활동했다. 1941년이면 그와 함께 일했던 스왈른 부부는 은퇴 후 미국으로 돌아가고 없었다. 석유실은 명예권사이면서 평양에 있는 각 교회 권사로 구성된 권사회 회장으로 약 2년간 봉직하고 있었다. 평양에 있는 20여 개 교회에 권사들이 있었으므로 최소한 2, 30명의 권사로 이루어진 권사회가 여전도회와 별도로 조직되어 있었다.

권사(Kuan-sa)는 1910년대 초에 이미 강계 지방에서도 전도부인을 일컫는 호칭으로 사용하고 있었다.[127] 강계에서 권사는 남성으로 치면 조사와 같이 영향력 있는 여성 지도자로 목회자의 지도 아래 있으나 교회 문제에는 아무런 권한을 갖고 있지 않는 전도부인 유형 중 하나였다.

> 권사의 한 해는 세 부분으로 구분된다. 3개월은 인가받은 성경학교에서 공부하고, 4개월은 고향에서 사역하거나 개인적인 가정생활을 한다. 그리고 남은 5개월은 그들이 연관되어 있는 모든 교회와 그룹을 여행하는 데 보낸다. 여행하면서 불신자에게 전도하고, 고향에서는 목회자의 조력자로 교회사역을 돕는 일은 그들이 하는 주요 활동이다.[128]

권사는 성경학교에서 공부하는 시간과 집에서 보내는 시간을 빼고 일 년에 다섯 달을 순회하며 흩어진 교회와 그룹들에 있는 여성들을 가르치고, 불신자를 전도하는 부인으로, 혼자서 다니지 않고 반드시 나이가 더 많은 부인을 보호자로 동반하거나 방문한 교회에서 여행을 동반해 줄

년~1922년에도 등장한다. 대한예수교장로회 제9차 총회록(1920) 통계표 참조. 김병태, "권사 직분의 유래와 직무," 「활천」 706. 9 (2012), 20-25.

127) Mrs. Herbert Blair, "Woman's Work in Kang Kai," *KMF* 7.11 (Nov. 1911), 316.

128) Mrs. Herbert Blair, "Woman's Work in Kang Kai," 316.

여성을 구해야 한다는 규칙이 있었다. 이런 연간 일정과 규칙은 평양에서 사경회 강사로 활동하는 전도부인들과 같았다. 평양의 전도부인들도 농한기에 해당하는 10월 말부터 이듬해 3월 초까지 거의 5개월을 순회사경회로 시간을 보내며, 나머지 시간은 평양에서 성경학교가 제공하는 사경회 프로그램으로 훈련받고, 주일에는 주일학교 교사나 목회자의 조사로 봉사했다. 그리고 언제나 두 명씩 짝을 지어 다니는 순회 여행 중에는 서로가 서로에게 도움이 될 뿐 아니라 새로운 전도부인을 훈련하는 실습이 자연스럽게 이루어졌다.

평양 여사경회 제도는 선천과 재령, 강계 등 북쪽 지방에 있는 장로회 선교지역에 거의 그대로 적용되었다. 왜냐하면 이 세 개의 지부의 인력은 평양에서 훈련받고 나중에 열린 자신들의 지부에서 평양식 방법을 적용했기 때문이다. 선천과 재령의 한국인 전도부인들은 평양의 부인사경회 출신이며, 강계의 첫 번째 전도부인인 유씨(Nu Ssi)라 알려진 유익도는 선천 여사경회에서 훈련받고 강계에서 활동하고 있었다.[129] 선천과 강계는 평양을 모델로 삼아 지역적 특성에 맞는 전도부인 제도를 운영하고 있었다.[130] 강계의 보고를 통해, 전임사역자는 아니지만 교육과 사역에 있어 교회의 후원을 받는 전도부인은, 평양을 중심으로 뻗어 나간 북쪽 지방에서는 권사라고 불렸다는 것을 알 수 있다.

5.3. 무급권사와 유급권사

서북 지역에서 전도부인은 권사라는 직제로 발전해서 1930년대에는

---

129) Mrs. Herbert Blair, “Woman’s Work in Kang Kai,” 316.

130) “Pioneering and Progress: Woman’s Work in North Korea,” *WWW* 26.11 (1911), 250.

권사회라고 부르는 단체가 생겨났다. 1910년부터 사경회 강사로 다니며 성경학교 교사였던 석유실과 연관되어 있는 또 다른 권사는 김선경과 김미렴이었다.[131] 이 둘은 모두 장대현교회의 권사였는데, 1940년대 초 김선경은 평양 장로교회 부인들이 모여 만든 여전도회연합회의 회장을 맡고 있었다. 그는 석유실과는 26살 차이가 나는 한참 후배였고, 숭현여자고등보통학교를 졸업하고 평양여자고등성경학교에서 1930년대 교육을 받은 기독교 2세대 여성 지도자였다. 권사 김미렴은 김선경이나 석유실과는 또 다른 배경과 직함을 갖고 있었다. 김미렴(金美艶, 1890년생)은 연동여학교 신마리아의 제자로, 1919년 애국부인회 사건의 주모자로 옥고를 치른 김마리아의 언니이며, 모교에서 기숙사 사감으로 수년을 일했다. 의사인 남편이 평양 동아의원을 경영하고 있었기 때문에 장대현교회에 출석했다. 그는 심문하는 형사에게 장대현교회에서 사역하고 있는 여성을 세 종류로 설명했다.

> 우리 교회에는 목사 외에 조사 한 명, 유급권사 한 명, 무급권사 즉 명예권사가 나 외에 4명이 있다. 이들이 각각 교도를 지도하고 있다. 명예권사는 교회로부터 아무런 보수를 받지 않고 교도의 출석 상황을 조사하고, 만약 결석자가 있으면 방문하여 보기도 하고, 혹은 일요일에는 신도에게 성서를 가르치는 것을 하고 있다.[132]

---

131) "1941년 5월 9일 증인 三根善卿 신문조서," 『한민족독립운동사자료집: 만국부인기도회사건II』 62 (국사편찬위원회 한국사데이터베이스 http://db.history.go.kr/id/hd_063r_0060_0010, 2020. 03. 08 접속).

132) "1941년 4월 2일 증인 方山美艶 신문조서," 『한민족독립운동사자료집: 만국부인기도회사건II』 62 (국사편찬위원회 한국사데이터베이스 http://db.history.go.kr/id/hd_062r_0900_0010, 2020. 03. 08 접속).

김미렴의 설명에 따르면, 권사는 교회의 여신도들과 밀접하게 접촉하며 이들을 지도하는 여성들로 무급과 유급권사가 있었다. 김미렴은 7년간 집사로 봉사하다가 바로 전 해에 무급권사를 일컫는, 명예권사로 임직되었다.

유급권사인 김선경은 "수시로 신자의 가정방문을 하고, 또한 일요일에는 여자 신도들에게 성서를 가르치기도 한다"라고 했다.[133] 그렇게 해서 그가 받는 월급은 60원이었다. 그는 무급권사와 자신의 일이 별로 다르지 않은 것처럼 이야기했는데, 일경에게 의도적으로 자신이 더 큰 책임이 있다는 인상을 주지 않기 위해서였을 것이다. 사실 그는 지도적 위치에서 무급권사들의 사역을 지휘하고, 무엇보다도 장대현교회 여전도회 회원들에게서 연보를 거두어 연합여전도회에 전달하고 여선교사들과 편지를 주고받으며 필요한 사안을 챙겼고, 다른 권사들과 협력해서 여성 사업이 필요한 곳에서 잘 이루어지도록 조율하는 역할을 맡았다. 이런 역할은 독립운동과 연결되어 있다는 인상을 줄 수 있으므로 그는 언급하지 않았을 것이다.

유급 전도부인은 전적으로 기독교 사역에 종사하는 사람으로, 교회나 선교회가 필요할 때 불러서 사역을 위임했다. 여전도회가 있는 경우에는 한국 여성들이 직접 전도부인을 고용하고 봉급을 지불했다. 1909년 평양 여전도회는 제주도로 파송된 이선광에게 여비와 함께 10원의 월급을 보장했다. '국내선교사(home missionary)'라고 하는 전도부인들에게는 7원의 월급을 주고, 동행하는 두세 명의 여성들에게는 월급 없이 약간의

---

133) "1941년 3월 25일 증인 三根善卿 신문조서," 『한민족독립운동사자료집:만국부인기도회사건II』 62 (국사편찬위원회 한국사데이터베이스 http://db.history.go.kr/id/hd_062r_0870_0010, 2020. 03. 08 접속).

사례비와 여비를 주었다.[134] 1900년대 초부터 전도부인으로 활동하면서 나중에는 성경학교 교사가 된 석유실은 처음에는 권사 일로 6원을 받다가 1930년 전후로 18원까지 월급이 올랐다고 했다.[135] 이는 대도시 기준으로는 낮은 임금이었지만 평양과 같은 지방 도시에서 논과 가옥 등 기본적인 자산을 가진 사람에게는 충분한 생활비가 되었다.[136] 또 그는 성경학교 교사로서 연 25원에서 30원의 상여금을 받았다고 했는데, 이는 10주 동안 가르치는 대가로서 주어지는 급여로서 적지 않았다. 그는 환갑이 되는 해에 퇴직금으로 200원을 받고 은퇴했고, 그 후에는 무급 명예권사로 봉사했다.

평양 장대현교회에는 박도신과 같이 경륜과 신망이 있는 전도부인이 은퇴한 후, 평양여자고등성경학교 출신 김선경과 같은 유급권사와, 은퇴하거나 교육 수준이 높고 신앙이 좋은 석유실, 김미렴과 같은 무급권사들이 서로 협력해서 여성들을 지도하는 여성 목회의 체계가 있었다. 김선경은 50년 후의 인터뷰에서 장대현교회가 교인이 1,000명에 이르는 큰 교회여서 일이 많았고, 고등성경학교 3년을 다 마치기도 전에 전도사로 임명받았다고 했다.[137] 이는 노회의 시취를 받은 전도사직과는 별개로 개교

134) Margaret Best, "The Korean Woman's Missionary society of Pyeng Yang," *KMF* 5.11 (1909), 188.

135) 1차 세계대전이 끝난 이후 물가가 이전보다 3배로 상승했고, 가족을 부양하는 전도부인의 재정적 어려움을 아는 선교사들은 봉급을 인상해야 한다고 생각했다. Mrs. B. W. Billings, "A Bible Women's Retreat," *KMF* 16.10 (1920), 218.

136) 1931년 한 잡지 조사에 따르면, 서울 직업여성의 월급은 15~40원이었다. 여공과 가사 고용인의 경우에는 6원에서 시작해서 숙련공이면 25원까지 받았다. "서울 職業婦人의 報酬," 「삼천리」, 1931.12.1. (국사편찬위원회, 한국사데이터베이스, http://db.history.go.kr/id/ma_016_0210_0070, 2020. 09. 12 접속). 또 석유실은 논 2,700평(시가 5,000원)과 가옥(시가 5,000원)을 보유하고 있었다. "1941년 4월 1일 증인 석유실 신문조서."

137) 김선경(1905-1997), "우리 시대의 마지막 증언(12): 장대현교회에서 남대문교회까지," 「목회와 신학」 28 (1991.10), 186.

회에서 필요한 일꾼들에게 전도사직을 맡기고 그 명칭은 권사, 조사, 전도부인 등 다양하게 불렀다는 것을 보여준다. 평양여자고등성경학교가 생기기 이전의 전도부인들은 정규학교가 아닌, 여선교사 개인이나 사경회와 성경학교를 통해 전도부인 훈련을 받았다. 또 기독교 계통 여학교에서 교육받은 여성들도 전도부인으로 자원하여 활동했다. 이들은 서양여선교사와 한국 여성들의 사회적 연결망 안에서 여성 계몽과 교육, 신앙지도에 협력했다. 현대에 와서 무급권사는 그대로 권사 직제로 연결되고, 유급권사는 김선경의 예에서 보듯이 여전도사가 되었으며, 여전도회는 권사와 여전도사의 협력으로 해방 후에도 왕성한 활동을 했다.

제5장

전도부인의
신앙 형성과 사회의식

1980년대 중반 신학자들은 선교사와 전도부인이 인간의 평등과 존엄을 강조하기보다는 천국과 지옥 등 내세에서의 구원을 더 많이 이야기하고, 귀신으로부터의 해방을 언급하면서 해방된 참인간의 모습에 대해서 구체적으로 언급하지 않았다고 비판했다.[1] 그 비판대로 선교 초기 자료를 살펴보면, 개신교 선교사와 한국인 여성들의 대화에서 가장 눈에 띄는 주제는 천국이다. '예수 천당, 불신 지옥'으로 요약할 수 있는 초기 한국교회의 복음은 기독교가 가진 다면적 진리를 축소하고 왜곡할 소지가 있었기 때문에 신학자들에게는 외면받았으나, 대중의 구전 속에서 오랫동안 살아남았다. 사실 천국과 지옥, 천사와 악령에 대한 강조는 내한한 선교사들의 한국어 구사 능력과 한국 여성들의 이해 수준이 만들어낸 결과라 할 수 있다. 여선교사의 설명과 전도부인의 통역, 한국 여성의 반응은 모두 맞물려서 초기 개신교 여성의 신앙적 내면세계를 형성했다. 선교사가 가르쳤다고 보고한 내용은 사실상 전도부인의 입을 통해 전달되었고, 초기 여신자들은 세례 전후로 전도부인의 역할을 하고 있었으므로 이 여성들의 신앙은 서로 연결되어 있었다. 하지만 20세기 후반의 관점에서 '내세지향적'이라는 비판을 받은 초기 개신교 여성들의 신앙은 결코 탈사회적이지 않았다. 오히려 천국과 지옥의 심판에 대한 종말론적 기대는 현실 문제를 외면하게 했다기보다는 현재의 실천과 노력, 고난에서 의미를 발견하고, 새로운 시도와 변화를 기꺼이 수용하는 개방적 태도를 이끌었다.

1) 이우정, 『韓國基督敎女性百年의발자취』, 70.

1. 개종의 내면적 양상

1.1. 귀신으로부터 해방

선교사와 한국 여성들 사이에는 극복하기 힘든 종교적 이해의 간극이 있었다. 선교사들은 고국에 보내는 편지에서 인류를 위한 예수의 사랑 이야기를 전하고 싶다는 소망을 자주 말했다. 선교사로 지원한 사람들에게는 더럽고 비참한 야만의 어둠에 비추는 한 줄기 빛과 같은 구세주의 희생 이야기야말로 모든 나라, 모든 족속이 들어야 할 복음이었으며, 이 때문에 고향과 친척을 떠나 죽음도 마다하지 않고 태평양을 건너왔다.[2)] 여선교사들은 전도부인을 선택할 때에 요한복음 3장 16절만 알고 있으면 족하다고 할 만큼 메시지의 요점은 하나님의 사랑이었다. 그러나 한국 여성들이 가장 좋아한 부분은 그들이 상상할 수 없었던 대목이었다. 특히 수많은 영적인 존재를 기쁘게 하고 섬기는 한국인들의 행동은 서양 선교사의 눈에 우스꽝스럽고 안타까운 우상숭배로 보였다. 딸과 사위인 게일 부부와 함께 선교활동을 하러 원산에 온 지 얼마 안 되는 깁슨 부인은 말로만 듣던 그 광경을 직접 목격했다. 한국 여자들은 신성하다고 여기는 나무에 무릎을 꿇고 손바닥을 빈 후 제물로 가져온 쌀을 나무 밑동에 뿌리고 돌을 쌓고 가곤 했다. 그 모습을 보면서 근래에 일어난 청일전쟁으로 한국인들과 더 가까워지기를 바랐다.[3)] 어머니 깁슨 부인과 함께 원산에 거주하면서 예수의 사랑을 전하고자 했던 게일 부인은 마가복음의 축사(逐邪) 사화를 통해 원산 여성들의 마음을 열 수 있었다.

2) Unknown author, "Here Am I, Send Me," *WWW/OMF* 3.1 (1888), 5.

3) Sarah K. Gibson, "Letter from Korea," *WWW* 10.1 (1895), 16-17.

> 놀랍게도 내가 발견한 바에 의하면, 이 여성들의 주의를 끌고 마음을 움직인 가장 강력한 구절은 그리스도가 벙어리 귀신을 내쫓는 이야기이다(막 9:14-25). 내가 "귀신이 그를 죽이려고 불과 물에 자주 던졌나이다."라는 구절에 이르면 그들이 알고 있는 유사한 경우와 무당이 그런 귀신을 쫓아내지 못한 일을 말하며 어김없이 중간에 끼어든다. 그러면 나는 그들에게 그리스도가 하신 일과, 그들을 위해 무엇을 하실 수 있는지, 그렇게 해서 수많은 미신과 죄에 눌린 마음의 가장 어두운 구석에 이르는 길을 어떻게 찾으셨는지 말해준다.[4)]

여자들은 성경에 나오는 귀신 들린 현상에 매우 공감하며 입을 열어 자신의 경험을 말했다. 또 귀신에 시달림받고 두려움에 잠을 못 자는 고통을 겪고 있는 여자들이 선교사를 찾아왔다. 그들은 예수교가 귀신을 쫓아내 준다는 말을 남편에게 듣고 왔다며, 자신들의 집에 있는 귀신을 쫓아달라고 부탁했다.

한국 여성의 종교적 필요는 인생에 행과 불행을 가져다주는 영적 존재들과 좋은 관계를 유지하는 데 있었다. 인간 능력의 한계를 인식하고 자신이 통제할 수 없는 문제를 영적인 존재에게 의탁하는 것이 한국 여성의 종교였다. 특별한 능력을 가지는 영적인 존재 안에는 죽은 자도 포함되었다. 살아있는 자의 실존의 문제는 죽은 자를 포함한 보이지 않는 영적인 존재가 결정했다. 귀신 들린 집, 귀신 들린 사람은 일상에서 겪는 흔한 일이었다. 죽은 사람의 원혼이 귀신이 되어 복수한다는 믿음도 널리 퍼져있었다. 에바 필드 의사가 병원에서 치료한 여성은 너무나 억울해서

---

4) Harriet G. Gale, "The Bible and Foreign Mission," *WWW* 13.1 (1898), 4.

죽은 귀신이 되어 상대방에게 복수하려고 자살을 시도한 사람이었다.[5)] 궁궐에 있는 왕비도 복수의 귀신에게서 벗어나지 못했다.

> 아름다운 정원에 둘러싸인 그림 같은 궁궐에 왕비는 다시는 살지 않았다. 왕비는 그곳에서 살해당한 친구들의 슬픈 목소리가 들려서 잠을 이룰 수 없다고 했다. "왜 나를 죽였어? 왜 나를 죽였어?"라는 소리를 계속 들었다. 이제는 바람이 버려진 방들을 휘 지나고 신음소리를 내며 잔디와 잡초가 아름다운 대리석 계단 틈새를 뚫고 나온다.[6)]

자신의 정치적 입지와 왕의 사랑을 지키기 위해 정적들을 제거해 왔던 왕비는 오래 궁궐을 출입하며 신뢰를 쌓은 언더우드 부인에게 자신의 불면증과 괴로움의 원인을 털어놓았다. 의사로서 언더우드 부인은 차마 종교적 처방을 내리지 못하고 기회를 얻을 때까지 기다려야 했다. 1894년 성탄절을 앞두고 왕비에게 그날의 의미가 무엇인지 설명하면서 비로소 언더우드 부인은 조심스럽게 숨겨왔던 "하나님께서 그의 아들을 세상을 위해 보낸" 이야기를 꺼낼 수 있었다. 왕비는 한국이 미국처럼 되었으면 좋겠다고 했을 때, "더 좋은 나라가 있다"라고 하면서 천국을 소개했다. "그러나 죄인은 갈 수 없지요?"라고 묻는 왕비에게 어떤 죄인도 갈 수 없지만, 하나님의 아들인 예수를 믿으면 모든 죄를 용서받고 갈 수 있다고 말했다.[7)] 왕비는 선교사들에게 성탄절 선물과 하사금을 내렸고, 언더우드 부인은 왕비가 복음을 듣고 긍정적으로 반응한 것이라 여기고 더

5) Eva H. Field, "A Doctor's Beginning," *WWW* 14.8 (1899), 219.

6) Lillias H. Underwood, *Fifteen Years among the Top-knots*, 120-121.

7) "언더우드 부인이 엘린우드에게 쓴 편지, 1895년 2월 2일," 『언더우드 자료집 II』, 48.

진전된 기회가 있기를 기대했다. 다음 해 일어난 을미사변으로 왕비가 비참한 죽음을 맞아 그 기대는 무산되었다.

왕비가 마음의 평안을 얻어왔던 길은 진령군이라는 점치는 무당을 곁에 두고 왕자가 병에 걸리거나 궂은일이 있을 때마다 큰 굿판을 벌이는 것이었다. 그런데 게일은 진령군이 1905년 어느 날 자신을 홀연히 찾아왔다고 했다.[8)]

> 살아있는 실물의 공주로부터 방문을 받는다는 것은 동화가 아니라 분명 기록할 만한 일이다. 독자마다 좋아하는 공주가 있겠지만 나의 공주님은 어떤 이야기책에 나오는 공주보다 더 놀라우리만큼 진짜이다…. 이분은 나의 공주님, 그 유명한 진령군(Chill-young-Koon)이다.[9)]

진령군에게 "올해 춘추가 어찌 되시는지"를 물었더니 66세라는 대답이 돌아왔다. 그는 자신의 방문 목적에 대해 "살 수 있는 날이 하루나 이틀밖에 남아있지 않은 이 늙은이가 선생을 찾아온 것은 내생(來生)을 어떻게 하면 얻을 수 있는지" 물어보려는 것이라고 했다. 게일은 그가 고인이 된 왕비의 총애를 얻은 것과, 그를 위해 지은 사당(북묘)이 있다는 것을 잘 알고 있었다. 진령군은 게일에게 자신을 '죄인'이라고 했다.

> 이 늙은이의 지나간 삶은 다 부질없는 한 조각 영화였다오. 이제 빠르게

8) 황현의 『매천야록』과 『승정원일기』 등에는 1894년까지 진령군에 대한 세간의 소문과 진령군을 참수하라는 상소문이 올라왔다는 내용이 있다. 「한성신보」와 같은 친일 매체에서 진령군을 추적한 기사는 1896년에서 끝나고 있다. 장영숙, "명성황후와 진령군," 「한국근현대사연구」 86 (2018), 69-95 참조. 1905년에 게일 앞에 진령군이 나타난 것은 뜻밖의 일이다.

9) James S. Gale, "A Call from a Korean Princess," *Woman's Work* 20.11 (1905), 251.

> 다가오는 미래를 보고 있으려니... 복음서를 읽었어요. 분명히 하나님의 목소리이더이다. 어떻게 하면 그분을 섬길 수 있는지 알려주시오. 나 같은 죄인이. 아, 아! 내 모든 기도는 그분을 섬기는 방법을 알려달라는 것이오! 선생이 생각하기에 내가 부모 앞에 선 충성된 아이들처럼 내 마음으로 그분 앞에 엎드려 절하면 응답해 주실까요? 아, 그분이 나를 받아주셨으면 좋겠어요. 나는 이런 죄인이라오![10]

게일은 그가 누린 부귀영화의 뒤에 감추어진 무거운 죄의 짐이 인생의 비극이라고 생각했다. 귀신의 등장은 살해당한 사람들, 원한을 품고 죽은 사람들과 연관되어 있었고, 그 죽음에 죄책을 가진 사람들은 귀신을 의식하고 두려워했다. 왕실의 무당이었던 진령군조차 마음의 평안을 얻지 못하고 더 강한 종교를 찾아왔다.

평민들도 삶의 불안과 위협을 느낄 경우 무당을 친구로 두고 살았다. 원산에서 안씨라는 사람은 무당의 양아들이었다. 그는 어릴 때 친어머니에 의해 무당에게 입양되었다. 어머니는 집안의 평안과 장수와 부를 위해 어린 자식을 무당에게 입양시켰고, 무당이 원하는 대로 무엇이든 다 해주었다. 친구들과 교회에 출석하던 안씨는 무당 어머니와 친어머니의 반대로 기독교인이 되는 것을 포기했다. 마 전도부인은 교회에 열심을 내던 젊은이가 보이지 않자 이런 상황을 파악하고 그 집을 심방했다.[11] 무당 어머니는 당장 그 집에 내려와서 영향력을 미치려고 한동안 머물다 갔다. 그 후 안씨의 어머니는 귀신을 쫓아낼 수 있다는 얘기를 듣고 친구들

---

10) James S. Gale, "A Call from a Korean Princess," 252.

11) W. L. Swallen, "Mr. U.+Mr. A.+ Mr. E.+Mr.C-And the Gospel in Wahoodong," *WWW* 11.8 (1896), 215-216. 마 부인은 수산나라는 이름을 가진 이화학당 출신 전도부인으로 게일 부인, 스왈른 부인과 사역했다.

과 무리를 지어, 어떻게 되나 보려고 선교사 집을 찾아왔다.

> 어느 날 그녀와 그 친구들은 주님의 인도하심을 받고 나를 찾아 예수교에 대해 알려달라고 부탁했다. 악한 귀신이 그들을 괴롭히고 있었고 잡아서 병에 넣으려고 시도했지만, 번번이 실패하고 그들은 이제 어떻게 해야 할지 알고 싶어 했다. 그들은 그날 대부분을 듣고 질문했다. 그러나 안씨 부인은 머리를 흔들면서 의심 가운데 집으로 돌아갔다.[12]

여성들은 귀신을 제압하기 위해 병에다 가두는 방법을 쓰고 있었는데 예수교에는 다른 좋은 방법이 있는지 물어보러 온 것이었다. 이들은 전도부인 수산나와 함께 관련된 성경을 찾아 읽고, 성령이 마음속에 임하면 귀신은 쫓겨난다는 설명을 들은 다음 기도했다. 의심하고 돌아간 안씨 부인은 주변의 친구들이 예수를 믿고 변화가 생기자 서서히 마음을 돌이켰다. 어떤 여자들은 예수를 믿고 나서 집안에서 귀신들의 장난이 없어졌다고 했다.[13] 그들은 마음의 평안을 얻고 자신의 집을 성경 공부하는 장소로 개방하기도 했다. 게일 부인(Harriet G. Gale)은 이 귀신의 정체를 "상상 속의 우상들"[14]이라 불렀다.

원산에서 일어났던 귀신의 장난은 결국 더 강한 능력을 가진 예수 그리스도와 성령을 배운 후 사라졌다. 여성들은 선교사의 집에서 예수 그리스도의 축귀에 관련된 성경 구절을 읽고, 여선교사와 전도부인의 설명을 들은 다음 집에 돌아가서 그대로 기도했고 괴롭히던 광경과 소리가 사라

---

12) Harriet G. Gale, "Illustration of Korean Spirit Worship," *WWW* 11.8 (1896), 210.

13) Harriet G. Gale, "Illustration of Korean Spirit Worship," 209, 215-216.

14) Harriet G. Gale, "The Bible and Foreign Mission," 4.

지는 경험을 했다. 이 신기한 경험은 이웃 사람들에게도 알려져서 예수교에 대한 사람들의 관심은 더욱 커졌다.

여성들에게 귀신의 존재는 삶을 힘들고 불안하게 만드는 문제의 근원이었다. 이들은 불임의 원인을 '무자(無子) 귀신'에 돌린다든지, 집안의 우환을 각종 귀신의 장난과 연결하는 등 일상에서 귀신의 영향력을 의식하고 살았다. 특히 병증이 나타나면 무당이 병의 원인을 진단하고, 판수를 불러 독경(讀經)을 하고, 더 나아가 굿을 하는 일련의 치병 행위는 근대 의학의 효과와 혜택이 닿지 않는 시골에서는 오랫동안 남아있었다.[15] 1930년대에 보도된 치사사건 하나는 선천의 전도부인이 복숭아나무 회초리로 귀신 들린 사람을 기도하면서 때리다가 사망에 이르게 한 일이었다.[16] 이런 비극은 기독교인들이 전통적 귀신관에서 벗어나지 못한 하나의 증거로, 실상 기독교식 축귀 방식과 전통적 방식은 사용하는 경전, 혹은 주문의 종류와 대상이 다를 뿐 매우 유사했다.[17] 1910년 평양 여성경학교 교육과정 중에는 4학년에 성부, 성자, 성령을 배우고, 5학년에는 인간, 천사, 귀신, 사탄에 대한 성경 본문에서 추출한 교리교육이 있었다. 한국 여성들이 기존 종교체험으로 가지고 있던 영적 존재에 대한 기독교적, 혹은 성경적 설명은 새로운 종교를 받아들일 때 분명히 필요했다.[18]

---

15) 제36회 당회, 「김포읍당회록」 1921년 10월 2일: "교우 김인묵 씨의 아내 박누타 씨는 그 남편의 병으로 인하여 시험에 들어서 소경을 청하여 독경한 죄를 지은 후 당회 앞에 와서 원통하게 자복하기로 3삭 동안 벌 이례 두기로 히고" 민중의 전통적 치병 의례에 관해서는 신농원, 『조선의약생활사: 환자를 중심으로 본 의료 2000년』 (파주: 들녘, 2014) 참조.

16) "정신치료한다고, 挑木으로 살인, 미신타파의 제1선 전도부인이, 도리어 미신으로," 「조선중앙일보」, 1935. 01. 11.

17) 주룰루는 찬송을 부르고 밤새 성경을 읽고 기도하는 기독교식 축귀와, 판수를 불러 독경을 하고 복숭아 회초리로 때리는 전통 방식의 축귀를 다 경험했다. 주룰루, "주는 나의 피란처," 『승리의 생활』, 101. '독경'과 '영적 존재와의 대화'는 두 가지 축귀에서 동일하게 나타난다.

18) Miss Margaret Best, "Course of Study and Rules of Admission of the Pyeng Yang

성경에서 귀신은 상상 속의 존재라고 보기에는 힘든 현상을 보였다. 성경에 나오는 귀신들은 사람뿐 아니라 돼지와 같은 동물에도 들어가고, 예수를 보면 두려워 떨고 말도 했다. 선교사들은 인간이 타락하기 전에 천사가 타락하여 사탄이 되었다고 가르쳤다.[19] 그러나 한국 여성들은 악한 영이 사람과 동물이나 돌이나 나무에 들어가서 화를 불러오고 괴롭힌다는 본래의 관념에서 벗어날 대체 교리를 배우지 못했다. 어떤 존재 안에 악령을 대신해서 성령이 들어갈 뿐이었다. 귀신 들림과 정신병 사이의 차이에 대해서 알고 있는 선교사들도 있었지만, 전도부인의 축귀를 관찰자의 입장에서 바라보았을 뿐 적극적으로 개입하지 않았다.[20]

한국 여성의 개신교 복음에 대한 반응은 전도부인들이 천국을 전하면서 귀신으로부터의 해방을 전할 수밖에 없었던 이유를 보여준다. 여성들은 실제로 귀신으로부터 시달림을 받았고, 자신의 통제 밖에 있는 삶의 예기치 못한 불행을 피하고자 가장 밑바닥에 있는 종교심의 발로에서 전능한 신을 찾고 있었다. 전도부인의 축귀 사역은 안방을 지배하던 무당과 판수, 풍수 지관의 종교적 권위를 대체하는 것이었다. 무교는 미래에 대한 인간의 두려움에 기반해서 작동하고 있었다. 갑작스러운 질병과 집안의 불운에 대비해서 수많은 잡신들을 달래고 회유하고 기분 좋게 하는 데 사용하는 물질적 · 정신적 희생은 지속적이고 일상화되어 있었다. 그들이

Presbyterian Woman's Bible Institute," 152, Miss Best, "Woman's Bible Institute, Pyeng Yang," *KMF* 8.10 (1912), 302-303.

19) "사탄이란 죄를 지은 천사들이니," 다니엘 기포드, 『복음요사』 (서울: 예수교, 1896), 2.

20) 선교학자 히버트(Paul G. Hiebert)는 인도에서 선교사 자녀로 태어나 자신도 선교사로 살면서 서양 선교사에게는 하나님-인간이라는 이분법적 세계만이 있고 동양인이 갖고 있는 중간적 세계가 없다는 것을 파악했다. 서양 선교사의 인식에서'제외된 중간 지대(the excluded middle)'에는 일상생활에 영향을 미치는 여러 잡신들이 있으며, 거기에 죽은 조상도 포함된다. Paul G. Hiebert, "The Flaw of the Excluded Middle," *Missiology: An International Review* 10 (Jan. 1982), 35-47.

장악했던 종교적 권위를 가져오는 방법은 말과 성경을 통한 설득과 실제적인 기독교 하나님의 능력을 보여주기였다. 축귀 의식은 세례 의식만큼 해방적이었으며, 성찬 의식만큼 공동체적이었다.[21] 미국 북장로회 여성 사역 보고에는 직접 축귀를 언급하는 일은 드물었지만 없었던 일은 아니었다.[22]

게일이 보기에 한국의 역사에 이렇게 마귀들의 세계가 두들겨 맞고 패한 것을 본 적이 없었다.[23] 곳곳에서 귀신 들린 자를 위한 기도가 그리스도의 이름으로 올려지고, 치유를 위한 기도를 하면 아픈 자들이 낫고, 가난한 자들을 위해 기도하면 하나님이 재물을 보내셨다. 마침내 일부 선교사는 한국인이 가진 귀신론의 학생이 되어 이 세상에 정말 마귀가 있으며, 예수가 그들을 내쫓는 능력이 있다는 것을 믿게 되었다.[24] 게일은 미국과 캐나다, 영국과 다른 나라들의 젊은이들이 "주여, 내가 여기 있나이다. 나를 보내주소서."라고 말할 때 겸손히 배우려는 자세를 가져야만 아시아의 구원을 위해 중요한 역할을 할 수 있다고 조언했다.[25] 이러한 겸손의 이면에는 '동양'이라는 선교 현장이 아직 문명화되지 않은 세계라는 인식도 내재되어 있었다.

---

21) 축귀 의식은 여러 기독교인들이 모여서 함께 기도하고 역할을 분담했다는 면에서 공동의식이었다. 전도부인과 축귀 의식에 관해서는 옥성득, 『한국 기독교 형성사: 한국 종교와 개신교의 만남, 1876-1910』, 328-337과 K. Kale Yu, *Understanding Korean Christianity*, 150-155 찬조.

22) Annie Laura Adams Baird, *Inside Views of Mission Life* (PA: Westminster Press, 1913), 130. 애니 베어드는 자신의 소설에서 축귀에 참여한 경험을 서술했지만, 전도부인의 축귀 능력을 완전히 신뢰한 것은 아니었다. Annie L. Baird, "Ways That are Dark," *KF* (May 1902), 36.

23) James S. Gale, *Korea in Transition* (New York: Educational Dept., the Board of Foreign Missions of the Presbyterian Church in the U.S.A., 1909), 89.

24) 옥성득, 『다시 쓰는 초대 한국교회사』, 470-474.

25) James S. Gale, *Korea in Transition*, 89.

1.2. 내세의 소망

모든 사람이 보이지 않는 영적인 힘과 현상에 관심을 가진 것은 아니었다. 도시와 그 주변부에 사는 노동자들은 하루 벌어 하루 먹기도 빠듯했고, 생활의 염려로 보이는 문제를 해결하는 것이 더 시급했으므로 기독교적 가르침은 의도한 대로 잘 받아들여지지 않았다. 언더우드 부인은 하나님을 말할 때 노동에 찌든 여성들의 무심한 눈빛에 종종 좌절감을 느꼈다.

> 우리는 영의 힘이 필요하다. 아, 우리가 이 백성에게 이야기할 때 얼마나 절실히 느끼는지, 그들은 하나님의 본성, 죄의 흉악함에 대해서 아무 개념이 없다. 지금 여기에 있는 음식과 옷 이외의 다른 것에 대해 아주 희미한 관념을 가지고 있을 뿐이다. 우리가 눈물을 흘리며 열심히 말하면 그들은 호기심을 가지고 우리를 절반쯤 미친 이상한 외국인으로 본다. 예수님은 죄와 지옥으로부터 우리를 구원하러 오셨다고 말하면, 그들은 그 두 가지로부터 구원받아야 할 필요를 이해하지 못한다. 우리 주님이 벌레도 죽지 않고, 이를 갈며 슬피 운다는 그렇게 강한 용어를 사용했는지 알 수 있다. 유치하고 무지한 사람들은 후회와 절망과 같은 정신적 고통이라는 개념을 갖고 있지 않다. 지옥 불과 영원한 고문은 그들의 두려움을 건드리는 유일한 것들이다. 그들은 또한 구주의 사랑 이야기에 크게 영향받지 않는 것처럼 보인다.[26)]

언더우드 부인은 사람들을 두렵게 만들어서 구세주를 찾게 하거나

26) Lillias Horton Underwood, "Work in Seoul," *WWW* 10.8 (1895), 212.

천국에 가기 위해 그들을 이쪽으로 유도하는 것은 복음을 설교하는 최선의 방법이 아니라는 것을 잘 알고 있었다. 그러나 "의로운 자는 우편에, 악한 자는 왼편에 두시고, 영원한 기쁨에 부르는 이들과 영원한 고통에 두시는 이가 있다"라는 것과, 곧 이 세상은 완전히 파괴될 것이며, 심판대에서 왼편에 서는 자에게는 끔찍한 형벌이 주어진다고 설명할 때 그들의 관심을 끌고 각성의 효과가 조금 있다는 것을 알았다. 얼마 지나지 않아 한국 여성들의 마음과 감각을 깨우는 또 다른 길을 발견했는데 바로 죽은 자식을 다시 만날 수 있는 이상세계에 관한 이야기였다. 무시무시한 심판에 대한 설명에도 꿈쩍하지 않던 청중들은 천국의 그림에는 눈을 반짝이며 반응했다.

> 내가 지금까지 이 여성들의 관심을 일깨우기 위해 발견한 가장 성공적인 방법은, 첫째로, 어머니들이 그들의 작은 아가를 다시 만나는 천국의 그림이다(한국에는 작은 무덤이 많이 있다). 그리고 늙은이는 다시 젊어지고 병든 자는 건강해지며 근심이나 부족함이나 슬픔이 없는 곳이다. 이 그림을 보면 언제나 큰 관심을 보이고, 질문이 따라온다. 종종 간절히 바라는 가엾은 어머니들의 눈에는 눈물이 가득 찬다. 고된 노동을 하는 불쌍한 한국 여성들은 삶이 너무 힘들어서 큰 소망과 기쁨을 가지고 행복한 미래에 대한 생각으로 돌아선다.[27]

그림에서 작은 아기들을 발견한 한국 여성들은 그것이 무엇이냐고 질문했다. 흔히 볼 수 있는 성탄절 카드에 있는 아기 천사들이었을 그 작은 아기들에 대해 언더우드 부인은 죽은 아기들이라고 대답했고, 아기를

27) Lillias Horton Underwood, "Work in Seoul," 212.

잃어 본 적이 있는 부인들은 그들과 다시 만나서 행복하게 살 수 있는 천국을 동경하는 마음이 생겼다. 옆에서 이 모든 상황을 보고 듣고 있던 남학교의 소년 하나는 "그냥 믿기만 하면 모든 것이 좋아질 거예요." "봐요, 믿어야 한다니까요." "예수님을 믿기만 하면 그 오른편에 설 수 있어요." 라고 계속 말했다. 이 말은 너무 단순하고 조급하게 사람들을 재촉했기 때문에 언더우드 부인은 꺼렸지만, 꽤 효과가 있었다.

여선교사들이 한국에 들여온 소소한 것 중 하나는 미국 주일학교에서 어린이들이 사용하는 그림 카드 혹은 성탄절 카드였다.[28] 한 장의 그림은 언어의 장벽을 넘어서 백 마디 설명보다 나을 때가 있었다. 내한한 지 6개월도 되지 않은 엘렌 스트롱은 그림책을 이용해서 어린이와 여자들에게 "인류를 향한 예수님의 오래된 사랑 이야기"를 해주었다.[29] 이러한 복음은 죄 없이 죽은 하나님의 아들 예수가 부활해서 승천한 후 다시 오실 때 이 세상의 악한 자에게는 형벌을 주고, 착한 백성은 '텬당'으로 데려가 신적인 영생을 누리게 하는 것이다.[30]

여성과 어린이 모임에서 불렀던 찬송들은 선교 초기의 가르침이 대중적으로 표현된 방식을 보여준다. 헤론 부인의 집안일을 도와주는 소년

28) Annie J. Ellers, "Letters from Korea," *WWW/OMF* 2.12 (1887), 320.

29) Ellen Strong, "Woman's Work in Korea," *WWW* 8.8 (1893), 213-214.

30) "우리가 이 복음요사를 보니 복음이라 하는 것은 우리를 사랑하시는 예수께서 텬당에서 내려오사 우리 죄를 업게 하고 우리가 죽은 후에 형벌 밧을 거슬 구속하신 거시니 이거시 복된 소문이라. 예수-이 세상에 다시 내려오시리니 십자가에 고생하시고 죽으려 오심이 아니오 모든 텬사들을 데리시고 영화로 내려오시리라. 우리 본 바 예수께서 심판하는 날에 모든 사람 보는 보좌에 안즈시고 죽었던 사람이 다 일어나서 그 앞에 서서 예수로 하여금 심판할새 예수-장차 그 백성들을 두 무리에 나누어 한 무리는 올흔 편에 세울 거시니 이는 올흔 백성들이오 또 한 무리는 왼편에 세울거시니 이는 악한 백성들이라. 그 후에 예수-장차 악한 백성들은 형벌 받을 곳으로 보내시고 착한 백성들은 텬당으로 데려다가 하나님과 예수와 텬사들과 영원이 함께 잇스리라." 다니엘 기포드, 『복음요사』, 120.

이 일하면서 불렀다는 "하나님 아버지 주신 책은"을 비롯해서,[31] 서울과 평양의 초기 여성 모임에서 자주 불렀던 찬양은 "예수 사랑하심은", "예수의 피 밖에 없네"라는 찬송과 "한 복지 있음(Happy Land)"이었다.[32] 이 찬송들이 각각 드러내는 주제가 예수님의 사랑, 그의 희생과 회개, 천국이라는 것을 볼 때 여선교사들이 가르친 복음의 초점을 알 수 있다. "한 복지 있음"은 주일 여성 모임을 개시하는 곡으로 불렀다.

1. ᄒᆞᆫ 복디 잇ᄉᆞ니 멀고멀에 거긔 셩인의빗 날빗ᄀᆞᆺ치
   찬양ᄒᆞᄂᆞᆫ소ᄅᆡ 구셰쥬ᄅᆞᆯ위ᄒᆞ야 텬당에 ᄀᆞ득홈 쉬지안네
2. 거긔ᄉᆞᄂᆞᆫ사ᄅᆞᆷ 늙지안네 즐겁고편ᄒᆞ야 고가업네
   죄ᄅᆞᆯ 못범ᄒᆞ고 ᄉᆞ욕에 버셔낫네 텬ᄉᆞ와ᄀᆞᆺᄒᆞ니 됴흘시고
3. 이 복디로 오라 쥬와 맛나 웨의심을ᄒᆞ나 웨속으랴
   텬복이죡ᄒᆞ니 걱정이업ᄉᆞ리라 길게쥬와ᄀᆞᆺ치 향복ᄒᆞ리
4. 복디에 잇서셔 무궁락은 우리셩부 ᄒᆞᆼ샹 ᄉᆞ랑ᄒᆞ네
   쥬은을밧ᄌᆞ와 면류관을엇으니 날노엇ᄂᆞᆫ빗치 만년일셰[33]

'복지(福地)', '텬당'은 환한 빛과 찬송이 쉬지 않는 곳, 늙지 않고 편안하고 즐거운 일만 있어 고생이 없는 곳, 죄와 욕심으로부터 자유로운 곳으로 인간은 천사와 같은 존재가 되는 곳이다. '행복'과 '사랑'이 영원히

31) 이 찬송의 원제목은 "I am so glad that my Father in heaven"이다. *16th ARWFMS* (1886), 32.

32) Annie Laura Baird, "Some Things that may be seen in Seoul, Korea," *WWW* 6.9 (1891), 237, (Dr.) Lillias Horton Underwood, "A New Arm of Medical Missions in Seoul and a Korean Christian," *WWW* 9.8 (1894), 207, Ellen Strong, "Report of Kwa no mo Kol Sunday School"(1894), *Letters and Reports of the Korea Mission, PCUSA.*

33) 원두우, 『찬양가』 (서울: 예수셩교회당, 1894), 109장. 장·감이 합동으로 발행한 『찬숑가』(1908)보다 이른 시기의 번역으로 가사가 다르지만 천국에 대한 묘사가 더 생생하다.

넘치는 곳이니 의심하지 말고 주와 만나 그 복된 땅으로 가자는 내용이다. 한국인의 나지막한 초가집보다 천장이 높고 채광이 좋으며 음악 소리가 울려 퍼지는 선교사의 집에서 이들은 이미 천국에 이른 것처럼 느꼈다. 그 복된 땅이 멀리 있지만 날로 가까이 온다는 찬양도 불렀다. 주님 오실 날이 가까이 오고 우리 인생의 끝도 가까이 오기 때문이다. 세상은 곤하고 하늘은 즐거운 곳이다.[34] 이 세상은 이별하나 천국은 이별이 없는 곳이다.[35]

어떤 여성들은 이 땅의 슬픔과 고통의 무게에 짓눌려 천국이라는 곳을 상상할 수 없었다. 한국에 온 지 얼마 안 된 앨리스 피시는 서울에서 여덟 살 된 아들을 잃은 어느 기독교 여성과의 대화를 소개했다. 그 부인이 천국은 슬픔이 없는 곳과 같다는 말을 이해할 수 없다고 말하자 피시는 "성경은 우리에게 이곳을 떠나 예수와 함께 있는 것이 이승의 삶에서 우리가 누릴 수 있는 모든 행복과 축복보다 훨씬 더 낫다고 말합니다."라고 대답했다.[36] 이 땅에서 누리는 행복마저도 빛이 바랜다는 천국에 대해 그 부인은 한층 이해할 수 없었다. 피시는 한국 여성들이 그런 '행복'을 누려본 적이 거의 없기 때문이라고 생각했다.

죽어보지 않고 어떻게 아느냐고 반문하는 사람도 있었다. 여자들이 모여서 빨래하는 시냇가에서 천국을 설명하던 전도부인은 이런 반론을 듣곤 했다.

> 왜! 당신이 죽어보고 다시 돌아왔나요? 어떻게 우리가 죽은 후에 가는 곳

---

34) 『찬양가』, 110장.

35) 『찬양가』, 108장.

36) "메리 앨리스 피시의 편지, 1898년 1월 15일," 『마포삼열 자료집 2』, 335.

이 있다는 걸 알지요? 모두 말도 안 되는 소리예요. 아무도 모르는 일이고 당신은 미쳤어요. 우리는 불처럼 살다가 죽을 때 작은 연기처럼 사라질 거예요. 그리고 그게 끝이에요.[37)]

그러나 정말 죽음 앞에 갔다가 돌아오는 사람이 천국에 대해 말하면서 하나의 반론이 형성되었다. 세 명의 아들과 함께 사는 마흔 살의 어느 과부는 기독교를 믿기로 작정한 후에 아파서 거의 죽게 되었다. 그러나 아들들의 반대로 어떤 기독교인도 부인을 만날 수 없었다. 며칠째 깨어나지 못하고 거의 죽은 것 같았던 이 부인은 다시 살아나서 이상한 이야기를 했다.

그 부인은 천국 문까지 가서 예수님을 만났는데 예수님은 그녀에게 물으셨다고 한다. 왜 너의 죄는 씻기지 않았고 누더기 옷을 입고 준비하지 않은 채 왔는가? 살아난 부인은 아들들에게 말했다. "나는 다시는 기독교인들을 볼 수 없고 그들이 나에게 죄의 용서와 미래의 삶을 위해 나의 영혼을 어떻게 준비해야 하는지 가르치려 했던 것을 다 기억할 수 없구나. 그러나 내가 할 수 있는 한 최선을 다할 거다. 어쨌든 깨끗하게 해야지." 그리고 그녀는 목욕을 하겠다고 해서 옆에서 시중드는 사람들도 놀라게 했다. 아픈 사람을 목욕시키는 것은 죽음이 확실하다는 뜻으로 간주한다. 그러나 그녀는 목욕을 하고 머리를 단정하게 정리했다. 그리고 난 다음 깨끗한 새 수의를 입은 후 몇 시간 동안 편안하게 쉬더니 조용히 숨을 거두었다. 시중드는 사람이 말하기를 의식이 있는 동안 그녀는 계속 낮은

---

37) Mrs. O. R. Avison, "A Dorcas Society among the Korean Christian Women," *KMF* 2.5 (Mar. 1906), 86.

소리로 기도했다고 한다. "예수님, 나의 죄를 용서해 주세요. 예수님, 나에게 길을 가르쳐주세요. 문을 열어주시고 그 안으로 나도 들어가게 해주세요."[38]

천국에 들어가는 선결 조건으로 회개를 요구하는 기독교의 가르침은 초신자 부인에게 전달되었다. 그는 오랫동안 기독교인들과 만날 수 없었으나 회개하지 않으면 천국에 들어갈 수 없다는 가르침은 기억하고 있었다. 그는 목욕재계와 기도를 통해 회개의 절차를 밟고 평화롭게 숨을 거두었다. 문제의 원인을 여성에게 돌리고 죄책을 전가하는 일이 관습 속에 배어있는 가부장 사회에서 여성들에게는 자식을 생산하지 못한 죄의식, 남편과 가문에 폐를 끼친 죄의식, 부모를 미워한 죄의식, 무지에 대한 죄의식 등 다양한 죄의식이 있었다. 또 약자로서 강자에게 직접 대항하지 못하고 우회적으로 기만과 속임수를 써서 소기의 목표를 달성하는 경우도 있었기 때문에 그로 인해 생긴 일탈에 대한 죄의식도 있었다.[39] 죄의 용서와 사후의 세계에 대한 준비를 배운 사람들은 몸을 정결하게 하는 행위를 하면서 이런 마음의 죄를 씻는다고 생각했다.

천국은 일찍 세상을 떠난 가족들과 다시 만나는 곳이기도 했다. 혼자서 가보아야 무슨 소용이냐는 여성도 있었지만, 가족들도 함께 가기 위해서 이 놀라운 소식을 전하러 친정 마을로 달려가는 젊은 색시도 있었다. 천국은 좋은 장소이지만 사랑하는 사람이 없다면 지옥과 같다고 생각하는 여자들도 있었다. 에비슨 부인의 전도부인이 병원에 오는 환자들에게

38) 같은 내용의 기사가 두 군데에 실렸다. "Whosoever cometh unto Me," *KMF* 8.1 (1912), 18-19, "A Little Piece of Story," *Woman's Work* 30.2 (1915), 35.

39) Blanche Webb Lee, "Christian Message to Woman," *WWW* 12.5 (1897), 119-120.

천국과 지옥의 심판에 대해서 말하는 것을 듣고 어느 여자는 이렇게 반응했다.

> 뭐, 당신의 이야기에 따르면 이미 돌아가신 우리 부모님과 내 친구들은 모두 지옥에 갔겠군요. 아무리 천국이 좋은 곳이라지만 나 혼자 가서 무슨 낙이 있겠소? 우리가 죽은 다음에 가는 그런 곳이 있다면 아무리 나쁜 곳이라도 나는 그들이 있는 곳으로 가고 싶소.[40]

그러나 슬픈 인생의 마지막이라도 즐거운 나라에 갈 수 있다는 것은 분명 솔깃한 이야기였으므로 이런 회의적인 반응과 다른 경우가 더 많았다. 남편과 자녀를 모두 잃어버린 어느 여자는 자신의 가정에 좀 더 일찍 기독교의 영향력이 들어왔더라면 가족들의 생명을 구할 수도 있었지 않았을까, 아니면 지금의 슬픔이 덜 무겁게 느껴지지 않았을까 후회했다.[41] 이런 여성은 동일한 후회를 반복하지 않도록 다른 이들에게 적극적으로 자신의 실패 이야기를 함으로써 전도했을 것이다.

기독교가 전파한 내세는 사랑하는 죽은 가족들과 재회하는 장소로서 한국 여성의 관심을 끌었다. 사녀나 어머니와 같이 그리운 존재와 해후하는 곳은 이 세상의 고통과 죽음, 그에 따른 슬픔이 없는 장소일 것이라고 믿음을 심어 주었다. 이 땅에서는 고난과 슬픔을 당하지만 내세라는 연장된 삶의 긴 안목으로 볼 때 인과응보의 인과율이 온전히 실현될 것이라는 낙관론이 있었다.

---

40) Mrs. O. R. Avison, "A Dorcas Society among the Korean Christian Women," 86.

41) NP Report (1900), 175.

1.3. 믿음·회개·보속의 결합

'믿는다'라는 것은 한국인들에게 또 하나의 이해하기 어려운 말이었다. 믿으라는 촉구는 이야기가 사실임을 믿는 지적인 동의 이상을 구하는 것으로 사람들은 어떤 행동과 실천이 뒤따라야 하는지 궁금해했다. 선천의 김기반은 세례받기 전에 전도 문서를 상에 올려두고 제단을 만들어서 신령에게 하듯 숭배하는 것을 믿음이라고 생각했다. 감리교 전도부인 전삼덕은 처음에는 예수가 누구신지 알지 못하고 호기심으로 평양에 찾아갔다가 책 두어 권을 받아가지고 와서 며느리들에게도 보여주고 배우기를 권한 후, 나중에는 믿게 되었지만 먼저 "마음으로" 믿고 진정한 믿음에 이른 것은 '주일 지키는 법'을 알게 된 후라고 했다.[42] 선교사들이 순회 여행을 다니다 보면 간혹 여성들이 주일 예배에 대한 개념이 없는 것을 발견하곤 했다. 이 부인들은 공적 예배는 남자들만 드리는 것으로 알고 참석하지 않고 있었는데 선교사는 주일 예배가 신자의 의무라는 점을 가르쳤다.[43] 믿음의 결과로써 실천이 나타나며, 신자의 의무를 완수할 수 있었다. 1900년대 초에 "평양 믿음에 서울 찬미에 연백천 기대라"는 말이 항간에 돌았는데, 평양은 주일마다 모이는 남녀 교우가 천여 명이기 때문이었다.[44] 신앙의 유무를 가리는 선교사의 기준이 주일성수였다는 점은 초기 세례문답에서도 나타나고, 전도부인은 여선교사와 함께 주일 예배에 나오지 않는 사람들을 심방하러 다녔다.

그런데 한국인들의 눈에 띈 개신교의 독특한 가르침은 진정한 믿음

42) 전삼덕, "내 생활의 략력," 『승리의 생활』, 8.

43) Dr. Georgiana Whiting, "Letters from Missionaries," *WWW* 15.2 (1900), 46.

44) 「그리스도신문」, 1902. 03. 06.

을 죄의 회개와 연관시킨 점이었다. 신소설 〈몽조〉에 등장하는 전도부인의 믿음에 대한 일장 연설은 개신교인 어머니를 둔 석진형의 시각에서 바라본 것으로, 당시 한국인들이 개신교의 신앙 교리를 들을 때 이해 가능한 지점과 불가능한 지점이 공존했다는 것을 보여준다. 전도부인에게 믿음은 마귀 시험으로 가득 찬 이 세상을 살아갈 때 힘이 되는 하나님을 의지하는 것이었다. 그 하나님은 선하고 전능하며, 모든 일을 이루시는 분이다.

> 세상에 사람이 어떻게 살고, 무슨 힘으로 사는지 아시오. 주인 부인같이 점점 기운을 떨어트리고 세상을 재미없이, 생각하면 살 수 없는 것이오. 세상에 사람이라 하는 것은 믿는 곳이 없으면 힘이 생기지 아니하고 무슨 일을 하더라도 이룰 수 없소. 믿고 보면 무슨 일이든지 이룰 수 있소. 세상을 싫어하고 힘없는 것은 도무지 다 믿음이 없는 까닭에 생기는 것이오. 믿고 보면 사랑도 있고 바라는 마음도 생기는 것이오. 하느님은 지극히 착하시고 못 하실 일이 없는 권능을 가지신 대주재신고로 어떠한 사람이든지 회개하고 하느님을 믿는 마음으로 나아가면 물에 빠졌던 사람 건지시는 것같이 얼른 손을 주시면서 어서 빨리 올라오너라 하시고서 이 세상의 마귀시험 속으로부터 구하여 주시는 하느님이오. 우리가 누구든지 회개하고 믿고 하느님 앞으로 나아가면 이 은택을 입을 수 있소.[45]

믿음은 삶을 향한 의지의 원천이며, '마귀 시험'으로부터 인간을 구해 주시려는 하나님의 선한 의도를 받아들이는 것이었다. 또, 믿음은 일상을 지탱하는 자연법칙에 대한 신뢰이며, 앞으로 일어날 일에 대한 기대이

45) <몽조>, 이재선, 『한말의 신문소설』, 146.

기도 하다.

> 생각하여 보십시오. 믿음이 아니고 무슨 일을 할 수 있나 생각하여 보옵시다. 가령 남을 찾아간다 하더라도 그 사람이 번연히 집에 없는 줄 알면 누가 그 사람을 찾아가겠소. 저런 바느질로 말하더라도 저렇게 암만 꼬매어도 번연히 옷이 되지 아니한 줄을 알면 누가 바느질을 하겠소. 이런 조그마한 일도 모두 다 될 줄을 마음에 믿는 까닭으로 하려하는 마음이 생기고 하는 힘이 생기는 것이오. 시골에서 농사하는 사람으로 말하더라도 봄에 곡식을 심어 여름에 김을 매어 가을에 열매 열어 곡식이 되는 것을 믿는 까닭에 그 더운 날과 비오는 날을 헤아리지 아니하고 날마다 땀 흘리고 괴로움을 잊어버리고 농사하는 힘이 생기는 것이오. 이 사람이 만일 믿는 것이 없으면 결단코 농사할 수 없소.[46)]

이런 자연법칙을 비유로 들어 설명하는 부분은 정 부인도 이의 없이 잘 듣고 있었다. 그런데 전도부인은 하나님을 믿으라고 촉구하면서 "믿고 회개하라"는 말을 여러 번 반복한다. 그러자 듣고 있던 부인은 회개라는 것이 이해되지 않아 답답한 마음에 눈물을 흘린다.

> "하느님을 믿으면 내 속에 이 뭉친 생각이 다 풀어지고 근심이 없겠소. 믿다 뿐이겠소. 아마 내가 다 죄가 많아 바깥 남정도 돌아갔지오....어떻게 회개하나...잘 믿고 구하면 돌아갔던 사람이라도 다시 살아 올 수가 있겠소…네에…그러면 믿다 뿐이겠소. 이 내 몸이 부서져서 콩가루 세모래가 되더라도 믿다 뿐이겠소. …네…이내 머리를 베어 신을 삼아 신고라도 가

46) <몽조>, 146-147.

다 뿐이겠소… 에구구 어찌하면 회개하나. 하느님 마옵소서."하고 빛이사 붉지는 않지만 주홍같은 피눈물이 눈에서 펑펑 솟는다.[47)]

정 부인은 자기 남편이 죽은 것이 자기 죄 때문이라고 알고 있으며, 그 죄를 어떻게 회개한다는 말인지 답답한 마음에 눈물을 흘렸다. 정 부인의 죄 이해는 부모나 가장의 상을 치르는 기간에 애도와 함께 참회하는 죄인처럼 지내는 것과 연관이 있다. 그러나 전도부인은 죄에 대한 구체적인 설명은 하지 않고 눈물을 흘리는 것 자체가 회개하는 것이라며 위로하며, 성경을 읽으면 더 많은 것을 알게 될 것이라는 권면을 남기고 떠났다. 전도부인의 입을 빌려 믿음을 설명해 온 작가는 더 이상 설명하기 어려웠던 것 같다. 이 소설에 나타난 믿음과 회개는 한국인들이 처음에 이 교리를 들었을 때 불교와 유교, 자연종교 등에서 나온 죄의 관념과 믿음에 대한 이해 등 여러 전통적 종교 관념 안에서 해석하면서 수용했다는 것을 보여준다.[48)]

선교사와 전도부인은 슬픔의 감정과 눈물은 회개의 좋은 징조라고 여겼다. 종종 어머니들은 자신의 아이에게 화를 내고 매를 때린 일에 대해 회개하며 눈물을 흘렸다.[49)] 예수의 생애와 죽음, 그의 사랑에 관한 이야기를 계속 반복해서 듣게 될 때 여성들은 자신이 겪은 과거의 슬픈 일과 연관시켰으며, 어느 순간 억눌러 놓은 감정을 분출했다. 언더우드 부인은 순회 여행 중 행주에 들렀을 때 거기 사는 부인들이 자신의 말을 이해할 수 없는 무지한 계층이라는 것에 좌절했다. 그렇지만 여성들이 공통

47) <몽조>, 150.

48) 이유나, "죄에서 구원으로: 한국 초기 개신교 여성들의 개종," 「한국로고스경영학회 학술발표대회 논문집」 (2007. 11), 66-68.

49) Miss Best, "Fruits of Women's Work in the North," *KF* (November 1901), 8.

으로 가진 자식에 대한 애정과 죄책감을 들추어내자 '반응'이 일어났다.

> 한 가지 매우 감동적인 경우는 거기에 무당으로, 광기의 발작이 일어나 자기 아이를 바닥에 던져 죽인 한 여자가 있었다. 그가 후회하는 모습은 보기에 불쌍했다. 그는 그 이후로 단 한 순간도 평안하지 않다고 말했다. 잃어버린 어린 아기들을 훗날 만날 것이라는 희망을 품도록 천국을 향하여 설득하자 아주 무지한 여자였지만 새로운 희망이 그의 가난한 마음을 압도해서 참을 수 없는 눈물을 흘리며 흐느꼈다.[50]

여성들이 공통으로 경험하는 가장 슬픈 일 중 하나는 사랑하는 자녀의 죽음이었다. 자녀를 잃은 한국 여성은 선교사의 위로와 관심을 받았다. 서양 여선교사가 어린 자녀를 잃었을 때 한국 여성들은 더 가까이 다가왔다.[51] 자녀의 죽음을 대하는 어떤 어머니도 실상은 죄책감으로부터 자유로울 수 없다. 설사 전염병이 죽음의 직접적인 원인이라도 어머니는 자신의 부주의와 피할 수 있었던 가능성을 두고 자책하곤 했다. 언더우드 부인은 어머니로서 여성이 가진 내면의 취약한 지점을 드러내도록 해서 공감을 해준 뒤, 잃어버린 자녀를 다시 만날 수 있는 희망의 장소로서 천국을 제시했다. 회개는 논리적 설득의 결과라기보다는 대화를 통해 감추어진 죄책과 슬픔을 분출하게 할 때 일어나는 감정의 정화 과정이었다.

회개는 공개적인 장소에서 발화의 형식을 통해 공동체적인 의식이

---

50) Lillias Horton Underwood, "An Itinerating Trip into the Interior of Korea," *WWW* 12.8 (1897), 205-208.

51) 부산에서 사역하고 있었던 로스 부인은 아기를 잃고 나서 한국 여성들의 위로를 받으며 같은 영혼을 가진 인간이라는 점을 깊이 깨달았다고 한다. Mrs. Cyril Ross, "Letters from Korea," *WWW* 15.7 (1900), 191.

되었다.[52] 평양에서 회심한 전도부인 신반석은 간증할 때마다 눈물을 흘렸다.

> 50년 넘게 그녀는 사탄의 종이었다. 그 얼굴에 남겨놓은 사탄의 흔적은 놀랄 것도 아니다. 그녀는 무당이었고 거짓말과 사악함으로 많은 돈을 벌고 나쁜 짓도 많이 했다. 아! 그녀가 울고 있다. 뭐라고 말하는 걸까? "예수님의 피가 나 같은 사람의 죄를 씻어 없앨 수 있다는 것이 너무 기뻐요."[53]

신반석은 자신과 같은 죄인에게도 작용하는 예수의 피가 가진 정화의 효력을 사람들 앞에서 간증하면서 눈물을 흘렸다. 그 모임에 참석한 다른 여성들도 자신의 죄를 생각하고 용서받을 가능성과 방법을 찾기 시작했다. 그의 옆에 있던 여성은 아직 기독교를 받아들인 것은 아니지만 자신의 죄를 용서받는 길이 있다면 기독교인이 되고 싶다고 했으며, 다른 지역에서 온 여성은 죄 고백에 이어 배상할 방법까지 찾았다. 근본적인 회개에 대한 가르침은 재령 전도부인이었던 송 부인이 말했듯이 "다시는 쇠싯지 않는다"라는 의미뿐 아니라 "나의 옛 죄를 고친다"라는 뜻이었다.[54] 재령의 송 부인은 회개의 증거로 자신이 부정하게 모은 재산과 남아있는 시간을 모두 재령읍교회에 바쳤다. 「그리스도신문」은 재령읍에 사는 송 부인이 "비록 과부나 형세가 요부한 고로 다른 이보다 죄가 많은 가운데 평양교회에서 전도인을 각처에 보내어 도를 전하는 중에" 복음을

52) 이유나, "죄와 고백-초기 한국 개신교 의례를 중심으로," 「평화와 종교」 7 (2019), 69-86.

53) Blanche Webb Lee, "Christian Message to Woman," *WWW* 12.5 (1897), 119-120.

54) Blanche Webb Lee, "Christian Message to Woman," 120.

전해 들었고, 주를 믿게 된 재령의 송 부인이 회개하고 그 주의 도를 사람들에게 무보수로 전하게 되었다고 연속으로 보도했다.[55] 재령의 송 부인으로 알려진 송영생은 재령에 선교지부가 세워지기 전에 조카 송정신을 통해 예수교를 알게 되었다. 그리고 재령에 첫 예배당과 학교로 사용할 가옥을 헌납했다.[56]

일 년 후에 있었던 다른 모임에서 신반석은 앞장서서 "하나님을 기쁘게 할 수 있는 기회"를 제시했다. 이 모임은 시골 부인들을 평양으로 초대하는 첫 사경회를 열기 위한 계획을 의논하는 자리였는데 마지막 순서에는 모금이 있었다. 어떤 여성이 그리스도의 고난을 담은 그림을 꺼내들면서 적은 돈도 아까워하는 마음을 안타까워하자, 신반석이 일어났다.

> 기나긴 악한 세월에서 구원받은 한 사람은 "여기 하나님을 기쁘게 할 수 있는 기회가 있어요. 우리 자신이 그분께 더 소중한 존재가 되도록 합시다."라고 말하고 앉을 때 그녀의 죄로 주름진 얼굴에는 눈물이 흐르고 있었다.[57]

그의 호소로 20명분의 사경회 비용을 마련하는 모금은 성공적으로 이루어졌다. 이와 같이 회개의 과정에서 자기 잘못으로 입힌 손해에 대한 자각과 용서받은 자의 감사로 인해 주로 경제적 배상이 이루어졌고, 이 모금은 타인의 필요를 채우면서 공동체를 운영하는 자립의 종잣돈으로

55) 「그리스도신문」, 1897. 09. 23, 1897. 10. 07.

56) 해리 로즈, 『미국 북장로교 한국 선교회사1』, 222.

57) Annie Laurie A. Baird, "A Great Ten Days," *WWW* 13.8 (1898), 201.

사용되었다.[58] 예수의 십자가 사건을 중심으로 한 메시지는 채무 의식과 이타심을 일깨웠고, 불교나 무교가 제시하는 사면의 길에 비하면 기독교가 제시하는 회개의 방법은 단순하면서 비용이 크지 않으며, 심지어 선택의 자유가 있었다. 그것은 자신의 소유를 타인의 필요를 위해 내놓는 것으로 토지와 가옥과 같은 큰 자산에서부터 반지와 비녀 등의 장신구, 그릇과 옷과 같은 일상용품, 시간과 노동까지 다양한 헌납의 방법이 있었다. 믿음과 회개를 연관해서 이해한 사람들은 자연스럽게 보속을 연상하고 그 방식을 스스로 결정해서 실행에 옮겼다.

2. 입교의 사회적 정황

2.1. 전통과의 갈등

개종은 개인의 의지를 포함하지만, 개인을 둘러싼 주변의 관계를 변화시키는 사회적 사건이다.[59] 신념 체계의 변화와 함께 자신이 소속된 공동체의 성격에 따라 관계의 단절이 일어날 수도 있었고, 아니면 공동체의 성격을 바꿔버리기도 했다. 여성의 경우는 특히 가부장을 중심으로 한 대가족 체제에서 전체 공동체의 충성심을 돌린다는 것은 어려운 일이었다. 그런데 기독교의 가르침은 오랜 시간에 걸쳐 습득해 온 한국 여성 나름대

58) 이유나는 한국 개종자에게서 나타나는 이러한 특징을 "속죄와 배상의 결합"이라고 불렀다. 이유나, "죄에서 구원으로: 한국 초기 개신교 여성들의 개종," 62-64.

59) Danielle Kane and Jung Mee Park, "The Puzzle of Korean Christianity: Geopolitical Networks and Religious Conversion in Early Twentieth-Century East Asia," *American Journal of Sociology* 115.2 (Sep. 2009), 367-373.

로의 종교적 해법을 '우상숭배'로 규정하며 버릴 것을 요구했다. '우상숭배'를 지탱하는 옛 방식에는 집안의 운명을 좌우할 조상제사와 풍수지리에 대한 믿음, 무당과 판수 등 전통 종교인들과의 관계 등이 있었다. 기독교인이 된 남편이나 아들을 핍박하는 부인들도 있었는데 이들은 무당과 의논해서 신앙을 방해하는 계략을 짜기도 했다.[60] 부산에서 병으로 고통받는 부인을 찾아간 체이스는 거절당하고 돌아와야 했다. 그 부인은 자신이 해온 방식대로 귀신에게 더 빌어보겠다고 고집했기 때문이다.[61] 어디서나 보수성은 새로운 방식을 받아들이길 거부했다.

조상제사를 금하는 것은 남성뿐 아니라 여성에게도 개종의 큰 걸림돌이었다.[62] 조상제사에 관련된 물건들을 포기하는 일은 남성들 못지않게 여성들에게도 매우 힘든 일이었다.[63] 이런 물건들은 조상의 위패와 촛대, 향로 등 제사 용구뿐 아니라 대대로 물려오는 문서, 관복이나 신성한 옷, 짚으로 된 제웅 등 조상신을 모시는 갖가지 물건들을 포함했다. 여성들은 소극적으로는 귀신의 화를 입지 않도록 이런 물건들을 소중히 다루면서, 적극적으로는 집안 식솔들의 안위와 장수와 복을 위해 조상제사에 충실했다. 언더우드 부인도 "대체로 여성들은 언제나 낡은 습관과 편견을 포기하는 데 가장 느리고 최후까지 지키고 있는 사람들"이라고 했다.[64] 황해도 전도부인 안성은의 경우에도 적극적인 전도부인이 되기 전

60) W. L. Swallen, "Mr. U.+Mr. A.+ Mr. E.+Mr.C-And the Gospel in Wahoodong," *WWW* 11.8 (1896), 215-216; Rev. C. T. Collyer, "A Day on the Songdo Circuit," *KF* (Nov. 1901), 13.

61) Maria L. Chase, "Letters from Korea," *WWW* 15.1 (1898), 17.

62) 옥성득, 『한국 기독교 형성사』, 418에는 제사 포기가 개인에게 어떤 위험을 초래했는지 설명한다.

63) C. T. Collyer, "A Day on the Songdo Circuit," 13에서 위패(the ancestral tablet)를 포기하는 일은 한국인에게 가장 힘든 일이자 가장 마지막 순간에 일어난다고 했다. 위패를 없애면 영혼이 쉴 곳을 잃는다는 믿음 때문이었다.

64) 릴리어스 호튼 언더우드, 『호러스 언더우드와 함께 한 조선』, 197.

에는 집안에서 최후까지 개종을 거부했고, 서양식 교육을 받은 아들에 의해 이 물건들을 강제로 포기하면서 기독교로 개종하는 과정이 촉진되었다. 안전을 보장해 줄 신앙의 대상을 옮긴다는 것은 큰 결단이 필요했다.

일단 유교적 관념을 극복할 수 있는 대안을 기독교에서 찾으면 무속적 신앙은 개종에 있어서 그다지 방해물이 되지 않았다. 여성들은 '우상숭배'는 버렸지만, 전통적인 기도에 대한 믿음은 더 강화되었다. 산기도와 천신 숭배는 기독교 신앙에서 인격신 '하나님 아버지'를 받아들이는데 큰 걸림돌이 되지 않았다.[65] 천신은 제를 올리는 때와 절박한 문제가 있을 때를 제외하고 일상에서는 거의 찾지 않는 신이었다. 전통적 관념의 천신은 신계(神界)에서 지고신(至高神)으로 인간 세상과는 멀리 떨어져 일상과는 관계없는 신이었다.[66] 일상에서는 각 공간을 점유하고 있는 천신보다 저급한 신들과 관계를 맺고 있었다. 대문, 부엌, 뒷간, 장독대, 대들보 등에는 수문장신, 조왕신, 뒷간신, 성주신 등의 가택신이 있고, 매일 이 신들 앞에서 조심하고 타협하고 달래는 것이 여성의 종교 생활이었다. 한국 여성은 신을 두려움과 경외의 대상으로 알고 있었지만, 사랑과 안식을 주는 신에 대한 개념은 희미했다.

기독교의 하나님은 조물주이며, 온 세상의 아버지로서 선한 인격신의 개념을 다시 일깨웠다. 그는 두려움으로 통제하기보다는 사랑으로 양육하는 분이었다. 한국의 가정에서 아버지는 엄한 훈육의 주체였지만 그것은 가정 전체의 유익을 위한 사랑의 한 가지 표현으로 해석되었다. 사

65) 원산의 어떤 여성은 산기도를 올려 아들을 낳도록 해주신 하나님이 예수교의 하나님과 동일하다고 여겼다. Harriet G. Gale, "Illustration of Korean Spirit Worship," 210. 또 선교사가 직접 목격한 천신 의례에 관해서는 Daniel Gifford, "Cholera Time in Korea," *WWW* 11.8 (1896), 212. 옥성득, "개신교 전래기 신 명칭에 관한 논쟁," 「기독교사상」 418 (1993.10), 200-223 참조.

66) 김태곤, 『한국무속연구』 (서울: 집문당, 1981), 281-289, 황루시, 김인회, "무속의 천신의례에 관한 연구," 「비교민속학」 20 (2002), 39-40.

랑으로 돌보는 하나님의 이미지는 포도원의 농부 비유에 나타나는데 한국 여성들은 비유를 잘 받아들였다. 선교사들은 여자들이 기도하거나 세례문답에서 하나님께 혹은 예수님께 "꼭 붙어있다"라는 말을 종종 들었다.[67] 포도나무 가지가 나무에 꼭 붙어있는 것처럼 예수께 꼭 붙어있으라는 요한복음의 비유에서 나왔을 것이다. 여성들은 농경 생활에서 나온 성경의 비유를 좋아하고 새로운 비유를 만들어 내기도 했는데 이를테면, 말씀을 듣는 것이 마음에 씨를 뿌리는 것과 같다면 이웃의 핍박은 밭에 거름을 주는 것과 같았다. 그리고 그 씨가 자라도록 정성을 다해 기도하는 것은 인간의 몫이었다.[68]

선하고 위대한 기독교의 하나님은 자신의 자녀들을 위해서 천국을 준비해 두고 기다리고 있다. 천국은 처음에는 시간적으로 피안의 세계, 공간적으로는 사후 인간의 영혼이 거주할 처소로 이해되었다. 여러 명의 자녀를 두었고 그 자녀 중에 죽음의 문턱까지 다녀온 약한 자녀가 있을 때 예수의 약속 중에서 "내가 먼저 가서 너희 처소를 예비한다"라는 말씀은 즉각적인 반응을 얻었다. 자녀를 13명 둔 백정 부인은 성경에서 가장 좋아하는 구절로 이 약속을 꼽았다.[69] 그는 딸이 죽은 사람처럼 되었을 때 제중원의 여의사에게서 이 말을 들었을 것이다. 딸은 다행히 회복되어 어머니의 근심을 덜었지만, 죽음 이후에 안락한 곳에서 쉴 수 있다는 약속 역시 심리적 완충작용을 했다.[70] 한국인에게 사후 영혼의 안식처를 얻는 것은 중요한 문제였다.

---

67) 『언더우드 자료집 II』, 256-257.

68) Mary Hayden Gifford, "Sprouting Grain," *WWW* 11.8 (1896), 216-217.

69) Ellen C. Parsons, "A Class of Korean Women at Seoul," *WWW* 19.11 (1904), 243.

70) 릴리어스 호튼 언더우드, 『호러스 언더우드와 함께한 조선』, 54-55.

한편, 사무엘 무어는 여성들이 겪는 개종의 어려움으로 남편의 반대를 제일로 꼽았다. 주일에는 일하지 못해서 겪는 사회적 고립과 경제적 손해가 남성들이 개종을 꺼리는 가장 큰 걸림돌이었다면, 여성들의 전형적인 어려움은 남편의 핍박이었다. 여성들이 기독교인이 된 후 받는 핍박에 대한 보고는 모든 지역에서 나타난다. 남편들은 부인이 교회에 가지 못하도록 감시하고 폭행도 불사했다.[71] 박해받는 아내의 이야기는 수도 없이 많아서 선교사가 쓴 소설에도 등장하여 한국 여성의 보편적 현실이라 이해되었다.[72] 불신자 남편에게 예수교인이 된 아내는 시부모 봉양과 봉제사를 소홀히 하여 집안이 망하게 될 징조였다. 여성들이 교회 예배를 규칙적으로 참석하기 위해서는 남편을 개종시켜야 할 필요성이 분명했다. 핍박받는 부인들은 믿지 않는 가족을 감화시키는 것이 중요했다.

2.2. 가족 단위의 입교

가족 단위의 개종은 신앙을 유지하는 것뿐 아니라 일상에서의 다양한 변화와 성장을 이끌어낼 수 있었다. 황해도 평산을 방문한 사무엘 무어는 주일 강론에서 "밥 먹을 때에 부인들도 방에 들어와 남편과 같이 편안히 앉아서 먹기로 작정하자 한즉 일심이 되어 그대로 하자 작정하고 또한 내외간에 서로 같은 말로 대접하기로 작정한 후" 부인들에게 물었더니 대답을 하지 못할 정도로 기쁘고 좋아했다.[73] 부부가 식사를 같이하는

71) Samuel F. Moore, "Chapter on Difficulties," *WWW* 14.8 (1899), 221-222.

72) Annie Laurie Baird, *Daybreak in Korea: A Tale of Transformation in the Far East* (NY: Fleming H. Revell Company, 1909). Choi Hyaeweol, *Gender and Mission Encounters in Korea: New Women, Old Ways*, 123-129.

73) 「그리스도신문」, 1901. 06. 20.

것뿐 아니라 한자리에 앉아 성경을 펼쳐놓고 함께 읽고 찬송을 부르는 간략한 방식의 예배를 드리는 것으로 부부유별의 풍습을 조금씩 허물어 갔다. 선교사들은 자신들이 만나지 못하는 여성들이 가정예배를 통해 교인이 되는 것을 보았다. 1890년대 초 평안도를 담당한 전도인 백홍준은 가정예배를 성실히 드려왔고, 마펫이 방문했을 때 그의 아내는 세례받을 준비가 되어 있었다.[74] 그의 아내 한씨는 한 번도 여선교사를 본 적이 없었지만, 마펫의 지명으로 북부 지방에서 전도부인으로 활동했다. 그는 청일전쟁으로 피난 생활을 하는 중에도 사람들을 모아 가르치고 예배를 드렸다.

초기에 남자 선교사들에게 모습을 잘 드러내지 않았던 기독교인 가장의 여자 식솔들은 집에서 남편과 아버지에게 배우면서 여선교사가 오면 여성 모임을 형성하는 주요 구성원이 되었다. 평양에 리 부인(Mrs. Lee)이 여선교사로 처음 도착하자 여성 회중의 숫자는 몇 주 만에 금세 100명이 넘어갔다. 그들은 거의 다 남자 교인들의 아내나, 어머니나 딸들이었다.[75]

남쪽에서는 여선교사에게 글을 배운 아마(Amah)가 남편과 나란히 세례를 받고 가정예배를 드리기 시작했다. 부산지부를 개척한 베어드 부인은 자신의 보모로 고용된 여성이 어떻게 기독교적으로 살아가는지 보고했다.[76] 북쪽에 있는 선교지부에서도 가정 제단을 만든 기독교 가정에 대

---

74) Samuel A. Moffett, "Our Korean Evangelists," *Church at Home and Abroad* (August, 1892), 142.

75) James H. Wells, "Progress of the Gospel in Korea-extracts from Reports for 1896," *WWW* 12.3 (1897), 65-67.

76) "Mrs. Annie L. Baird, Report of Work among Women at Fusan (1894)," *Letters and Reports of the Korea Mission, PCUSA*.

한 보고가 뒤따른다.

> “(전략)....어떤 부인은 11년 전에 남편과 복음을 들었다고 한다. 그들은 하나님을 믿고 예배드리고 싶었으나 방법을 알지 못했다. 그들은 책을 열어 기도문을 펴서 상 위에 펴놓고 물을 담은 두 개의 놋그릇을 두었다. 그들은 제사의 성격 안에 무언가 있다고 생각했다. 그런 다음 남편이 기도문을 읽을 동안 상 앞에 무릎을 꿇고 있었다.”라고 베스트는 보고했다.[77)]

마치 제사와 같은 형태를 빌려 기독교 경전을 두고 가정예배를 드리는 한국인 부부의 모습은 경건해 보이기까지 했다. 선교사 존스(George Heber Jones)는 한국인의 예배 개념은 가정에서 이루어지는 제사를 통해 처음 형성되었다고 보았다.[78)] 선교사들은 조상숭배를 반대했지만, 한국 문화에서 청교도 전통의 기독교인들처럼 가정의 경건에서 개인의 종교심을 키워나가는 것을 긍정적으로 보았다.[79)] 한국인의 가정예배는 제사와 비슷한 형태와 요소를 취하면서도 그 내용을 기독교적으로 변화시켰다.[80)] 한국인들이 이마를 무릎 사이에 닿을 정도로 바닥에 엎드려 부복하는 자세로 기도한다는 선교사의 목격담을 보면 우상에게 절하는 것은 금했으나, 한국인들이 경건을 표현하는 고유한 방식을 금지한 것은 아니었

77) Helen M. McCune, “The Year at Pyeng Yang,” *Woman's Work* 21.11 (1906), 251.

78) G. H. 존스, 『한국교회 형성사』, 100.

79) 송정연, “개화기 개신교 가정의 태동에 관한 연구” (연세대학교 박사학위논문, 2017), 42-45.

80) 옥성득, 『한국 기독교 형성사』, 418-421에는 한국인 효도와 공동체적 정서를 고려한 제사문화의 기독교적 변형에 관해 설명하고 있다.

다.[81] 진흥운동 기간에 만들어진 가정예배 서약서[82]에 있는 가정예배의 내용을 보면, 기독교적 가정예배는 정해진 시간에, 모든 식솔이 함께 모여 예배하고, 가족 중에 어른 되는 이가 찬송을 인도하고 성경을 읽은 후 한두 사람이 정성스럽게 기도하는 것을 권면했다. 모든 사람이 하나님의 자녀이므로 고용인까지 가족의 범위 안에 들어왔고, 한 방향을 보는 데서 둘러앉는 형태로 바뀐 것은 제사 전통과 차이가 있었다. 제사가 수직적인 계보를 따라 자신의 위치를 가늠했다면, 가정예배는 동시대를 사는 기독교인과의 수평적인 유대감을 표현하는 것이었다.

초기에 선교사들이 목격한 가정예배는 제사와 같은 형태만 있었던 것이 아니다. 부산 지부의 독신 여선교사 체이스(Maria L. Chase)는 절영도에 갔다가 그곳 기독교 부부가 다정하게 성경을 공부하는 모습을 보게 되었다. 그들이 가진 성경은 "각 절마다 주의 깊게 표시가 되어 있어서 많이 사용한 흔적이 있었다."[83] 평양에서도 교회의 중요한 일꾼들이자 젊은 부부들은 정기적으로 가정에서 성경 공부하는 시간을 가졌다.[84] 가정예배는 성경 공부와 결합하여 가족들이 함께 모이는 시간에 가장은 글을 모르는 가족들에게 성경을 읽어주고 가르치는 역할을 맡았다. 부인들은 일자무식이라도 남편이 읽어주는 것들을 통째로 외워서 결국 글을 깨치는 경우도 있었고, 찬송은 가정예배를 통해 다 외워버렸다. 찬송은 신앙의 초보적 내용을 쉽게 이해할 수 있도록 도와주고, 반복하기 때문에 여성 교육에 유용했다. 북쪽 지방을 순회하는 선교사들은 종종 가정예배가

---

81) (Mrs. S. A.) Alice F. Moffett, "The Growing Church of Pyeng Yang," *WWW* 19.11 (1904), 247.

82) "Causes of the Revival in Korea," *The Missionary Review of the World* (September 1921), 531.

83) Marie L. Chase, "Letters from Korea," *WWW* 15.1 (1898), 17.

84) Mrs. A. L. Baird, "Pyeng Yang," *KF* (November 1901), 16.

있다는 것을 찬송 소리로 알았다. 황해도 지역을 여행하다가 화이팅 부인(Elizabeth F. Whiting)은 마을에 기독교 가족이 있다는 사실을 아침에 들리는 찬송 소리로 알았다.

> (전략) 이것(인용자주: 무당의 굿소리)과 행복한 대조를 이루는 소리가 우리의 귀를 맞이한다. 그것은 근처의 두 집에서 매일 아침 가족들이 기도를 위해 모여 노래를 시작하는 소리이다. 시작한 사람만 음을 알 수 있다.[85)]

남성이 먼저 개종한다면 그는 자신의 어머니, 아내, 자녀들을 큰 저항 없이 새로운 종교로 이끌고, 식솔들에게 글을 가르치고 성경과 찬송을 사서 함께 공부했다. 그러나 여성이 먼저 개종한다면 남편과 동리 사람들, 나아가 친족들의 회유와 압력은 거셌고 신앙생활은 매우 어려웠다.

가정예배는 가족 의례를 중시하는 한국인의 종교성을 접촉점으로 삼아 한 집안의 식솔들을 기독교적 교훈으로 교화하고 신앙을 전수할 뿐 아니라 글과 지식을 가르치는 교육적인 성격을 갖게 되었다. 가족 단위의 신앙 의례는 제사를 폐지함으로써 생기는 두려움을 상쇄하면서, 가부장에게 새로운 종교적 권위를 행사할 수 있는 책임을 부여하고, 기독교인의 평균적인 지적 수준을 높여주는 기회가 되었다. 여성은 제사를 준비할 때처럼 가정예배가 가능한 환경을 조성하면서도, 그 안에서 수혜자이자 공동책임자가 될 수 있었다. 남편이 있는 전도부인들은 기독교로 개종한 남편의 변화를 부부관계에서나 생활 습관에서 발견하고 만족감을 나타냈고, 함께 기독교 일꾼이 되는 경우가 많았다.

85) Elizabeth Fuller Whiting, "Chai Ryong, the New Station," *Woman's Work* 21.11 (1906), 252-253.

2.3. 새 종교로의 전환

기존에 속한 공동체와 전통의 압력 아래 있는 한국 여성들이 새로운 종교를 선택하는 과정과 신앙을 표현하는 방식을 보여주는 좋은 예는 무속인이었다가 권사가 된 신반석과 유림 가문 여성의 지도자 역할을 한 안동의 김 부인에게서 나타난다.

1896년 평양 중앙교회(장대현교회)의 성탄절 예배에서 400~500명의 남녀 청중이 모인 가운데 전직 판수, 무당, 풍수 지관이었던 세 명의 개종자가 짧은 간증을 했다.[86] 1897년 한국을 방문한 해외선교부 총무 스피어(Robert E. Speer) 박사는 그중 한 명이었던 전직 무당 신반석의 신앙고백문을 받아서 미국 여선교회에 전달했다.

> 하나님과 예수님의 은혜로 거듭난 신반석은 이것을 미국 목사에게 드리기 원합니다. 세상 욕심과 하나님을 예배할 줄 몰라 나는 마귀의 종이 되었습니다. 12살 때부터 무당이 되어 나 자신이 귀신을 섬길 뿐 아니라 많은 사람을 속이고 귀신을 예배하라고 가르쳤습니다. 나아가 무당으로서 나의 몸을 던져 간음, 탐욕 등 온갖 악한 일에 사용하고, 내 나이 52세가 될 때까지 그렇게 살았습니다. 마귀를 섬기던 중 갑자기 예수의 복음을 들었습니다. 그리고 내가 한 일과 예수님이 오셔서 십자가에서 내 죄를 위해 돌아가신 일을 생각하니 얼마나 황송한지 말로 할 수 없었습니다. 그런데도 나는 완전히 깨닫지 못했습니다. 그러던 어느 일요일, 교회에 가서 우리 목사님이 설교하는 것을 듣고 나는 깨달았습니다. 집에 돌아와 나의 죄에 대해 많이 생각했습니다. 나는 매우 슬펐고, 오랫동안 눈물

86) Blanche Webb Lee, “Christian message to Woman,” *WWW* 12.5 (1897), 120.

이 빗물처럼 흘러내렸습니다. 그때부터 나는 회개하고 기도하며 우상들을 버리고 하나님께로 돌아왔습니다. 나의 마음은 평안했습니다. 사랑하는 아버지는 성령을 통해 나에게 힘을 주시고 은혜가 충만한 우리 구주는 나를 손으로 이끄시어, 나는 어둠에서 나와 빛을 발견하자 기쁘고 행복했습니다. 내가 구원받았다는 것을 알고 다른 사람들의 구원을 간절히 원하게 되었습니다. 주위를 둘러보면 그들이 귀먹고 어둠 속에 있는 것이 안타깝고 슬펐습니다. "인생이 너무 짧다고 걱정하지 말고 하나님을 거역한 죄에 대한 형벌을 걱정하십시오. 어서 깨닫고 회개하세요."라고 말했습니다. 나는 성령의 부어주심을 믿으며, 죽을 때 나의 영혼이 하나님께 갈 것을 믿습니다. 오늘 내가 죽는다고 해도 다시 살아 예수님이 오실 때 나의 몸과 다시 연합할 것을 믿습니다. 행복한 얼굴로 그를 뵈올 것이며 천국에 간다고 믿으니 얼마나 행복한지 모르겠습니다. 아멘.[87)]

이 신앙고백문의 도입부는 무당이 의식을 시작할 때"내 주문을 우리의 존경하는 신령님께 거룩하게 드립니다. 당신의 위대한 힘으로 우리를 도와주소서."라고 하는 말과 유사한 느낌이다.[88)] 그가 최고의 존경과 겸손을 가지고 미국인 목사에게 이 고백문을 드렸을 것이 연상된다. 그다음은 익숙한 기독교적 고백문으로 과거(죄악된 삶-예수의 복음을 들음-깨닫지 못함), 현재(십자가의 은혜와 회개-우상을 버림-성령의 능력), 미래(심판 날의 도래-죽음과 몸의 부활-약속된 천국)의 구조로 되어 있다.[89)] 사도신경과 같은 교회의 전통적 신앙고

87) "Experience of a Korean Sorceress Told by Herself," *WWW* 17.11 (1902), 319.

88) 올리버 R. 에비슨, 『올리버 R. 에비슨이 지켜본 근대 한국 42년, 1893-1935』, 박형우 편역 (청년의사, 2010), 229.

89) 이덕주·조이제 편, 『한국 그리스도인들의 신앙고백』 (서울: 한들, 1997); 이덕주, 『새로 쓴 한국 그리스도인들의 개종이야기』 (서울: 한국기독교역사연구소, 2003), 옥성득, "초기 한국 개신교인들

백과 유사하면서도 개인의 내적 변화를 간결하게 묘사한 첫 부분이 인상적이다. 대개의 고백문이 간증의 형태로 되어 있는 것을 생각하면, 신반석은 종교적 양식을 갖추어 자신의 이야기를 풀어낼 수 있는 비범한 능력을 가졌던 것으로 보인다.

그의 회심은 극적인 신비체험을 통해서 일어났다기보다는 반복된 교육과 설교의 결과로 자신이 죄인이라는 각성이 서서히 일어난 결과였다. 몇 번을 예수의 복음을 들었으나 깨닫지 못하다가 어느 날 "목사님의 설교를 들은 후" 자신이 지은 죄를 곰곰이 생각하자 눈물이 하염없이 흘러내렸다. 오랫동안 그렇게 울면서 회개하고 우상숭배에 쓰던 것들을 모두 버리고 나자, 평안이 찾아왔다. 그는 거짓말과 탐욕, 간음, 우상숭배로 점철된 그의 어두운 과거의 죄가 예수의 피로 정화되었다는 것을 확실히 믿었다. 그는 여성경반에서 "예수님의 피가 나 같은 사람의 죄를 씻어 없앨 수 있다는 것이 너무 기뻐요"[90]라고 여러 사람 앞에서 눈물을 흘리며 고백했다. 피가 가진 영적인 힘에 대한 신앙은 무속신앙에도 있기 때문에 예수의 피가 대속의 효과가 있다는 기독교의 가르침을 이해하는 데에는 문제가 없었을 것이다.[91] 신반석의 개종은 이전에 행하던 무속종교에서 익힌 종교적 이해와 경외심과 일면 연속성을 가지는 현재 신앙생활로

의 신앙 고백(1894~1910)," 「한국기독교역사연구소소식」 34 (1999.1), 46-50 참조. 여성의 신앙 고백은 남아있는 것이 몇 편 되지 않은데, 그것도 넓은 의미의 신앙고백문일뿐 간증문에 가깝다. 그에 비해 사도신경을 형식적으로 차용하고 개인적으로 재해석한 신반석의 신앙고백문은 소개되거나 연구된 적이 없다.

90) Blanche Webb Lee, "Christian Message to Woman," *WWW* 12.5 (1897), 119.

91) 게일 역시 희생제물에 대한 선이해가 한국인들에게 있다고 했다. James S. Gale, *Korea in Transition*, 148-149. 동물을 희생하는 대속제사가 있는 문화권에서 레위기나 히브리서는 결코 인기 없는 책이 아니었다. 또 보혈 찬송도 모임에서 자주 사용했다. Philip Jenkins, *The New Faces of Christianity: Believing the Bible in the Global South* (Oxford: Oxford University Press, 2006), 54-56.

이어졌고, 개인의 도덕적 각성과 죄책감을 해소할 수 있는 구원자의 발견 등 전통적 종교에서 해소하지 못했던 차원을 보여준다.

그와 같이 개종한 다른 회심자들이 동료 무속인이었던 것을 보면 같은 영향력 아래 집단적 개종을 한 것으로 보인다. 즉 개인의 결단은 사회경제적 손실을 감수해야 했는데 이것을 극복할 수 있는 관계망이 새롭게 재편되었다. 신반석은 선교사를 비롯해 종교적 관심사를 나눌 수 있는 더 많은 여성과 교류하게 되었고,[92] 전에 같이 일하던 판수와는 교회 안에서 계속 동역 관계를 유지하며,[93] 전과는 다른 방식이지만 축귀 사역도 했다.[94] 신반석의 신앙고백 안에 있는 "내가 구원받았다는 것을 알고 다른 사람들의 구원을 간절히 원하게 되었습니다."라는 말에서 '다른 사람들'은 자신과 상관없는 완벽한 타인이라기보다는, 자신과 같은 운명의 삶을 살아왔고, 자신에게 의미 있는 '다른 사람들'이었다.[95] 기독교에 입문하면서 그 교제의 범위는 점차 확대되며 관계의 영역은 자신이 갈 수 있는 곳에 있는 사람들까지 넓어진다. 그는 목사의 조사로, 또 평양 여전도회의 임원으로 오랫동안 활동했다.

두 번째 사례는 전통 유림의 본고장 안동에서 일어난 여성 집단 개종이었다. 안동시부에서는 '양반부인교회' 하나가 보고되었는데, 이 교회가 생겨난 것은 그 마을로 시집간 기독교인의 딸 때문이었다. 선교사들은 의무가 많고 열악한 환경에 사는 새색시가 이루어 낸 일에 대해 흥미를 보였

92) Blanche Webb Lee, "Christian Message to Woman," 119-120.

93) Annie Laurie Baird, "Lovable Koreans," *WWW* 14.8 (1899), 218.

94) Mrs. A. L. A. Baird, "Ways that are Dark," *KF* (May 1902), 36.

95) 종교사회학에서는 '중요한 타인(significant others)'이라고 한다. Danielle Kane and Jung Mee Park, "The Puzzle of Korean Christianity," 367.

다.[96] 안동에서 북쪽으로 약 50km 떨어진 바래미라는 곳에 교인 윤씨 부인의 딸이 시집을 가서 하나둘씩 전도해서 시어머니와 며느리, 어머니와 딸들로 이루어진 모임이 생겼다. 솟을대문과 높은 돌담, 화사한 정원과 우물까지 갖춘 집들이 즐비한 양반촌에 새색시가 들어간 지 4년 만에 15명의 부인들로 이루어진 '양반부인교회'가 형성되었다. 그들은 선교사나 조사의 방문을 받은 적도 없고, 사경회나 이웃 교회를 방문해 본 적도 없이 고립된 상태로, 남자 회원이 하나도 없는 여성만의 '그룹'을 이루고 있었다.

> 그들은 조상숭배와 제사를 버리고 하나둘씩 딸과 며느리들을 데려와서 현재는 15명의 믿는 부인들 모임이 되었다. 그들 중 12명은 읽을 줄 알고 모두 찬송가와 커다란 신약성경을 갖고 있다. 부인 중 5명은 60세가 넘었고 커다란 테로 된 구식 안경을 끼고 있다. 우리가 말하는 말 한마디를 얼마나 열심히 받아들이는지, 얼마나 주의 깊게 성경 배운 것과 우리가 사용한 찬송을 표시해 두는지, 얼마나 우리에게 더 오래 머물며 가르쳐달라고 부탁하는지! 저녁 식사 후에 그들의 부탁으로 새 교회에서 밤 예배를 드리고 그곳을 주의 집으로 봉헌했다.[97]

이 양반 부인들이 어떻게 조상숭배와 제사를 버리게 되었는지, 어떤 과정을 통해 이루어졌는지에 관해서는 내적인 증언이 없어서 알 수 없다. 하지만 이 교회는 나이 어린 새 며느리가 기독교인으로 집안에 들어와서 시작되었고, 교회의 지도자는 할머니 김 부인이었다. 문중의 가장 웃어른이면서 '미국 종교'를 탐탁지 않게 여기는 김 대감조차 성경을 읽는 부

96) Mrs. A. G. Welbon, "A Yang Ban Lady," 6.

97) (Mrs. A. G.) Sadie M. Welbon, "Two Weeks on the Road," *WWW* 30.2 (1915), 29.

인들의 모임과 기독교식 예배를 금지할 수 없었다. 단지 김 대감은 내외법에 어긋나는 일이 벌어지지 않는지 감독하고, 새로운 예배당에서 밤을 보내게 해달라는 문중 여성들의 간청을 듣고 허락해 줄 뿐이었다. 저녁 식사 후에 여성들은 며칠 전에 예배당으로 마련한 집에서 첫 예배를 드렸다. 남자가 들어갈 수 없는 구역이었으므로 순회 조사의 관리에서도 벗어나 있고 오직 여선교사와 전도부인만이 들어갈 수 있는 이 교회에서 조상 제사를 포기한 과정과 세례와 성찬 실행 여부에 대해서는 의문이다. 이곳을 방문했던 웰본 부인은 양반 부인들의 열심을 목격했으나, 이들의 개종 과정을 정확히 알아내지는 못한 것 같다. 그는 지방 방언에 익숙한 자신의 어린 딸과 전도부인의 통역에 의지해서 의사소통을 했다.

바래미라는 이름으로 알려진 봉화 해저마을은 의성 김씨가 300년 동안 세거지로 삼은 곳이었다.[98] 사실 이렇게 유교적 전통이 강한 향촌에 여성교회가 형성되었다는 것은 희귀한 일이었다. 의성 김씨는 조선시대 서학에 수용적이었던 남인 계열로, 그중에는 정약용과 친분이 있고, 천주교 박해의 화를 입었던 조상도 있었다.[99] 한편으로 바래미 마을은 자존심이 강한 유림의 은거지이며, 거사를 모의하는 장소로 알려져 있다. 경술국치 당시, 마을 사람들의 항일 감정은 무척 거세서 신교육운동을 거부하고, 마을에 있는 학록서당에서만 가르쳤다고 한다. 1919년 파리장서사건이라고도 하는 1차 유림단사건과 1925년 2차 유림단사건에 연루되면서 독립운동자금을 조달하는 집안들이 이곳에 있었다.[100] 전통에 대한 자

98) 황용운, 이경희, "전통마을의 공간구조에 관한 연구 - 봉화 해저마을 중심으로," 「대한건축학회 학술발표대회 논문집」 222 (2002), 506.

99) 김중위, "생각지도 않은 문단 생활이라니!," 「수필시대」 14 (2019 봄), 110-112.

100) 최미정, "봉화 해저마을 義城金氏 문중의 儒林團 義擧 참여," 「한국독립운동사연구」 49 (2014), 87-119.

부심이 강한 유림 마을에서 김씨 집안의 부인들이 선교사에게 보인 탐구열로 볼 때, 새 며느리가 가져온 성경과 찬송에 관심을 가지고 여성 교육의 기회로 삼아 기독교를 받아들인 것으로 보인다. 여성들은 봉제사와 시부모 공양 등 공동체 안에서 맡은 역할을 다하지 못할 때 괴롭힘을 당하거나 버림받았으므로 개인적으로 신앙을 지킨다는 것은 많은 위험이 따르고, 관계의 단절과 목숨의 위협까지 당했다. 그러므로 가족 구성원 중에서 영향력이 큰 어른을 자신의 편으로 만드는 우연한 사건이 있었거나 어린 새색시의 전략적 혹은 지혜로운 행동이 있었을 것으로 보인다. 또 이미 천주교에 노출된 적이 있는 유교 집안의 부인들이 쉽게 개신교로 개종할 수 있었던 가능성도 보인다.

3. 신앙공동체의 경험

3.1. 새 이름, 새 정체성

초기 기독교 여성들에게 교회는 "세례를 받고 이름을 얻는" 곳으로 알려져 있었다.[101] 평양 남산현교회 전도부인 김세지는 세례받을 때 이름을 갖게 된 것은 여자의 권리 중 하나이며, 이로써 여자의 해방이 기독교에서 시작되었다고 했다.

> 나의 일홈은 그(노불목사)의 부인이 지어준 것인대 오래동안 일홈이 업시 살던 나는 쥬의 은혜를 힙닙어 셰례밧던 날노부터 여자된 권리즁에 한 가

101) Mrs. W. A. Noble, "Mary and Annie," *KMF* 2.3 (1906), 58.

지를 찻게되엿다. 이로 보면 죠션녀자에 해방은 우리 그리스도교로부터 시쟉되엿다고 할만하다.[102)]

감리회 선교사들은 세례와 함께 여성들에게는 영어 이름을 부여해서 여성 개인의 독립적인 정체성과 세례의 해방적 의미를 부각했다.[103)] 세례와 함께 받은 이름은 기독교를 받아들인 여성이 누리는 특권이면서 전통의 억압으로부터 해방을 상징한다고 여겼다. 장로교회 기록에서는 이름을 갖게 된 한국 여성의 고백을 직접 들을 수는 없지만 1895년 *Woman's Work for Woman*에 "한국 여성들은 이름을 갖고 있는가?"라는 질문에 대답하는 선교사들을 통해 장로교회가 초기에 이름을 둘러싸고 어떤 문화적 선택을 했는지 알 수 있다. 1890년대 여성 사역에 가장 많은 시간을 보낸 기포드 부인과 게일 부인은 한국 여성의 이름이 생애주기에 따라 가변적이라는 점을 공통적으로 이야기한다.[104)] 대부분의 소녀들은 결혼 전에 가족들에게 사랑을 받는 표시로서 애칭을 갖고 있다. 결혼한 새댁일 경우에는 "아가"라고 부르고, 정말 아기를 낳게 되면 누구누구의 어머니로 불리다가, 할머니가 되면 명(命)을 길게 하려고 귀신도 싫어할 만큼 추한 이름을 선택한다. 그렇지만 여성의 이름은 거의 사용할 일이 없고, 집 안에서나 마을에서 "누구 어머니"로 가장 많이 불렸다.

이름은 개인의 독점물이 아니라 사회적 관계를 맺을 때 타인의 것이 되기도 한다. 서양 선교사들에게는 한국 여성 개개인을 인식할 수 있는 이름이 필요했고, 사회 활동을 시작하는 여성에게 이름은 필수적이었다.

---

102) 김셰듸, "나의 과거생활," 노불 부인 편, 『승리의 생활』, 40.

103) 조선혜, 『노블 부인의 선교생활에 대한 연구』, 79-83에 감리회 선교사들의 여성에 대한 선교전략적 명명법이 잘 설명되어 있다.

104) "Customs and Names in Korea," *WWW* 10.8 (1895), 218.

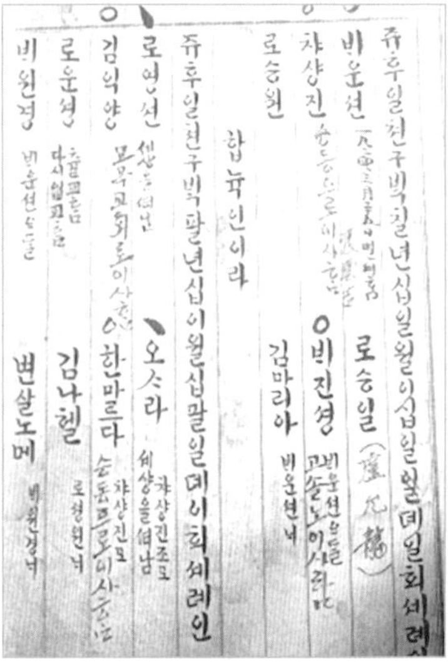

그림 19. 양평상심리교회 당회록 사본 일부(1907)
[승동교회역사관 소장]

게다가 기독교식 이름은 한국 이름과 달리 평생 변하지 않는 이름이며, "천국에서도 사용할 수 있는 이름"이었다.[105] 그래서 한국 여성은 세례와 함께 이름을 받았고, 선교 초기에는 서양식으로 세례명을 주는 것이 일반적이었다. 선교사들은 차차 문화적 차이를 존중하기로 했다. 낯선 외국풍의 이름보다는 한국식 이름을 성경의 좋은 뜻을 담아 붙여주는 것이 더 의미 있다고 생각했기 때문이다.

> 한국교회에 받아들여진 첫 번째 여성들은 세례받을 때 외국 이름이 주어졌다. 그러나 우리 선교회는 그들이 알려진 이름을 성스럽게 하는 편을 선호하고 있다. 그편이 아무런 연관이 없는 이상한 이름들로 불리는 것보다 그들에게 더 의미가 있기 때문이다.[106]

한국식 명명법은 1890년대 중반에 도입되었다. 북쪽 지역에는 득은(得恩), 기반(基盤), 신행(信行), 반석(磐石)과 같은 성경적 의미를 담은 한국식 이름이 많았다. 그리고 기혼 부인이 남편 성을 따라가지 않고 독립적인 성을 가진 여성이 많아 보인다. 이는 서울 이외의 지역과 시골에서는 여

105) 선교사에게 어느 할머니가 천국에서도 부를 수 있는 좋은 이름을 지어달라고 부탁했다. 그래서 '영원한 복'이라는 뜻의 영복이라는 이름을 얻었다. John Z. Moore, "Church Building," *KMF* 2.9 (Sep. 1906), 219.

106) "Customs and Names in Korea," *WWW* 10.8 (1895), 218.

성이 자신의 성씨를 그대로 가지고 있는 전통적 방식이 서양과 일본의 영향에 흔들리지 않았기 때문이었을 것이다.

미 북장로회 선교사들은 남편이 있는 전도부인의 이름을 세례명으로 보고서에 언급한 경우는 거의 없었다. 자신들처럼 이 부인(Mrs. Ye), 고 부인(Mrs. Ko), 김 부인(Mrs. Kim)과 같은 방식으로 한국 여성들을 지칭했다. 초기 기독교 부인들의 남편이 누구인가를 찾는 편이 그들의 정체를 발견하는 데 신속한 길이 될 수 있었다. 결혼한 여성에게 아무개의 부인이라는 호칭은 존중의 의미였다는 점은 부인할 수 없다. 전통의 압력이 훨씬 큰 서울에서 이 법칙은 거의 지켜졌다. 한국장로교회가 조직되면서 노회에서는 각 교회의 기록물을 관리하기 위해서 규칙에 당회록과 교회명부록 기록하는 방법을 포함시켰는데, 경충노회는 제2회 노회에서 부인 성명을 세례 이름과 함께 남편의 성명, 부인의 본성을 기록하도록 했다.[107] 새문안교회의 1907년「교우문답책」에는 이미 여성의 성명을 기록할 때 남편이나 아들이나 아버지의 이름을 쓰고 관계를 적었으며, 세례와 함께 주어지는 이름을 맨 오른쪽에 다른 필체로 추가했는데 남편의 이름에서 한 글자를 따온 후, 기독교적 의미를 가진 인(仁), 애(愛), 신(信), 은(恩), 덕(德)자와 조합해서 이름을 만들었다.[108] 그리고 세례 전에는 이름 없이 누구의 부인으로 기록하다가 세례 후에 이름을 표기하고, 성씨는 남편의 것을 따라 쓴 것을 볼 수 있다. 의주 지방에서 처음으로 기독교식으로 혼인한 백홍준의 딸과 김이련의 아들 부부의 이름에도 부인의 이름에 남편의 이

107) 「경기충청노회록」제2회 회록(1912), 17. 13조 명부록 2항 1. 부인의 성과 세례이름 2. 남편이나 아버지나 오라비나 아들의 성명.

108) 새문안교회역사편찬위원회, 『새문안교회사료집1』 (서울: 새문안교회, 1987), 51-63에 실린 <새문안교우문답책>에서 1907~1908년 사이에 새문안 동네에서 있었던 여성들의 문답기록 참조.

름에서 한 글자를 따온 흔적이 나타난다.[109] 1900년 이전에 세례받은 김필례의 어머니 안성은(安聖恩)의 가운데 글자도 남편 김성섬(金聖蟾)에서 따온 것으로 보인다. 새문안교회의 초기 집사들이자 활발한 기독교 일꾼이었던 심창덕(심창옥의 부인), 김진애(김규진의 부인), 송명애(송순명의 부인) 등은 모두 남편의 성을 따르고 있다.[110] 남편의 한자 이름에서 따온 한 글자와 은혜, 믿음, 사랑, 인내 등을 뜻하는 글자로 여성의 세례명이 구성된다는 점은 언더우드 부인도 언급했다.[111]

대구에서 헨리 브루엔(Henry M. Bruen)은 1903년에 세례받은 어느 한국 여성의 이름을 작명하게 된 경위를 설명한다. 그 지방에서 처음 여성에게 세례를 베풀었던 브루엔은 이름 때문에 곤란한 일이 생길 것이라 미처 예상하지 못했다. 세례문답을 통과했지만, 이 여성은 이름이 없어서 세례를 받지 못할 판이었다. 그러자 그 남편은 목사에게 이름을 지어달라고 부탁했다.

> 나는 주님의 인도하심을 위해 기도했다. 이 한국 여인에게 이름을 선택해 주는 문제에 대해 내가 무엇을 알고 있었겠는가? 나는 그 남편에게 이름이 무엇이냐고 물었다. "명원(Bright Source)이오."라고 대답했다. "그럼, 당신 아내는 당신의 이름에서 뜻 하나를 가져다가 명성(Bright Star)이라고 합시다."라고 말했더니 그는 놀라면서 화를 냈다. "도대체 남자 이름과 같

109) 백홍준의 딸 백관성(白灌聖)과 조사 김관근(金灌根)은 1894년 3월에 마펫의 주례로 결혼했다. Samuel A. Moffett, "Preaching to Women in North Korea," *WWW* 9.8 (1894), 204.

110) 1910년대에 이들은 모두 집사로 선출되었으며, 심창덕과 김진애는 여전도인으로 활동했다. 송명애와 김진애는 여전도회 임원으로도 일했다. 『新聞內敎會 諸職會錄: 1914-1928』 (서울: 새문안교회, 2010), 338-342.

111) Lillias H. Underwood, *With Tommy Tompkins in Korea* (NY: Fleming H. Revell Co., 1905), 172.

> 은 뜻을 가진 이름을 쓰는 여자가 어디 있단 말이요? 세상에 그런 풍속은 없소!" 나는 대답했다. "당신은 이제 기독교인이오. 하나님 보시기에 당신의 아내는 당신만큼 귀하고, 당신과 동등한 이름을 가질 자격이 있소." 그는 나를 조용히 몇 분간 바라보더니 "목사님이 그렇게 말씀하신다면 그렇게 하지요."라고 말했다.[112)]

브루엔은 남편의 이름에서 한 글자를 따서 아내의 이름을 '명성'이라고 지었고, 이는 남녀가 동등하다는 것을 보여주려는 기독교식 작명법이었다고 했다. 한국인들은 이런 작명법에서 돌림자를 연상했을 것이다. 한국 이름의 항렬자 법칙은 친족집단에서 자신이 속한 세대와 종적 위치를 나타내는 것으로 양민 이상의 남성에게만 적용되며, 여성과 노비는 제외되었다.[113)] 강화도에서는 거듭난 기독교인 간의 형제애와 결속력을 표현하기 위해 남성들 사이에서 '일(一)'자와 '신(信)'자를 돌림자로 한 이름으로 개명한 기독교인들이 나타나기도 했다.[114)]

이름을 통해 새로운 존재와 공동체 관계를 표현하려는 기독교식 작명법은 이름을 거의 사용하지 않았던 여성의 삶에 더 큰 영향을 미쳤다. 초기 한국교회에서 여성의 이름은 전통을 따르지 않고 진정으로 기독교적인 것이 무엇인지 고심한 흔적이 나타나는 지점이다. 기독교식 이름은 현실의 삶 속에서 수평적인 가족관계를 나타내기도 하며, 개인의 특별함과 앞으로 성취될 미래를 담은 것이었다. 비록 남성이 기준이 되었지만,

---

112) 1903년에 일어난 일이다. Henry Munro Bruen, *40 Years in Korea*, 83.

113) 이복규, "문화: 한국인의 이름에 대하여,"「온지논총」16 (2007), 363-388, 권익기, 김만태, "성명의 항렬자에 관한 고찰: 항렬자의 전개 과정과 유형을 중심으로,"「정신문화연구」149 (2017), 237-265.

114) 이은용, "강화학파와 초기 기독교 연구,"「한국양명학회 학술대회 논문집」(2007), 79-93.

부부의 평등한 관계와 동역자로서의 유대를 나타내기 위해 이름의 한 글자를 공유하기도 했다. '명성'이라는 이름의 여성은 1907년 대구 여사경회에서 존슨 부인이 친구들의 기부금으로 마련한 목욕탕을 담당한 전도부인의 이름으로 나타난다.[115] 부부간의 동등한 결합을 나타내는 여성 이름의 작명법은 서북 지역과 경충 지역, 대구까지 광범위하게 나타나고 있으며, 이러한 여성들은 남편과 함께 기독교 일꾼이 되기도 했다.

3.2. 새 공동체와 신앙 실천

한국 여성들은 세례명을 소중히 여겼다.[116] 문화적 변화가 급격하게 이루어진 과도기에 여성의 이름은 여러 가지 영향을 받았지만, 기독교식 이름은 개인의 작은 성취를 의미하기도 했다. 세례를 받는 과정은 평생을 노동하는 데 보낸 여성들에게는 쉽지 않은 길이었다. 기독교에 대한 이해가 없고, 따라서 회개와 믿음의 실천이 없는 사람들은 초문답을 통과하지 못하고 '고대'로 분류되었다. 초문답을 통과하는 사람들은 '원입교인'이 되었고, 원입교인은 두 번째 문답을 통과해야 비로소 '세례교인'이 되었다. 문답 시험을 통과하는 데 꼭 필요한 '행위'는 주일성수와 규칙적인 성경 공부, 생활의 변화와 전도의 경험 등이었다. 세례를 받는 과정에서 여성들은 많은 공부를 하고 경험을 쌓았다.

학습과 세례의 과정을 거친 교인들은 교인명부에 그 이름이 올라갔다. 교인명부(roll)는 통계를 위한 출석 확인에 사용되기도 했고, 교회 기록물로 노회의 관리를 받았다. 교인명부가 가지는 종교적 의미는 이것의

---

115) Henry Munro Bruen, *40 years in Korea*, 140.

116) Lillias H. Underwood, *With Tommy Tompkins in Korea*, 171.

또 다른 이름에서 확인할 수 있다. 이기영의 〈외교관과 전도부인〉이라는 1920년대 소설에는 보험외판원과 전도부인 사이의 옥신각신한 말다툼이 있다.[117] 소설의 상징적인 장치로 두 가지 서류가 교환물로 등장한다. 보험외판원은 한 가지 거래를 제안했는데 보험증권과 생명록을 서로 맞바꾸자는 것이었다. 전도부인은 '생명록'에 보험외판원의 이름을 올리고, 자기는 전도부인의 이름이 쓰여 있는 보험증권을 주겠다는 것이다. 선천에서 있었던 예배당 정초식 기사에서 그 '생명록'이 실재한다는 것을 확인할 수 있다. 같은 사건에 대한 선교사의 글과 대조해 보면 그 생명록이 곧 교회의 직원명단을 포함한 교인명부라는 것을 알 수 있다.

> 1. 국문 기사: 새 예배당을 짓기 위해 돈을 모아 윤 4월 25일에 주춧돌 놓는 예식을 가졌는데 빈돈 의사와 양전백 장로가 연설하고 집짓는 사기, <u>생명록</u>, 신구약, 찬셩시, 한국 돈, 태극기, 미슌회 사기, 라초쥬 목사 사진 등 표적될 물건을 넣었다.[118]

> 2. 영문 기사: 그 돌 안에는 미국기와 한국의 국기, 왕의 사진, 렉의 사진, 한자, 국문, 영어 성경, <u>교회직원명단과 교인명부</u>를 넣었다.[119]

「그리스도신문」의 국문 기사와 *Woman's Work*의 영문 기사를 비교해 보면 교인명부를 생명록(生命錄)이라고도 불렀다는 것을 알 수 있다. 이

117) 이기영, <외교원과 전도부인 (1926.5)>, 『가난한 사람들: 이기영 소설집』 (푸른사상, 2002), 126-136.

118) 교회통신(안준), 「그리스도신문」, 1906. 08. 16.

119) Mary Ames Sharrocks, "A Corner-Stone Laying in North Korea," *Woman's Work* 21.11 (1906), 257.

사실은 현재 오래된 교회들이 보관하고 있는 기록물에서도 확인할 수 있다.[120] 생명록은 교회 교인의 세례 여부, 수세일, 가족관계, 직업, 연령 등의 신상을 기록한 것으로 당회, 제직회록과 함께 교회의 기록물로 보관했을 뿐 아니라 새로운 목회자가 왔을 때 교인들을 일차적으로 파악할 수 있는 자료로 사용되었다. 필드 의사(Dr. Eva Field Pieters)는 결혼하고 나서 잠시 재령 지부에 머물 때, 구역을 심방하기 전에 작은 책을 받았다. 거기에는 교인들의 이름뿐 아니라 각자가 기도하기로 약속한 믿지 않는 사람의 이름까지 적혀있었다.[121] 불신자들의 이름은 수시로 지워지고 다른 이름으로 채워진다고 했다. 이처럼 이름은 심방을 할 때, 누군가를 위해서 기도할 때 꼭 필요했다. 에바 필드는 평양에서 옷 행상을 하는 여성을 만났다. 그가 평양 사경회에 참석한 적이 있다기에 서울 사경회도 오라고 했더니 "내 이름은 한성애라오. 당신이 하나님께 한성애를 사경회로 올라오게 해 달라고 부탁하고 그분이 길을 여시면 내가 가겠소."라고 말하는 것이었다. 에바 필드는 이름이 들어간 기도를 부탁하는 여성에 대해 흥미롭다고 생각했다.[122]

그렇다고 교인명부에 올라가는 것이 천국을 보장하는 것은 아니었다. 평양에서 세례문답을 준비하는 일부 원입교인 여자들이 서양인 목사 앞에서 문답 과정을 치러야 하는 두려움에서 "세례를 받지 않아도 천국에 갈 수 있다는 것을 알고 있어요."라며 세례문답을 피하고자 한 것을

120) 부산진교회와 초량교회는 각각 1895~1940년, 1900~1922년 동안의 교인명부인 <생명록(生命錄)>을 보관해 오고 있다. 임지원, "한 말~일제시기 부산지역 기독교인들의 계층 구성과 지역 내 활동 -부산진교회와 초량교회 구성원을 중심으로-," 「석당논총」 44 (2009), 222.

121) (Mrs. A, A,) Eva Field Pieters (M.D.), "Studying and Living the Epistle of James," *Woman's Work* 30.2 (1915), 34.

122) "Some Korean Women: Door Openers and Door Enterers," *WWW* 19.1 (1904), 7.

보면 선교사들은 분명히 세례는 천국을 보장하는 것이 아니라는 점을 여성들에게 가르친 것이다.[123] 기독교인 그룹에서 떨어져 멀리 살고 있는 어느 신실한 부인이 모처럼 순회하는 선교사가 온다는 소식을 듣고 기다리다가 선교사 일행이 너무 늦게 도착한 탓에 세례문답 시간까지 머무를 수 없어서 집으로 돌아가야 했다. 3년을 기다리고 이번에도 세례를 받을 수 없어 실망하는 그 부인을 향해서 언더우드 부인은 이렇게 위로했다.

> 마음 쓰지 마세요, 사랑하는 자매님, 당신이 속한 처음 거듭남의 보편적인 교회가 있답니다. 당신은 어린 양의 혼인 잔치에 참석할 것이고, 당신의 이름은 천사들이 지키는 책에 기록되었습니다. 그리고 그분은 당신에게 새 이름과 함께 흰 돌을 주실 것입니다. 그리고 한 분이신 아버지와 아들이 오셔서 당신은 그분과 함께 먹을 것이며, 당신이 지금 떠나야 한다고 느끼고 실망했을지라도 그곳에는 아무런 실수도, 이별도 없을 것입니다.[124]

언더우드 부인은 보이는 교회와 보이지 않는 교회를 포함한 보편교회가 있다는 것을 가르쳤다. 그가 말한 '천사들이 지키고 있는 책'은 교회가 갖고 있는 교인명부보다 완전한 책이지만, 생명록이라는 명부의 이름은 종말에 일어날 일과 관련이 있다는 점을 암시했다. 분명히 언더우드 부인은 세례문납을 할 때 죽은 후에 "예수께로 간다"라는 답변을 선호했고, "천당에 간다"라는 표현은 미성숙한 신앙에서 나온다고 보았다.[125]

---

123) Alice F. Moffett, "The Growing Church of Pyeng Yang," *WWW* 19.11 (1904), 247.

124) 릴리어스 언더우드, 『호러스 언더우드와 함께한 조선』, 207.

125) 『언더우드 자료집 II』, 256-257.

그것은 신과 인격적 관계를 가지는 것과 거듭남(重生)이 서로 연관되어 있다고 믿었기 때문이다.

'생명록'은 종말과 심판의 비밀을 담고 있다고 여겨진 요한계시록에 등장한다(계 3:5). 요한계시록은 1900년에 번역되었으므로 먼저 읽은 사람들은 알 수 있었고, 1910년 평양에서는 시골 순회 사경회를 위한 전도부인들에게 상급 과정에서 계시록으로 강의안을 만들어서 가르쳤다.[126] 하지만 주님이 곧 오신다는 임박한 종말론은 그보다 훨씬 일찍부터 여성들 안에 형성되었다.[127] 계시록보다 먼저 번역된 데살로니가전서의 4장과 5장에 나오는 마지막 날에 대한 묘사가 종말론과 이름이 가진 상관성을 더 잘 보여준다. 도둑같이 임하는 주님의 날에 나팔 소리가 울릴 때 나의 이름이 불리기를 바라는 기대는 주일학교와 사경회의 출석 부르기(roll call)라는 리허설을 통해 매번 상기되고 있었다.[128] 조직교회가 없는 지역에 사는 여성들이나 원입교인들까지 참석할 수 있었던 사경회는 여성들이 자신의 이름을 사용할 수 있는 기회였다. 사경회에 참가하려면 등록의 과정을 거쳐 이름표를 받았다. 참가비를 내고 이름과 교회가 적혀있는 이름표를 받는 방식이었다.[129] 그리고 매일 공부를 시작할 때 출석을 부르고 대답했다. 1902년 3월에 약 2주 동안 서울에서 열린 사경회에 참석한 부인들은 출석 확인을 위해 불리는 자신의 이름이 낯설었다. 이런 큰 사경회는 1898년 이후 세 번째로 열린 것이었다.

---

126) Margaret Best, "Woman's Bible Institute: Pyeng Yang, Korea, 1911," *KMF* 7.11 (1911), 317.

127) 한의사 할머니 전도부인은 자신의 죽음 이전에 주님의 재림이 있을 것으로 알고 있었다. Susan Doty, "General Report of Woman's Work, Seoul" (1893).

128) 살전 4:16, 5:1

129) "각 여성들은 명찰 하나에 25냥을 지불하면 등록하는 것이다. 명찰 위에는 그의 이름과 교회 이름이 적혀있다." "Notes from Stations: Syen Chun," *KMF* 6.6 (1910), 137.

> 처음에는 이름을 부르고 대답하는 것에 익숙지 않아서 당황하곤 했으나 곧 극복했다. 배운 것을 다시 한번 복습하는 시간에는 수업 시간 중 새로운 의미로 다가온 생각이나 구절이 있는지 부인들에게 질문이 주어졌다. 한 사람은 예수님이 띠를 두르고 깨어있는 종들을 수종 들겠다고 약속하신 부분이 가장 좋았다고 했다. 또 한 사람은 예수님이 다시 오신다는 말씀이 새로운 의미로 다가왔다고 말했다.[130]

이들이 사경회에서 주로 배운 것은 예수의 생애였는데, 특히 예수의 재림과 깨어있는 종들에 대한 보상이 마음에 크게 남은 것을 알 수 있다. 이름은 기독교가 여성들에게 줄 수 있는 선물 가운데 하나였다. 한국 여성들에게도 이름은 현재뿐 아니라 재림하는 예수와 대면하기 위해 필요한 것이었다. 교회 밖에서 평소에는 부를 일이 없기 때문에 자기 세례명을 잊어버리는 여성들도 있었다. 그런 여자가 천국에 가서 자기 이름을 못 알아들으면 어떻게 하느냐는 걱정이 남자들 사이에서 나오기도 했다.[131] 하지만 교회에 꾸준히 나온다면 자신의 이름이 출석부에 적혀있고 그 옆에는 출결 표시가 된다는 것을 알았다. 교회의 신입회원들은 이 사실을 잘 인지하지 못했지만, 시간이 좀 지나면 출석을 불러주길 기다렸다.

> 나는 지난겨울에 들어온 신입 여성들을 담당하고 있다. 이름을 등록한 그들 대부분은 지금까지 성실하게 나오고 있으며 매 주일 나는 그들이 은혜와 지식이 자라가는 것을 볼 수 있다. 우리 여자들의 주일 오후 모임에 참석하는 사람들은 50명에서 100명이 넘게 늘어났다. 여자들은 오전 예배

130) Dr. Eva H. Field, "Seoul Woman's Class," *KF* (May 1902), 37.

131) S. F. Moore, "A Leaf from My Journal," *The Korea Review* 1.3 (1901), 111.

에 더 잘 참석하는데도 말이다. 나는 그(오전 예배에 더 많이 참석하는) 이유가 이브의 딸들답게 그들이 오전 출석부를 부를 때 개인적으로 주어지는 그 시간이 좋아서라고 생각한다. 우리 반에 어느 할머니는 귀가 거의 들리지 않는 것 같은데 매 주일 출석부를 집어 드는 나를 볼 때마다 이렇게 말한다. "여기 천씨 부인 있소.(Here is Chunsi pooeen.) 출석을 부를 때 내가 못 들어도 결석으로 표시하지 마시오." 그녀는 예배를 빠진 적이 없으며, 항상 행복해 보이며, 성령님의 가르침만을 자기 혼자 마음속으로 받고 있는 것이 틀림없다.[132)]

각종 모임의 출석부와 교회 명부에 자신의 이름으로 표시가 된다는 것은, 지금까지 자신의 이름으로 된 사회적 명망을 가져보지 못한 여성들에게 작은 보상이 되었다. 비가 오나 눈이 오나 한결같이 모임에 출석해서 기도로 준비하는 여성들에게 존중을 담아 그 이름을 불러줌으로써 그 중요성을 인정해 주었다. 언더우드 부인은 이와 같은 변화를 다음과 같이 요약해서 말했다.

기독교도 부인은 존엄과 사회적 중요도와 자기 존중을 얻었다. 그들은 각자 자기 이름을 갖게 되었는데 그 이름은 많은 회중 앞에서 불리고, 이마에 찍은 세례의 물로 인침을 받았으며, 모든 기독교인의 이름이 기록된 교회 명부에 올라갔기 때문이다. 그는 다른 사람들이 자신을 지켜보고, 기도해 주고, 도와주라고 권면하는 것을 들었으며, 그녀가 배치된 반의 권찰은 매주 목사에게 모임에 출석했는지, 아픈지, 멀리 나갔는지 등등을 보고한다. 그녀는 더 이상 오늘 살아 있다가 내일 사라져도 아무도 관심

132) Mrs. W. N. Blair, "How a Year Passed," *KMF* 2.11 (1906), 208.

을 보이지 않는 사회의 별 볼 일 없는 한 분자가 아니다. 그녀는 주 안에서 한 자매요 모든 사람에게 엄청나게 중요하다. 그녀가 하는 일은 잘 알려진다. 그녀는 꼴을 공급받고 먹이를 받고, 돌봄을 받는다. 더 이상 광야에서 찢기고 피곤하여 죽을 것 같은 잃어버린 양이 아니다.[133]

기독교 공동체의 목회적 돌봄과 관심 안에서 여성의 이름은 수시로 기도와 모임 중에 불리며, 그 이름 아래 모든 신앙적 실천과 선행은 기억되었다. 개신교는 여성에게 이름을 부여함으로써 사회적 개성을 인정하고, 가족의 범주 밖에서 활동할 수 있는 출발점을 제공해 주었다. 1901년에 한국 장로교회에 도입한 권찰 제도는 한 사람의 목회자가 모든 신자들을 돌보는 것이 아니라 한 명의 인도자가 소규모의 공동체를 돌보도록 했다.[134] 여성들은 권찰로서 다른 여성을 돌보고 가르치는 기회를 얻었다.

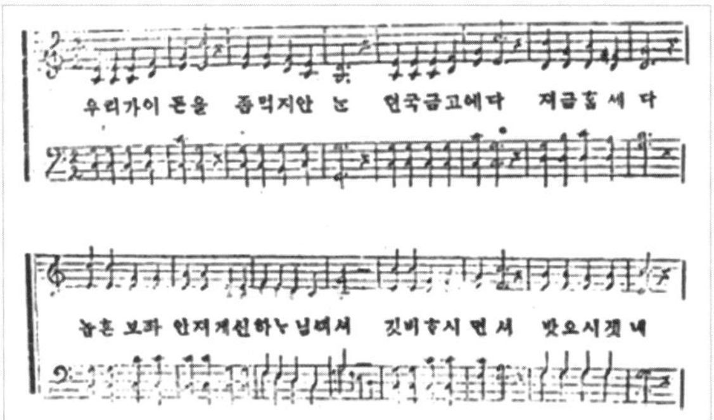

그림 20. 유년주일학교 수전가 [출처: 「기독신보」, 1917. 6. 6]

133) Mrs. H. G. Underwood, "Woman's Work for Women in Korea," *MRW* (July 1905), 496.

134) 권찰(Kwon Chals, class leaders)제도는 1901년 3월 미국 필라델피아 워너메이커의 성경반에서 착안하여 도입되었다고 한다. 세례교인이 된 사람들을 10명씩 묶어서 신앙생활을 지속하도록 돕는 체계였다. *NP Report* (1910), 282.

초기 개신교 여성의 실천은 다가오는 천국을 항상 염두에 두고 이루어졌다. 신반석이 말했듯이 인생은 짧고 회개의 기회도 얼마 남지 않았다. 그래서 천국은 내세인 동시에 현세와 연결되어 있었다. 이 세상에서 하나님께 드리는 재물은 천국에 쌓이며 사라지는 것이 아니었다. 1917년에 신문에 실린 유년주일학교 수전가에서는 헌금이 "좀 먹지 않는 텬국 금고에 저금"하는 것이라고 했다.[135] 개종 직후에는 보속으로서 재산 기부가 이루어졌는데, 이제는 교인으로서 지속적인 헌금 생활을 할 때 이런 동기가 작용하기도 했다. 죽음을 앞둔 과부는 재물을 천국에 쌓는 방법 중 하나로 유산을 교회에 남겼다.

> ᄌᆡ물을 텬국에 싸흠
>
> 의쥬군 고녕삭면 텬마동 사는 고씨 봉륜 17세에 과부되어 40여 년을 자녀 하나 없이 수절하여 가사에 힘쓰니..1910년에 주의 복음을 듣고 그의 속죄하신 은혜와 무한ᄒᆞ신 사랑을 깨닫고 회개하는 눈물을 흘리고 주께 몸을 바치고 동생의 집에 의지하여 매주일 열심 예배하더니 우연히 병이 들어 임종시에 교회 직원을 청하여 자기에게 있는 2백원을 텬국에 싸키 위ᄒᆞ야 교회에 드리고 새 례ᄇᆡ당을 건축ᄒᆞ라 ᄌᆡ삼부탁ᄒᆞ고 본향으로 돌아가니[136]

이기풍의 아내 윤함애는 딸에게 천당에 가면 성도의 이름표가 달려 있는 장미나무가 있는데 감사기도를 드릴 때마다 꽃이 하나씩 핀다는 이

135) 「기독신보」, 1917. 06. 06.

136) 「기독신보」, 1916. 12. 27.

야기를 해주었다.[137] 어린아이에게 해준 동화 같은 이야기이지만 성인 여성들도 이처럼 사고했을 가능성이 크다. 이런 상상력을 동원하면 습관처럼 반복해서 해야 하는 신앙의 실천조차도 힘겨운 의무라기보다는 즐거운 것이 되었을 것이다. 천국이라는 유토피아적 세계를 상상하면서 변하지 않는 것, 빼앗기지 않는 것, 영원한 것을 추구했다는 것을 알 수 있는 일례는 소설가 김은국이 회상한 외할머니의 말씀이다. 평양 남문밖교회 이학봉 목사의 부인이었던 그의 할머니는 식민지 피지배자의 삶에 대한 불만으로 공부를 게을리하는 손자에게"일본 놈들이 아무리 흉악해도 말이야 우리한테서 못 뺏어가는 것이 있어. 그거이 바로 네 머릿속에 들어있는 지식이야. 지식은 아무도 못 뺏어가니끼니" 열심히 공부하라고 격려했다.[138] 여성들은 현세적 행복의 찰나성과 허무를 극복하기 위해 "도둑도 들지 않고 동록도 먹지 않는 천국에 재물을 쌓아두라"라는 말씀을 믿었고, 어린이들을 교육할 때에는 천국의 비유를 다양하게 변주했으며, 일상적 실천이 지향하는 이상향으로서 천국을 항상 염두에 두었다.

4. '여성 지식'의 형성

4.1. 여성 교육에 대한 각성

게일이 관찰했듯이 한국인에게 "교육은 최상의 욕망이며 목적"이었고, 실력양성을 통해 독립을 얻기 위한 열망이 고조된 애국계몽기에는 거

137) 이사례, 『순교보』, 120-121.

138) 김욱동, "'순교자' 작가 김은국의 행적을 찾아서," 「신동아」 546 (2005.3.1), 322-323.

의 폭발적이었다.[139)] 1907년은 교회사에서 평양대부흥의 해로 손꼽지만, 장로교 여선교사의 보고에는 격렬한 감정의 분출이 일어난 부흥 집회 광경에 관한 내용은 거의 찾아볼 수 없다.[140)] 1907년에서 1909년까지 선교잡지 *Woman's Work*에서 11월의 특집으로 다루어지는 한국 관련 기사의 주요 내용은 활발한 부인사경회 개최와 함께 중등학교, 의학교, 간호학교, 여학교, 성경학교 등 선교회가 관여하는 교육 기관의 졸업식과 학교를 원하는 한국인들의 요청에 관한 것이었다.[141)] 교회 건물은 예배당으로 쓰일 뿐 아니라 교실의 용도를 겸하는 곳이 많았다. 여력이 되는 교회는 따로 교사(校舍)를 마련했으나 가난한 시골 마을에서는 교사의 월급을 헌금으로 충당하고, 시설비를 아끼기 위해 교회 건물을 학교로 사용했다. 또 예배당의 한쪽에 휘장을 쳐서 교사 가족의 생활공간으로 만들어 둔 곳도 있었다.[142)] 교회 건축에 많은 사람이 희생의 헌금을 바친 것은 교회의 용도만큼이나 여러 가지 의도를 포함하고 있었다. 별도의 학교 시설 규정이 없을 때였으므로 종교시설은 곧 교육시설로 활용할 수 있었고, 때로는 부속학교 교사의 생활공간, 혹은 마을회관, 사경회가 열릴 때는 성경학교가 되기도 했다.[143)]

1920년대 이전에 한국 여성들이 교회로 몰려온 강력한 동기 중 하나는 자신들이 겪은 무지와 가난을 후세에 물려주지 않으려는 생각에 있었

139) James S. Gale, *Korea in Transition*, 159.

140) *Woman's Work*에서 대부흥과 관련된 기사는 다음이 유일하다. 1907년 3월 16일부터 시작한 부인대사경회에서 일어난 집단적 죄 고백 현장을 보고했다. Sallie Swallen, "One Class Held at Pyeng Yang," *Woman's Work* 22.11 (1907), 252-253.

141) 기사에 대해서는 부록 III 참조. 1910년 판은 백만인 구령 운동 특집이었다.

142) (Mrs. J. H.) Lulu Wells, "An Educational Stirring in Pyeng Yang Province," *Woman's Work* 22.11 (1907), 249-250.

143) H. H. Underwood, *Modern Education in Korea*, 27.

다.[144] 선교사를 찾아온 한국 여성들은 "계집애는 아무것도 가르칠 필요가 없다."라든가 "여자의 머리는 소만도 못하다."라는 말을 평생 듣고 살았기 때문에 자신은 절망적인 바보라고 토로했다.[145] 한국인들이 대인관계에서 미덕으로 생각하는 겸양의 말치레일 수 있으나 실제로 한국 사회에서 여성의 지성은 거의 존중받지 못했으며, 딸들은 집안에서 환영받지 못하는 존재였다. 몇몇 개화 지식인들이 여성 교육의 필요성을 1880년대부터 주장했지만, 대다수의 사람들은 여성 교육은 무익할 뿐 아니라 해악을 끼친다는 인식에 사로잡혀 있었다. 평양에 온 지 2년이 조금 넘은 홀 부인(Mrs. Harriet M. Hall)은 어학 선생에게 그 이유를 물어보았다.

> 우리 선생님(남자)은 한국에서 여성 교육이 보편적이지 않은 이유를 이렇게 설명했다. 남자가 교육을 받으면 중국 고전을 배우고 학자가 된다. 그는 많이 알수록 더욱 겸손해진다. 그러나 여자는 반대로 교만하고 게을러지며 부모를 공경하지 않으며 허영에 차서 이런 것들에 콧방귀를 뀐다. 그래서 "교육은 안 되는 것이다!"[146]

학사와 관료 양성의 목적을 가진 전통 교육이 집 안에 머물러 있어야 할 여성에게는 오히려 짐이 되고 부덕을 해친다는 통념이 있었기 때문에 여성은 남성과 동등한 교육을 받지 못했던 것이다. 선교사에게 미련함과 무지를 자책하는 여성들의 토로가 있은 후에는 자녀 세대에게는 자신과 같은 삶을 물려주고 싶지 않다는 결의가 따랐다. 딸들의 미래에 관심

144) "Causes of the Revival in Korea," *MRW* (September, 1921), 668.

145) (Mrs. S. A.) Alice F. Moffett, "The Growing Church of Pyeng Yang," *WWW* 19.11 (1904), 247.

146) Harriet McLear Hall, "The Korean Woman as Seen by Her Western Sister," *Woman's Work* 21.11 (1906), 255.

을 가진 부모에게 개신교의 여성 교육은 매력이 있었다. 개신교는 수용의 첫 단계부터 근대식 교육과 결부되어 대중에게 각인되었고, 남학교는 물론 여학교를 운영한 개신교의 교육적 성공은 애국계몽기에 크게 주목받았다.[147] 전통적 유교 관념 안에서 여성의 사회화에 대한 근거를 찾을 수 없었던 사람들은 기독교의 인간론에 기대어 여성 교육을 정당화했다. 여학교 설립을 촉진하기 위해 결성한 여자보학회의 기관지에서 여성들은 입을 모아 태초부터 남녀를 평등하게 창조한 조물주 하나님의 참 이치에 여성 교육 정당성의 근거를 둔다.

> 대저 대한전국에 학문과 지식을 발달케 하는 회가 많되 섭섭한 회도 있도다. 이는 다름 아니라 태초에 천지 만물을 창조하실새 일남일녀를 내시고 사시를 고르게 하시며 비와 이슬을 나리사 우리 인생을 기르시고 사랑하시며 특별히 영혼과 양심과 총명을 주어 만물의 이치와 사람의 마땅히 행할 본분을 알게 하신 조물주재하신 하나님을 섬겨 그 참 이치를 연구하게 함이라.[148]

> 하나님이 사람을 내시매 남녀가 동등이로 또 나라를 세우매 남녀가 일반이라 그러한즉 여자라고 조금도 남자보다 못할 것이 없음은 명백한 일이니 이는 예와 이제를 살펴보면 의심이 없을 바라.[149]

남녀의 동등함은 창조의 본뜻으로 남성과 똑같이 여성 안에도 영혼

147) 이 시기에 유승준의 딸 유각경, 노백린의 딸 노숙경, 노순경 등 잘 알려진 서울의 친기독교 인사들이 딸들을 연동여학교에 보냈다.

148) 박사라, "찬사," 「녀즈지남」 1.1 (1907), 27.

149) 부인 김일은, "학설," 29.

과 양심과 총명이 있다는 것이다. 이는 여성의 지능을 동물 정도로 비하한 당시의 여성 인식을 거스르는 선언이었다. 20세기 초에는 창세기에서 창조의 순서나 타락의 책임 등에 관한 기독교의 가르침을 이러한 여성 담론에서 볼 수 없다. 신분제를 반대하고 여성의 지위 향상을 위한 기독교 선교의 노력은 평등을 강조하는 편으로 더 무게가 실렸다. 하나님의 창조 섭리에 의해 모든 인간은 하나님의 자녀이며 평등하다는 기독교의 가르침은 모든 계층과 신분, 성별, 인종의 사람에게 교육받을 권리와 함께 인간다워질 권리가 있다는 의미를 내포하고 있었다. 여성은 교육을 통해 인간 본연의 모습을 회복할 수 있고, 남성과 같이 동등하게 설 수 있는 가능성이 열렸다.

서양 여선교사들의 교육 수준을 보고 한국인들이 받은 충격과 자극은 적지 않았다. 의주에서는 남학교뿐 아니라 여학교를 세울 필요에 관한 토론이 있을 때 서양 여선교사를 직접 가리키며 "저기 두 명의 미국 여성은 그들의 형제들과 같이 학교를 다녔습니다. 왜 우리 한국 소녀들이 똑같이 할 수 없겠습니까? 복음을 가르치고 전할 필요가 있는 다른 나라에 가지 못하란 법이 있습니까?"라고 말하는 연설은 사람들에게 많은 공감을 일었다.[150] "새와 돼지가 만늘어진 다음에 여자를 만들었다"라는 비아냥과 멸시를 당하며 살아온 여성들은 인간다움을 찾기 위해 기독교가 제공하는 교육에 관심을 가졌다. 많은 여성이 글을 배우러, 혹은 공부하기 위해 사경회와 성경모임을 찾았다. 그리고 자녀들을 학교에 보내기로 결심하곤 했다.

사경회 일정의 마지막 날 참가자들은 무엇인가 실천을 하도록 격려받았는데 어린 자녀를 둔 부인들은 학교에 보낸다고 약속하기도 했다. 연

150) Miss Shields, "The Gospel in Syen Chun," *The Assembly Herald* (Nov. 1903), 520.

동여학교는 1890년대 후반부터 서서히 자비 부담을 늘려가다가 1902년에는 거의 자비 부담 학생들로 운영하고 있었다.[151] 그러므로 자녀를 학교에 보낸다는 것은 비용 부담이 있고 희생이 필요했다. 학교에 보내고 싶지만, 경제적 여유가 없는 사람들은 옷값만 내고 보내겠다든지 하면서 협상을 시도했다.[152] 그러나 경제적 부담보다는 교육의 절박함 때문에 입학을 원하는 지원자들은 1900년에 이르러서 정원을 넘어섰다.[153] 전도부인들은 사경회에서 선교사가 하는 말을 거들며 배움을 강조했다. 선교사가 의도하는 바와 다른 방향으로 주제를 옮기는 경우도 종종 목격되었다.

> 어느 날 오후, "하나님은 사랑이시다"를 이해시키기 위해 밀러(J. R. Miller)의 독일 소녀 이야기를 들려주었다. 그는 엄격한 부모님 아래에서 잘못한 것을 벌주시는 분으로만 하나님을 생각하고 있었다. 어느 날, 아버지의 인쇄소로 들어가는 길에 바닥에서 찢어진 종이 한 조각을 집어 들었는데 그것은 "하나님이 세상을 이처럼 사랑하사 독생자를 주셨으니.."라는 글이었고 그녀의 온 생애를 바꾸었다. 어떤 여자들은 자신들이 마치 그 소녀같다는 생각에 눈물을 흘리기도 하고 사랑해주시는 하나님이 계신다는 것을 알고 두려움과 죽음에서 구원받았다. 그러나 최 씨는 그렇지 않았다. 그녀는 자기가 자랑스럽게 여기고 아끼는 어린 조카딸과 다른 소녀들 9명을 데리고 이웃 교회에서 왔다. 최 씨는 재빨리 올려다보며 이렇게 말했다. "그러게요! 우리는 소녀들에게 읽기를 가르쳐야한다니까요."[154]

---

151) Ellen C. Parsons, "May Days in Seoul," *WWW* 18.11 (1903), 251.

152) "Extrated from Private Letter of Miss S. A. Doty," *KF* (May 1902), 39.

153) Susan A. Doty, "Report of Girls School for 1899 & 1900," 『장로회 최초의 여학교 선교편지』, 390.

154) Miss Best, "Some Korean Women: Door Openers and Door Enterers," *WWW* 19.1 (1904),

하나님의 사랑을 전하려던 선교사의 의도와 달리 최씨 부인은 그 이야기에 등장하는 '종이에 쓰인 글씨'에 방점을 찍고 어린 소녀들이 글을 배워야 한다는 교훈으로 받아들였다. 정규 교육 학제에서 소외된 부인들은 순회사경회, 야간학교나 주간학교 등을 이용해서 자신도 배우고 익히는 동시에, 어린 소녀들을 데리고 다녔다. 왐볼드가 행주에서 개최한 순회사경회는 소녀들을 대상으로 한 교육을 부인사경회 전에 실시하고 언문과 마가복음, 그리스도의 생애, 십계명과 체조, 바느질 같은 것을 가르쳤다. 어머니들은 자신들의 차례가 오기 전에 방청자로 딸이 배우는 현장을 지켜보고 있었다.

> 딸이 배운 것을 알지 못하면 어머니는 크게 괴로워했다. 그보다 더해 한 번은 앞으로 나와서 몇 대를 때리고 갔다. 처음에 드는 생각은 간섭을 받은 것 같았으나 맞은 아이에 대한 효과는 매우 뛰어나서 나는 그냥 가만히 있었다.[155]

교회마다 여학당을 마련하고 기독교인 어머니는 자기 딸이 교육받는 것을 원했다. 1909년 미 북장로회 선교회는 2,500여 명의 여학생들이 교회부설 기관에서 초등교육을 받고 있다고 추산했다.[156] 어머니의 간섭과 강요가 아니더라도 소녀들 역시 배우는 것을 좋아했다.

6-7.

155) Katherine Wambold, "Woman's Work in Churches of Seoul Station," *WWW* 23.11 (1908), 256.

156) Margaret Best,"Development of Work Among Women," *Quarto Centennial Paper* (1909), 54.

> 어린 소녀들은 특별히 공부를 잘한다. 마가복음을 읽던 중에 나는 헤롯 왕이 소녀가 무엇을 구하기를 기대했는지 학생들에게 물었다. 아무도 대답하지 않았다. "만약 임금님이 네가 원하는 것을 물어보면 무엇이라고 대답하겠니?"하고 묻자 바로 "공부요."라는 대답이 돌아왔다. 헤롯에 대한 답을 얻기 전에 나는 그들에게 기독교에 대해 알지 못했다면 무엇을 원했겠는지 물었다. "비단옷, 좋은 신발, 보석 반지요."라고 그들은 대답했다.[157)]

기독교가 지식을 강조하는 종교가 아니었음에도 한국 여성들에게 내재되어 있던 '공부'에 대한 욕망을 일깨웠다는 것은 확실했다. 한국에서 25년을 지내는 동안 마가렛 베스트는 많은 한국 부인들이 젊은이들이 동포들에게 봉사하는 사람이 되도록 기독교식 교육의 혜택을 제공하고자 재산을 기부하는 것을 목격했다.[158)] 재령의 송영생처럼 자신의 집을 교회와 학교로 기부하는 사람도 있었고, 기독교 학교에 다니는 학생들을 위해 장학금을 쾌척하는 부인도 있었다.[159)] 전적으로 자비 부담이 아닌 조사 사경회를 후원하기 위해 부인 사경회에 모인 부인들이 헌금하기도 했다.[160)] 교육받을 적기를 놓쳐버린 여성들은 청년 교육의 열렬한 후원자가 되어 지원을 아끼지 않았다.

종교적 부흥이 활발하게 일어났던 1905~1910년의 시기는 국권회복운동의 일환으로 민립학교 설립 및 교육진흥운동이 일어났을 때와 시기

157) Katherine Wambold, "Woman's Work in Churches of Seoul Station," 256.

158) Margaret Best, "Twenty-five Years Ago and Now," *KMF* 18.11 (Nov. 1922), 238.

159) "수잔 도티가 엘린우드에게 쓴 편지, 1899년 3월 14일," 『장로회 최초의 여학교 선교편지』, 386.

160) Lulu R. Wells, "Letters from Korea," *WWW* 14.8 (1899), 225.

적으로 일치한다. 이때 여학교 설립 운동이 다시 활발해졌고, 개신교회의 부속학교나 선교학교가 그 모델이 되었다.[161] 이동휘(1873~1935)는 강화 진위대 대대장직에 부임하여 이곳에서 감리교회가 세운 잠두의숙과 여자의숙의 영향을 받아 1904년 사비로 육영학교라는 소학교를 세웠다. 1905년 3월 29일 강화 육영학교에서 대대적인 강연회가 개최되어 850명의 학생과 학부모, 국내외 방청객들이 모였다. 이 자리에서 다른 남자 연사들과 함께 이동휘의 부인 강정혜, 김우제의 부인 박씨, 김봉일의 부인 허씨가 부인 연설을 맡았는데 이들은 한목소리로 여자 교육이 급선무라 역설하고, 잠두교회 지도자였던 허씨 부인은 "여자가 학문이 있으면 태교부터 입학 전까지 어머니의 교훈을 받는 것이니 여학교가 매우 급하다."라고 연설했다.[162] 이렇게 전도부인들은 여자 교육의 전도사로서 개인적인 대화나 집회의 현장에서 자연스럽게 말할 수 있는 기회를 얻었다. 시골 지역을 순회하는 전도부인들은 직접 여자들과 접촉하는 중에 여학교에 관심이 있거나 좋은 지도자의 가능성이 보이는 소녀들을 발굴하고 추천해서 여학교 진학을 돕는 역할을 했다.[163]

평안도 한천의 나씨 부인은 믿은 지 2년밖에 되지 않지만, 전도부인으로 일할 만한 재력과 시간이 있었다.[164] 여러 마을을 다니며 여자들을 가르쳤는데 베스트가 방문했을 때 마을 세 곳에서 신자들의 모임을 발견했다. 모두 나씨 부인에게 복음을 듣고 배워서 신약성경을 읽을 줄 아는 사람들이었다. 베스트가 성령의 열매에 대한 말씀을 가르치자, 그는 자

161) 김성학, "한 말 강화지역 사립보창학교의 등장과 성장-민족과 기독교, 황실의 조우," 「한국교육사학」 36.3 (2014), 1-51.

162) "심교강연," 「황성신문」, 1905. 04. 10.

163) *KM Report* (1915), 6.

164) *KM Report* (1915), 8.

기가 목회하는, 귀가 잘 들리지 않는 할머니 신자에게 잘 듣고 있는지 확인하고 각성시켰다. 전도부인은 어린 소녀들뿐 아니라 나이가 든 할머니라도 배울 필요가 있다고 생각했기 때문에 모든 여성을 대상으로 가르칠 기회를 놓치지 않았다.

4.2. 복음서와 기독교 문서

초기 전도부인의 교육 수준은 국문을 읽고 이해하는 정도였으며, 여선교사가 반복해서 이야기하는 낯선 가르침을 한국 여성들이 잘 이해하도록 통역하는 역할에 적합한 정도면 충분했다. 그때는 읽을 수 있는 여성만 모아도 여선교사는 큰 도움을 얻었다. 그중에서 빨리 이해하고 배운 것을 잊지 않고 다른 사람들에게 설명할 수 있는 여성들은 전도부인이 되었다. 그래서 초기 전도부인들의 임무는 여성들에게 한글을 먼저 익히도록 지도하며, 쪽 복음서와 소책자를 나누어 주는 역할을 했다. 그러나 여성들에게 더 큰 영향을 준 것은 성경 이야기나 예수의 생애 이야기를 듣는 것이었기 때문에 요한복음 3장 16절만 잘 이해하고 있어도 전도부인의 자격이 충분하다고 했다.[165)]

10년 이상 선교사와 함께 다닌 전도부인은 많은 것을 배울 수 있었다. 1910년대에 잘 훈련받은 전도부인은 마가복음과 누가복음, 사도행전, 고린도 전후서 등의 신약성경을 단독으로 가르치고 가정생활에 필요한 위생과 환자 돌보는 법, 음식 조리법, 육아법 등을 지도할 수 있었다. 성경의 주제들을 잘 이해하도록 돕기 위해서 선교사들은 영어로 된 신앙

165) Kate Cooper, "The Bible Woman," *The Korea Megazine* (January 1917), 6-7.

서적을 번역하거나 강의 주제를 뽑아서 가르치기도 했다.[166] 이렇게 해서 여선교사와 전도부인은 성경과 과학, 시사가 혼합된 독특한 '여성 지식'을 전파했다. 그 안에서 초자연과 자연, 종교성과 계몽성은 서로 충돌하지 않았으며, 육체의 구원과 영혼의 구원은 이분법적인 것이 아니었다.

초기 여성 모임의 독본 교과서는 복음서로, 사경회마다 마가복음을 활용해서 글을 익히고 성경을 공부한다는 보고가 있었다. 마가복음은 처음 여성들에게 소개된 성경책이면서'백만인 구령 운동'(1910)을 위해 보급판이 제작되어 가장 많이 배포된 책이었다.[167] 초기 여성 사업에서 이 마가복음이 여성 개종자를 얻는 데 얼마나 큰 도움이 되었는지 게일 부인(이전 헤론 부인)은 다음과 같은 예를 들어 설명했다.

> 마가복음은 언문이라는 한국어 글자로 처음 번역된 성경책이었다. 내 탁자에 그 새 책이 놓여있던 날을 잘 기억한다. 어느 할머니가 밤에 우리 집에 왔는데, 그는 얼마 전에 미신을 믿는 친척들이 나쁜 열병에 걸린 그를 서울 성벽 밖에 있는 전염병 환자들이 있는 피병소에 버리고 갔다가 거기서 구조받은 사람이었다. 그는 외국인 의사의 간호를 받아 다시 살아나서 집안일을 도울 만큼 건강해졌다. 그녀는 촛불을 손에 들고 밤 인사를 하러 왔다가 이야기하는 도중 실수로 새 복음서를 탁자에서 밀어 떨어뜨렸다. 마루에 펼쳐진 채 떨어진 그것을 집어 들려고 몸을 구부렸다가 처음에는 언문 글자가, 그다음에는 이야기가 그의 눈을 사로잡았다. 그것에

166) 1908년 베스트는 시골교회의 전도부인을 위한 사경회에서 앤드루 머레이(Andrew Murray)의 책에서 뽑은 기도에 관한 가르침과 토레이 박사(Reuben A. Torrey)의 책을 번역한 강의안을 가지고 가르쳤다. Miss M. Best, "What Country Classes Mean to Country Women," *KMF* vol.3 no.10 (1907), 147.

167) Norman C. Whittemore, "Self-Propagation in the Korean Church," *Woman's Work* 25.11 (1910), 247. 백만인 구령 운동 시기에만 50만 부의 포켓형 마가복음이 배포되었다.

끌려서 촛불을 내려놓고 밤새 앉아 자신에 대한 모든 것을 잊고 그 책을 읽었다. 아무런 설명도 필요 없고, 끼어드는 말도 듣지 않는 것을 발견하고 나는 그녀를 소중한 책과 함께 홀로 남겨두었다. 그다음 날 아침, 그는 넋이 나간 사람처럼 말했다. "아, 놀라운 말씀이에요! 종종 나에게 구원의 길을 말해왔지만, 이 책의 말씀은 놀라워요. 하나님의 말씀이에요." 그 같은 경험을 한 이후로 나는 하나님의 말씀은 초자연적인 능력이 있으며, 한국인의 마음에 닿을 수 있는 유일한 길은 이 말씀을 사용하는 것이라는 것을 알게 되었다.[168)]

전도부인을 비롯한 초기 여신자들은 마가복음이라는 짧고 단순한 복음서를 통해 기독교를 알아갔다. 아직 한국어에 서투른 선교사가 아무리 설명해도 구원이라는 것을 이해하지 못했던 할머니는 복음서의 이야기들에 빠져들었고, 스스로 깨달았다. 여러 가지 삽화적 이야기로 가득 찬 마가복음이 한국 여성들의 이해를 얻는 것은 어렵지 않았다. 여성들은 이야기나 소설, 비유를 좋아했고, 성경에 나오는 수많은 영적 존재들은 종교심과 상상력을 자극했다. 글을 읽지 못하는 사람들은 전도부인의 도움을 받아 성경 이야기를 들었다. 원산에서 어머니의 성경반을 곁에서 지켜봤던 애니 헤론(Annie Heron)은 훗날 한국 여성들의 태도를 이렇게 기억했다.

이 여자들 중 읽을 수 있는 사람은 아무도 없어서 가르치는 것은 힘들었다. 어머니는 한국 전도부인의 도움을 받아 그들에게 위대한 이야기를 해주곤 했다. 그들이 얼마나 열심히 듣고 빠져들면서 수많은 질문을 던지는

168) Harriet G. Gale, "The Bible and Foreign Mission," *WWW* 13.1 (1898), 4.

것을 보면 놀랍다.[169)]

이처럼 한국 여성들이 성경 이야기에 쉽게 빠져드는 이유에 대해, 애니 헤론은 성경의 배경이 되는 예수 시대의 팔레스타인이 한국의 농촌의 삶과 매우 비슷하다는 데서 찾았다. 일상생활에서 일어나는 일과 성경의 사건과 비유들이 잘 맞아떨어졌기 때문에 한국 여성들은 자신의 경험으로부터 성경을 잘 이해했다고 한다. 헤론의 양아버지인 게일도 성경의 세계와 유사한 한국인들의 풍속과 문화를 다음과 같이 꼽았다. ① 절하는 풍습 ② 안녕(샬롬)이라는 인사 ③ 신랑이 오기를 기다리는 결혼풍습 ④ 희생제물 ⑤ 흰 두루마기 ⑥ 신발끈 ⑦ 침상을 가지고 걷는다 ⑧ 베옷을 입고 재를 뒤집어쓰는 회개 ⑨ 우상 ⑩ 귀신 들림 ⑪ 니고데모는 한국인의 전형이다.[170)] 한국인들은 이런 문화적 유사성 때문에 성경을 잘 이해했으며 농경문화에서 나온 비유들을 좋아하는 한편, 때로는 성경을 문자적으로 이해했다.

평양의 초기 여성 교인들도 마가복음에서 예수의 축귀와 치유 사역을 공부하며 흥미를 나타냈다. 베스트는 평양에 와서 처음 보낸 편지에서 이곳 여성들이 성경을 어떻게 읽는지 적어 보냈다.

> 그들은 마가복음을 공부하고 있으며, 예수님이 어떻게 병자들을 고치시고 나병환자를 깨끗하게 하시고 귀신을 쫓아내는지 말할 때 할머니들-여자들 대부분이 나이가 많다-의 얼굴에 나타나는 기쁨을 그리기에는 말의

169) Annie Heron Gale, “Dawn in the Land of Morning Calm,” *Quarterly Review: A Journal of Univ. Perspectives* 52 (Ann Arbor, MI: Autumn, 1945), 154.

170) James S. Gale, *Korea in Transition*, 147-155.

힘이 부족합니다. 그들이 복음 이야기를 받아들여 자신의 상황과 필요에 적용시키는 단순한 믿음은 나에게 끊임없는 채찍이 됩니다.[171]

20년 넘는 세월 동안 신구약성경 안에 있는 책들이 하나둘씩 봉인이 풀리듯 번역되어 나오면서 여성들은 새로운 이야기를 기다리고 새로운 동기를 가지고 성경을 공부할 수 있었다. 성경, 찬송가와 더불어 전도용 문서가 느리지만 꾸준히 번역 · 출판되었다. 남학교뿐 아니라 여학교를 운영하기 위해서는 여성들이 읽을 수 있는 교과서와, 싸구려 소설을 대체할 수 있는 기독교 문학이 필요했다. 1898년 여성 사역의 책임자였던 엘렌 스트롱은 한국 여성들이 읽는 문학이 무엇이냐는 미국 여성들의 질문에 『천로역정』은 한국인들이 신기하게 생각하고 좋아하며, 그 외에도 어린이들이 보는 『훈ㆍ진언』(*Peep of Day*)과 기포드 씨가 번역한 『복음요사』가 있다고 답했다.[172] 1900년 이전에도 성경 이외에 여성들이 즐겨 읽을 만한 번역서 위주의 기독교 서적이 존재하긴 했었다.[173] 어린이들을 위한 책 『훈ㆍ진언』은 삽화가 포함된 서양 번역서적으로 한국에 처음 소개되었다. 1891년 스크랜턴 대부인이 초등과정에 있는 여학생들을 위해 한국인 조사들과 함께 중역본(中譯本)에서 번역 · 출간했다.[174] 게일 부부의 『천로역정』도 이 무렵 번역이 시작되어 한국인 조사 이창직과 풍속화가 김준

171) "Miss Margaret Best가 평양에서 처음 보낸 편지, 1898년 1월 17일," *WWW* 14.5 (1899), 127.

172) Ellen Strong, "Korean and Chinese Books for Women," *WWW* 13.7 (1898), 176.

173) 존 로스가 번역한 『예수성교문답』(1881)을 필두로 해서 1896년까지 총 53의 중국어 기독교 책자가 번역되었다. 그러나 여성들이 쉽게 읽을 만한 책은 그중 몇 권 되지 않았다. Sung-Deuk Oak, *The Making of Korean Christianity: Protestant Encounters with Korean Religions, 1876-1915* (Waco, Texas: Baylor University Press, 2013), 322-325.

174) 이고은, "19세기 한중 개신교 전도문서의 번역자와 번역태도 비교: 訓兒眞言(1865)과 훈ㆍ진언(1891)," 「번역학연구」 18.5 (2017.12), 143-172, 김나원, "韓國 近代 初期 基督敎 挿畫 硏究" (홍익대학교 석사학위논문, 2013).

근의 손길을 더해 1895년 출판되었다.[175] 이 책은 게일 부인이 헤론의 미망인 시절에 여성 사역을 하면서 추상적인 단어의 이해를 돕기 위해 번역하기 시작했고, 대중이 읽기 쉬운 책으로 만들기 위해 여러 실험적 시도를 했다.[176] 기포드의 책 『복음요사』는 찰스 포스터(Charles F. Foster)의 어린이를 위한 성경책 시리즈 중에서 복음서 이야기를 중심으로 번역한 것이다.[177] 이 책은 원작과 달리 삽화는 없지만, 창세기부터 요한계시록까지의 창조와 타락과 구속과 심판이라는 기독교의 메시지를 예수의 생애를 중심으로 120면 한 권에 담아 성경이 완역되기 전에 그 대강의 내용을 알 수 있게 했다. 이렇게 선교사들은 여성과 어린이가 모두 볼 수 있도록 삽화가 있는 이야기 중심의 쉬운 책을 번역했지만, 책을 읽을 여력이 있는 여성은 많지 않았다. 책을 살 수 있는 경제적 능력이 없었고, 문맹은 광범위하게 퍼져있었다. 1905년 대구 지부의 한 시골 마을에서 받은 원입인 중 읽을 줄 아는 여성이 아무도 없었다.[178] 문자보다도 구전 문화에 익숙한 여자들은 듣는 것을 매우 즐겼다. 주일학교를 통해 여성들은 비유와 이야기를 듣거나, 사경회에서 낭독을 통해 책을 접하는 경우가 많았다. 국문 성경이 아직 여의치 않을 때 한문을 읽을 줄 아는 전직 무당이 전도부인이 되어 여자들에게 성경을 읽어주기도 했다.[179]

글을 배워서 성경을 읽고자 하는 의지가 있는 여성들은 "좋은 기독

---

175) 허경진, 『한국 고전문학에 나타난 기독교의 편린들』 (서울: 동연, 2019), 66-71.

176) 박진영, 『번역과 번안의 시대』 (소명출판, 2011), 126-128. <천로역정>은 번역문체(성서체)가 아니라 당대의 언어 규범에 최적화된 형태로 순 한글 구어체를 택해서 대중화를 꾀했다.

177) 기포드 역, 『복음요사』 (서울: 예수교, 1896). 연세대학교 국학자료실 소장. 1895년판은 국립중앙도서관에 소장되어 있다.

178) *KMF* 2.11 (Sep.1906), 215.

179) Lillias H. Underwood, *Fifteen Years among the Top-knots*, 8.

교인"이 될 가능성이 더 높았다.[180] 사실 성경보다 더 좋은 교재는 찬송가였다. 초급자 반의 독본 교재로 찬송가만 한 게 없다는 것이 여선교사들의 중론이었다.[181] 여성들은 찬송을 외워 부르다가 글을 터득하고, 가르친 내용을 오래 기억했다. 어느 무당은 세브란스 병원에서 어린 아들이 치료받는 동안 기독교인이 되었다. 그러나 문맹이었던 그는 찬송 몇 개만 열심히 배운 끝에 외워서 고향마을 사람들을 가르쳤다. 그 결과 화이팅 의사가 그 마을을 방문했을 때 주일마다 모이는 4명의 부인을 만날 수 있었다. 그들은 기도하고 외워둔 찬송 몇 개를 계속 부르는 것으로 예배를 드렸다.[182] 단조의 슬픈 가락이 많은 한국 전통 민요와 비교해서 서양에서 들어온 찬송은 흥겹고 즐거운 편이라 한국인들이 좋아했다. 여성들은 글을 배우러 사경회에 올 뿐 아니라 노래를 배우러 오기도 했다. 그리고 밤늦도록 여선교사를 졸라서 노래를 더 가르쳐달라고 하거나, 자신들끼리 모여서 밤새워 기도하고 찬송을 부르다가 새벽이 될 때가 잦았다.[183] 언더우드 부인은 소래를 방문했을 때 아침마다 어린이들과 찬송을 배우는 시간을 가졌는데, 그들은 찬송을 매우 즐겼고 "예수님, 내 십자가를 집니다", "복된 날", "예수의 피 밖에 없네"와 같은 찬송을 매우 좋아했다.[184] 어린이들이 배우는 찬송은 마을 전체에 파급 효과가 있었다. 어

180) Margaret Best, "from Pyeng Yang, Korea," *Woman's Work* 28.5 (1913), 109.

181) Helen McAfee McCune, "Women's Meeting-Presbyterian Conference," *KMF* 13.10 (Oct. 1917), 230.

182) Georgiana E. Whiting, "Itinerating among Women of Seoul Station," *WWW* 14.8 (1899), 216.

183) Katherine Wambold, "Woman's Work in Churches of Seoul Station," *Woman's Work* 23.11 (1908), 256.

184) Lillias Horton Underwood, "An Itinerating Trip into the Interior of Korea," *WWW* 12.8 (1897), 207.

른들보다 정확한 음정으로 노래를 불렀기 때문이다. 할머니 전도부인들은 찬송을 가르치는 일을 젊은 부인이나 어린이에게 맡기곤 했다.

전도부인들은 성경을 읽어야 기독교인이 될 수 있고, 성경을 읽으려면 국문을 알아야 하므로 여성들은 글을 읽지 못하면 천국에 갈 수 없느냐는 질문을 받기도 했다.[185] 제물포에서 세브란스 병원에 친구 병문안을 온 여성은 자기가 사는 마을에도 큰 교회가 있지만 글을 못 읽어서 가지 못한다고 말했다.

> 저도 제물포에 있는 교회를 알아요. 그리고 거기에 많은 신자가 있다는 것도요. 하지만 거기에 가는 모든 사람들은 읽을 줄 아는 사람들일 테고, 나는 읽을 줄 몰라서 갈 수 없어요. 나를 위한 것이 아니라고 생각해요.[186]

이야기를 들은 병원 전도부인 곽씨는 천국은 글을 모르는 사람이나 가난한 사람에게도 열려있어서 읽을 줄 몰라도 믿을 수 있고 쌀을 내지 않아도 되며 죽은 다음에 갈 좋은 장소가 있다고 말해주었다. 그랬더니 이 부인은 울음을 터뜨리면서 예수교를 믿고 열심히 배우겠다고 대답했다. 50세 이상의 여성들은 글을 읽지 못해도 다른 신앙의 증거가 있으면 입교가 허락되었다. 대개의 사경회는 크게 두 종류의 반, 읽을 수 있는 사람들과 읽을 수 없는 사람들로 나누면, 전도부인들은 읽을 수 없는 사람들에게 국문을 가르치는 역할을 했다. 선천의 강신삼은 이른 새벽에 일어나서 글을 모르는 여성에게 글자를 가르쳐주고, 밤에는 사경회가 끝난

---

185) M. Louise Chase, "Classes for Christian Women About Syen Chun," *Woman's Work* 21.11 (1906), 256.

186) Mrs. O. R. Avison, "A Dorcas Society among the Korean Christian Women," *KMF* 2.5 (Mar. 1906), 86-87.

이후에도 성경을 이해하지 못하는 여성들을 가르쳤다.[187] 전도부인들은 글을 배우고자 하는 '동포' 자매의 간절함을 잘 알고 있었을 것이다. 복음서와 기독교 문서들을 통해 여성들은 문자를 익혔을 뿐 아니라, 그 안에 있는 이야기와 비유를 통해서 주변 세계를 이해하는 새로운 지식과 관점을 얻었다.

4.3. 근대적 지식의 수용과 적용

사경회에서 유통된 지식은 대체로 가정 경영과 육아, 위생에 관련된 실제적인 지식이었다. 추상적이며 관념적인 지식도 영혼의 상태와 함께 살림살이를 개선하기 위해 은유적으로 활용했다. 헤론 부인이나 다른 선교사들의 보고서에 따르면 성경만이 아니라 지구본이나 지도를 사용한 지리교육, 기본적인 위생교육, 가정에서의 인간관계, 간단한 산수 등을 여성들이 배웠다.[188] 성경에 흥미를 느끼지 못하는 여성들이라도 실제적인 삶에 관련된 강의에 참여할 때는 적극적으로 토론에 임하기도 했다. 1900년대에 부인사경회에서 사용된 책들은 복음서와 일반서적으로 감리회 선교회의 노블 부인이 쓴 『ᄋᆞ모권면』(1901-2)[189], 샤록스 의사(Dr. Alfred M. Sharrocks)의 『태모위생』(1905)이라는 육아와 위생에 관한 책이었다.

> 시골사역에서 가르침에 사용된 것은 대부분 복음서이다. 몇 번은 주제별 공부도 사용했다. 방문한 모든 장소에서 최소한 하루에 한 개의 성경본문

187) M. Louise Chase, "One of the Voluntary Korean Evangelists," *WWW* 19.11 (1904), 247.

188) *WWW* 9.1 (1894), 3.

189) 초판의 표제 『ᄋᆞ모권면』은 1906년 판에서는 『아모권면』으로 맞춤법이 바뀌었다. 출판연도에 대한 논란에 관해서는 조선혜, 「노블 부인의 선교생활 연구」, 245-248 참조.

> 에 시간을 들였다. 사경회마다 노블 부인의 『ᄋᆞ모권면』(Amo Qun Mun)(한국의 어머니들을 위해 쓰인 책)을 주의깊게 공부했다. 한국 여성들은 처음에 이 책이 가르치는 바를 아이들에게 그대로 하도록 하는 것은 불가능하다고 말했다. 꽤 많은 전도를 해 온 한 여성이 사경회에 참석했다가 그 여자들에게 미국 어린이들이 돌봄을 받는 것에 관해 이야기했다.[190]

『ᄋᆞ모권면』은 번역서가 아니라 선교 현장에서 관찰한 한국 어머니들의 양육 습관을 위생적으로 교정하기 위해 쓴 책이었다. 이 책에는 "모든 아해 어머니를 권면함", "음식 먹이는 법", "몸 간슈하는 법", "병 다스리는 법"의 소제목들이 있는데, 똑같은 내용이 1907년~1908년 「少年韓半島」라는 잡지에 연재되기도 했다.[191] 북쪽에 있는 선천의 경우에 체이스는 『ᄋᆞ모권면』을 사경회 때마다 읽으면서 가르쳤다.[192] 추운 북쪽 지역이나 겨울철에 아이들이 저고리 하나만 입고 다니는 모습에 선교사들은 우려를 표하며 어머니들에게 아이 옷을 갖추어 입힐 것을 권했다. 또는 신생아를 위한 준비물로 배내옷 짓는 법 등을 가르쳐 주며 노출과 의복, 위생에 대해서 신경을 많이 썼다. 그럼에도 선교사들이 가르치는 내용 중에는 한국 여성들이 그대로 받아들이기에는 힘든 조언들이 있었다. 이를테면 아이들을 일찍 잠자리에 들게 하는 습관을 들이라는 것이었는데 방 하나에서 생활하는 한국인 가족에게는 힘든 일이었다.

사경회에 모인 부인들은 『태모위생』을 남자 의사가 썼다는 이야기를 듣고는 "위대한 능력을 가진 서양 의사가 이상하게도 친절해서 아무것도

---

190) *Annual Report of Syen Chyun Station, 1901-1902*, 18.

191) 「少年韓半島」(1906년 11월~1907년 4월).

192) M. Louise Chase, "Tastes of Country Work in Syen Chun Field," *WWW* 18.11 (1903), 255.

아닌 여자들을 위해 책을 쓰는 데 시간을 썼다."라고 감탄했다.[193] 1910년 이전에는 위생 강연을 여선교사가 아닌 남자 조사가 할 때도 있었다. 여성의 생리적 현상에 관련된 지식을 남성이 이야기한다는 것은 흔하지 않은 일이었다. 하지만 유용한 이야기였으므로 여성들은 집중해서 듣는 편이었는데 남자 강사가 다 말할 수 없는 이야기들이 있어서 아쉬워했다.[194] 훈련받은 전도부인이 이런 강의를 할 때 여성들은 얼마나 자유롭게 많은 이야기를 나누었을지 짐작할 수 있다. 육아방식과 여성의 몸을 관리하는 법에 관한 교육은 공부하기에는 집중력이 떨어진 오후 늦은 시간에 강연과 토론으로 진행되었다.

선교사들은 모임에 오는 여자들에게 깨끗한 의복과 단정한 머리를 강조했다. 부산의 어빈 부인(Mrs. Bertha Irvin)이 여학교에 새로 입학한 소녀들에게 처음 가르친 규칙은 "깨끗한 손, 깨끗한 얼굴, 빗질한 머리(Clean hands, clean faces and combed hair)"였고,[195] "청결은 경건 다음이다(Cleanliness is next to godliness)"라는 격언은 선교사들의 입에 붙은 말이었다.[196] 나중에는 새로 오는 사람과 오래 믿은 사람들 사이에 청결함의 차이를 보았다. 불신자들이 많은 모임에는 좋지 않은 냄새가 진동했고, 선교사들은 구경꾼이 많은 사경회가 열리면 이런 냄새를 견뎌야 했다.[197] 의료선교사들은 냄새보다도 그것이 의미하는 비위생적인 생활과 그에 따르는 이와 벼룩, 빈대 등의 해충, 전염병균을 염려했다.

---

193) M. Louise Chase, "Classes for Christian Women About Syen Chun," *Woman's Work* 21.11 (1906), 256.

194) Mary Ames Sharrocks, "Women's Class at Syen Chun," *WWW* 18.11 (1903), 260.

195) (Mrs. Charles H.) Bertha K. Irvin, "Fusan Encouraged: Fusan Girls," *WWW* 19.11 (1904), 250.

196) Annie Heron Gale, "Dawn in Korea," 153.

197) Blanche Webb Lee, "Christian message to Woman," *WWW* 12.5 (1897), 119.

> 여자들은 일반적으로 더 낮은 계층이었다. 읽는 이도 많지 않다. 그들 중 많은 이들이 너무 더럽다! 어쩌다 나는 그들의 끔찍한 습관의 목록을 적어 보내고 싶다. 그럴 때 나는 그런 세부적인 특정한 것에 머무르지 않으려 결심한다. 그러나 일본인들이 "달마시안 가루(Dalmatian Powder)"라고 이름붙인 상자를 가지고 다니며 잠자는 방에서 사용한다. 그리고 여자들과 아이들 사이에 필요한 만큼 가까이 앉아 있고 거의 모든 집에서 그렇게 한다.[198]

간호사 출신인 에스더 쉴즈는 해충의 피해로부터 자신을 지키기 위해 해충을 쫓는 가루약을 갖고 다니며, 웬만큼 눈에 띄는 더러움은 무시하고자 애썼다. 부인 선교사의 경우에는 전염병으로부터 어린 자녀를 지키기 위해 성경 공부 모임에 여성들이 데려오는 아이들과 어울리지 못하도록 통제하기도 했다. 애니 헤론은 어머니가 거실에서 모임을 가지는 날이면 아이들과 놀고 싶어 하는 자신들을 방으로 들여보내며 성경 구절을 숙제로 내주었다고 기억했다.[199] 그래도 한국 기독교인들은 서양 선교사가 위생 상태에 대한 의심이나 불평을 하면 바로 개선해 놓았고, 기독교 가르침의 핵심에는 정결이 있다고 이해했다. 이런 의미에서 웰본 부인은 기독교가 가는 곳마다 '청결의 복음(The gospel of cleanliness)'이 전파된다고 여겼다.[200]

부인사경회가 일 년에 드문 목욕의 기회가 될 때가 있었다. 사경회가 열릴 때면 도시에서 멀리 떨어진 시골 여성들은 오랜 시간을 도보로

198) Miss Esther Shields, "Letters from Missionaries," *Woman's Work* 20.1 (1905), 15.

199) Annie Heron Gale, "Dawn in the Land of Morning Calm," 154.

200) Mrs. Welbon, "The Gospel of Cleanliness," *KMF* (May 1906), 130.

여행하느라 발이 부르트고 짓무른 상태가 되어 도착하곤 했다. 대구에서는 비 오는 날 진창길을 걸어오는 여성들을 위해 발을 씻을 수 있는 대야를 준비해 두었다.[201] 1907년부터는 사경회가 열리는 여성관에 난방이 되는 욕실을 설치하고 목욕을 시켜주는 의식이 있었다. 대구의 사경회에서는 목욕을 할 수 있는 티켓을 배부했으며, 그 기간 동안 넬리 아담스 부인(Nellie Dick Adams)은 자신이 목욕시킨 여성만 매일 100명은 된다고 했다.[202] 이 의식은 대구 지부의 첫 의료선교사로 재직했던 존슨(W. O. Johnson) 선교사의 아내가 1907년 처음 시작한 것이었다.[203] 다른 지역에서도 선교사들은 사경회 동안 목욕 의식을 했다는 기록이 있으며, 고향에서 가져온 커다란 덮개를 목욕수건으로 사용하기도 했다.[204]

선교사들은 기독교인임을 알아보는 외적인 변화로 의복과 위생의 개선을 꼽았다. 처음에는 한국인들이 백의(白衣)를 즐겨 입는 것을 비실용적이라 여겼던 알렌은 한국인의 문화에서는 백의가 보편화된 이유가 있다고 보았다. 상복이기도 한 백색 옷은 부모의 장례 후 3년상, 국장 3년상 등 일생의 대부분을 상을 치르는 애도 기간으로 보내는 한국인에게 차라리 흰 옷을 입고 지내는 것이 자연스러웠을 것이라는 해석이었다.[205] 장로교회 전도부인들은 저고리 기장이 길고 크림색에 가까운 하얀 한복을 입었다. 외국인의 눈에 흰 옷을 입고 흰 머릿수건을 두른 1,300명의 여성

---

201) Mrs. M. M. Null, M.D., "Letters from Korea," *WWW* 19.3 (1904), 64.

202) Nellie Dick Adams, "The Perennial Class," *Woman's Work* 24.11 (1909), 254.

203) "Moving Pictures of Women's Class," *Woman's Work* 29.2 (1914), 29.

204) Miss Mattie S. Tate, "My Best Work?," *KMF* 15.5 (1919), 99-100. "(나의 최고의 사역은) 엄마가 만드신 오래된 흰색과 파란색으로 짠 큰 수건을 들고 고약한 냄새가 나는 더럽고 뜨거운 방으로 들어가 누군가에게 뜨거운 목욕을 시켜주고 엄마가 그랬던 것처럼 그것을 둘러줄 때였는가?"

205) H. N. Allen, *Things Korean*, 78.

THE HEADBANDS OF PYENG YANG.
Women's Class of 1902 with Mrs. Hunt and Mrs. Wells on the piazza of Dr. Wells' house.

그림 21. 머릿수건을 쓴 평양여사경회 참가자들 [출처: *WWW* (1902), 321]

들이 한 자리에 모여 있는 모습은 장관이었다.[206] 서북 지방의 부인들이 머리에 쓴 흰 수건(그림 21)은 뙤약볕에서 일할 때 서늘함을 제공하고 땀을 흡수하는 용도로 쓰는 노동의 편의를 위한 복식의 일종이었으며, 또 다른 용노가 있었다. 삼리회 선노부인 김서커스는 세례받을 때 "우리의 평양 여인들이 내외하기 위하여 머리에 수건을 쓰는 풍속"에 따라 머릿수건을 쓰고 있다가 새로 받은 이름으로 호명될 때 나가서 수건을 벗고 세례를 받고 놀아왔다고 말한 것을 보면, 이 수건은 내외의 용도로 가리기 위

206) 해리 로즈, 『미국 북장로교 한국 선교회사1』, 205, (Mrs. S. D) Belle S. Luckett, "With Missionaries' Children," *Woman's Work* 31.2 (1916), 29. "부인들은 모두 깨끗한 광목 치마에 흰 머릿수건을 하고 있었다. 기독교는 안에서 뿐만 아니라 밖에서도 한국의 여성들을 깨끗하게 하는 데 많은 일을 했다."

해 사용한 것이었다.[207] 서울에서는 내외의 상징인 장옷이나 쓰개치마를 없애기 위해 노력했으면서 북쪽 지방에서의 내외용인 머릿수건은 청결과 단정의 상징으로 거듭난다.

마음의 청결과 외적인 위생은 기독교의 가르침 속에서 비유로 연결되었다. 게일 부인은 죄를 씻어주시는 주님의 전능성을 보여주기 위해 비누를 사용하기도 했다.

> 구주에 관해서 이야기할 때 위로(comfort), 행복(happiness), 거룩(holiness), 선함(goodness)이라는 단어들은 그들에게 실제적인 의미로 전달되지 않는다. 차라리 그들에게 비누를 주는 것이 더 목적에 합할 것처럼 보인다. 그들의 옷과 몸에 비누가 일으키는 기적을 본 후, 그들에게 이보다 더 놀라운 일이 있다고 말하는 것이다. 전능하신 주님이 자신을 맡기기만 한다면 여러분의 마음과 삶을 깨끗하게 해주신다고 말하는 것이다.[208]

물론 한국 여성들이 비누의 쓰임새를 잘 이해하지 못하고 선물로 받은 비누를 서양과자로 착각해서 먹기도 했다.[209] 이런 오해에도 불구하고 기독교가 '죄 사함을 가르치는 종교'라는 사실은 대중들 사이에 널리 퍼졌던 것 같다. 선천에서 첫 기독교인 중 하나인 김기반은 지나가던 아낙에게서 '죄인이 갈 수 있는 천국'이 있다는 말을 듣고 예수교에 관심을 가지게 되었다.[210] 곧 선천의 전도부인이 된 김기반은 여성들에게 이렇게

207) 김서커스, "은혜만은 나의 생활,"『승리의 생활』, 73.

208) Harriet G. Gale, "Opening the New Station," *WWW* 8.8 (1893), 216-217.

209) Annie Heron Gale, "Dawn in the Land of Morning Calm," 153.

210) "Pioneering and Progress," *WWW* 26.11 (1911), 249.

가르쳤다.

> 어떻게 기도하는지 모를 수 있소. 그러나 항상 기도하는 마음을 지킨다면 하나님이 들으실 거요. 우물에서 물을 길을 때는 '주님, 내 영혼을 깨끗이 씻어주소서.'라고 기도하고 불을 밝힐 때는 '주님, 내 영혼을 불로 정결하게 하시고 죄에서 자유롭게 하소서.'라고 기도해요. 방을 청소할 때는 '하나님, 내 마음에서 악한 것을 다 쓸어내 주세요.'라고 기도하시오.[211)]

물을 긷거나 불을 밝히거나 청소하는 여성의 일상에서 흔히 하는 반복적인 행동을 회개와 정결에 관한 기도와 연결해서 연상하고 기억하고 익히도록 하는 김기반의 교육은 선교사들에게 인상적이었다. 위생은 여성과 아동을 포함한 가족 구성원의 건강과도 직결되어 있기 때문에 선교사들은 어머니들이 위생의 중요성을 이해하고 일상에서 실천할 수 있도록 가르쳤고, 전도부인들도 한국 여성의 생활과 이해 수준에 맞는 형식으로 가르쳤다. 감리회 전도부인으로 순회 전도하던 이경숙도 이와 유사한 기도를 하는 가난한 여성을 만난 적이 있었다. 그 부인은 기도하는 시간을 따로 낼 수 없는 바쁜 일상 가운데 "손으로는 일하고 마음속으로는 늘 기도한다."라고 하면서 빨래할 때 희게 해달라는 기도와 불을 땔 때 믿음이 불같이 일어나게 해달라는 기도, 밭에 가서 김맬 때에는 죄의 뿌리를 뽑아달라는 기도를 올린다고 했다.[212)]

사경회에서 가르친 위생 관념은 종교적 정결과 명확히 구분되지 않았으며, 여성들이 이해하기 쉽기 때문에 선교사들이나 전도부인들은 굳

---

211) Mrs. A. M. Sharrocks, "Two Humble Workers," *KMF* 1.1 (Nov. 1905), 9.

212) 이경숙, "예수는 내 생활의 보혜사," 『승리의 생활』, 59-60.

이 두 가지를 나누려고 하지도 않았다. 평양 제중원의 웰즈 의사(J. Hunter Wells, M. D.)는 설교할 기회가 있을 때마다 구약성서에 있는 위생에 관련된 구절로 교훈을 주고 있으며, 목회자들이 그런 위생 설교(hygienic preaching)를 하면 훨씬 개선될 것으로 보았다.[213)]

위생과 육아법에 관한 지식을 갖춘 전도부인은 농촌을 돌아다니며 여성들에게 살림살이의 개선책을 가르칠 수도 있었고, 병원과 환자를 연결해 주는 사회사업의 영역에서 활동할 수 있었다. 1910년대 병원에서 일하는 전도부인의 역할에 관해 연구한 이리에 유카코(入江 友佳子)는 전도부인이 복음 전도뿐 아니라 환자 관리와 사회사업을 위한 기초 조사요원으로 활동했다고 한다.[214)] 1910년대에는 총독부가 운영하는 병원, 자혜의원 등 일본인 운영 병원이 증가하자 의료선교사들은 1913년 조선선교사의사협회 연회에서 그들을 경쟁자로 여기기보다는 사회사업을 도입하는 편을 택했다. 그래서 영유아 사업과 육아법 교육, 산파 양성사업 등을 적극적으로 시행하기 시작했고, 의사, 간호원과 함께 전도부인도 방문해서 환자를 치료할 때 의사소통을 도우며 새로운 지식을 전달하도록 했다. 에비슨은 전도부인이 퇴원한 환자의 집을 방문하여 건강관리와 위생적 생활을 가르치고, 병원에 돌아와서는 환자의 상태가 양호한지 악화되었는지 의사에게 보고한다면, 생계의 중단이나 돌보아야 할 아이들이 있어서 병원에 쉽게 올 수 없는 사람들에게 큰 도움이 된다고 했다.[215)]

이 외에도 산수와 지리는 한국 여성들에게 새로운 학문이었다. 산수

---

213) Dr. Wells, “Korea Branch (North District),” *The China Medical Journal* 23.1 (Jan. 1909), 52.

214) 入江 友佳子, “1910年代朝鮮のセブランス病院における出産・育児に関する医療宣教活動：「伝道婦人」の存在に着目して,” 「日本の教育史学」 53 (2010), 69-81.

215) O. R. Avison, “Social Service and the Hospital,” *KMF* 10.7 (1914), 203-205.

는 기본적인 경제관념과 연결되어 있으므로 규모 있는 살림을 위해서 필요했다. 또 전도부인의 경우에는 "책의 판매량과 재고, 사경회 참석자와 여행경비 등의 계산을 기록할 수 있도록" 사칙연산에 관한 충분한 숙지가 필요했다.[216] 선교사에게서 산술을 익혀 특별한 재능을 보인 신마리아는 연동여학교에서 성경을 가르치면서 오랫동안 산술도 가르쳤다.[217] 지리교육은 지구본이나 지도를 실물로 보여주는 교육으로 이를 처음 접하는 한국인들에게는 커다란 충격이었다. 대부분은 땅이 평평하고 계속 가다 보면 낭떠러지가 있다는 고대의 인식을 갖고 있었다. 그런데 선교사들은 둥그런 지구본과 그 주변에 있는 행성들의 존재를 알려주었기 때문에 한국인들은 인식의 내용이 완전히 뒤집어지고 존재의 의미에 대해서도 다시 생각하게 되었다. 과학에 대해 해박한 지식을 갖고 있었던 베어드 부인은 서울에서 친구가 된 영규라는 소년과 다음과 같은 이야기를 나누었다.

> 그는 어느 날 저녁에 지구는 달걀과 같은 것이라 생각한다고 말했다. 한국 사람들은 말하기를 땅은 노른자이고, 물은 계란의 흰자라고 하지만 그는 그밖에는 모르겠나고 했나. 나는 그에게 태양계를 설명해줄 기회를 잡았다. 걸려있는 등은 태양 역할을 하고 나는 지구처럼 그 주위를 돌았고 내 주먹은 달 역할을 했다. 그는 매우 집중해서 듣고 있다가 내 설명이 다 끝나자 입을 가리고 웃었다. "왜 웃는 거죠?" 내가 물으니 그는 이것이 모두 "공허한 이야기"라고 말했다. 여러 날 후 그는 다시 여러 가지 질문을 했다. 지진과 일식과 월식은 무엇인가? 나는 학교에서 배운 지리학과 천

216) Margaret Best, "Woman's Bible Institute: Pyeng Yang, Korea, 1911," 319.
217) 『貞信七十五年史』, 93.

문학 지식을 다 동원해서 내가 할 수 있는 한 명확하게 설명하려 했다.[218]

원산에서 게일 부인은 지구본을 들고 지구의 자전을 설명하고, 낮과 밤이 생기는 원리를 비유로 해서 하나님의 구원과 죄의 어두운 밤을 이야기했다. 듣고 있던 여성들은 충격을 받았고, 지구 밖의 세계에 관심이 생겼다. 여선교사의 이야기를 듣고 있던 여성들 중 한 명은 지구가 둥글다는 이야기는 처음 들어본다고 신기하게 여겼고, 나이가 많은 할머니는 "죽은 다음에도 희망이 있다면 알아야겠어요. 저는 늙어서 이제 죽을 날이 얼마 안 남았으니까요."라며 이 땅 위에서의 삶이 끝날 때 어떤 일이 일어나는지 궁금해했다.[219]

그 궁금증은 철학적인 사유로 인도할 수도 있지만 대체로 지구촌에 살고 있는 다른 나라의 이야기로 흘러갔다. 여성들은 사경회를 통해서 다른 나라에서 일어나는 최신 뉴스를 들으며 세상을 보는 안목을 넓혔다. 사경회의 교사로 활동한 마가렛 베스트와 베어드 부인이 「그리스도신문」에 부인 독자들을 위해 연재한 기사를 보면 타국의 선교 상황이나 유명한 부흥사의 일화 등을 한국 여성들에게 소개했다.[220] 교계에서 발행하는 신문을 통해서도 이런 뉴스거리들이 전달되었지만, 주된 통로는 여성들이 함께 모이는 집회나 회의였다. 세계 지리와 역사를 통해 이전에 생소하던 국가나 부족의 이름을 알게 된 여성들은 보다 더 넓은 세상 속에서 자신의 책임을 이해하게 되었다.

---

218) Annie Laurie Adams Baird, " Some Korean Folks," *WWW* 8.8 (1893), 219.

219) Editorial, *WWW* 9.1 (1898), 3.

220) 외국교회통신, 「그리스도신문」, 1901. 05. 16.

> 며칠 전 신씨 부인이 아름다운 은장신구를 가져와서 자신의 딸이 인도에서 기근으로 고통받는 사람들을 돕고 싶다고 했다. 마펫은 이런 장신구를 모으는 선교사들이 있으니 그들에게 쉽게 팔릴 거라고 얘기하며 받았다. 신씨 부인은 딸이 처음에는 팔라는 제안을 받아도 내놓기 싫어했지만 굶고 있는 사람들이 있다는 말을 듣고 기쁘게 내놓았다고 했다. 만주에서 피난 온 덴마크 선교사들이 4명 도착했다. 사람들은 그들을 "부인(pueen)"이라고 부르며 큰 관심을 나타냈다. 그리고 그들이 가진 물건을 다 빼앗기고 집에서 쫓겨나서 여기로 피난 왔다는 말을 듣고 중국과 거기에 있는 선교사들을 위해 기도하는 것을 잊지 않았다.[221]

인도의 기근이나 터키의 아르메니아인 학살에 대한 소식을 듣고 구휼의 연보를 한다든지, 의화단의 난을 피해 한국에 온 다른 지역의 선교사들에게서 타국에서 일어나는 사건을 직접 듣고 어려움을 당한 타국인을 위해 기도하는 여성들이 생겨났다. 1897년 8월 31일에 서울에서 열린 한국선교회 연례 회의에 참석하느라 멀리 원산지부에서 온 선교사 스왈른은 원산 교인들이 인도를 위해 연보한 헌금을 들고 참석했다. 그 안에 결혼반지와 은비녀가 들어있는 것으로 보아 여성들의 희생을 짐작할 수 있다.[222] 자생적 첫 교회인 소래교회에서는 1898년 5월에 인도의 기근을 돕는 데 쓸 연보로 정동교회에 은가락지 네 쌍을 보내서 "다른 사람 사랑하기를 자기 몸과 같이 할지니"라는 가르침을 실천했다.[223] 그 은가락지는 가난한 여교인 몇 명이 손가락에서 빼어 연보한 것으로 미국인에게

221) Alice Fish Moffett, "A Pauline Church," *WWW* 15.11 (1900), 306.

222) Editorial, *WWW* 12.10 (1897), 260.

223) 「그리스도신문」, 1898. 05. 07.

28원 50전에 팔렸다.

세계 지리뿐만 아니라 성경을 이해하기 위한 성경 지리도 사경회의 상급반에서 가르쳤다. 재령에서 성경통신 과정을 운영했던 화이팅 부인(Mrs. Elizabeth F. Whiting)은 지구본으로 세계 지리와 뉴스에 대해서 여성들이 공부하도록 했으나 종종 혼동할 수 있는 지명들이 나온다는 것을 알게 되었다.

> 최근에 나는 다른 나라에 있는 교회의 진보를 알리는 뉴스거리를 번역하고 쓰고 있다. 그렇게 해서 그들에게 읽게 했다. 부인들은 모두 새로운 것이기 때문에 매우 흥미로워했다. 지구본은 도움이 많이 된다. 그러나 우리는 때로 혼동하기도 하는데 예를 들어, 필리핀이 주제였을 때, 끝날 무렵 어느 여자가 어디에 있는 나라인지 물었다. 그러자 다른 이가 "왜, 몰라? 바울이 감옥에 갇혔던 곳이잖아."라고 대답했다.[224)]

빌립보와 필리핀(비율빈)을 혼동하고, 낯선 지명들은 모두 성경 속에 나오는 고대 도시로 이해하는 여성들은 성경을 읽으면서 지리를 익힌 편이었다.

사경회에서 가르친 지식은 성경과 서양의 시공간이 뒤섞인 이야기들로 전달되었다. 시간과 장소에 대한 혼동뿐 아니라 종교적인 언어와 과학적인 언어가 혼합되어 있기도 했다. 사경회 강사는 성경의 가르침과 과학적 지식을 통해 여성들이 더 넓은 세계에 대한 인식을 갖도록 유도했다. 또 자신들이 터득한 기독교적 자선의 방법을 가르치려 노력했는데, 효율적인 가정 살림의 운영과 경제적 관념을 갖추어 시간과 돈을 아껴서 타인

224) Elizabeth F. Whiting, "Chai Ryung Items," *WWW* 32.2 (1917), 37-38.

에게 봉사할 수 있는 생활을 하도록 했다. 기독교가 전파한 과학과 산수, 가정 경영에 관한 새로운 지식은 여성이 살아가는 현실 속에서 더 큰 의미를 찾으려는 실존적, 실용적 지식이었다. 한국 여성들은 논리적 설명보다 비유를 통해 새로운 개념을 이해했고, 그런 비유 안에는 종교성과 계몽성, 도덕적 교훈이 혼재되어 있었다. 그리고 본인의 상황과 필요에 따라 가르침을 끌어다 삶의 동력으로 활용했다.

5. 사회의식의 발전

5.1. 기독교 가정 만들기

기독교 가정의 의미와 여성의 지위는 여러 면으로 재해석되었다. 먼저 한국교회의 초기 50년 동안 일차적 교육 기관으로서 가정의 중요성은 매우 강조되었다. "가정은 하나님이 지정하신 첫 번째 학교이다. 대부분 아이의 인격 기초는 취학 전에 가정에서 형성되기 때문이다."[225] 그런 이유로 가족끼리 모여 드리는 가정예배(family altar)의 교육적 기능은 청년면려회나 주일학교와 유사한 것으로 간주되었다. 전도의 일차적인 대상은 언제나 가족과 친척이었다. 초기 권서이자 의주를 중심으로 전도하러 다녔던 백홍준의 가족은 가정예배를 통해 온 가족이 기독교 신앙을 공유하고 전도사역에 종사했다.[226] 그는 일찍 세상을 떠났으나 그의 아내 한씨

225) Stacy L. Roberts, "Fifty Years of Christian Training in Korea," *Jubilee Papers* (1934), 107.

226) The Church at Home and Abroad(August 1892)에 실린 "1891년 11월 서울에서 보낸 마펫의 편지," 『마포삼열 서한집 I』, 301.

부인은 마펫이 지명한 전도부인으로 1892년부터 활동했고, 그 딸은 의주 조사 김관근과 결혼하여 북쪽 지방에 기독교 복음을 전파할 첫 번째 기독교 가정을 이루었다.[227]

기독교인이 된 여성들은 자신이 속한 가족과 공동체의 복지를 항상 염두에 두고 있었기 때문에 그 책임과 의무를 소홀히 여기지 않았다. 여성의 삶은 너무 고단해서 때로 천국이 사후에 들어갈 좋은 장소라면 고통스러운 삶보다 죽음이 더 나을 것이라는 생각이 들었다. 그러나 구원받은 인간에게 특권과 함께 책임도 주어졌다. 병원에서 다리 절단술을 받은 후 전도부인의 심방을 받은 여자는 새로 가진 믿음 때문에 가족으로부터 심하게 핍박을 받고 있어서 "그냥 죽어서 그 좋은 곳으로 가고 싶다는 생각밖에 할 수 없다"라고 했다. 전도부인은 그에게 이렇게 대답해 주었다.

> 이제 당신은 특권도 있지만 책임도 갖고 있잖아요? 핍박은 신경 쓰지 말고 당신을 위해 고통당하신 예수님을 위해 인내심을 갖고 견디세요. 그리고 당신이 그런 것처럼 남편과 가족이 믿을 수 있도록 도와주세요. 그렇게 해서 그들도 이 좋은 곳으로 갈 수 있게요.[228]

그 여자는 다리를 잃어서 걸을 수도 없고, 가족들에게 외면당하고 있지만 살아갈 이유를 재발견하고 크게 기뻐하고 위안을 얻었다. 가족 중에서 먼저 기독교인이 된 여성은 학대와 핍박을 당하면서도 예수의 고난을 생각하며 인내했다. 기독교인이 된 여성은 가족을 모두 천국으로 인도하

227) "1894년 2월 24일 한국 의주에서 마펫이 기포드에게 쓴 편지," 『마포삼열 서한집 I』, 641.

228) Mrs. O. R. Avison, "A Dorcas Society among the Korean Christian Women," *KMF* 2.5 (Mar. 1906), 86.

려고 노력하면서 자신이 기독교 가정을 성취할 중요한 주체라고 인식하게 되었다. 신자가 된 사람들이 순조롭게 기독교적 삶을 살아가고 그 전파력을 잃지 않기 위해서 기독교 가정을 이루게 하는 것은 효과적이었다.

또 한국교회는 초기부터 결혼한 여성이 가정에서 가지는 영향력을 크게 평가했다. 여학교 졸업생들은 교사라는 전문직에 진출하기도 했지만, 대다수는 결혼을 통해 그 공동체 안에서 기독교적 여성다움(Christian Womanhood)을 드러내는 역할을 담당하도록 기대를 받았다.[229] 여성의 복음화는 그 문화에서 가장 높은 수준의 여성다움을 성취하는 것을 포함했다. 이런 여성다움의 실험적인 배양소로서 여학교는 상류층의 수준을 따라 양반가의 규방에서 보모의 돌봄을 받는 것과 같은 환경을 만들고, 침공과 가사에 능하면서 동시에 지식을 갖춘 여성으로 가정과 교회와 사회에 쓸모가 있는 여성을 배출하는 것을 목표로 삼았다.[230] 여전히 가부장적인 가족관계를 용인하면서 축첩과 학대를 금하고 일부일처제에 근거한 동반자적 부부관계를 추구했다. 남편의 권위에 순종하도록 하고, 믿지 않는 남편을 변화시킬 수 있는 기독교적 부덕(婦德)을 높이 샀다. 베어드 부인이 쓴 소설 *Daybreak in Korea* (1909)의 주인공 '보배'는 한국의 유교 전통에서 보나, 서양 기독교 전통에서 보나, 손색이 없는 부인으로서의 덕을 지니고 있으며, 전통을 깨지 않으면서 개인의 인고를 통해 남편과 주위 사람들을 변화시킨다.[231]

---

229) M. Willis Greenfield, "Commencement Month in Seoul," *Woman's Work* 23.11 (1908), 258.

230) 『貞信七十五年史』, 64-66.

231) Annie Laura Adams Baird, *Daybreak in Korea: A Tale of Transformation in the Far East* (New York: Fleming H. Revell, 1909); 애니 로라 아담스 베어드, 『따라따라 예수 따라가네』, 유정순 역 (디모데, 2006). 이현주, "보배와 이화: 애니 베어드의 『한국의 새벽』과 윌리엄 노블의 『이화:한국 이야기』에 나타난 두 여주인공 비교," 「신학과 세계」 62 (2008. 6), 472-505.

그런데 기독교인이 된 여성은 구여성과는 분명히 다른 점이 있었다. 1900년대 평양에서 한국 여성을 관찰한 부인 선교사는 여성을 구여성과 신여성으로 구분하고, 구여성의 문제를 사회적 문제에 관한 관심의 부재로 보았다.

> 한국 여성은 최소한 신여성은 아니고, 어머니 이브처럼 구식으로 보인다. 게다가 새로워지고 싶은 열망도 없으며 바느질, 요리, 원시적인 살림에 관한 지식이 그들 머릿속에 가장 중요한 자리를 차지한다. 집안의 남자들을 돌보는 데 필요한 도움을 나누어 가질 수 있는 아들, 혹시 한두 명의 딸을 가졌다면 더 이상 바랄 것이 없다. 그녀의 머리는 바깥세상에서 돌아가는 일에 신경 쓰지 않는다.[232]

교육을 받지 않은 한국 여성은 사회적 안목이 협소하고 생존의 급박한 필요에 응하는 삶을 살았다. 이제 부엌과 안방을 오가는 여성의 자리로서의 가정, 대를 이을 후사를 보는 것이 가장 큰 의미를 차지했던 가정의 기능과 의미는 기독교가 강조한 예배와 환대의 장소로서 그 사회적 의미가 확장되었다. 여성들은 교회를 통해 '바깥세상'과 가정을 연관시켰다. 선천 인근 시골에서 열린 사경회를 위해 자신의 집을 개방했던 부인은 이렇게 말했다.

> 마태복음 12장 50절을 공부하고 있는 동안, 우리가 머물렀던 집의 부인은 행복한 얼굴을 들고 이렇게 말했다. "아이도 없고 친구도 없는 여자라 하

232) Harriet McLear Hall, "The Korean Woman as Seen by Her Western Sister," 255.

더라도 믿고 하나님 뜻대로 하면 이 말씀 때문에 매우 기쁠 거예요."[233]

자녀를 낳지 못해 고통스럽고 무의미한 삶을 살던 여성은 다른 사람을 대접하고 하나님의 말씀을 배우는 것에서 새로운 의미를 찾았다. 남성이 있어야만 의미 있는 존재가 되고, 자녀를 통해서만 자신의 가치를 인정받을 수 있는 여성의 위치는 하늘에 계신 아버지의 뜻대로 하면 예수의 형제요, 자매요, 어머니라는 새로운 가족관계 안으로 편입되었다.

부부 중심 기독교 가정의 중요한 책임자로서 여성은 인내하는 부덕뿐 아니라 체계적인 가정 경영의 지식도 갖추어야 했다. 가부장적 사회에서 여성이 사회 활동을 개시할 때, 이를 정당화할 명분과 권위는 모성으로부터 나왔다. 어머니로서 여성은 가정에서 자녀 양육의 담당자로서 교육을 받을 필요가 있다는 주장은 서양 선교사와 한국 남성 지식인들 모두 공감하는 부분이었다. 근대계몽기에 들어서는 어머니의 양육에 따라 자녀의 미래와 나라의 독립이 달렸다는 모성 담론이 크게 확산되었다.[234] 공적인 자리에서 자신의 아내나 가정사를 말하는 것이 금기시되었던 예전과 달리, 여성과 가정에 관련된 문제를 공론장에서 활발하게 토론하기 시작했다. 그리고 가정생활(family life)은 문명 발달의 척도가 되었다.[235] 선교사들은 기독교적 여성 교육을 통해서 전도부인과 초등교사 그리고 가정 부인이 양성될 것을 기대했고,[236] 이 세 가지 직무는 한국 여성들에게

233) Esther Shields, "Tastes of Country Work in Syen Chun Field," *WWW* 18.11 (1903), 255. 마 12:50은 "누구든지 하늘에 계신 내 아버지의 뜻대로 하는 자가 내 형제요 자매요 어머니이니라 하시더라."이다.

234) 홍인숙, 『근대계몽기 여성 담론』 (서울: 혜안, 2007), 27-40, 김성은, "한말 지식인과 양계초의 여성교육론 비교", 「여성과 역사」 21 (2014. 12), 121-148.

235) Chas. F. Bernheisel, "Building Up the Church in Korea," *WWW* 18.11 (1903), 258.

236) "Margo Lee Lewis to Dr. Brown, Dec. 1912," 『장로회 최초의 여학교 선교편지』, 482.

또 다른 사회 활동의 디딤돌이 되어 의사, 간호사, 산파와 같은 의료사업에 종사하는 전문직 여성과 기자, 작가 등 언론인, 여성단체를 조직하고 운영하는 활동가로서의 여성들이 1920년대에 사회에 진출했다.

5.2. 사회적 삶의 '참 재미'

기독교를 통해 낯설지만, 즐거운 경험을 하게 되면서 천국을 현재적으로 이해하기 시작한 여성들도 있었다. 천국의 현재적 · 사회적 의미는 아무래도 일상을 떠나 평소와 다른 경험을 할 때 가장 크게 드러났다. 새로운 신앙을 가진 여성들은 자신과 같은 처지에 있는 다른 여성과의 교제를 하면서 고독과 허무를 극복하고 삶의 아름다움과 즐거움을 찾았다. 이들은 사경회에서 다른 지역에 사는 기독교 여성들과 만남을 가졌고, 소수자가 느끼는 고립감에서 벗어나 자유롭게 자신을 표현했다. 평양에 원입인반에서 공부하는 어느 부인은 기독교인이 되는 것과 사회성을 뗄 수 없다고 생각했다.

> 모든 모임에 참석하여 다른 사람들과 함께 찬양하고 기도하기를 원하지 않는 사람이 어떻게 혼자서 기독교인이 될 수 있을지 모르겠습니다. 주님께서 제 마음을 기쁨으로 가득하게 해주셔서 저는 집에 가만히 있는 것을 견딜 수가 없습니다. 여기에 와서 그것에 대해 이야기할 사람을 찾아야 합니다.[237]

---

237) "앨리스 피시 마페트가 브라운 박사에게 쓴 편지, 1905년 1월 26일," 옥성득 편역, 『마포삼열 자료집 4』 (서울: 새물결플러스, 2017), 389.

기독교적 친교를 간절히 원하는 외진 곳의 기독교인에게 사경회는 잔치와 같았다. 특히 대사경회는 모든 여성들이 한 해 동안 기대하고 상상하는 재미가 실현되는 특별한 명절과 같은 분위기였고, 그 정점은 선교사의 집에서 열리는 환영회와 오락시간이었다.

> 군산 사경회가 끝나기 전날 밤 다니엘 부부는 참석한 여성들에게 그들의 집을 개방하여 대접했다. 참가자들은 "한 명을 더 받아주는" 표를 제공받았다. 주인이 잔칫상을 펼칠 때까지 노래와 말하는 기계, 게임 등을 즐겼다. 그들은 잔치에 참여하기 위해 또 다른 초대장이 필요하지 않았다. 참가자들의 목소리뿐 아니라 얼굴을 보기만 해도 그들을 위해 준비된 모든 좋은 것들을 즐기고 있다는 것을 알 수 있었다. 다음 날 그들 중 한 명은 "지난밤 이후로 내 마음에 잊히지 않는 한 가지는, 표 없이 온 친구들이 들어오지 못할 때였어요. 우리 자매들이여, 구주가 준비하러 가신 천국 잔치에 갈 수 있는 표를 부지런히 나눠줍시다. 누군가 가서 들어갈 수 없다면 얼마나 슬픈 일인가요."[238]

진정한 '천국 잔치'가 열리는 때는 미래이지만 현재 사경회를 통해 미리 경험하는 잔치에도 초대장과 손님, 들어올 수 있는 사람과 거절당하는 사람이 있었다. 잔치에 입장할 수 있는 '표'를 친구들에게 나누어주는 일은 사경회의 환영 잔치뿐 아니라 천국에도 적용할 수 있었다. 끊임없이 흘러나오는 음악과 진귀한 음식, 신기한 구경거리, 그리고 영혼을 만족시키는 새로운 배움과 성취감 등은 충분히 천국을 연상할 만했다. "기도하는 개", "저절로 움직이는 의자", "노래가 계속 나오는 상자", "요술 그

238) Miss M. S. Tate, "Tickets to Heaven," *KMF* 2.8 (June 1906), 148.

림"과 같이 신기한 볼거리와, 인간을 사랑한 신의 아들 이야기는 여성들에게 비현실적 판타지로 경험되었을 것이다.[239]

또 크고 작은 사경회를 다니는 여행의 기회를 통해 여성들은 새로운 것을 직접 경험할 수 있었다. 서울에서 에스더 쉴즈의 순회 여행을 돕기 위해 따라간 오씨 부인은 처음 경험하는 일들에 감탄하고 감사했다.

> 오씨 부인(서울)은 쉴즈 부인과 자신이 시골여행을 갈 때 전도부인으로 동행했다. 18일 동안 집을 떠나 사역하면서 이렇게 말했다. "얼마나 좋으신 하나님이신지! 내가 53세인데 배 타보는 것도 처음이고, 시골을 보는 것도 처음이오. 그분이 이 모든 것을 주셨소."[240]

기대하지 못한 새로운 경험을 열어주는 기독교는 여성들의 삶에 '참 재미'를 주었다. 믿음은 "삶의 모든 일에 참 재미(cham chamie)"를 주는 것이었다.[241] 성경을 공부하는 재미도 빼놓을 수 없었는데, 성경이 번역되어 나올 때마다 감사하다고 했던 신마리아는 승동교회에서 열리는 연합 사경회 소식을 전하면서 사경의 효과에 대해서 이렇게 말했다.

> 사경을 지내오니 성경 뜻은 밝아지고 마음속이 열려서 죽은 것이 산 듯하고 병든 것이 나은 듯하옵고 깨어진 것이 성한 듯하외다. 이 어둡고 캄

239) '기도하는 개'는 대구 사경회에서 마크(Mark)라는 브루엔(Henry Bruen)의 개의 재주를 구경한 한국 여성들끼리 나눈 말이다. *Woman's Work* 19.3 (1904), 63-64. '저절로 움직이는 의자'는 흔들의자, '노래가 나오는 상자'는 축음기, '요술 그림'은 환등기를 일컫는 말이었다. 축음기를 처음 본 한국 여성들은 그 안에 귀신이 들어있다고 수군거렸다. Mrs. William N. Blair, "Letters from Korea," *Woman's Work* 18.7 (1903), 163.

240) Dr. Eva H. Field, "Seoul Woman's Class," 38.

241) M. Louise Chase, "One of the Voluntary Korean Evangelists," 247.

캄한 세상에 평안함이 어디 있사오며 희락과 소망이 어디 있사오리까마는 오직 하나님의 진리대도를 배우는 것이 참 희락과 생명을 얻는 것이오 무겁고 곤한 마음이 있을 때에 성경 공부하실 것이오니 또 공부는 혼자하면 잘 되지 못하오매 힘이 없을 듯 하오니 고명한 선생 앞으로 나아가서 배우며 또 동접이 많으면 재미가 아주 더 많습니이다.[242)]

신마리아에게 사경회는 마음 둘 곳 없는 세상에서 출구를 제공하고 '선생'과 '동접'이 있어서 공부가 재미있는 곳이었다. 평생 다른 사람의 유익을 위해 노동하고 봉사하는 여성들에게 성경을 공부하는 시간만큼은 지적인 성취와 자신을 위해 베풀어진 즐거움을 오롯이 누릴 수 있는 기회였으며, 여성의 자리로 규정된 가정에서 벗어나 사람들과 교류하면서 가정 외의 집단에 소속감을 두기도 했다.

5.3. 신앙적 휴머니즘

개신교 선교 초기에 복음서는 다른 어떤 성경책보다 여성들에게 큰 영향을 주었다. 그리고 1920년대가 되기 전에는 확실히 낙관론이 종말적 상상을 지배했다.[243)] 신이 사랑으로 실재한다는 신앙은 미래를 낙관하는 경향이 있었고, 운명결정론을 타파하고 개인의 결단으로 변화가 가능하다는 믿음으로 연결되었다. 하나님을 향한 열정과 세상을 향한 열정, 초

242) 서울 련동 신마리아, "교회통신," 「그리스도신문」, 1906. 01. 11.

243) 1920년대 전에는 본격적인 세대주의적 종말론이 한국에 확산되지 않았고, 지상낙원과 천상낙원의 이중천국이 공존하고 있었다. 길선주의 『해타론』(1904), 『만사성취』(1916)는 현세에서의 변혁을 구하는 사회계몽적인 성격이 강했다. 문백란. "길선주의 종말론 연구-그의 『말세학』을 중심으로 -," 「교회와 역사」 4 (2000), 62-79.

월성과 성육신을 삶에서 통합하려는 표현으로 나타난 역사적 기독교 전통은 초기 한국 개신교에서도 나타났다. 전도부인을 비롯한 개신교 여성들은 신앙을 가진 후 절제와 금욕의 삶을 추구하며, 버림받은 사람들에 대한 자선의 마음을 나타냈다. 이들의 절제와 금욕은 이 세상에 대한 부정이라기보다는 고통받는 이웃을 돕거나 미래 세대를 위한 나눔과 희생의 표현이었다. 여성들의 예물과 기부가 교회와 학교 건축, 장학금으로 사용된 예는 어느 지역에서나 나타난다.

버림받은 사람들에 대한 전도부인들의 관심은 말로 명확히 표현된 적은 거의 없다. 특히 장로교회는 고아원이나 맹인학교, 나환자 수용소 등의 사회복지사업이 이루어지지 않은 것은 아니었지만, 기관을 통하는 방법보다 개인적인 차원에서 고아와 장애인, 다른 사람들이 꺼리는 나환자들을 돌보는 경우가 많았다. 순회 여행 중에 버려진 아이나 할머니를 동거인으로 받아들인 경우는 여러 전도부인의 삶에서 볼 수 있다. 남편과 세 아이를 다 잃고 과부로 살았던 전도부인 석유실은 고아와 무연고 할머니와 함께 살았다. 소래의 김 부인 안성은은 심방을 다니다가 핏덩이 아기를 하나님이 주신 귀한 생명이라며 집에 데려왔다. 신마리아의 집에도 업둥이가 있었다. 또 대구 여사경회에서는 어느 부인이 주워 온 아기를 사경회 기간 중 누가 맡을 것인지 의논했고, 가능한 사람들은 순서를 정해서 돌아가며 젖을 먹이는 경우도 있었다.[244] 이런 몇몇 드러난 예로 볼 때 여성들은 자선의 차원을 넘어서서 성경 말씀을 실천하기 위해서 고아와 과부와 나그네를 대접하고 돌본 경우는 더 많이 있으리라 짐작한다. 김세지는 자신이 과부였기 때문에 과부들을 주로 전도하러 다녔는데 그들의 경제적 형편은 다 제각각이어서 이들을 과부회로 연결하여 넉넉

244) Mary Steward McFarland, "Taiku Christians," *Woman's Work* 23.11 (1908), 252.

한 과부가 가난한 과부를 돕게 했다.[245] 혼자서는 그 많은 과부를 다 도울 수 없다는 판단에서 나온 묘수였다.

초기 전도부인의 세계는 개인의 노력이 변화를 가져올 수 있다는 희망을 잃지 않은 사람들의 시대였다. 전도부인은 여학교 교육, 교회 개척, 해외 선교뿐 아니라 민족자립운동과 사회운동을 위한 후원체계와 동원구조를 움직일 수 있는 영향력을 가지게 되었다. 그래서 일경으로부터 독립운동을 위한 군자금 모금이나 수감된 교인의 가족들을 지원하는 일 등을 비밀리에 처리했다는 의심을 받았다.[246] 이러한 여성들에게 오늘날 기대하는 완전한 형태의 민족의식이나 정치의식이 있었다고 단정할 수 없다. 자신이 속한 집단의 현재와 미래가 위협받는 상황에서 소중한 사람들을 지켜내려는 방어적 기제에서 비롯되었을 가능성이 크다. 이들에게 중요한 의미를 가지는 집단은 민족이라는 관념의 공동체보다는 바로 자신의 가족과 이웃, 교회 신자들이었고, 자라나는 자녀들이 속한 학교였다.

일제에게 국권을 침탈당할 것이라는 위기의식은 1905년부터 커졌고, 곳곳에서 의병 활동이 일어나고 독립을 위한 단체들이 생겨날 때 개신교인들은 선교사에게 어떻게 행동해야 하는지 물어왔다. 선교사들은 교인들이 정치적 격동에 휩쓸리지 않도록 원칙을 강조했다. "한국교회는 기독교의 원리가 아닌 다른 수단으로 정치나 사회를 변화시키려는 단체가 아니다. 만약 정치적 행동을 하려면 개인적 차원이지 교회가 할 일은 아

245) 김세지, "내 생활의 략력," 47.

246) 평양애국부인회사건은 그 단면을 보여준 대표적 사건이었다. 석유실은 1919년 군자금을 모집했다는 혐의를 받고 끌려간 전과가 있었다. "1941년 5월 9일 증인 석유실 신문조서." 민족운동에 관여한 전도부인들의 일면에 대해서 장로교 여선교사들은 거의 언급하지 않는다. 서신과 출판물에 대한 일제 당국의 검열과 교회의 정치화에 대한 경계 때문에 드러내지 않으려고 한 것 같다.

니다."[247] 그리고 어떤 상황에서도 비폭력적으로 대응할 것을 조언했다. 일부 교회에서는 선교사와 한국인들 사이에 갈등이 있었다.

> 젊은 한국은 불안과 불만으로 가득 찬 소란 속에 있으며 어찌할 바를 모르지만 어떤 실천이라도 하기를 간절히 원하고 있다. 여기 도시에 있는 우리 교회학교 중 한 곳은 교회의 권위에 대한 반항 상태에 있다. 한국인 교사가 잘못된 애국심에서 비롯되어 일본인들에 대한 혐오를 소년들에게 가르쳐 왔었다. 또한 선교사들도 미워하게 만들었는데 그가 말했듯이 선교사들이 무장하는 일과 정부를 반대하는 일을 교회가 하지 못하도록 했기 때문이다. 위원회는 이것과 또 다른 이유들로 그 교사를 해고했을 때 전교생과 그들의 부모들까지 이 결정을 반대하고 새로운 선생을 받아들이기를 거부했다. 그들은 점차 풀어졌다.[248]

서울에서는 1907년 8월 군대해산에 분노한 구한국 군인들과 일본군 사이의 시가전이 있었다.[249] 전투는 남대문 근처에서 벌어져서 세브란스 병원에서 포탄과 총격 소리가 다 들렸고, 적십자의 인도주의 정신에 따라 에비슨은 병원 조수들의 도움을 받아 민가에 숨어있는 한국군 부상병들을 찾아내서 들것에 실어 병원으로 이송했다. 서양 의사와 간호사는 여름휴가 중이었던 탓에 에비슨만 필수 인력으로 남아있었고 장마철이라 모든 것이 배로 힘들었다. 이런 상황을 보고 제중원 의료진과 지원 나온 보구여관 간호원들, 연동여자중학교 학생들까지 나서서 구호 활동을 벌였

247) Editorial Comments, *The Korea Review* 4.8 (1904), 362.

248) (Mrs. Wm.N.) Edith Allen Blair, "Educational Advance in North Korea," *Woman's Work* 23.11 (1908), 250.

249) 「황성신문」, 1907. 08. 03.

다. 에비슨은 변화에 20년은 족히 필요하다던 내외법의 제한이 불과 24시간도 안 되어 해제되어 버린 것을 보고 한국 간호 역사와 여성사에 큰 획이 된 사건이라고 평했다.[250] 어느 반(半) 양복을 한 여성은 “우리나라 동포를 우리가 구하지 않으면 누가 구하겠느냐”고 외치고 다녔다.[251] 그가 누구였는지 알 수 없으나 내외법 때문에 한 번도 남자를 간호해 본 적이 없었던 한국 여성들은 “그 중 한 사람이 그 오랜 인습을 깨뜨리고 부상병을 돌보려고 나서자, 모두가 따라나섰다.”[252] 급박한 위기 앞에서 과거에는 내외법과 집 안에 갇혀 있던 여성들이 남성과 함께 일할 수 있게 되었다.[253] 그해 6월에 연동여자중학교를 졸업한 김필례는 당시 세브란스 병원 의학교에서 수련 중이던 오빠 김필순의 요청으로 조카 김함라, 김미렴, 김마리아와 함께 부상당한 군인들을 열흘 동안 돌보았다고 회상했다.[254] 병원 식당에서 식사 준비를 돕고 있었던 소래의 김 부인 안성은이 아직 혼인하지 않은 소녀들의 보호자로서 부상당한 남자 군인들을 대면하고 치료하는 것을 처음에는 허락하지 않았다. 그의 총애하는 아들 김필순이 나이팅게일의 예를 들어가면서 설득했지만 완고하게 반대하다가 “저들이 쓰러져 가는 나라를 일으켜 세우려다 저 지경이 되었는데 이럴 때 희생적으로 나서는 게 그리스도의 참사랑을 실천하는 길”이라고 하자 마침내 허락했다고 한다.[255] 안성은이 전통을 깰 수 있었던 힘은 ‘그리스

250) O. R. 에비슨, 『구한말비록上』, 에비슨기념사업회 역 (대구: 대구대학교출판부, 1984), 92.

251) 「대한매일신보」, 1907. 08. 04.

252) O. R. 에비슨, 『구한말비록上』, 91.

253) 옥성득, 『한국간호역사자료집 I』 (서울: 대한간호협회, 2011), 578.

254) 이기서, 『교육의 길 신앙의 길: 김필례 그 사랑과 실천』, 58-63.

255) 이기서, 『교육의 길 신앙의 길: 김필례 그 사랑과 실천』, 61-62, 이송죽 외, 『김필례, 그를 읽고 기억하다』, 47.

도의 참사랑'에서 나왔다. 이때 어린 소녀들에게 불붙은 정의감과 동포애는 훗날 이 가족이 독립운동에 음양으로 참여한 것으로도 나타났다. 선교사들은 인도주의에 입각해서 한국인들을 도우면서 반일 감정을 용서와 화해의 정신으로 변화시키려고 노력했다. 많은 개신교 여성들은 기독교가 가르친 비폭력의 원칙에 충실하면서 정의감과 동포애를 잃지 않으려고 했다. 초기 민족주의는 선교사의 가르침과 독립을 향한 갈망을 조화하려는 1919년 비폭력적 만세 시위로 나타났다.

1919년 개성의 어윤희 전도사, 평양의 한영신 권사는 만세운동의 주동자로 검거된 대표적 전도부인들이다.[256] 비교적 젊은 세대에 속했던 이들이 앞장서고, 연로한 초기 전도부인들은 뒤에서 조력한 것으로 보인다. 평양에서 조직된 애국부인회는 33인의 민족 대표 중 하나로 나섰던 길선주 목사의 부탁을 받은 이신행 권사와 당시 여전도회장 한영신 권사가 장로회 여성들을 결집했고, 감리회와 연합하여 나중에는 회원 106명의 규모를 갖춘 단체가 되었다.[257] 청일전쟁과 러일전쟁을 직접 겪었던 서북 지역은 일본의 무단침략에 대한 반감과 동포가 겪는 차별과 고통에 대한 정의감이 역사적 경험으로 더 강화되었다. 1919년 평양의 대한애국부인회를 조직하는 데 적극적으로 참여한 남산현교회 전도부인 김세지는 러일전쟁 당시 식구 6명이 사는 자신의 집을 일본군이 무단으로 점유하는 피해를 입기도 했다.[258] 1904년에 평양에서 전쟁 상황을 지켜보았던 선교사 헬렌 커크우드(Helen B. Kirkwood, 후일 번하이즐 부인)는 대부분의 개신교인들은 피난을 가지 않고 남아 있었지만, 예외적으로 젊은 여성과 소녀들

256) 손은실, "3.1운동과 개신교," 「선교와 신학」 47 (2019), 273-314.

257) 이치만, "삼일운동과 기독 여성의 역할," 「기독교교육논총」 59 (2019), 59-91.

258) Mrs. W. A. Noble, "Bible Woman Sadie Kim," *KMF* 3.6 (June 1907), 88.

은 모두 피난시켰다고 했다.[259] 청일전쟁 당시에 일본군이 진군하면서 젊은 여성들을 납치한다는 소문이 돌았다. 전쟁이 휩쓸고 지나간 후에 아버지 모르는 아이들이 태어나곤 했다. 여선교사와 전도부인들이 공들여 키운 여학교 학생들을 보호하는 일은 최우선이었다.

한편, 정신여학교 교사였던 신마리아는 딸 신의경이 애국부인회에 가담한 것을 알고 조용히 "한밤중에 골방으로" 불러서 울면서 만류했다. 그 제자들이 모두 관여한 단체였고, 모임 장소를 내 준 선교사도 있었듯이 학교 안에서 이 일은 공공연한 비밀이었다. 신마리아의 염려는 하나밖에 없는 딸이 "애국부인회 일을 하다가 잡혀 병신이라도 되면 어쩌겠느냐?"라는 것이었다. 그는 몇 해 전에 성년을 앞둔 장남을 잃었고, 남편이 세상을 떠나기 바로 전에 낳은 어린 아들과 이제 갓 스물을 넘긴 딸밖에 남지 않았다. 게다가 그 딸은 애국부인회 임원 중에서 나이가 가장 어렸다. 신의경은 자신이 잡혀가는 날부터 어머니가 정신적인 병을 얻어 고생하다 돌아가신 일로 평생 마음 아파했다.[260] 어머니로서 자녀의 미래와 독립국의 성취 중 무엇이 더 중요했을지는 말년의 신마리아가 겪었던 정신적 고통으로 짐작할 따름이다.

예수의 사랑에 감화되어 전도부인들이 실천한 인류애와 동포애는 복잡다단한 현실 속에서 도전받고 시험받았다. 1921년 애국부인회 사건으로 옥고를 치르고 있는 딸 신의경을 기다리다 세상을 떠난 신마리아의 묘비에는 천국을 향한 동시대인의 신앙이 드러나 있다.

申瑪利亞之墓 監校努力 傳道盡意 行爲女範 信克魔試 養姑竭孝 教子以義

259) "Korea-The War," *The Assembly Herald* (July 1904), 427.

260) 고춘섭 편, 『하늘과 땅 사이에서: 순원 신의경 권사 전기』, 98-101.

歸依天國 永享福地.[261)]

해석: 신마리아의 묘라. 학교를 돌보는 데 힘을 쓰고, 전도함에 뜻을 다하고, 행위는 여자의 모범이 되고, 신앙으로 마귀의 시험을 이기고, 효를 다하여 시모를 돌보고, 자녀들은 의로써 가르치고, 천국에 돌아가니 복지에서 영원히 누리소서.

신마리아는 선교사들이 가르친 대로 기독교 가정 안에서 기쁨과 안식을 찾으려 했더라도 그것은 잠시 잠깐의 행복이었으며, 곧 '마귀 시험'과 같은 상실감이 뒤따랐다. 그의 처지는 집안의 기둥인 남편과 나라의 독립을 잃고, 마지막 희망이었던 장남까지 허망하게 잃어버린 절망 그 자체였다.[262)] 또 사랑하는 제자들과 딸이 독립운동에 연루되었다가 고통당하는 것을 볼 때 자신의 기독교적 삶이 부정당하는 듯한 고통이 따랐을 것이다. 그런 사랑과 선의가 배반당하는 현실 속에서도 천국은 이 세상에 속한 것을 상대화시키는 궁극적 존재에 대한 믿음의 보고(寶庫)이며, 이 세상에서 주어진 책임에 충성을 다하고 돌아갈 수 있는 참된 집(home), 본향이기도 했다.

5.4. 자치 단체의 조직과 운영

여전도회는 대사경회나 성경학교, 노회나 총회보다 더 오래된 기원을 가졌다. 여전도회는 1898년 2월 평양에서 가장 먼저 생겨났다고 알려

261) "女敎育界의 恩人, 故신마리아녀사 작일립비식擧行," 「동아일보」, 1921.10.21.

262) 신마리아 가족에게 장남 신경의(수남이)가 대동강에서 익사했다는 전보를 직접 전달했던 당시 연동교회 목사 게일은 신마리아와 조선의 절망적인 처지가 같다고 생각했다. James S. Gale, *Korea in Transition*, 32.

져 있는데, 이신행을 회장으로 하고, 신반석, 박관선, 김성실 등 평양의 처음 여신도 4인을 회원으로 한 최초의 장로교회 여성단체였다.[263] 번하이즐 부인(Helen Kirkwood Bernheisel, 편혜련)에 따르면, 제1 회록에 이 단체의 정신이 기록되어 있었다고 한다.

> 1898년 2월 20일에 평양성내 여전도회가 비로소 창설되었다. 그 제일회록 중에는 이런 말이 기재되었으니 성경에 말씀하시기를 "남에게 주는 것이 받는 것보다 복이 있다 하였고 하나님이 모든 신자에게 의탁하여 죄악에 있는 침륜한 자에게 복음을 전하라 하였으니 이 귀한 책임은 하나님의 사명으로 된 것이라"하였으니 이는 그 전도회의 정신이다.[264]

처음 만들어진 여전도회는 인간의 자애심과 이타적 정신을 하나님의 사명과 연관시켰다. 이러한 해석은 미국에서 여성해외선교운동의 시발점이 된 메리 라이온이 이타적인 자비심(disinterested benevolence)을 선교적 동기로 바꾼 것과 유사하다. 평양성 부인전도회는 한국 여성들이 스스로 만든 단체로서 더욱 의미가 있었다. 앨리스 피시(Alice M. Fish, 곧 마펫 부인이 됨)는 "한국 여성들 스스로 만든 국내신교회(Home missionary society)"에서 두 명의 전도부인을 평양 인근 마을에 파송했다고 한다.[265] 이들은 매달 1전의 회비를 추렴하여 평양 인근에 전도인을 파송했다. 그 첫 번째 파송지는 평양 북쪽에 있는 순안 지역이었다. 두 명의 전도부인은 그곳에 가서 기독교에 대해 희미하게 알고 있는 사람들에게 배움의 열망을 일으키

---

263) 차재명, 『史記』, 74.

264) 곽안련, 『장로교회사뎐휘집』(1935), 133.

265) Alice M. Fish, "Harvest in the North Korea: First Quarter of 1899," *WWW* 14.8 (1899), 214-215.

고, 우상숭배를 버리도록 하고 돌아왔다. 이 여전도회는 평양에 교회들이 분립해 나가서 연합할 필요가 생길 때까지 이신행을 중심으로 계속 활동을 이어 나갔다. 1898년부터 1908년까지 10년 동안 회장 이신행과 회원들은 자신들이 직접 시골 마을을 돌아다니며 사경회를 개최할 뿐 아니라, 더 많은 부인이 참여할 수 있도록 실습의 기회를 가질 만한 동행자를 매번 데리고 다니며 훈련했다.[266] 또 평양지부의 여전도인들이 외국의 자금이나 선교회의 후원을 최소화하고 자급할 수 있었던 것도 여전도회의 노력 때문이었다.[267] 평양 장대현교회를 담당한 마펫 선교사의 감독 아래 활동하는 3명의 전도부인의 사례비는 한국 여성들이 부담하고 있었다.

1908년이 되자 노회 조직과 전도회의 활성으로 부인들도 좀 더 체계적으로 단체를 운영할 동기와 자원이 확보되었다. 10년 전에는 널다리골에서 몇몇 부인들이 모였지만 이제 4개로 늘어난 평양교회들이 연합해서 여선교사들까지 참여했다. 새로운 여전도회의 감독은 베스트와 번하이즐 부인이 맡았는데, 이들의 역할은 조언자로서 외부 자원과 연결해 주는 것이었다. 첫 여전도회 회장 이신행은 1906년 장대현교회에서 분립한 제4교회로 이명 해서 여전히 전도부인이자 여전도회 회장으로 활동하고 있었다.[268] 이 교회의 목회자인 번하이즐 부인은 평양에 독신 선교사로 내

266) "도신행(To Shin Hangie)은 주님과 매우 가까운 삶을 사는 조용한 부인이며 선한(sweet) 영향력을 갖고 있다. 그는 10개의 시골사경회에서 가르쳤으며 평균 40명이 참석했다. 그리고 교회들과 기독교인이 없는 마을들을 방문하는 데 2개월을 보냈다. 그녀 또한 할 수 있을 때마다 교회 여성 한 명을 데리고 다닌다. 그들은 집집마다 방문하거나 길가에서나 들판에서, 우물에서, 빨래터가 있는 냇가에서 여자들에게 전도한다. 오늘 아침에 한 달 동안 쉬지 않고 일하고 돌아와 6개 교회와 22개 마을을 방문했다고 보고했다. 250명의 여자들을 만나고 전도했다." (Mrs. W. L.) Sallie Swallen, "Pyeng Yang Women Developing in Efficiency," *Woman's Work* 23.11 (1908), 259.

267) *KM Report* (1904), 69.

268) 평양 동문에 있는 옛 마포삼열의 사택이자 예배당에서 모이다가 산정현으로 이사해서 훗날 산정현교회로 명명한다. 이신행의 아들 이덕환은 이 교회의 장로가 되었다. 해리 로즈, 『미국 북장로

한해서 결혼한 후에도 오래 사역하며 여전도회 활동과 연합활동을 도와주는 역할을 맡았다.[269)]

> 몇 년 동안 교회 여성들 중 어떤 이들이 돈을 모아 다른 여자들을 시골 지역에 전도하러 파송하는 일에 관심이 있었다. 이 국내선교사역은 이 여성들에 의해 전적으로, 그러나 비공식적으로 이루어졌다. 이제 적합한 조직을 갖추는 것이 고려되었고, 평양에 있는 4개 교회에서 각각 두 명씩 지명되어 베스트와 번하이즐 부인과 상의하도록 했다. 이 위원회 모임은 한국어로 된 의회용어에 익숙하지 않은 미국 회원들에게나 '로버트 회의법'을 쓰는 일에 익숙하지 않은 다른 여성들에게나 흥미로운 것이었다. 임원은 모두 한국인들이며 모두 놀랍게 잘하고 있으며, 이 기독교 사업을 어떻게 수행해야 하는지 좋은 생각을 이끌어냈다.[270)]

당시 평양에 있는 4개의 장로교회의 여성들은 2명씩 대표를 뽑아 실행위원회를 구성하고, 운영에 관해서 여선교사들의 조언을 받았다. 조직의 구조와 운영은 미국 여선교회와 같았지만, 선교사들은 의회 용어의 한국식 표현에 대해서는 잘 알지 못했다. 한국에는 독립협회 활동 당시 윤치호가 번역한 '의회통용규칙'이라는 이름으로 로버트 회의법이 도입되었으며, 애국계몽단체들은 정기적으로 통상회를 가질 때 이 회의법을 사용

회 한국 선교회사1』, 150-152, 차재명, 『史記』, 127-128.

269) 1903년에 내한한 커크우드(Helen B. Kirkwood) 선교사는 1907년 찰스 번하이즐(Charles F. Bernheisel)과 결혼했다. 1941년 만국부인기도회사건에도 관련되었는데 1940년 10월 번하이즐 부인의 집에서 열린 장감 부인연합회에서 만국부인기도회 개최 계획을 의논했다. "1941년 4월 2일 증인 李奎婉 신문조서," 『한민족독립운동사자료집: 만국부인기도회사건II』 62.

270) Helen K. Bernheisel, "Pyeng Yang Women Developing in Efficiency," *Woman's Work* 23.11 (1908), 259.

했다.[271] 독립협회를 시작으로 해서 일어난 민회(民會) 운동의 중요한 부분을 차지하는 단체의 조직과 운영, 회의 진행에 대한 이 회의법은 작은 책자를 공급해서 퍼져나갔는데 「독립신문」, *The Korean Repository*, 「황성신문」, 「대한자강회월보」 등에 책자 광고 형태나 텍스트 내용으로 소개되었다.[272] 게일은 한국인들이 자신들보다 회의진행법을 더 잘 알고 있다고 했다.[273] 1915년에 보낸 번하이즐 부인의 편지에도 평양여전도회가 어떻게 운영되고 있는지 나타나 있다. 여전도회에 합류한 교회의 숫자는 4개에서 7개로 늘어났다.

> 회의는 석 달에 한 번씩 열린다. 모든 여성을 대상으로 하는 총회 전에 단체의 임원들과 7개의 교회에서 각각 3명씩 보내는 대표들로 구성된 실행위원회를 먼저 한다. 이 실행위원회 전에는 다시 재정과, 어떤 부인을 선택해서 어느 곳으로 보낼 것인지 결정하는 위원회가 열린다. 이 소위원회는 보고서를 준비하고 실행위원회에서 발표한다. 이 여성들은 매우 질서정연하다. 사랑하는 할머니 이 부인(Mrs. Ni)이 회장으로 사회를 본다. 그는 모두에게 많은 사랑을 받고 있다. 그녀는 잘 듣지 못하기 때문에 이 자리를 맡고 싶어 하지 않는다. 그러나 부인들은 그녀를 사랑해서 보내려 하지 않는다. 그래서 부회장인 신씨 부인이 곁에 가까이 앉아 도와준다. 회장은 의자에 앉지만 다른 사람들은 모두 마루에 앉는다. 발언하고 싶은 여성은 일어나서 의장에게 알맞은 형식으로 말을 한다. 이 모임에서 보고

271) 신용하, "독립협회의 활동: 의회설립운동," 국사편찬위원회 편, 『한국사』 41 (서울: 탐구당, 1999), 362-363.

272) 류충희, "개화기 조선의 民會 활동과 「議會通用規則」-「의회통용규칙」의 유통과 번역 양상을 중심으로," 「東方學志」 167 (2014.9), 1-32 참조.

273) J. S. Gale, "A Contrast!" *KMF* 5.2 (1909), 21.

서를 받고 승인하는 것 외에도 총회를 위한 프로그램을 정한다.[274)]

먼저 번하이즐 부인은 평양 여전도회의 실행위원회가 실제로 운영되는 모습을 설명한다. 분기별로 열리는 실행위원회가 있고, 그 아래에는 재정위원회와 인선위원회 등의 소위원회가 있어서 이곳에서 세부 사항을 논의해서 보고서를 올리면, 각 교회 대표 2인씩 모두 14명과 여선교사들로 구성된 실행위원회 회의에서 보고서를 받고, 올린 안건에 대해 의사결정과정을 거친다. 회장은 오랫동안 이신행이 맡았는데 일흔에 가까운 노령인지라 귀가 잘 들리지 않아 사임할 의사를 밝혔으나 회원들이 간청해서 회장직을 유지하고 있었다. 부회장 신반석은 청력이 좋지 않은 의장을 도와서 회의가 원활하게 진행될 수 있게 한다. 실행위원회에서는 일 년에 한 번 있는 총회를 어떤 내용과 순서로 구성할지 정했다. 여전도회의 모든 회원들이 참석할 수 있는 총회는 신학교와 같이 많은 인원을 수용할 수 있는 장소에서 열렸다. 지역 여전도회는 회원제로 운영하면서 총대 제도(delegate system)를 두지 않았기 때문이다. 보통 사경회 전후에 전도회 총회를 열어 모금액을 약정하고 계획을 의논했다.

석 달마다 열리는 실행위원회와 별도로 총회는 일 년에 한 번 정초에 열렸다. 1914년에 평양신학교 강당에서 열린 평양 연합 여전도회 총회의 모습은 다음과 같았다.

> 지난 총회는 신학교에서 열렸다. 임원들과 실행위원들은 강단 위에 앉고 위원회에 속한 선교사와 찬송을 인도할 선교사도 강단 위에 앉았다. 우리

274) (Mrs. C. F.) Helen Kirkwood Bernheisel, "The Women's Missionary Society," *Woman's Work* 30.2 (1915), 32-33.

는 "어둔 밤 쉬 되리니(Work for the Night is Coming)"으로 시작했다. 그런 다음 사랑하는 이씨 부인이 가장 진실한 기도로 인도한다. 박씨 부인은 성경을 읽고 황씨 부인은 지난 모임의 보고서를 읽는다. 회계 신씨 부인은 전도 나간 부인들의 비용을 지급하는 데 (미화) 74.75달러를 지출했다고 보고한다. 잔액은 151달러이다! 전도위원회가 보고했다. 박씨 부인과 배씨 부인 두 여성은 북동쪽으로 400리 떨어진 구역에서 3개월을 보냈다. 그들이 34곳을 방문하는 동안 544명이 복음을 들었으며 44명이 믿겠다고 했고, 한 곳에서는 13명의 여자가 가르침을 받았고 박씨 부인은 그들이 모두 신실한 기독교인이라고 보고한다. 보고가 끝난 후에는 세 명의 여성이 연설했다. 박씨 부인은 "감사", 오씨 부인은 "연합", 이씨 부인은 "기도"에 대해 말했다. 그들은 편안하게 각자 12분간 연설했다. 책상 위를 가볍게 치는 것으로 시간이 다 되었다는 것을 알렸다. 그런 다음, 전도하러 나갔던 부인 중 한 명인 박씨 부인이 자신의 경험을 이야기했다. 기도 후에 "예수의 전한 복음 온 세상 퍼지니(The morning light is breaking)"이라는 찬송으로 폐회했다.[275)]

기독교식 예배와 간증의 형태를 빌린 보고, 보고에 대한 반응으로서 토론과 결의 등의 회의 형식이 뒤섞인 총회의 순서는 지금도 그 구성이 거의 변하지 않고 전해져왔을 만큼 여성들의 자치력이 보존되어 온 의례적 통로였다. 번하이즐 부인의 설명에 따라 1914년에 열린 평양 여전도회 총회 순서를 구성해 보면 다음과 같다.

275) (Mrs. C. F.) Helen Kirkwood Bernheisel, "The Women's Missionary Society," 32-33.

여전도회 총회 순서

- 입장 및 착석
- 개회찬송 ………………… 어둔 밤 쉬되리니 ………………… 다함께
- 기　도 ……………………………………………… 회장(이씨 부인)
- 성경봉독 ……………………………………………… 박씨 부인
- 지난 총회록 낭독 ……………………………………… 황씨 부인
- 회계 보고 ……………………………………………… 회계(신씨 부인)
- 전도위원회 보고 ……………………………… 박씨 부인, 배씨 부인
- 연　설
  - 감　사 ……………………………………………… 박씨 부인
  - 연　합 ……………………………………………… 오씨 부인
  - 기　도 ……………………………………………… 이씨 부인
  - 전도보고 ……………………………………………… 박씨 부인
- 기　도 ……………………………………………………… 맡은이
- 폐회찬송 ……… 예수의 전한 복음 온 세상 퍼지니 ……… 다함께

이러한 형식의 회의는 현재 여전도회와 같은 교회 단체에서 이루어지는 총회의 진행 방식과 비교하면 목회자의 설교가 추가된다는 점만 제외하고는 거의 달라진 것이 없다. 교회에서 유일하게 여성들만 모이는 회의는 여성들에게 성만찬과 세례만큼 중요한 의미를 가졌다. 여성들은 전통적인 기독교 성례의 집례 자격을 가질 수 없었지만, 회의법을 익히고 그 규칙 안에서 자신의 의견을 개진하는 방법을 터득하면서 영향력과 권위를 얻을 수 있었다. 자치와 토론에 참여하고, 다른 지역에서 어떤 일이

일어나는지 들으면서 여성들은 전보다 넓은 세계에 자신의 작은 실천이 영향을 미치는 것을 실감할 수 있었다. 1916년에는 8개 교회에서 30명의 실행위원과 300여 명의 회원이 참석한 실행위원회가 열렸을 때에도 이신행이 회장으로 사회를 보았다. 평양외국인학교 교사로 있었던 러켓 부인(Belle S. Luckett)은 이신행이 설교단보다 조금 위로 올라오는 작은 할머니지만, 그 누구도 범접할 수 없는 위엄을 지니고 있었으며, 1898년부터 25년간 여전도회 회장으로 봉사한 여성이라고 소개했다.[276] 벌써 다년간의 회의 경험으로 정해진 시간 안에 회의를 마치기 위해 시간을 지키지 않는 사람에게 경고하는 시계를 설교단 위에 놓고 있었다. 너무 오래 말하는 부인들은 의사봉을 사용해서 앉으라는 표시를 했다. 그는 일흔 살의 노인으로 능숙한 회의 인도자였다.[277]

평양 지역이 남쪽 제주도 선교에 힘쓰는 동안, 같은 시기 평북 지역은 중국과 국경을 접하고 있어서 만주 지역으로 이주한 한국인에 대한 선교적 관심이 일어났다. 그래서 만주 지역으로 한국인을 목회하는 전도인을 파송하기 위해 1910년 여전도회가 정주에서 처음으로 조직되었다. 체이스의 전도부인 박미도[278]와, 나중에 여학교 사감이 된 김신환의 주도로 17명의 회원으로 조직했고, 그다음은 의주에서 38명의 회원으로, 세 번째는 용천군 양시(陽市)에서 조직되었다. 1915년까지 1,400명의 회원을 보유한 58개의 여전도회가 생겨났다.

---

276) 해리 로즈, 『미국 북장로회 한국 선교회사1』, 149-150.

277) (Mrs. S. D) Belle S. Luckett, “With Missionaries’ Children,” *Woman’s Work* 31.2 (1916), 29-30.

278) 박미도는 양반 출신 전도부인으로 김기반이 은퇴한 후 선천 지역에서 사무엘즈와 체이스와 함께 활동했다. Anna Rae Mills, “A Junior Missionary Travel Up North,” *WWW* 25.11 (1910), 255.

양시에서 열린 부인회에 참석했다. 거기에는 큰 교회가 있다. 그 모임은 주대회 단체(synodical society) 같은 것이다. 군에 속한 여러 곳에서 온 단체들이 대표들을 보내고 보고했다. 선교사로 남자를 보낼 것인지 여자를 보낼 것이지, 몇 명을 보내고 돈은 얼마나 손에 들려 보내야 할지 질문이 나왔다. 그들은 두 명의 선교사를 보낼 만한 돈은 가지고 있으며, 그보다 약간 더 있었다. 두 명을 보내야 할까, 아니면 조금 더 보태서 세 명을 보낼 것인가? 여러 사람이 일어나서 발언했다. 어떤 보수적인 부인은 두 명을 보내자고 말했다. 사업수완이 좋은, 아담하고 단정한 부인은 일어나서 사실을 열거했다. 필요한 봉급은 얼마나 되는지, 부양할 가족이 있는 남자는 일하지 않는 휴가 중에도 계속 봉급을 받을 필요가 있다는 점을 상기시켰다. 그다음에는 그들이 그 전에 파송했던 부인이 일어나서 세 명을 보내야 한다고 호소했다. 그녀는 가슴을 움켜잡으면서 사역했던 곳의 사람들이 얼마나 크게 도움을 필요로 하는지, 집으로 돌아올 시간이 되었을 때 자기 친구들을 보고 싶은 마음보다 그들을 남겨두고 떠나는 슬픔이 더 컸다고 말했다. 그때 벽 옆에 있는, 젊음이 가시고 부스스한 머리를 하고, 배운 것은 없지만 진실한 영혼을 가지고 있는 부인이 일어나서 말했다. 그녀의 말은 간단했으나 정곡을 찔렀으며, 미국에 있는 어떤 부인이라도 되지 않으리란 법이 없는, 사랑스러운 품위를 가지고 말했다. 그녀는 선교사가 필요에 대해서 말하는 것을 들었을 때 바로 그 필요를 채우려고 시도해야 한다고 생각했다고 한다. "우리는 예수님이 언제 오실지 알지 못해요. 우리가 돈을 쌓아두면 그분이 오셨을 때 그때는 아무 소용이 없을 거예요." 그녀가 앉고 나서 몇 분 후에 투표를 시작했다. 그들은 긴축해서 더 열심히 노력하고 두 명 대신 세 명을 보내기로 했다.[279)]

279) (Mrs. Cyril) Susie S. Ross, "Glimpses Here and There," *Woman's Work* 30.2 (1915), 39-40.

전도 사업을 위해 여자들이 모여 강연을 듣고 토론을 하는 일종의 교회 부인들의 자치활동은 1910년대에 지역 어디에나 퍼져 비슷한 양상으로 전개되었다.[280] 선교지부 내에 있는 몇 개의 중심지에서 지역 부인전도회가 생겨났는데 규모가 작을수록 구체적인 사업계획을 수립하는 데 직접 참여할 수 있었다. 전도 여행에서 돌아온 전도부인들의 생생한 보고로 인해 사람들의 마음은 더 움직였다. 선교 후원에는 남녀를 가리지 않았으나 남자를 파송하려면 가족의 생활비까지 부담해야 했으므로 구할 수 있으면 독신 여성을 파송해서 더 많은 지역에 전도인을 보내려 했다.

선천을 중심으로 한 평북 지역은 사경회와 부인전도회의 연관성을 가장 잘 보여주는 곳이었다. 사경회는 부인전도회를 조직하는 기회가 되었기 때문에 사경회가 열릴 때 연례 회의를 여는 것은 자연스러운 일이었다. 선천에서 열린 부인전도회 총회에서 사무엘즈(Jane Samuels)는 한국 여성들이 헌금을 하기 위해 어떻게 돈을 모으는지 흥미 있게 바라보았다.

> 매년 가을 사경회의 가장 흥미로운 특징은 부인전도회(Women's Missionary Society)의 연차총회이다. 전체 회의에서는 그들이 보낸 선교사들이 보고하고, 실행위원회의에서는 모든 보고서를 받고 내년 계획을 세운다. 부인전도회는 우리 노회에서 지원하는 18명의 선교사 중 12명을 후원하고 있다. 한국 여성들은 돈이 없기 때문에 나는 그들이 돈을 어떻게 모으는지 듣는 것이 재미있었다. 어느 젊은 부인은 가족이 전도회에 낼 돈을 주지 않으려 해서, 계란 10개를 모아 가까이 사는 가난한 여자에게 주었다. 팔러 갈 수 있을 만큼 닭이 커졌을 때, 그들은 이익을 나누고 둘 다 전도회 회원이 되었다. 어느 노부인은 가입하고 싶었으나 돈을 벌 수

280) 주선애, 『장로교여성사』, 135-136. Sungjin Chang, *Korean Bible Women*, 216-218.

도 없고 팔 물건도 없었다. 남동생이 누이가 치마가 필요하다 생각하고 그녀에게 1원을 주었다. "좋아라!" 늙은 부인은 말했다. "나는 새 치마가 필요 없어요. 이 돈을 전도회에 낼 거예요." 몸이 많이 아픈 할머니 한 분은 "전도회에 가입 못 한 채로 주님 앞에 간다니 너무 부끄러운 일이에요. 내가 가진 건 놋그릇뿐인데, 다시 쓸 일이 없을 것이니 팔아서 그 돈을 전도회에 낼 거예요."라고 말했다. 그렇게 해서 그녀는 본향에 가기 며칠 전에 회원이 되었다.[281)]

회원에게는 회비납부의 책임이 뒤따랐기 때문에 수중에 돈이 없는 부인들은 기발한 방법으로 돈이 될 만한 것들을 팔아서 회비로 충당했다. 여러 면에서 부담이 되는 일이었지만 무슨 일이라도 실천에 옮기고 싶은 여자들은 자신의 의식주 기본 생활에 들어가는 돈을 아껴서 헌금했다. 계란 10개를 밑천으로 제공한 여성과, 그 계란을 부화시켜 닭 10마리를 키운 여성은 서로 동업을 해서 이익을 남겨 여전도회 회원으로 가입할 수 있었다. 깜짝 선물로 생긴 돈을 헌금하기도 했고, 집안 살림 중에서 값이 될 만한 것들을 팔아서 회비로 충당했다.

초기 여전도회는 전도인을 파송하는 것뿐 아니라 젊은 세대의 교육을 위해서 많은 공을 들였다. 그들의 헌금은 장학금이 되고, 기부는 학교 건물이 되었다. 그런데 1910년대부터는 새로운 교육령과 시대의 변화로 기독교 학교의 고민이 깊어가고 있었다. 사숙(私塾)의 형태로 시작한 기독교 학교들은 공립학교와 경쟁해서 시설이나 교사의 봉급 등 여러 면에서 뒤처지고 있었다.[282)] 특히 평양 지역에서는 성경교육과 종교행사를

281) Jane Samuels, "News from the Front," *Woman's Work* 32.10 (1917), 223.

282) *ARWFMS* (1919), 33.

포기하지 않으려고 정부의 인가를 계속 미루고 있었으며, 전쟁으로 물가가 40% 이상 오르면서 학비와 기숙사비를 지불할 한국인들의 어려움은 커졌다.[283] 미션계 학교의 재정난과 종교교육에 대한 융통성 없는 대처로 한국 학생들의 불만은 커졌고, 동맹휴학의 불씨가 되었다. 이러한 교육상의 어려움에도 불구하고 나날이 왕성해지는 단체는 여전도회였다. 1918년 여름, 마가렛 베스트의 집을 방문한 평양여전도회 부인들은 블라디보스토크에 여전도인 한 명(a woman evangelist)과 여매서인 한 명(a Bible woman)을 보내서 거기 있는 한국 부인들을 위해 일하게 할 계획을 세우고 있었다.[284]

결사의 자유가 공식적으로 인정된 1920년 이전에도 교회 안에서는 도르가회(Dorcas Society)라는 자선단체,[285] 여학교를 세우기 위한 교육단체, 예배당 건축 모금을 위한 임시 단체 등 여러 여성단체가 시도되었지만, 여전도회만큼 오래 가고 광범위하게 성공한 단체는 없었다. 여전도회 회의는 한국 여성들이 스스로 사역이 필요한 곳을 찾아내고, 계획을 세우고, 적절한 사람을 배치하고, 평가하는 등 여성들이 가족의 범위를 떠나 처음으로 여성들끼리 사회적 자치를 경험하는 시간이었다. 오래전 미국 여성 교육의 선구자인 메리 라이온의 모토, '대가를 바라지 않는 선행'을 받아들인 미국 여선교사들 전해준 것은 "주는 것이 받는 것보다 복이 있다."라는 여전도회의 정신으로 이해되고 수용되어 여성들의 이타심에 종교적 · 사회적 의미를 부여했다. 한국 여성들은 선교사들이 주장한 자립의 원칙을 수용하면서 자신 안에 있는 능력을 발견했다. 지적인 능력

283) *ARWPBN* (1919), 26.

284) *ARWFMS* (1919), 33.

285) 도르가회는 바느질을 하는 여성들의 자선 모임으로 서울 구리개 제중원과 대구, 부산 등에 있었다고 보고된다.

에 있어서 남자들과 다르지 않다는 점뿐 아니라 단체 경영의 능력과 경제적 주체가 되는 경험을 했다. 또 타인을 위해 봉사할 때 자기효능감은 매우 고조되었다.

제6장
결론

이 책은 19세기 말 20세기 초 서양 선교사와 한국 여성과의 접촉과 상호교류를 통해서 성장한 토착 여성 지도력인 전도부인의 삶과 신앙을 찾기 위해 미국 북장로회 한국 여성 선교를 하나의 사례로 연구했다. 전도부인은 세계적으로 여성 선교 운동이 있는 곳에서 활동한 선교 요원이었던 바이블 우먼이 한국에서 번역된 이름이다. 여선교사들은 전도부인을 훈련하여 자신이 다가갈 수 없는 다양한 계층의 여성들에게 파송했다. 선교사의 눈으로 볼 때, 적은 대가로 복음을 전하는 수고와 희생을 감내한 전도부인은 훌륭한 자원활동가였다. 그런데 전도부인은 선교 현장에서만 유용했던 것이 아니라 문명개화를 원하는 당시 한국의 남성 지식인의 눈에도 여성 계몽을 위한 효과적인 활동가였다. 복음화와 문명화의 두 가지 요구가 모두 필요로 하는 여성계의 지도자로서 전도부인은 근대 초기에 여성을 위한 전방위적 활동을 펼치게 되었다.

한국에서 주류 개신교파를 형성하고 있는 장로교회는 다른 교파에 비해 초기 여성의 역사가 잘 알려지지 않았다. 가장 먼저 한국에 들어와서 선교 현장을 선점하고 후발 장로교파의 협력을 이끌어낸 미 북장로회의 선교적 특성 때문에 여성 사업의 역사가 잘 드러나지 않기도 했다. 미국 장로교회의 여선교회는 교단 해외선교부에 종속되어 있는 구조였으며, 한국에도 그러한 현실이 반영되어 여성 사업이 남성 주도적인 복음 사업에 협력하는 형태로 전개되었다. 여선교사의 절반이 넘는 비율을 차지하고 있었던 부인선교사들은 대부분 남편의 복음 전도 사업을 보조하는 역할을 했다. 수적으로 열세였던 독신 여선교사들은 의료사업과 교육사업을 위한 전문가로 파송되었으나 전체 선교사업의 흐름 속에서 복음

전도 사업에 우선순위를 두었다. 한국 여성의 기독교 스승이 된 미국 여선교사들은 빅토리아적 성별 관념이 내재된, 부인선교사와 독신 여선교사의 후원과 협력이라는 미국 여선교회의 독특한 후원 구조와 함께 한국 여성들에게 선교에 대한 강한 동기를 심어주고자 했다. 미 북장로회의 여성 사역은 아래로부터 대중을 접촉하고 포섭하면서 점차 양질의 여성 교육을 시도했기 때문에 여성 고등교육을 실현하기까지 오랜 시간을 기초를 다지는 데 보냈다.

미 북장로회 한국 여성 사업은 병원과 학교와 같은 기관 중심이 아니라 지역 기반의 작은 기도처 중심으로 활발하게 이루어졌다. 선교의 목표는 기독교적 박애와 평등주의에 기초해서 자립하는 기독교인을 길러내는 것이었다. 선교사업의 출발지였던 서울지부에서 병원 부인과(婦人科) 운영과 여학교 사업은 지지부진했으나, 여자성경반 모임은 초기부터 인기를 끌어 선교사의 집을 찾아온 구경꾼들이 그 모임의 구성원으로 자리 잡기 시작했다. 또 양반 계층의 여성들도 안방을 중심으로 한 심방과 교류를 통해 기독교를 받아들였다. 이렇게 해서 1890년대 중반이면 여성들이 모여서 성경을 공부하는 여성 모임 거점들이 다양한 출신과 배경을 가진 사람들이 드나드는 길목에 세워졌고, 이곳에는 선교사의 서투른 말을 통역하고 다른 여성들의 이해를 돕는 전도부인들이 활동하고 있었다. 이들 중에는 선교사의 순회 여행을 동반하여 길잡이와 보호자 역할을 한 전도부인도 있었고, 스스로 마을마다 다니며 전도한 부인들도 있었다. 초기 전도부인들은 신분과 계층을 막론하고 모두가 하나님의 자녀라는 기독교의 평등적 복음을 전했고, 여성 모임에서는 양반과 상민, 천민이 다 같이 어울리고 있었으며, 서양과 일본 기독교 부인들과도 교류를 가졌다.

종교적 부흥과 근대교육이 교차하는 지점에서 사경회는 서양 문물을 경험하고 새로운 종교 안에서 삶의 의미를 찾으려는 많은 농촌 여성에게 교육의 장이 되었다. 평안도와 황해도 지역은 다른 지역에 비해 사경회가 크게 성행해서 부인 대사경회의 경우 참가자의 수는 수백 명에서 천 명이 넘을 때도 있었다. 여기에 지역에서 열리는 소사경회까지 포함하면 연간 수천 명의 농촌 여성들이 사경회를 통해 성경과 가정, 위생 지식 등을 배우고, 문화적 프로그램을 즐겼다. 사경회는 어린이들에게도 좋은 자극이 되어 시골 출신들이 도시로 나와 공부할 수 있는 동기를 부여하고 교육에 대한 정보가 유통되는 장이었다. 또 평양은 서울에 비해 정치 · 경제적인 부담이 적어서 기독교 교육의 중심지가 되었다.

농촌을 순회하며 여는 작은 사경회와 많은 사람이 한자리에 모이는 대사경회는 세례교인이나 기독교 신자가 아니더라도 참가비를 부담하면 참석할 수 있었다. 이렇게 원하는 모든 사람에게 열려있는 사경회는 자립의 원칙을 고수하면서 더 세분화된 대상과 목적을 가지고 발전했다. 시골에 가서 사경회를 개최할 수 있는 전도부인을 훈련하는 사역자 사경회, 주일학교에서 다른 여성들을 가르치는 교회의 집사와 전도부인, 목회자 부인 등을 대상으로 하는 주일학교 교사 사경회를 포함해서 1910년 평양에서는 여성경학교 체계가 수립되었다. 성경학교 정규과정은 봄에 한 달 반, 즉 10주의 과정으로 5년을 공부하게 되어 있었다. 종래에 운영하던 여사경회는 특별과정으로 편입되어 여성경학교 건물에서는 연중 여름을 제외하고는 쉴 새 없이 프로그램이 운영되었다. 평양 여사경회 체계는 선천과 재령, 강계, 대구까지 영향을 주었으며, 대부분의 지부에서는 남자 성경학교 건물이 서기 전에 여성 사업을 위해 여자성경학교가 들어섰다. 평양 여성경학교는 단지 미 북장로회 지역의 전도부인들만 교육한 것이 아니라 전국에서 학생을 모집했다. 이 학교는 이제 막 완역된 성경의 내용을 과정 중에 모두 습득할 수 있는 성경 과정과, 농촌 여성들을 지도할 수 있는 가정에 관련된 일반교양, 교수법과 전도법을 내용으로 하는 교육과정을 수립했다. 성경학교는 신학교육과 비교해서 목회학과 성경해석에 관련된 주석이나 비평학이 없었던 것으로 보아 '평신도'를 대상으로 한 교육기관이었다. 그러나 자립의 원칙을 지키기 위해서 가난하지만, 등록비를 부담할 수 없는 전도부인은 소속된 교회가 학비를 부담하고 공부와 사경회 인도가 없는 9개월 동안은 교회에서 봉사하도록 했다. 이는 남자 조사들과 같은 고용 체계를 허락하고, 여성에게 교역의 길을 터준 셈이었다.

미 북장로회 선교구역 안에서 전도부인은 다양한 이름으로 불렸는데, 초기부터 두 가지 형태의 지도력이 나타났다. 공동체의 모권 연장자로서의 지도력과 경전을 중시하는 문화에서 성경을 가르치는 교사로서의 지도력이라는 전도부인의 두 가지 유형은 첫 전도부인이었던 할머니와 신마리아로부터 그 가능성이 보였다. 마을로 다니며 전도한 할머니들은 대개 자원하는 전도부인으로서 그들이 뿌린 씨앗으로 교회가 형성되기도 했다. 선교사와 한국교회의 기록이 공통적으로 언급하는 잔다리의 고부인(박산라미), 선천의 김기반, 재령의 송 부인(송영생)은 각각 김포와 선천과 재령 지역에 생긴 교회들이 창립의 기원을 놓친 전도부인들이었다. 이들은 재산을 가진 유력한 부인들이었으나 존경받는 신분의 여성들이 하지 않는 기독교 문서 행상을 하기도 했고, 가마를 타지 않고 여행하며 길에서 마주치는 사람들에게 전도한, 용기와 확신에 찬 여성들이었다. 이들은 모두 나이가 많고 힘이 다할 때까지 전도하러 다니는 것을 하나님이 주신 사명으로 알았다. 송영생의 경우는 전도인이라기보다는 여성 교육의 후원자이자 교회의 어머니로 재령에서 신망이 높았다. 그는 자신이 가지 못하는 곳을 다니는 조사의 생활비를 오랫동안 후원했다.

여조사는 여선교사의 조력자를 뜻하는 말이었으나 점차 교회의 목회를 돕는 사람을 지칭하는 명칭으로 사용되었다. 교회가 당회를 구성하고 조직교회로서 모습을 갖출 때 전도부인들은 여조사로서 목회의 일부분을 감당했다. 소래교회 출신인 여조사 김 부인(안성은)과 평양 장대현교회의 신반석은 새로운 신자의 세례문답 교육을 담당하고, 세례식에서 목사를 보조하는 역할을 했다. 이들은 사람들의 이름과 형편을 다 꿰뚫고 있을 만큼 그 공동체의 주인 역할을 했으며, 자신이 사는 지역에 있는 사람들에 대한 책임감이 강했다. 소래의 김 부인이 황해도의 여조사라고 불린 것은 그가 소래 지역을 벗어나 황해도 지역에서 복음이 닿지 않는 곳에 가서 사람들을 전도했기 때문이었다. 그는 먼 곳에 갈 수 없는 대신 황해도는 자신이 책임져야 할 목회 구역이라고 여겼다. 미 북장로회 한국 여성 사역의 총괄자인 마가렛 베스트에게 있었던 한국인 조력자는 박도신이라는 전도부인이었다. 그는 선교사의 조사로 고용되어 개척하는 선교사를 인도해서 험한 지역까지 순회 여행을 다녔다. 그 역시 평안도와 황해 북부 지역의 여성들을 그리스도에게 인도할 책임감을 갖고 사역했다. 베스트는 박도신이 농촌 여성들을 위해 개최한 사경회가 수도 없이 많고, 그 때문에 어느 해에는 성대가 못 쓸 지경이 되어 휴식을 취할 수밖에 없었다고 했다. 박도신은 성경학교와 젊은 부인들을 위한 일종의 직업훈련학교에서 성경을 가르치는 일을 맡았다. 또 교회의 주일학교에서 여성들을 가르치기도 했다. 그가 다닌 순회 여행의 성격은 성경교사로서 사경회를 개최하기 위한 것이라는 점은 여전도인과는 구분이 된다.

한국 여성들은 여전도회를 통해 자신들이 속한 도의 경계를 다니는 전도부인과 제주도와 같이 먼 지방으로 파송하는 전도부인을 후원했다. 이들은 전도 여행을 마치고 돌아와서 여전도회에서 보고하고 청중에게 호소하여 전도의 열정을 고취시켰다. 여전도회 총회는 이런 선교 보고가 줄줄이 이어지는 기회였는데 미국 여선교사들은 이 익숙한 장면을 한국에서 보게 된 것을 기쁘게 여겼다. 한국에 있는 여전도회 중 가장 역사가 깊고 왕성했던 평양 여전도회의 이신행은 25년이나 지도적 위치를 지켰다. 그는 평양에 있는 교회의 어머니이며, 선교사와 신자들의 사랑과 신뢰를 받았다. 미국 여선교회도 단체의 초기에는 회장의 임기가 정해져 있지 않았으며, 그 지역에서 신망 있는 여성이 오랫동안 회장직을 수행했던 것으로 보아 지금과 같은 민주적 지도력 이양은 그 여성들의 관심사가 아니었다. 이들은 젊은이들을 교육하고 불신자를 전도하는 일에 모두가 참여할 수 있도록 누군가 지도력의 구심점을 만들어 주는 것을 원했던 것처럼 보인다. 이신행이 은퇴한 후에는 한영신 권사가 그 자리를 이어받아 여성들을 대표했다. 또 평양노회가 분립해서 다른 노회들이 주변에 성립되었는데, 석유실은 평서노회에 속한 여전도회를 이끌었다. 그는 평양 여성경학교의 1회 졸업생으로 성경 교사가 되었다. 박도신과 마찬가지로 사경회 인도는 그의 주력 분야였다. 그는 39년 동안이나 전도부인으로서 사역하고 은퇴했다. 은퇴 후에는 권사회의 회장으로 활동한 것을 보아 젊은 시절에는 성경교사로서 경력을 쌓고, 은퇴 후에는 그 지역의 원장사로서 존경받았다. 석유실의 경우를 보면 환갑은 전도부인의 은퇴식이 되곤 했다. 그는 마지막 사경회를 마치고 환갑 기념으로 모든 학생과 선교사들과 함께 기념 촬영을 남겼다. 그렇게 은퇴한 후에는 무급권사로 교회의 일을 계속 돌보았다. 무급권사 중에는 은퇴한 권사가 아니라 집사에서 권사로 택정되어 유급권사의 일을 돕는 이들도 있었다. 이들은 오늘날의 권사 직분에 가까우며, 권사회라는 별도의 조직을 통해 유급, 명예권사들과 협력했다.

장로교 전도부인은 평양 여성경학교의 설립을 전후로 해서 초기의 교회 개척자에서 성경 교사로 그 특성이 변화해 갔다. 개척기의 전도부인들은 대체로 1900년 이전에 입교한 여성들이었으며, 대부분 자원활동가인 무급 전도부인들이었다. 이들이 무급으로 일하는 것을 당연하게 여겼던 것은 자신이 거주하는 지역을 중심으로 활동했기 때문이었다. 선교사들이 상주하지 않는 시골 지역에서 여성 지도력은 지역민들의 신뢰를 기반으로 했다. 그들은 선교사가 들어오기 이전부터 그 지역에서 살고 있는 여성들이거나 친분이 있는 사람들과 연결되어 있었다. 그래서 여선교사가 방문하기 이전에 이미 인간관계로 형성된 신뢰를 바탕으로 신자들을 모았다. 여성들이 기부한 토지와 가옥이 예배당이나 여학교로 사용된 사례도 많다. 그 지역의 지도력을 인정해 주는 선교사들의 정책은 장로교회가 상향식 의회 정치 구조를 가지고 목회자 청빙 제도를 운용하는 것과 무리 없이 연결되었다.

초기의 여조사는 독립적인 전도 활동을 하면서 여선교사의 순회 여행을 도울 때 한시적으로 조사 역할을 했다. 여조사는 개척하고 순회하는 선교사의 조사에서 점차 교회 목회자의 조력자가 되었다. 권사는 전도인과 조사의 중간 역할을 하면서 여성들 사이에서 강력한 지도력을 행사했다. 이들은 외지에서 전도인으로 일하다가 교회로 돌아오면 집사나, 여전도사라고 불리기도 한 여조사의 위치에서 사역을 계속했다. 그러므로 전도부인은 돌아갈 근거지가 있으며, 자신이 사는 지역에서 아낌없는 물적, 영적, 심리적 지원을 받았다. 경제적 대가와 사회적 인정이 보상으로 주어진 전도부인들은 대체로 만족하면서 사역했고, 교육 수준이 높은 새로운 세대의 여성들이 교역에 진입할 때에도 은퇴한 명예권사로서 기꺼이 협력했다. 이들은 자신들이 하는 사역을 '하나님의 일'로 여기며 임노동의 영역으로 생각하지 않았다. 또 심한 경제적 어려움이 있을 때는 공동체의 상호부조를 통해 해결하는 길이 있었다. 아직 농업을 기반으로 한 사회였기 때문에 물물교환과 실물거래를 통해 생존에 필요한 자원은 확보할 수 있었다.

초기 기독교의 가르침은 한국 여성들이 본래 갖고 있던 종교적 개념들을 바탕으로 이해되었다. 여성들은 복음서에 나오는 귀신과 예수의 축사 사화, 세상을 떠난 자녀나 어머니와의 재회할 수 있는 내세의 약속, 지난 과오에 대한 도덕적 정화를 가능하게 하는 예수의 능력 등에 관심을 가지고 기독교에 입문했다. 이러한 기독교의 가르침은 여성들이 내면에서 씨름하고 있었던 실존적 문제들을 들추어냈으며 '천국을 열어놓고 기다리시는 사랑의 하나님'을 보여주었다. 선교사들도 본래 의도한 가르침을 청중의 수준에 맞추어 전하다 보니 천국이라는 이상적 세계가 초기 복음에서 두드러졌다. 여성의 개종은 가부장적 질서 안에서 개인의 문제가 아니라 공동체의 존속을 위협하는 일이었기 때문에 새로운 종교가 그 위험을 보상해 줄 만한 대체적 기능을 가질 때 여성들은 옛 종교를 포기했다. 기독교는 가족 중심의 의례인 제사 대신에 가정예배를 도입했고, 풍수와 제사를 통해 가문의 번영과 존속을 유지하려는 욕구는 자녀의 미래를 보장하는 근대식 교육으로 옮겨갔다.

세례와 함께 주어진 여성의 이름은 비로소 여성들이 가정 밖의 세계에서 활동하는 시작점이 되었다. 그 이름의 쓰임새는 교회에서 먼저 나타났다. 여성들은 각종 모임에 참석할 때 이름 아래 자신의 공적이 쌓이는 것을 확인하고, 그 이름이 기도와 목회적 돌봄 아래 기억되는 것을 기독교인의 특권으로 여겼다. 특별히 그것은 곧 재림하실 예수와의 대면을 준비하는 것이기도 했다. 즉, 기독교식 이름은 종말론적 의미와 사회적 의미를 동시에 갖는 것이었다. 기독교는 여성들이 읽을 수 있는 문자로 성경과 여러 교양서, 기독교 이해를 돕는 서적들을 출판하고, 이를 사경회나 주일학교에서 함께 읽거나 강의를 통해 전달했다. 세례문답 교육과 주일학교, 연례 사경회 등을 통해서 '공부'의 과정을 통과한 여성들은 지적으로 성장했고, 전달된 지식과 여성 모임이 주는 비일상성에서 천국의 의미를 확장해서 이해했다. 천국은 내세를 의미하는 것뿐 아니라 하나님의 조건 없는 사랑과 은혜를 받은 기독교인의 친교 속에서 현실화되며, 각 개인 안에는 이웃을 향한 자애심과 이타적 봉사의 정신이 고취되었다. 초기에 번역된 복음서는 여성들이 이해하기 쉬운 농경사회의 비유 때문에 쉽게 수용되었다. 이는 여성들 사이에 임박한 예수의 재림 신앙을 낳았고, 빈자와 약자를 돌보는 것이 곧 예수를 대접하는 것이며, 천국 백성이 되는 길이라는 가르침으로 여성들의 신앙적 실천에 큰 영향을 주었다. 개인의 작은 신앙적 실천과 헌신은 이 세상을 변혁하는 씨앗이 될 것이라는 믿음은 천국의 비유들 때문에 가능했다. 일시적이고 사라지는 이 세상의 선한 노력들을 영속시키기 위해 여성들은 일상의 실천 속에서 천국의 비유를 다양하게 변형하고 활용했다.

전도부인의 자질 중에서 간과되어 온 것은 아마도 이들의 해석학적 능력일 것이다. 이들의 성서 해석과 기독교 메시지의 재구성은 엘리트 신학자들에게 '미신적'이며 '기복적' 신앙으로 보였기 때문에 제도권 안의 신학적 논의에서 제외되었다. 전도부인은 현장에서 즉각적으로 '말하는 자'로서 권위를 가졌으며, 설교문을 쓰거나 책을 출판할 필요를 거의 느끼지 못했다. 다만 후손의 기억과 선교사의 기록 안에 그들의 단편적인 '말'과 실천적이며 실존적인 신앙이 남아있을 뿐이다. 그 남아있는 기록으로 판단하건대 전도부인은 자신들이 모범으로 삼았던 여선교사들이 가진 신학적 한계를 뛰어넘을 수 있는 새로운 신학을 만들거나 교파의 전통을 비판할 수 있는 성서 해석의 눈을 가지지는 못했다. 그들은 이제 막 성경을 배우기 시작한 사람들이었으며, 그 안에서 발견한 새로운 지적·종교적·역사적 전통을 발견하는 것만으로도 자신을 속박하는 전통으로부터 자유와 해방감을 누렸다.

사경회에서는 여선교사의 가르침과 전도부인의 이해와 해석에 따라 기독교 신앙과 근대적 지식을 조합한 '여성 지식'이 형성되었다. 교육의 기회를 누리지 못한 많은 여성이 배움을 갈망하며 사경회와 여성 모임을 통해 '공부'하러 교회를 찾았다. 이들이 받은 교육의 내용은 예수의 비유를 비롯한 영적, 도덕적 교훈과 근대 과학적 지식이 혼재된 것으로 당시 선교사와 전도부인의 독특한 메시지를 형성했다. 기독교와 함께 간단하게 소개된 천문학, 지리, 위생학, 생리학 등의 과학은 이 여성들에게는 분리되지 않은 하나의 진리였으며, 일종의 '거룩한' 지식이었다. 이들은 근대 지식과 성경 이야기가 결합한 복음이 전파될 때 하나님 나라가 확장된다고 인식했고, 지식과 종교를 분리하는 총독부 정책에 대해서는 위협을 느꼈다. 즉, 이들에게 기독교는 세계를 이해하는 지혜의 근원이며, 지식의 일탈을 막는 보호자이며 인도자였다. 따라서 전도부인들은 세속화되는 교육 환경을 이해하지 못했다. 그럼에도 불구하고 어머니 세대는 종교 활동을 통해 근대교육의 혜택을 자녀 세대에 누릴 수 있는 사회적 토대를 마련해 두었고, 기독교 교육을 받은 어린 소녀들은 자라서 신여성의 시대를 열었다.

전도부인의 사회의식은 사경회와 교회 생활을 통해 점차 확장되었다. 이들에게 주어진 일차적인 책임은 가정의 기독교화였으며, 기독교를 통해 여성이 존중받고 부부가 화목한 가정을 일구는 기독교 가정의 전파자가 되었다. 그러나 대부분이 과부이거나 남편과 이런저런 이유로 일찍 헤어진 여성들이 대부분인 전도부인에게 일부일처의 행복한 가정이라는 이상은 달성하기에 어려운 것이 현실이었다. 오히려 사경회와 같은 비일상적인 경험은 여성의 사회적 시야를 넓혀주었으며, 인생의 '참 재미'를 알게 했다. 함께 공부하고 숙식을 같이하며 즐거운 순간을 함께 한 동료 여성들과 생긴 유대감은 가정 밖에서 사회를 경험하는 첫걸음이었으며, 여성들 간의 자매애와 지역을 넘어선 동포 의식이 형성되었다. 이러한 경험 외에도 복음서의 종말론은 전도부인의 사회적 실천에 영향을 준 한 가지 요인으로, 전도부인들은 예수의 임박한 재림을 확신했고, 그의 말씀대로 사랑을 실천하는 '착하고 충성된 종'으로서 약자와 빈자를 돌아보는 사회적 구제를 실천했다. 또 그리스도의 참사랑으로부터 나오는 고통당하는 동포에 대한 연민과 정의감으로 인해 전도부인들은 비폭력적 방식으로 독립운동에 참여했다. 비록 만세운동은 좌절되었지만, 전도부인의 후예들은 평등과 인간의 존엄이 침해당하는 식민치하에서 동포 여성의 삶을 개선하기 위해 노력했다. 무엇보다 선교사들은 전도부인들이 사람의 감정을 잘 읽고 사람에게서 가능성을 발견하는 능력이 있었기 때문에 환영받았다고 했다. 전도부인이 가진 공감 능력과 사람에 관한 관심은 사회적 훈련을 거치면서 가르치는 능력과 단체를 운영하는 능력으로 발전했다. 장로교회에서 단체를 이끌 수 있는 지도력은 점차 전도부인의 중요한 자질이 되었다.

전도부인들은 자신이 살고 있는 도시와 마을을 넘어서 더 넓은 사회를 인식하게 되면서 타지에 사는 여성들에게도 관심을 가지게 되었다. 이러한 각성에 이른 여성들은 자치 단체인 여전도회를 조직하고, 그리스도의 사랑에 충동된 이타심을 발휘하여 자신이 가진 시간과 재물을 나누는 것을 실천하기 시작했다. 전도부인의 사회적 활동의 구심점은 바로 여전도회였다. 이 자치 단체는 여성들의 사회의식이 구현된 하나의 실체로서 여성들은 회비를 내면 회원 자격을 얻었고, 임원을 선출할 수 있고, 정기적인 회의에 참석할 수 있었다. 곧 자신들이 낸 회비가 모여서 이룬 꽤 많은 재정을 어디에 어떻게 쓸 것인지에 관한 토론과 결의가 회의에서 뒤따랐고, 필요한 곳에 전도부인을 파송해서 일종의 프로젝트를 수행하고 돌아오면 보고를 받았다. 이러한 자치와 단체 운영의 경험을 통해 여성들은 개개인의 선의와 헌신이 혼자서는 할 수 없는 연합의 힘으로 일을 성취하는 것을 보았고, 이러한 여전도회가 꽤 오랫동안 유지될 수 있는 집단의식을 형성했다. 또 여성이 여성을 후원해서 경제적 독립을 성취한다는 것은 사회에 전문직 여성이 활동할 수 있는 길을 열어놓은 것으로 의미가 있었다. 회의를 통한 단체 운영의 경험과 기술은 거의 변형되지 않고 기독 여성들을 통해 전달되어 현대 여성단체의 씨앗이 되었다는 점은 또 다른 주제의 연구가 될 것이다.

미 북장로회 선교 지역에서 오래된 역사를 가지고 있으며, 여성 사업이 비교적 성공한 곳은 서울, 그리고 평안도와 황해도 지역이었다. 장로교회의 여성 사업은 지역 교회와 사경회 제도, 여선도회를 통해서 발전해 왔으며, 그 안에서 한국인 여성 지도력이 성장했다. 장로교회의 여성 지도력은 남성과의 협력과 전체 공동체와의 조화를 중시하며 형성되었으며, 이는 가부장적 질서를 존중하면서 여성의 자치 공간을 별도로 만드는 것으로 타협점을 찾은 것처럼 보인다. 즉, 여성들은 교회 안에서는 순종적이며 희생적인 태도로 목회에 협조했으나 여성 별도의 공간에서는 용기와 결단력이 필요한 실천을 단체의 이름으로 감행할 수 있었다. 전도부인은 보수적이면서 급진적이고, 매우 신앙적이면서 계몽적인 여성들이었으며, 교회 안에 있는 것 같지만 교회 밖 사람들에게도 잘 알려져 있었다. 이런 양면적인 특징은 여성이 남성중심적인 제도 안에서 자신이 원하는 바를 달성하고자 하는 하나의 전략으로 보인다. 장로교회의 전도부인들은 교회 안에서 정당한 법적인 지위를 얻기까지 무척 긴 시간을 보내야 했지만 그 현실을 묵묵히 견디면서 여성 간의 유대관계를 바탕으로 사역의 현장을 개척해서 교회의 영역을 넓혀 왔다. 기독교 여성들은 교회 밖에서 여성계를 주도할 수 있는 정보와 교육받은 여성 지도자와 여전도회라는 대중적 기반이 있었기 때문에 1920~30년대 여성계를 형성하는 데에도 영향을 미쳤다. 그리고 여성들의 자치 능력을 배양하고 전수해 온 여전도회는 해방 이후에도 다방면으로 발전한 여성단체의 원형이라 할 수 있다.

이 책은 미국 북장로회 한국선교회의 자료를 통해서 제한적으로나마 서울과 평양을 중심으로 신여성이 등장하기 이전의 전도부인의 활동과 신앙 세계를 추적했다. 미국 북장로회 선교회 지역 중에서 꽤 활발한 여성 사업이 이루어진 선천과 대구, 안동 지역에서 활동했던 전도부인들의 구체적 이름과 활동 사항을 더 밝히지 못했다. 그 지역을 담당했던 여선교사의 자료를 아직 섭렵하지 못했기 때문이다. 북장로회 외의 다른 선교회들이 들어간 함경도와 경상남도, 전라도 등의 지역에서도 여선교사와 전도부인이 함께 협력해서 일한 사례는 앞으로 더 연구해야 할 과제이다.

참고문헌과 부록

참고문헌

1차 자료

가. 정기 간행물

「그리스도신문」(1897-1907). 「기독신보」(1915-1937). 「대한매일신보」. 「동아일보」. 「매일신보」. 「예수교신보」(1907-1910). 「예수교회보」(1910-1914). 「녀ᄌ지남」. 「신학지남」. 「신학월보」. 「조선신문」. 「한성주보」. 「황성신문」

The Assembly Herald. The China Medical Journal. The Korean Repository. The Korea Field. The Korea Mission Field . The Korea Review. The Missionary Review of the World. Woman's Work for Work and Our Mission Field (1885-1897). *Woman's Work for Woman* (1897-1904). *Woman's Work* (1905-1921)

나. 역사서, 고서 및 회고록

게일 부부 역. 『텬로력뎡』. 서울: 삼문출판사, 1895.

기포드, 다니엘. 『복음요사』. 예수교, 1896.

곽안련 편저. 『長老敎會史典彙集』. 경성: 조선예수교서회, 1918.

_____. 『장로교회사뎐휘집』. 평양: 북장로교회선교회, 1935.

노불 부인 편. 『승리의 생활』. 조선기독교창문사, 1927.

白山. "傳道婦人의 責任." 「選民」 창간호. 경성: 選民社, 대정8년(1919) 1월: 17-21.

원두우. 『찬양가』. 예수셩교회당, 1894.

지규식, 『荷齋日記』 九권, 乙巳年(1905년). 서울역사편찬원 해제본.

차재명. 『朝鮮예수敎長老會史記』. 경성: 조선기독교창문사, 1928.

Allen, Horace N. *Things Korean: a collection of sketches and anecdotes, missionary and diplomatic*. New York: Fleming H. Revell Co., 1908.

Baird, Annie Laurie. *Daybreak in Korea: A Tale of Transformation in the Far East*. NY: Fleming H. Revell Company, 1909.

Baird, Annie Laura Adams. *Inside Views of Mission Life*. PA: Westminster Press, 1913.

Clark, Charles C. "Memories of Sixty years." (1954). 박용규 역. "곽안련 선교사 60년 회고록." 「신학지남」238호 (1993 겨울): 196-226.

Gale, James S. *Korea in Transition*. New York : Educational Dept., the Board of Foreign Missions of the Presbyterian Church in the U.S.A., 1909.

Gale, Annie Heron. "Dawn in the Land of Morning Calm." *Quarterly Review: A Journal of Univ. Perspectives*, 52. Ann Arbor, MI: Autumn, 1945.

Hardin, Julia Stevenson. *Presbyterian Women in Eastern Lands*. New York: Women's Board of Foreign Missions of the Presbyterian Church, unknown year.

Historical Sketch of the Missions in Korea. PA: The Women's Foreign Missionary Society of the Presbyterian Church, 1897.

Parsons, Ellen C. *Fifteen Years in the Korea Mission*. New York: The Board of Foreign Missions of the Presbyterian Church in the U. S. A., 1900.

Pitman, Emma Raymond. *Indian Zenana Missions: Chief Need, Origin, Objects, agents, Modes of Working, and Results*. John Snow and Co. 1896.

Rhodes, Harry. *The History of the Korea Mission of the Presbyterian Church of the U.S.A. 1884-1934*. Seoul: The Chosen Mission Presbyterian Church, U.S.A., 1934.

Sauer, Charles A. ed. *Within the Gate*. Korea Methodist News Service, 1934.

The Quarto-centennial Papers read before the Korea Mission of the Presbyterian Church in the U.S.A. at the annual meeting in Pyeng Yang, August 27, 1909. Pyeng Yang, 1909.

The Fiftieth Anniversary Celebration of the Korea Mission of the Presbyterian Church in the U.S.A. Seoul: YMCA Press, 1934.

Underwood, Lillias Horton. *Fifteen Years among the Top-knots*. NY: American Tract Society, 1904.

__________. *With Tommy Tompkins in Korea*. NY: Fleming H. Revell Co., 1905.

다. 회의록 및 교회 기록물

「경기충청노회록」. 대한예수교장로회. 1907-

「김포읍교회 당회록」. 1913-1928. 김포중앙교회 소장.

「됴션예수교장당로회 승동교회교인명부」. 발행지 불명, 1924. 연세대학교 국학자료실 소장.

「상십리교회 당회록」. 승동교회 역사관 소장.

대한예수교장로회 승동교회. 「승동공보」

「신마리아 수첩」. 1912. 연동교회 역사관 소장

「조선예수교연합공의회 회의록」. 서울: 조선예수교연합공의회, 1918-1932.

「조선예수교장로회 독노회록」 제1회-제5회. 서울: 조선예수교장로회, 1907-1911.

「조선예수교장로회 총회록」 제1회-제25회. 서울: 조선예수교장로회, 1912-1936.

Annual Report of Syen Chyun Station, 1901-1902.

Annual Report of the Woman's Foreign Missionary Society of the Presbyterian Church. Philadelphia, 1886~1919.

Annual Report of the Woman's Presbyterian Board of Mission of the Northwest. Chicago, 1889~1893.

Annual Report of the Board of Foreign Mission of the Presbyterian Church of the U.S.A. New York, 1889~1912.

Annual Report of the Woman's North Pacific Presbyterian Board of Missions. Portland, U.S.A., 1893-1901, 1920.

Minutes and Reports of the Annual Meeting of the Korea Mission of the United Presbyterian Church in the U.S.A. Seoul: United Presbyterian Church in the U.S.A., 1894~1920.

Standing Rules and By-laws of the Korea Mission of the Presbyterian Church of the U.S.A., 1891.

Standing Rules and By-laws, Korea Presbyterian Mission, 1901.

Minutes and Reports of the Annual Meeting of the Council of the Presbyterian Missions in Korea, 1904, 1906.

라. 기타 영인본 및 자료집

김승태·박혜진 엮음. 『내한선교사총람: 1884-1984』. 한국기독교역사연구소, 1994.

김인수 편역. 『편하설 목사의 선교일기(1900-1907)』. 쿰란출판사, 2004.

______. 『헤론 의사의 선교 편지』. 한국교회사연구원, 2007.

______. 『제임스 S. 게일목사의 선교편지(1891-1900)』. 쿰란출판사, 2009.

______. 『빈튼 의사의 선교편지』. 쿰란출판사, 2015.

로제타 홀. 『로제타 홀 일기 1』. 김현수·강현희 역. 홍성사, 2015.

______. 『로제타 홀 일기 2』. 김현수·강현희 역. 홍성사, 2016.

______. 『로제타 홀 일기 3』. 김현수·강현희 역. 홍성사, 2016.

______. 『로제타 홀 일기 4』. 김현수·강현희 역. 홍성사, 2016.

문백란·김도형 편역. 『연·세전 교장 에비슨 자료집(I)-국내발행 영문잡지 기사』. 도서출판 선인, 2017.

박형우 편역. 『에스터 L. 쉴즈 자료집 I: 1868-1911』. 연세대학교 대학출판문화원, 2016.

『새문안교회문헌사료집 제1집』. 새문안교회, 1997.

『신문내교회 제직회록: 1914-1928』. 새문안교회, 2010.

『연동교회 세례교인 명부(1896-1911)』

『연동교회 직원명단(1925)』

옥성득·이만열 편. 『대한성서공회사 자료집 1: 로스 서신과 루미스 서신』. 대한성서공회, 2004.

옥성득·이만열 편. 『언더우드 자료집 1』. 연세대학교 출판부. 2005.

______. 『언더우드 자료집 2』. 연세대학교 출판부. 2006.

______. 『언더우드 자료집 3』. 연세대학교 출판부. 2007.

______. 『언더우드 자료집 4』. 연세대학교 출판부. 2009.

______. 『언더우드 자료집 5』. 연세대학교 출판부. 2010.

옥성득 편. 『마포삼열 서한집 1』. 두란노아카데미, 2011.

______. 『마포삼열 자료집 1』. 새물결플러스, 2016.

______. 『마포삼열 자료집 2』. 새물결플러스, 2016.

______. 『마포삼열 자료집 3』. 새물결플러스, 2017.

______. 『마포삼열 자료집 4』. 새물결플러스, 2017.

『한국교회 전도부인자료집』. 한국기독교역사연구소, 1999.

『한민족독립운동사자료집: 만국부인기도회사건1-4』. 국사편찬위원회, 2005.

『친일반민족행위관계사료집 13, 일제강점기 유학계의 친일협력과 친일한시』. 친일반민족진상규명위원회, 2009.

Bruen, Henry Munro. *40 years in Korea*. 한국기독교역사연구소, 1998.

Letters and Reports of the Korea Mission of the Presbyterian Church in the U.S.A.(1884-1920) 한국기독교역사연구소, 1997.

Noble, Mattie W. *The Journals of Mattie Wilcox Noble: 1892-1934*. 한국기독교역사연구소, 1993.

Oak, Sung-deuk. *Sources of Korean Christianity*. 한국기독교역사연구소, 2013.

마. 사전류

Gale, James S. 『한영ᄌ뎐: A Korean-English Dictionary』. Yokohama: Kelly & Walsh, 1897.

Hepburn, James C. *Japanese-English and English-Japanese Dictionary*, 4th Ed. Tokyo: Z.P.Maruya & Co. Ld, 1888.

Underwood, Horace G. 『한영ᄌ뎐: A Concise Dictionary of the Korean Language in two parts Korean-English & English-Korean』. Yokohama: Kelly & Walsh, 1890.

바. 디지털 자료

기독교대한감리회 역사정보자료실 https://his.kmc.or.kr/history

대한민국신문아카이브 https://nl.go.kr/newspaper/

명지대학교 한국관련 서양고서DB http://www.e-coreana.or.kr/

서울역사편찬원 https://history.seoul.go.kr/

왕립아세아학회한국지부 e-Book아카이브 http://raskb.inje.ac.kr/

연세대학교 학술정보원 디지털 컬렉션

기독교고문헌 https://library.yonsei.ac.kr/digicol/list/2

기독교고잡지 https://library.yonsei.ac.kr/digicol/list/3

한국사데이터베이스 http://db.history.go.kr/

한국역사정보시스템 http://koreanhistory.or.kr/

한국민족대백과사전 https://encykorea.aks.ac.kr/

한국종합고전DB https://db.itkc.or.kr/

Hathi Trust Digital Library https://www.hathitrust.org/

Presbyterian Historical Society Archive Collection

Yale Digital Library Day Mission Archive https://web.library.yale.edu/divinity/digital-collections/

Princeton Theological Seminary Archive: Majority World Collection https://archive.org/details/majorityworldcollection

UCLA 한국기독교 아카이브 http://koreanchristianity.cdh.ucla.edu/

2차 자료

『신소설전집: 개화기문학6』. 서울: 계명문화사, 1987.

강선미. "조선 파견 여선교사의 역사적 성격." 「한국기독교역사연구소소식」 58 (2003): 13-25.

강선미. 『한국의 근대 초기 페미니즘: 서양여선교사와 조선여성들은 어떻게 만났을까』. 파주: 푸른사상, 2005.

거다 러너. 『왜 여성사인가』. 강정하 역. 서울: 푸른역사, 2006.

______. 『역사 속의 페미니스트: 중세에서 1870년까지』. 김인성 역. 서울: 평민사, 2007.

고가연. "『한영[자]뎐』(1890) 분석연구." 석사학위논문. 연세대학교 교육대학원, 2015.

고미연. "韓國女性의 頭飾에 관한 硏究: 朝鮮時代를 중심으로." 석사학위논문. 숙명여자대학교 대학원, 1993.

고춘섭. 『연동교회 100년사: 1894-1994』. 대한예수교장로회 연동교회, 1995.

______. 『순원 신의경 권사 전기, 1898~1988』. 서울: 금영문화사, 2001.

______. 『연동교회 애국지사 16인 열전』. 대한예수교장로회 연동교회, 2009.

______. 『연동교회 120년사: 1894-2014』. 대한예수교장로회 연동교회, 2015.

곽안련. 『한국교회와 네비우스 선교 정책』. 박용규·김춘섭 역. 서울: 대한기독교서회, 1994.

규장각한국학연구원 편. 『조선 사람의 조선여행』. 파주: 글항아리, 2012.

기독교여성평화연구원 편. 『여성·평화: 연구총서 제4집』. 서울: 평화사, 1992.

김경미 외 5인. 『한국의 규방문화』. 서울: 박이정, 2005.

김경일 외. 『한국 근대 여성 63인의 초상』. 성남: 한국학중앙연구원, 2014.

김경한. "한국 성결교회 전도부인의 활동과 복음전도 활성화에 관한 연구." 박사학위논문. 서울신학대학교 대학원, 2015.

김권정. "기독교와 아시아 사회: 평등사상과 불평등한 신분제의 만남." 숭실대학교 기독교사회연구소, (2001): 1-14.

김나원. "韓國 近代 初期 基督敎 揷畫 硏究." 석사학위논문. 홍익대학교, 2013.

김미영. "1920년대 신여성과 기독교의 연관성에 관한 고찰." 「현대소설연구」 21 (2004.3): 67-96.

김선경. "우리 시대의 마지막 증언(12): 장대현교회에서 남대문교회까지." 「목회와 신학」 28

(1991.10): 182-189.

김수경. “전도부인이 초기 한국교회에 끼친 영향 연구.” 석사학위논문. 한신대학교 신학전문대학원. 2004.

김영민. “근대 계몽기 기독교신문과 한국 근대 서사문학-「죠션크리스도인회보」와 「그리스도신문」을 중심으로.” 「동방학지」 127 (2004): 245-286.

______. “한국 근대 초기 여성담론의 생성과 변모(2): 근대 초기 잡지를 중심으로.” 「현대문학의 연구」 60 (2016.10): 129-173.

김영범. “사회사 넘어서기와 신문화사.” 「창작과 비평」 29.1 (2001): 379-388.

김예림·김성연 편. 『한국의 근대성과 기독교의 문화정치』. 서울: 혜안, 2016.

김욱동. “‘순교자’ 작가 김은국의 행적을 찾아서.” 「신동아」 546 (2005.3): 316-330.

김은정. “선교사 해리엇 깁슨에 대한 연구: 헤론 부인, 그리고 게일 부인.” 「한국기독교와 역사」 46 (2017.3): 5-34.

김종수. “일제 강점기 경성의 출판문화 동향과 문학서적의 근대적 위상.” 「서울학연구」 35 (2009): 247-272.

김중위. “생각지도 않은 문단 생활이라니!” 「수필시대」 14 (2019 봄): 108-118.

김태웅. 『신식 소학교의 탄생과 학생의 삶』. 서울: 서해문집, 2017.

김태준. 『증보조선소설사』. 서울: 한길사, 1990.

김폴린. “휘장치고 세례받던 조모 전삼덕 권사.” 「기독교사상」 29.11 (1989): 156-160.

김필례. “여성 교육의 선구자.” 「기독교사상」 9.10 (1965): 90-96.

김현숙. “근대 초기 기독교 여성과 기독교적 여성교육.” 「기독교교육논총」 58 (2019.9): 17-58.

남기현. "1909년 국민대연설회 전후 대한협회의 행보.” 「인문과학연구」 24 (2017): 161-184.

남혜린. “1920~1930년대 '직업부인'의 등장과 그에 대한 인식.” 석사학위논문. 창원대학교 교육대학원, 2011.

데이비드 J. 보쉬. 『변화하는 선교: 선교신학의 패러다임 전환』. 김만태 역. 서울: 기독교문서선교회, 2017.

로버트 단턴. 『고양이 대학살: 프랑스 문화사 속의 다른 이야기들』. 조한욱 역. 서울: 문학과지성사, 1996.

로버트 위브. 『미국 민주주의의 문화사』. 이영옥·박인찬·유홍림 역. 서울: 한울아카데미, 1999.

류금주. 『도표와 사진으로 본 안동교회 여전도회100년사, 1913-2013』. 안동교회 여전도회,

2015.

류대영. “초기 한국교회에서 “복음주의”의 의미: 1905년 복음주의공의회를 중심으로.” 「한국기독교역사연구소소식」 46 (2001): 15-21.

______. 『초기 미국선교사연구, 1884-1910: 선교사들의 중산층적 성격을 중심으로』. 서울: 한국기독교역사연구소, 2001.

______. “해방 이전 한국 개신교 여성에 관한 연구-현황과 과제.” 「한국기독교와 역사」 47 (2017.9): 167-205.

류대영·옥성득·이만열. 『대한성서공회사 II: 번역·반포와 권서사업』. 서울: 대한성서공회, 1994.

류충희. “개화기 조선의 民會 활동과 「議會通用規則」 — 「의회통용규칙」의 유통과 번역 양상을 중심으로.” 「동방학지」 167 (2014.9): 1-32.

마사 헌틀리. 『한국 개신교 초기의 선교와 교회 성장』. 차종순 역. 서울: 목양사, 1985.

매티 윌콕스 노블. 『노블일지: 1892-1934』. 강선미·이양준 역. 서울: 이마고, 2010.

민경배. 『한국민족교회형성사론』. 서울: 연세대학교 출판부, 2008.

______. 『한국기독교회사』. 서울: 연세대학교 출판부, 2010.

박보경. "한국 장로교회 초기 여성 선교사의 사역과 선교학적 의의(1908-1942).” 「선교와 신학」 19 (2007): 149-183.

박용규. 『제주 기독교회사』. 서울: 생명의 말씀사, 2008.

박용규. 『한국교회인물사: 7편 여성』. 서울: 한조문화사, 1975.

______. “황해도 교회의 어머니 안성은.” 「기독교사상」 38.7 (1994): 256-264.

______. “한국교회 최초 여집사 신마리아와 동생 박에스더.” 「기독교사상」 38.12 (1994): 223-229.

박용옥. 『한국 근대 여성운동사 연구』. 성남: 한국정신문화연구원, 1984.

______. 『김마리아: 나는 대한의 독립과 결혼하였다』. 서울: 홍성사, 2003.

______. 『한국독립운동의 역사 31: 여성운동』. 천안: 독립기념관 한국독립운동사연구소, 2009.

박정신. “우리 역사에 나타난 여성과 기독교의 이음새: 그 맞물림과 엇물림의 사회화.” 「여성과 역사」 14 (2011.6): 175-197.

박형우. “헤론 의사의 생애와 내한 과정.” 「한국기독교와 역사」 42 (2015.3): 151-181.

방연상·이만형, “선교학의 회심-성찰과 변혁.” 「선교와 신학」 40 (2016.10): 151-195.

백낙준. 『한국개신교사』. 서울: 연세대학교출판부, 1973.

변창욱. “중국교회 자립과 효율적인 선교비 사용 : 중국의 개신교 선교사대회(1877, 1890, 1907)를 중심으로.” 「선교와 신학」 31 (2013): 205-247.

새문안교회100년사편찬위원회. 『새문안교회100년사(1887-1987)』. 서울:새문안교회, 1995.

새문안교회여성사편찬위원회.『새문안교회여성110년사(1887-1997)』.서울:새문안교회, 2012.

서명원. 『한국교회성장사』. 이승익 역. 서울: 대한기독교서회, 1966.

서신혜. “마티 노블의 「ᄋᆞ모권면(兒母勸勉)」과 그 영향력.” 「문헌과 해석」 64 (2013): 37-46.

서우진. “1883년 한국 장로교회 첫 세대가 된 김성섬 일가의 신앙 의식에 대한 미시사적 연구.” 석사학위논문. 장로회신학대학원, 2017.

서원모. “한국 장로교회 정치 원리와 실제.” 「장신논단」 45.1 (2013): 63-91.

손은실. “3.1 운동과 개신교.” 「선교와 신학」 47 (2019): 273-314.

송정연. “개화기 개신교 가정의 태동에 관한 연구.” 박사학위논문. 연세대학교 대학원, 2017.

______. “릴리어스 호튼 언더우드의 선교사 정체성.” 「신학논단」 80 (2015): 207-235.

송종인. “초기 한국교회 전도부인에 대한 연구-장로교회를 중심으로.” 석사학위논문 장로회신학대학교, 2003.

숭전대학교 한국기독교문화연구소. 『한국의 근대화와 개신교: 개신교선교 100주년기념』. 대전: 숭전대학교출판부, 1983.

승동교회110년사편찬위원회 편. 『승동교회 110년사』. 대한예수교장로회승동교회, 2004.

신동원. 『조선의약생활사: 환자를 중심으로 본 의료 2000년』. 파주: 들녘, 2014.

신의경. “나의 어머니 신마리아 여사.” 「새가정」 208 (1972.11): 86-89.

아더 브라운. 『한·중·일 선교사』. 김인수 역. 서울: 쿰란출판사, 2003.

______. 『극동의 지배』, 류대영·지철미 역. 서울: 한국기독교역사연구소, 2013.

애너벨 메이저 니스벳. 『호남선교초기 역사(1892-1919)』. 한인수 역. 서울: 경건, 2011.

애니 로리 아담스 베어드. 『따라따라 예수 따라가네』. 유정순 역. 서울: 디모데, 2006.

양미강. “초기 전도부인의 신앙과 활동.” 「한국 기독교와 역사」 2 (1992): 91-109.

______. “참여와 배제의 관점에서 본 전도부인에 대한 연구.” 「한국 기독교와 역사」 6 (1997): 139-179.

______. “한국의 페미니스트 목회: 초기 한국교회를 일구어낸 전도부인을 기억하며.” 박사학위논문. 샌프란시스코 신학대학원, 1998.

양현혜. “한국 개신교의 성차별구조와 여성운동.” 「여성신학논집」 2 (1998): 222-230.

에비슨. 『올리버 R. 에비슨이 지켜본 근대 한국 42년, 1893-1935』. 박형우 편역. 서울: 청년의사, 2010.

엘리자베스 언더우드. 『한국의 선교역사 1884-1934』. 변창욱 역. 서울: 케노시스, 2013.

오철상. “개신교 초기 전도부인에 대한 연구: 1884-1934.” 석사학위논문. 장로회신학대학교 대학원, 2010.

옥성득. “개신교 전래기 신 명칭 용어논쟁.” 「기독교사상」 418 (1993.10): 200-223.

______. “초기 한국 개신교인들의 신앙 고백(1894~1910).” 「한국기독교역사연구소소식」 34 (1999): 46-50.

______. “1866년 평양 양란(洋亂)과 토마스의 순교, 그 해석사 (2).” 「기독교사상」 721 (2019): 187-200.

______. 『한국 기독교 형성사: 한국 종교와 개신교의 만남, 1876-1910』. 서울: 새물결플러스, 2019.

용환규. “한국장로교회 초기 신앙교육서에 관한 연구: 『위원입교인규됴』(爲願入敎人規條, 1895)를 중심으로.” 「복음과 실천신학」 26 (2012): 234-264.

유영렬. 『대한제국기의 민족운동』. 서울: 일조각, 1997.

유영식. 『착흔 목자: 게일의 삶과 선교』, 총2권. 서울: 진흥, 2013.

유진월. 『김일엽의 <신여자> 연구』. 파주: 푸른사상, 2006.

윤경로. “서울 지역 개신교 교회창립 경위와 교인의 신앙양태 및 사회·경제적 성향-새문안교회를 중심으로.” 「서울학연구」 12 (1999): 147-185.

윤민정. “초기 한국 성결교회 전도부인 연구.” 석사학위논문. 서울신학대학교 대학원, 2009.

윤정란. “<基督信報>의 선노부인 관련 기사에 대하여(1915-1937).” 「한국기독교역사연구소소식」 24 (1996.7): 19-27.

______. 『한국 기독교 여성운동의 역사: 1910년-1945년』. 서울: 국학자료원, 2003.

______. “19세기말 조선의 안방을 찾은 미국 여성의 욕망 -여선교사 릴리어스 호튼 언더우드(Lillias Horton Underwood)를 중심으로-.” 「사림(성대사림)」 34 (2009): 105-134.

이고은. “19세기 한중 개신교 전도문서의 번역자와 번역태도 비교: 訓兒眞言(1865)과 훈ㅇ진언(1891).” 「번역학연구」 18.5 (2017.12): 143-172.

이기서. 『교육의 길, 신앙의 길: 김필례 그 사랑과 실천』. 파주: 북산책, 2012.

이기영. 『가난한 사람들: 이기영 소설집』. 파주: 푸른사상, 2002.

이덕주. “한국교회 초기 부흥운동과 여성-1903년 원산 부흥운동과 1907년 평양부흥운동을 중심으로." 「한국기독교와 역사」 26 (2007): 39-74.

_____. 『한국교회 처음여성들』. 서울: 기독교문사, 1990.

_____. 『한국 토착교회형성사 연구』. 서울: 한국기독교역사연구소, 2000.

_____. 『한국교회 처음여성들: 개화기 여성 리더들의 혈전의 역사』. 서울: 홍성사, 2007.

_____. 『스크랜턴: 어머니와 아들의 조선 선교 이야기』. 서울: 공옥출판사, 2014.

이만열. "권서에 관한 연구." 「동방학지」 65 (1990.3): 77-173.

_____. "초기 매서인의 역할과 문서선교 100년." 「기독교사상」 378 (1990.6): 56-74.

_____. 『한국기독교와 민족의식』. 서울: 지식산업사, 2000.

이민우. "개화기 국어 여성 관련 어휘의 개념화 양상 분석." 「어문연구」 41.4 (2013): 109-131.

이송죽 외 5인. 『김필례, 그를 읽고 기억하다』. 서울: 열화당, 2019.

이송희. 『대한제국기의 애국계몽운동과 사상』. 서울; 국학자료원, 2011.

이숙진. "대부흥운동기 여성공간의 창출과 여성주체 탄생." 「한국기독교와 역사」 31 (2009): 43-68.

_____. "한국 개신교 주류담론이 교회여성의 정체성 형성에 미친 영향." 박사학위논문. 이화여자대학교 대학원, 2005.

_____. 『한국 기독교와 여성 정체성』. 서울: 한들출판사, 2006.

이연옥. 『대한예수교장로회 여전도회 100년사』. 대한예수교장로회 전국연합회 출판사업회, 1998.

이용민. "미국 북장로회 서울 선교지부 연구, 1884-1919." 박사학위논문. 연세대학교 대학원, 2010.

이우정. 『韓國基督敎女性百年의 발자취』. 서울: 민중사, 1985.

이유나. "죄에서 구원으로: 한국 초기 개신교 여성들의 개종." 「한국로고스경영학회 학술발표대회논문집」 (2007. 11): 62-70.

_____. "죄와 고백-초기 한국 개신교 의례를 중심으로." 「평화와 종교」 7 (2019): 69-86.

이윤상. "역사용어 바로 쓰기: 한말, 개항기, 개화기, 애국계몽기." 「역사비평」 74 (2006): 300-304.

이은용. "강화학파와 초기기독교 연구." 「한국양명학회 학술대회 논문집」 (2007.12): 79-93.

이은희. "한말여성지 <녀ᄌᆞ지남>연구." 석사학위논문. 숙명여자대학교, 1995.

이재선. 『한말의 신문소설』. 파주: 한국학술정보, 1975.

이정선. “조선 총독부의 조선인 이름 정책과 이름의 변화양상들.” 「역사민속학」 49 (2015): 88-122.

이정연. “한국 개신교회 내 여성지위와 여성안수제 운동에 관한 연구.” 석사학위논문. 서울대학교 대학원, 2006.

이정은. “김영순의 생애와 독립운동.” 「3·1여성동지회 학술연구발표회자료」 (2013): 1-20.

이종우. "비밀의 열쇠로서의 여성 -번연의 『천로역정』과 크리스티애나의 천로역정-." 「영어영문학」 54.5 (2008): 623-650.

이치만. “삼일운동과 기독 여성의 역할.” 「기독교교육논총」 59 (2019.9): 59-91.

이현주. “보배와 이화: 애니 베어드의 『한국의 새벽』과 윌리엄 노블의 『이화: 한국 이야기』에 나타난 두 여주인공 비교.” 「신학과 세계」 62 (2008. 6): 472-505.

이호운. 『한국교회초기사』. 서울: 대한기독교서회, 1970.

이화여대 여성신학연구소 편. 『한국 여성과 교회론』. 서울: 대한기독교서회, 1998.

이황수. “「한국교회사」 저술에 관한 주요 저서 분석: 장로교 사가(史家)를 중심으로.” 석사학위논문. 장로회신학대학교 대학원, 2008.

이희천, 김혜경. 『애니 엘러스, 한국에 온 첫 여의료선교사』. 서울: 정신여자고등학교, 2008.

임기현. “반아 석진형의 <몽조> 연구.” 「현대소설연구」 39 (2008): 264-265.

임지아. “메리 스크랜턴과 그 영향을 받은 여성지도자 연구.” 석사학위논문. 협성대학교 신학대학원, 2013.

임지원. “한말~일제시기 부산지역 기독교인들의 계층 구성과 지역 내 활동 -부산진교회와 초량교회 구성원을 중심으로-.” 「석당논총」 44 (2009): 217-278.

임춘근. “韓國人의 來世觀과 社會·性格心理學的 變因과의 關係.” 석사학위논문. 창원대학교 교육대학원, 2006.

장병욱. 『韓國監理教女性史』. 서울: 성광출판사, 1979.

장석만 외 7인. 『한국 근대성 연구의 길을 묻다』. 파주: 돌베개, 2006.

장선희선생 기념사업회. 『만년 꽃동산: 장선희여사 일대기』. 서울: 인물연구소, 1985.

장성진. 『한국교회의 잊혀진 이야기: 초기 한국 개신교 선교와 교회 성상에서의 전도부인에 관한 연구, 1892-1945』. 파주: 한국학술정보, 2003.

______. “초기 한국개신교 역사에 나타난 전도부인의 주요한 공헌.” 「한국기독교역사연구소 소식」 75 (2006): 39-48.

______. “여성구술사를 통한 한국개신교문화 형성과정 연구-개선교 여성 전봉선을 중심으로-.” 「여성과 역사」 9 (2008.12): 121-155.

장영숙. “명성황후와 진령군.” 「한국근현대사연구」 86 (2018): 69-95.

장진경. “초기 개신교 전도부인의 교육과 여성선교.” 「기독교교육정보」 21 (2008.12): 221-246.

______. “초기 한국교회 여성의 무속성 연구: 1884년-1910년을 중심으로.” 박사학위논문. 숭실대학교 대학원, 2009.

장현민. “미국 북장로교 선교부의 선교정책과 한석진 목사.” 석사학위논문. 연세대학교 연합신학대학원, 2003.

전석원. “1884~1910년의 급성전염병에 대한 개신교 의료선교사업-개항기 조선인의 질병관, 의료체계에 대한 의료선교의 계몽주의적 접근.” 「한국기독교와 역사」 36 (2012): 227-269.

전택부. 『토박이 신앙산맥: 한국교회 사도행전』. 서울: 대한기독교출판사, 1977.

정미현. “릴리어스 호튼 언더우드의 선교 사역과 여성의식.” 「동방학지」 171 (2015): 223-251.

정석기. 『한국기독교여성인물사』. 서울: 쿰란출판사, 1995.

정세화, 최숙경, 이배용, 장필화, 김영미, 박진숙. “한국 여성사 정립을 위한 인물 유형 연구 - 고대에서 대한제국 시대까지 -.” 「여성학논집」 5 (1988): 7-130.

정일웅. “평양대부흥운동과 사경회.” 「신학지남」 75.1 (2008.3): 7-34.

정진석. 『황성신문 초대사장 남궁억』. 서울: 기파랑, 2014.

제임스 게일. 『한국의 마테오리치 제임스 게일』. KIATS 편. 서울: KIATS, 2013.

조경달. 『민중과 유토피아: 한국 근대민중운동사』. 허영란 역. 서울: 역사비평사, 2009.

조상열. 『피어선기념성경학원』. 서울: 대한기독교서회, 2011.

조선혜. “만국부인기도회사건 연구.” 석사학위논문. 연세대학교 연합신학대학원, 1993.

______. “노블 부인의 선교생활.” 박사학위논문. 감리교신학대학원, 2013.

조지 마스든. 『근본주의와 미국문화』. 박용규 역. 생명의 말씀사, 1997.

조형, 최숙경, 이배용, 전미란, 안연선, 박진숙. “韓國女性史 定立을 위한 女性人物 類型研究 II - 開港에서 3 · 1운동까지 -.” 「여성학논집」 8 (1992): 11-102.

주선애. “女教役者에 對한 小考.” 「교회와 신학」 1 (1965): 66-83.

______. 『장로교여성사』. 서울: 장로교출판사, 1978.

______. “여성교육의 관점에서 본 한국 기독교여성교육의 초기 현황과 미래 전망-정신여학교를 중심으로(1886-1920).” 「기독교교육논총」 13 (2008.6): 53-77.

주재용, “한국기독교 백년사-민중사관의 입장에서의 분석과 비판.” 「신학연구」 21 (1979):

199-216.

차봉준. "안국선의 기독교 담론과 근대적 정치성 연구-<금수회의록>을 중심으로." 「한중인문학연구」 31 (2010.12): 119-142.

찰스 스톡스. 『미국 감리교회의 한국선교역사, 1885-1930』. 장지철·김흥수 역. 서울: 한국기독교역사연구소, 2010.

채승희. "초대교회의 여성성직제도 '과부'의 역할과 지위." 「한국교회사학회지」 35 (2013): 177-211.

채필근 편. 『개척자 한석진 목사와 그 시대』. 서울: 대한기독교서회, 1971.

천정환. 『조선의 사나이거든 풋뽈을 차라: 스포츠 민족주의와 식민지 근대』. 서울: 푸른역사, 2010.

최미정. "봉화 해저마을 義城金氏 문중의 儒林團 義擧 참여." 「한국독립운동사연구」 49 (2014): 87-119.

최숙경, 이배용, 신영숙, 안연선. "한국 여성사 정립을 위한 여성인물 유형연구 III - 3·1운동 이후부터 해방까지 -." 「여성학논집」 10 (1993): 11-139.

최원식. 『한국계몽주의문학사론』. 서울: 소명, 2002.

추계최은희문화사업회 편. 『한국개화여성열전』. 서울: 조선일보사, 1991.

캐서린 안. 『조선의 어둠을 밝힌 여성들: 은자의 나라에 처음 파송된 선교사 이야기』. 김성웅 역. 서울: 포이에마, 2012.

하희정. "초기 전도부인의 신앙과 신학." 「한국기독교역사연구소 소식」 34 (1998): 11-22.

한국 여성신학회 편. 『교회와 여성신학』. 서울: 대한기독교서회, 1997.

한국교회사학연구원 편. 『내한선교사 연구』. 서울: 대한기독교서회, 2011.

한국교회여성연합회 50주년사편찬위원회. 『한국교회여성연합50주년 하이라이트: 씨가 자라서 나무가 되듯이』. 서울: 고려글방, 2017.

한국기독교백주년기념사업협의회 여성분과위원회. 『여성! 깰지어다 일어날지어다 노래할지어다: 한국기독교여성백년사』. 서울: 대한기독교출판사, 1985.

한국기독교역사연구소. 『한국기독교의 역사』 I, II. 서울: 기독교문사. 1989, 1990.

한국신학연구소 편. 『한국개신교가 한국근현대의 사회·문화적 변동에 끼친 영향 연구』. 서울: 한국신학연구소, 2005.

한상권. "조선여자교육회의 전국순회강연활동과 성격." 「한국민족운동사연구」 43 (2005.6): 39-65.

한지은. "언더우드가의 여성 선교사들: 릴리어스 언더우드(1851-1921)와 에텔 언더우드

(1888-1949)를 중심으로." 「한국학논집」 60 (2015): 355-390.

해리 로즈. 『미국 북장로회 한국 선교회사1. 1884-1934』. 최재건 역. 서울: 연세대학교출판부, 2009.

허경진. 『한국 고전문학에 나타난 기독교의 편린들』. 서울: 동연, 2019.

허연숙. "초기 감리교회 전도부인의 활동과 역할, 1885-1935." 석사학위논문. 숙명여자대학교, 2005.

홍경표. "신문학 초기소설에 나타난 여권의식-토론소설 「자유종」과 「천중가절」을 중심으로." 「여성문제연구」 10 (1981): 73-92.

홍승표. "일제하 한국 기독교 출판 동향 연구: 「조선기독교서회」를 중심으로." 박사학위논문. 연세대학교 대학원, 2015.

홍인숙. 『근대계몽기 여성담론』. 서울: 혜안, 2009.

황민호. "김마리아의 국내에서의 독립운동과 대한민국애국부인회." 「한국민족운동사연구」 99 (2019): 91-127.

황용운·이경희. "전통마을의 공간구조에 관한 연구-봉화 해저마을 중심으로." 「대한건축학회 학술발표대회 논문집」 22.2 (2002): 505-508.

황의근. "개인면허 시험합격 1호-고명우." 「의사신문」. 2011.03.24.

황재범. "1907년 대한예수교장로회(독노회) 설립과정 및 그 의의에 대한 연구." 「한국교회사학회지」 20 (2007): 281-313.

入江 友佳子. "1910年代朝鮮のセブランス病院における出産・育児に関する医療宣教活動 : 「伝道婦人」の存在に着目して." 「日本の教育史学」 53 (2010): 69-81.

呉寿恵. 『在日朝鮮基督教会の女性伝道師たち―七七人のバイブル・ウーマン』. 大板: 新教出版社, 2012.

Ahn, Katherine H. Lee. *Awakening the Hermit Kingdom: Pioneer American Women Missionaries in Korea*. Pasadena, CA: William Carey Library, 2009.

Beck, Bill. *Fides et Labor: 140 Years of Pioneering Education, The Story of Park University*. VA: The Donnin Company, 2015.

Bendroth, Margaret. "Last Gasp Patriarch: Women and Men in Conservative American Protestantism." *Muslim World* 91 (Spring 2001): 45-55.

Boyd, Lois A. and Brackenridge, R. Douglas. *Presbyterian Women in America: Two Centuries of Quest for Status*, 2nd ed. CT: Greenwood Press, 1996,

Brekus, Catherine A. *Strangers and Pilgrims: Female Preaching in America, 1740-1845*. Chapel Hill, NC : University of North Carolina Press, 1998.

Chang, Christine Sungjin. *Korean Bible Women: Their Vital Contribution to Korean Protestantism, 1895-1945*. Ph. D. Thesis in the University of Edinburgh, 2005.

Chilcote, Paul W. & Schuler, Ulrike. "Methodist Bible Women in Bulgaria and Italy." *Methodist History* 52.2 (Jan. 2014): 94-113.

Choi, Hyaeweol. *Gender and Mission Encounters in Korea: New Women, Old Ways*. California: University of California Press, 2009.

_____. *New Women in Colonial Korea: A Source Book*. London: Routledge, 2013.

Clark, Donald N. *Living Dangerously in Korea: The Western Experience, 1900-1950*. Norwalk, CT: EastBridge, 2017.

Egan, Leonora Horton, Nancy K. Underwood ed. *Lillie in Korea and Contributing Circumstances*. Seoul: Royal Asiatic Society Korea Branch, 1987.

Flemning, Leslie A. *Women's Work for Women: Missionaries and Social Changes in Asia*. Boulder, CO: Westview Press, 1989.

Hardin, Julia Stevenson. *Presbyterian Women in Eastern Lands*. New York: Women's Board of Foreign Missions of the Presbyterian Church, unknown year.

Hatch, Nathan O. *The Democratization of American Christianity*. New Haven, CT: Yale University Press, 1989.

Hiebert, Frances. "Missionary Women as a Model in the Cross-cultural Context." *Missiology: An International Review* X.4(Oct. 1982): 455-460.

Hiebert, Paul. "The Flaw of the Excluded Middle." Missiology: An International Review X.1 (Jan. 1982): 35-47.

Hill, Patricia. *The World Their Household: The American Woman's Foreign Mission Movement and Cultural Transformation, 1870 1920*. Ann Arbor, MI: The University of Michigan Press, 1982.

Huntley, Martha. *Caring, Growing, Changing: A History of the Protestant Mission in Korea*. NY: Friendship Press, 1984.

Jenkins, Philip. *The New Faces of Christianity: Believing the Bible in the Global South*. New York: Oxford University Press, 2006.

Johnston, Anna. *Missionary Writing and Empire, 1800-1860*. N.Y: Cambridge University Press, 2003.

Kane, Danielle and Park, Jung Mee. "The Puzzle of Korean Christianity: Geopolitical Networks and Religious Conversion in Early Twentieth-Century East Asia." *American Journal of Sociology* 115.2 (September 2009): 365-404.

Kim, Heeja. "An Analysis of the Human Resources of "Bible Woman" as a growth Engine in the Early Korean Church." *Journal of Christian Education & Information Technology* 19 (2011): 73-95.

Kim, Yung-Hee. "Under the Mandate of Nationalism Development of Feminist Enterprises in Modern Korea, 1860-1910." *Journal of Women's History* 7.4 (Winter 1995): 120-136.

Kim, Yun-Sung. "The Predicament of Modern DIscourse on Gender and Religion in Korean Society." *Korea Journal* 41.1 (Spring 2001):

Loyd, Susan. *Singular School: Abbot Academy, 1828-1973*. MS: Philips Academy, 1979.

Mangan, Patricia Hart. "Instantiating Vision at the Mount Holyoke Female Seminary." *Journal of Religious History* 40.1 (March 2016): 104-131.

Marseden, George M. *Fundamentalism and American Culture: The Shaping of Twentieth-century Evangelicalism 1870-1925*. New York: Oxford University Press, 1980.

Montgomery, Helen Barrett. *Western Women in Eastern Lands: An Outline Study of Fifty Years of Woman's Work in Foreign Missions*. New York: The McMillan Company, 1911.

Oak, Sung-Deuk. "Shamanistic Tan'gun and Christian Hananim: Protestant Missionaries' Interpretation of the Korean Founding Myth, 1895-1934." *Studies in World Christianity* 7.1 (2001): 42-57.

Oak, Sung-Deuk. *The Making Of Korean Christianity: Protestant encounters with Korean Religions 1876-1915*. Texas: Baylor University Press, 2013.

Oh, Hyun-sun. "Multiple Roles of the Bible Women in the Early Korean Church." 「기독교교육논총」 31 (2012): 39-57.

Paik, L. George. *The History of Protestant Missions in Korea, 1832-1910*. 2nd ed. Seoul: Yonsei University Press, 1972.

Rhodes H. A. ed., *History of The Korea Mission Presbyterian Church U.S.A. I. 1884~1934*, Chosen Mission, Presbyterian Church, U.S.A. 1934

Robert, Dana Lee. *American Women in Mission: A Social History of Their Thought and Practice*. Macon, GA: Mercer University Press, 1996.

_______. "World Christianity as a Women's Movement." *International Bulletin of Missionary Research* 30.4 (2006): 180-188.

_______. ed. *Gospel Bearers Gender Barriers: Missionary Women in the Twentieth Century*. New York: Orbis, 2002.

Speer, William S. *Sketches of Prominent Tennesseans*. TN: Geneological Publishing Co. 2010.

Strawn, Lee-Ellen. *Korean Bible Women 1888 to 1930: Effecting Change for Women from the Anbang to the Public Square*. Ph. D. Dissertation. Seoul: Yonsei University, 2011.

Tucker, Ruth A. "The Role of Bible Women in World Evangelization." *Missiology: An International Review* 13.2 (April, 1985): 141-142.

Underwood, Elizabeth. *Challenged Identities: North American Missionaries in Korea, 1884-1934*. Seoul: Royal Asiatic Society-Korea Branch, 2004.

Underwood, Horace H. *Modern Education in Korea*. New York: International Press, 1926.

Walls, Andrew F. *The Missionary Movement in Christian History: Studies in the Transmission of Faith*. Maryknoll, New York: Orbis, 1997.

______. *The Cross-Cultural Process in Christian History*. Maryknoll, New York: Orbis, 2002.

Yoo, Theodore Jun. *The Politics of Gender in Colonial Korea: Education, Labor, and Health, 1910-1945*. Berkeley: University of California Press, 2008.

Yu, K. Kale. *Understanding Korean Christianity: Grassroot Perspectives on Causes, Culture, and Responses*. Eugene, OR: Pickwick Publications, 2019.

부 록

부록 I. 미국 북장로회 한국선교회 여성 사역자 통계표(1884~1923)

연도	독신 여선교사	부인선교사	여교사	전도부인
1884-85	-	1	-	-
1885-86	-	2	-	-
1886-87	1	2	-	-
1887-88	1	1	-	3*
1888-89	1	2	-	2
1889-90	3	3	-	2
1890-91	2	4	-	2
1891-92	1	6	-	4
1892-93	3	9	1	1
1893-94	3	12	1	4
1894-95	4	11	1	4
1895-96	4	11	3	5
1896-97	4	13	4	7
1897-98	6	15	4	6
1898-99	7	16	4	8
1899-00	8	18	5	14
1900-01	9	10	7	9
1901-02	10	21	8	43
1902-03	8	26	8	46
1903-04	10	26	9	29
1904-05	11	28	21	48
1905-06	9	31	28	61
1906-07	9	34	39	77
1907-08	10	37	68	93
1908-09	14	40	111	149
1909-10	17	44	116	166
1910-11	19	44	142	188
1911-12	21	49	130	154
1912-13	21	50	110	154
1913-14	22	48	78	172
1914-15	20	54	89	125
1915-16	21	52	101	165
1916-17	22	53	84	200
1917-18	26	54	135	189
1918-19	29	54	112	218
1919-20	26	52	105	209
1920-21	35	57	182	220
1921-22	34	58	195	174
1922-23	36	57	143	153

*Bible reader. 해리 로즈, 『미국 북장로회 한국 선교회사1, 1884~1934』, 528.

부록 II. 초기 내한 미국 북장로회 여선교사 (1884~1900)

내한일	결혼 전 이름	결혼 관계 (사역 중 결혼한 해)	학생자원여부	종료일
1884.10.26	Frances Messenger	Mrs. Allen	-	1890.7.9
1885.6.21	Harriet E. Gibson	Mrs. Heron/ Mrs. Gale(1892)	-	1908.3.28
1886.7.4	Annie Ellers, R.N.	Mrs. Bunker(1888)	-	1888.7.5
1888.5.27	Lillias Horton, M.D.	Mrs. Underwood(1889)	SVM	1921.10.29
1888.9	Mary Hayden	Mrs. Gifford(1890)	SVM	1900.5.5
1890.1	Susan A. Doty	Mrs. F. S. Miller(1904)	SVM	1931.3.31
1891.2	Annie Laurie Adams	Mrs. Baird	SVM	1916.6.9
1891.12	Fannie Hugh, M.D.(호주)	Mrs. Brown	-	1895.3.18
1892.4	Letitia Coulter	Mrs. Vinton	-	1903.12.4
1892.9.21	Victoria C. Arbuckle	독신	SVM	1896.5.18
1892.9.21	Rose Ely	Mrs. Moore	-	1907.11.18
1892. 11	Sallie William	Mrs. Swallen	-	1932.3.24
1892.11	Anna Reinecke	Mrs. F. S. Miller	-	1903.6
1892.11	Ellen Strong	독신	-	1901.5.6
1893.7.16	Jennie Bames	Mrs. O. R. Avison	-	1932.6.30
1893.11.9	Bertha Kimmerer	Mrs. C. H. Irvin	-	1911.4.1
1894.5.6	Blanche Webb	Mrs. Graham Lee	-	1912.4.1
1895.4.6	Anna Jacobson, R.N.	독신	-	1897.1.20
1895.4.6	Georgiana Whiting, M.D.	Mrs. Owen(1900)	-	1900.12.12.
1895.5.29	Nellie Dick	Mrs. J. E. Adams	SVM	1909.10.31
1896.5.23	Katherine Wambold	독신	-	1934
1896.10.19	Maria Louise Chase	독신	SVM	1911.9.26
1896.10.20	Lulu Ribble	Mrs. J. H. Wells	-	1915.9.14
1897.7.21	Margaret Best	독신	SVM	1937
1897.10.11	Susan Shank, M.D.	Mrs. Cyril Ross	SVM	1937.4
1897. 10.14	Esther L. Shields, R.N.	독신	-	1938. 12
1897.10.14	Eva Field, M.D.	Mrs. A.A. Pieters(1908)	SVM	1932.7.20
1897. 12.4	Alice Fish, M.D.	Mrs. S. A. Moffett(1899)	SVM	1912.7.12
1897.12.23	Edith Parker	Mrs. W. O. Johnson	SVM	1913.11.18
1898.10.5	Bertha Finley	Mrs. W. B. Hunt(1898)	-	1905.5.14
1899.9.29	Sadie Nourse	Mrs. A. G. Welbon(1901)	-	1925.7.20
1899.9.29	Mary Ames	Mrs. A. M. Sharrocks	-	1933.10.22
1899.11	Effie Bryce	Mrs. R. H. Sidebotham	-	1909.4.30
1900. 10	Velma L. Snook	독신	SVM	1936.9.

*해리 로즈, 『미국 북장로회 한국 선교회사1, 1884~1934』부록과 Harriet E. Pollard, *The History of the Missionary enterprise of the Presbyterian Church, U.S.A. in Korea with Special Emphasis on the Personnel*을 참고해서 작성.

부록 III. 1907~1909년 *Woman's Work* 한국 관련 기사

연도	필자	기사제목	주제
1907	화이팅 부인 (Elizabeth Fuller Whiting)	"Two Phases at Chai Ryong"	재령의 예수교인과 우상숭배자들의 대조
	사무엘즈 (Jane Samuels), 체이스 (Marie L. Chase)	"Women's Classes in Syen Chun Field"	선천 지부 **순회사경회**와 회개의 부흥
	웰즈 부인 (Lulu R. Wells)	"An Educational Stirring in Pyeng Yang Province"	서북 지역의 **남녀소학교** 설립 열기
	밀러 부인 (Susan A. Doty Miller)	"Korean Women Advancing the Kingdom at Chong Ju"	청주 **부인사경회**
	스왈른 부인 (Sallie W. Swallen)	"One Class Held at Pyeng Yang"	평양 **부인사경회** 중 회개의 영이 임함
1908	리 부인 (Mrs. Graham Lee)	Letters from Korea	**숭의여학교** 졸업식, 이기풍 부부의 제주도 선교
	블레어 부인 (Edith A. Blair)	"Educational Advance in North Korea"	**숭의여학교** 졸업식, 초중등교육에 대한 한국인들의 관심, 선교사와 한국인 교사와의 갈등
	편집자	"Jolly School of American Children in Korea"	초기 평양외국인학교
	편집자	"Progress at Chai Ryong"	재령 지부의 안정적 성장
	그린필드 부인 (M. Willis Greenfield)	"Commencement Month in Seoul"	서울지역 **각 학교 졸업식**(의학교, 간호양성학교, 연동여학교, 경신학교)
	맥팔랜드 부인 (Mary Steward McFarland)	"Taiku Christians"	대구 **여사경회**와 대구 기독교인들의 면면
	번하이즐 부인 (Helen K. Bernheisel)	"Pyeng Yang Women Developing in Efficiency"	**봄사경회와 여전도회** 조직
	스왈른 부인 (Sallie W. Swallen)	"Pyeng Yang Women Developing in Efficiency"	한국 부인들에 의한 여러 **사경회 개최와 주일학교** 사업
	베스트 (Margaret Best)	"Pyeng Yang Women Developing in Efficiency"	여사경회 체제에 **평양 여성경학교**라는 명칭을 요구
	체이스 (Marie L. Chase)	"How Syen Chun Missionaries Spend Their Time"	여선교사들의 바쁜 사역(사경회, 학교, 주일학교)과 의주 지역의 **초중등학교들**
	왐볼드 (Katherine Wambold)	"Woman's Work in Churches of Seoul Station"	서울지부 각 교회 여자들이 열심히 공부함
1909	샤록스 부인 (Mary Ames Sharrocks)	"Since Furlough"	할머니 신자의 믿음, 과부들의 재혼 열풍, **기독교학교**의 인기가 높아짐.
	에식 부인 (Blanche Lillian Essick)	"A Little Journey in Korea"	대구-경주 여행과 사경회
	스누크 (Velma Snook)	"Transformation of Whang"	기독교인의 변화
	쉴즈 (Esther Shields)	"Training School for Nurses"	**간호양성학교**

1909	블레어 부인 (Mrs. Herbert/ Susan Gillett Blair)	"Farthest North"	순회 여행과 강계 **여사경회**
	버츠(Alice Butts)	"Second Year Out"	**시골 사경회** 개최
	밀러 (Frederick S. Miller)	"Some Korean Evidences"	우상숭배와 미신을 버린 세례문답자들
	존슨 의사 (Woodbridge O. Johnson)	"A Good Hospital Story"	대구 병원 건축
	평양, 대구, 재령 여선교사들	"The Perennial Class"	각 지부에서 열린 **여사경회**
	라이너 부인 (Jessie Munro Reiner)	"My First Itinerating Trip"	경기도 순회 여행과 **사경회** 개최
	퍼비안스 부인 (Mrs. W. C. Lulu Byram Purviance)	"Climbing the Hill of Science"	**청주여자소학교** 개교
	왐볼드 (Katherine Wambold)	"Local Churches and Country Work"	서울 각 교회의 여성 사역 감독, 전도부인 염씨 **평양여사경회**에 보냄

부록 IV. 평양여사경회 제도의 발전 과정 연대표(1898~1922)

연도	일반 사경회(열흘에서 2주 기간)		
1898	4월[1] (24~60명) 12월10~19일 (28명)[2]	아침기도회 성경공부1(누가복음) 성경공부2(마가복음) 점심식사 찬송 성경공부3(구약)	윌리엄 베어드 리 부인 베어드 부인
1899	5월6일~ 15일[3] (23~48명) 12월초[4] (37명)	아침기도회(피시) 예수의 비유(스왈른) 그리스도의 생애(스왈른 부인) 찬송(헌트 부인) 누가복음(베스트) 저녁 예배(이 선생)	봄: 스왈른, 앨리스 피시, 스왈른 부인, 헌트 부인, 마가렛 베스트, 이 선생 가을: 리 부인, 헌트 부인, 마가렛 베스트, 스왈른 부인, 웰즈 부인, 마펫
1900	4월[5] (50~60명+ 30명)	봄 사경회 중 선교사의 집에서 리셉션	

연도	일반 사경회(열흘)		농촌 순회 사경회+특별 사경회(2주)	
1901	5/24 ~6/2[6]	선천 여사경회(10일) 123명 등록 베스트 샤록스 부인 양전백 휘트모어, 샤록스	1월[7] (20일)	특별 사경회의 시작: 시골교회에서 가르치는 8명을 초청 아침기도회(베스트 집) 주제별 공부: 마펫 부인 야고보서, 빌립보서: 베어드 부인 찬송: 헌트 부인 마가복음: 조씨 그리스도 우리의 모범(복음서):베스트 팔레스타인 지리:베스트
1902~ 1903	4월[8] (283명)	문맹:15명(신씨, 고씨 담당) 초급:29명 중급:76명 고급:61명	여선교사들의 순회 사경회(베스트는 12월을 포함해서 93일 동안 농촌 사역)[9]	
1903~ 1904	5월[10] (280명)	블레어: 분필담화 웰즈부인: 접대와 오락(축음기)	여선교사들의 순회 사경회[11] (황주, 한천 등)	
1904.9~ 1905.9	2월[12] (189명)	도시부인 사경회 (열흘)-오후 개인전도. 남녀 1,400명이 모여서 복음전도집회	사무엘즈가 선천 지역에서 16개 사경회 개최[13] 스누크도 시골 사경회 개최(66명) 11월-마펫 부인 안양골 사경회(26명)[14]	
1905.9~ 1906.9	12월[15] (280명)	농촌부인 사경회(12일간) 주일에는 도시부인과 합해서 대중집회로 모임(약1,000명)	평양 기독교 부인들이 인근 농촌에서 사경회 개최. 10개 사경회 중 8개를 한국 여성들이 가르침(40, 50명, 100명 이상)[16] 오전: 성경공부 오후: 성경공부와 기도회, 심방	
	1월[20]	도시교회 사경회(열흘): 600명 등록. 두 명씩 짝지어 개인전도. 복음전도집회	영유에서 열린 시골 사경회[17]: 블레어 부인(에베소서) 원씨(마가복음) 맥큔 부인(찬송) 맥큔(예배) 가정관리와 아기 돌보기	
	3월[21] 353명 (도시부인 25명)	부인 대사경회 수요일 오후마다 일반집회 개최 실생활 강연 스왈른 부인: 육아법 베어드 부인:시어머니, 며느리, 아내의 의무 주일 오전 강연: 장대현교회에서 마펫과 영수 강씨	4월[18]: 베스트 시골 사경회 2개 개최 6월[19] 기독교 초등교사 사경회(장감 연합, 남녀 170여 명 참가)	

1906.9~ 1907.8	12월 부인 사경회 500명 1월 신년 도시부인 사경회 250명 3월 농촌부인 사경회 521명[22]	베스트, 스누크, 커크우드, 한국 부인들 여러 명이 순회 구역 곳곳에서 사경회 인도 1907년 5월 처음으로 열린 전도부인 사경회[23] (국내 전도인들과 교회 사역자들, 106명)	
1907.9~ 1908.8 (4,132명)	연초: 도시부인 사경회(일주일) 봄: 농촌부인 대사경회(10일), 535~600명. 난방과 조명 비용 부과. 총 1,163명 참가	*전도부인 사경회(초가을 2주): 전도부인과 선별된 여성들로 시골 사경회 개최할 준비(위생, 주일성수에 관한 강연과 정규 성경공부) *시골 사경회(겨울):85개 중 여선교사들 주최 10개(721명), 한국 여성들 주최 85개(2,248명)[24]	특별 사경회[25]: 선교사와 조사, 한국인 목회자들이 초대한 지도자급 여성들(157명)
1908.9~ 1909.8 (3,877명)[26]	6월 장감 연합 부인 대사경회(100명)	*사역자 사경회 (5월 초. 197명) 참가자 중 60명은 특별훈련을 받음-겨울에 열리는 시골 사경회들 운영 보조	
연도	**일반 사경회**	**특별 사경회**	**성경학교**
	특별과정		**정규과정**
1909.9~ 1910.9[27]	1910년 2월 하순 도시부인대 사경회(450명) 3월 하순 농촌부인 대사경회(510명)	1910년 3월 주일학교 교사 사경회(215명)	1910년 4월 1일 개강 (50명)[28]
1910.10~ 1911.9[29]	1911년 3월 18일 농촌부인 대사경회(550명)	*사역자 사경회(10월, 80명) 초급: 눅,요,막,성경문답 중급: 빌, 계, 눅, 요 *1차 순회 사경회 (11~12월성탄절 직전) *2차 순회 사경회(12~3월) 총 106개, 3,920명 *주일학교 교사 사경회 (3월 1~14일, 285명)	3월 31일~6월 13일 (89명)
1911.9~ 1912[30]	3월 도시부인 대사경회와 농촌부인 대사경회[31]	*주일학교 교사 사경회(9월 말) *사역자 사경회(10월) *1차 순회 사경회 (10월 말~성탄절 직전: 5개 거점)(반석에서 전도부인들과 신년 사경회 일정을 계획) *2차 순회 사경회 (12월 말~2월, 총 41개의 사경회)	3월 29일 개강(82명) 6월 12일 5명 졸업
1912.9~ 1913.6 (6,377명)[32]	도시부인 대사경회 3월 농촌부인 대사경회(500명 이상)[33]	*주일학교 교사 사경회(9월 25일, 152명 등록): 베어드 부인, 버츠 양, 홀드크로프트 부인, 베스트 양, 박도신, 석유실, 윤선생이 가르침, *사역자 사경회 (10월 2주, 93명 등록) *순회사경회(11~3월, 125개 사경회 개최(4,231명을 가르침)	4월~6월(107명) 교수진: 박도신, 베스트, 모우리 부인, 홀드크로프트 부인, 버츠, 스왈른 부인, 블레어 부인 6월10일, 14명 졸업
1913.9~ 1914.6		*2월 19일 목회자 사모 사경회[34]	

1915~ 1916[35]	도시부인 대사경회 농촌부인 대사경회	예년과 같이 진행됨	3월 30일 개강 (78명) 6월15일 14명 졸업
1916~ 1917[36]	도시부인 대사경회 농촌부인 대사경회	*주일학교 교사 사경회 (9월 27일부터 2주, 290명) *사역자 사경회(10월 12일부터. 130명) *순회 사경회:132명이 186개 사경회에서 6,584명을 가르침	*연장교육과정(한달) 첫 시행: 졸업생 53명 중 24명 참석
1917~ 1918[37]	1918년 3월 초 농촌부인 대사경회	*주일학교 교사 사경회 (9월 13일부터, 220명): 6명의 전도부인들과 여선교사들이 가르침 *사역자 사경회 (9월 29일부터 126명-80명은 정예급, 46명은 초급) *목회자 사모 사경회(10월 6일~12일)와 강사 사경회가 동시에 진행 *순회 사경회:126명이 176개 사경회(6,241명)개최	*3월 22일 개강(66명) *5월 연장교육과정(16명) 교수진: 파커 부인, 길리스 부인, 웰본 부인, 블레어 부인, 스왈른 부인, 맥큔, 베스트, 앤더슨, 도리스, 석유실, 안봉주 목사, 김형애, 안신덕(생리학, 위생학, 산수)
1921~ 1922[38]	1922년 3월 농촌부인 대사경회	*주일학교 교사 사경회 *사역자 사경회 *순회사경회	*성경학교: 3월 23일~6월 15일(88명) 교수진: 스왈른 부인, 힐 부인, 블레어 부인, 버츠, 도리스, 베어드 부인, 베스트, 김선두 목사, 석유실, 조은식, 신근신 *연장교육과정(34명)

1) Annie Laurie A. Baird, “A Great Ten Days,” *WWW* 13.8 (1898), 201; Dr. J. Hunter Wells, “Further Items on Woman’s Class and Other Victories,” *WWW* 13.8 (1898), 201-202.

2) Margaret Best, “Letters from Korea,” *WWW* 14.4 (1899), 108-109.

3) Alice M. Fish, "Harvest in the North Korea: First Quarter of 1899," *WWW* 14.8 (1899), 215; Mrs. Graham Lee, “Letters from Korea,” *WWW* 14.8 (1899), 225.

4) Miss Best, “Letters from Korea,” *WWW* 15.4 (1900), 105.

5) Margaret A. Webb, “The Woman’s Class at Pyeng Yang,” *WWW* 15.11 (1900), 308-309.

6) Miss Best, “Women’s Bible Classes in the North,” *KF* (November 1901), 3.

7) Margaret Best, “Eight Country Women,” *KF* (Nov. 1901), 3-4.

8) Miss Margaret Best, "Winter Training Class for Women," *KF* (May, 1902), 35; Mattie Henry, “Women’s Classes in Pyeng Yang,” WWW (1902), 293-294.

9) Margaret Best, "Diary of a Week in Whang Hai Province," *WWW* (1903), 256-258.

10) Mrs. William N. Blair, "Letters from Korea," *WWW* (1903), 163-164.

11) Miss Best, “Some Korean Women: Door Openers and Door Enterers,” *WWW* (1904), 5-8.

12) Mrs. Graham Lee, "Letters from Korea," *Woman's Work* (1905), 119.
13) Jane Samuels, "A Round of Classes," *KMF* (Nov. 1905), 9.
14) Mrs. S. A. Moffett, "Like Heaven: from Personal Report," *KMF* (1906), 68-69.
15) (Mrs. S.A.) Alice Fish Moffett, "The Year at Pyeng Yang," *Woman's Work* (1906), 249.
16) Sallie W. Swallen, "Letters from Missionaries," *Woman's Work* (1906), 189.
17) Mrs. W. N. Blair, "How a Year Passed," *KMF* (1906), 209.
18) Helen M. McCune, "The Year at Pyeng Yang," *Woman's Work* (1906), 251.
19) Chas F. Bernheisel, "Eventful June at Pyeng Yang," *Woman's Work* (1906), 252. 해리 로즈, 『미국 북장로회 한국 선교회사1』, 163.
20) Sallie W. Swallen, "Letters from Missionaries," *Woman's Work* (1906), 189.
21) Velma Lee Snook, "The Year at Pyeng Yang," *Woman's Work* (1906), 189.
22) Sallie Swallen, "One Class Held at Pyeng Yang," *Woman's Work* (1907), 252-253.
23) *KM Report* (1908), 44; Margaret Best, "What Country Classes mean to Country Women," *KMF* (Oct. 1907), 147.
24) Margaret Best, "Pyeng Yang Women Developing in Efficiency," *WWW* (1908), 259.
25) (Mrs. Wm.N.) Edith Allen Blair, "Educational Advance in North Korea," *Woman's Work* (1908), 250.
26) "Progress and Pioneering: Pyeng Yang," *Woman's Work* (1911), 248.
27) "Personal Experience in Brief," *Woman's Work* (1910), 252.
28) Alice Butts, "Notes from Stations: Pyengyang," *KMF* (1910), 140.
29) "Progress and Pioneering: Pyeng Yang," *Woman's Work* (1911), 248.
30) Miss Best, "Woman's Bible Institute, Pyeng Yang," *KMF* (1912), 302-303; *KM Report* (1912), 36.
31) "Pioneering and Progress: Woman's Work in North Korea," *WWW* (1911), 248.
32) Margaret Best, *Report of Women's Bible Institute 1913*.
33) Miss Snook, No Title, *Woman's Work* (1914), 40.
34) (Mrs. W. N.) Edith Allen Blair, "A Retrospect," *Woman's Work* (1915), 32.
35) Margaret Best, "Personal Report of 1916."
36) Margaret Best, "Personal Report of 1917."
37) Margaret Best, "Personal Report & Bible Institute Report of 1917-1918."
38) Margaret Best, "Personal Report of 1921-1922."

Abstract

The Origin, Beliefs and Consciousness of the Bible Women in the Region of the Korea Mission of PCUSA

The purpose of this study is to explore the origin of the Korean Bible women and to examine their Christian beliefs and consciousness. The focus of the study is on the Bible women who worked with the Korea Mission of PCUSA. So far studies on the Bible women in the Presbyterian church have been limited to the compilation of statistical records. This study is based upon the reports and magazine articles written by American missionary women who worked with Bible women in Seoul, Pyengyang, Syeoncheon, Chaeryeong, Kanggye, Taegu, Chongju, Andong.

Both a motto and a project title of PCUSA mission, ‘Woman's Work for Woman' was launched in Korea when a group of missionary women entered in Korea. They were influenced by the American Women's Missionary Movement and the Student Volunteer Movement in the 19th~20th century. They needed intermediatries who could not only translate for them but also connect them to the local women. A curious old lady and housemaid in a missionary home were the first two Bible women. Since then, ten or so Bible women worked with women missionaries, and they organized more than six meeting places for women in Seoul by 1905.

In the early 1900s, Sa-gyong-hoe, or the Bible Classes became popular in Pyeongan-do and Hwanghae-do. This stimulated the need of systematically trained Bible women in Pyengyang. From 1905 to 1910, many women interested in new education were trained as Bible women. While serving in local churches as Sunday School teachers from spring to fall, many of them volunteered without pay to travel around villages holding Bible Classes during the winter. In order to meet various needs of Bible Classes, the Pyengyang Women's Bible Institute grew in a full-fledged form in 1910.

The Bible women who started as intermediaries between the mission and the church gradually changed their roles into the assistant to the church pastor. The Bible women organized Yeojondohoe, or Women's Missionary Society as a support system to send evangelists to rural areas near and far. In the northwest region, where the Bible Classes and Women's Missionary Socictics were most active, an ecclesial office of "Kuan-sa" was developed, by which the Bible women gained more influential status.

The Bible women constructed their Christian beliefs upon the concept of 'the kingdom of heaven'as it was taught by missionaries. At first the kingdom of heaven was conceived as a place after death. Through an enlightened understanding of the world they started to see it related to the present reality and society. A baptismal name created not only a new identity as a child of God but also a new social self-consciousness for women. With new names they were able to step beyond the boundary of women defined by traditional Confucian ideal. The Bible Classes offered a various experiences which helped participants to enjoy the Christian life wholeheartedly and willingly share it with other women. Jesus' love along with the expectation of the eternal life inspired them to sympathize with the weak and poor.

With this social and religious consciousness the Women's Missionary Society was the focal point of the Bible women's social activism. They held meetings on a regular basis, at which elected officials and discussed plans for projects. They collected membership fees to establish a budget. The social network, organization, and resources of the Bible women laid the foundation for the 'new women' in the 1920s.

The Bible women was a social phenomenon. Prompted by western missionaries the Bible women internalized Christian convictions in their social and spiritual matrix. The impact of Christian ideal reached far beyond their religious consciousness. With new social identities and roles, the Bible women created a new social entity(the Women's Missionary Society), participated in the contemporary social movements and energized local churches.

Key Words

Korea Mission of PCUSA, Korean Christianity, Bible women, Bible Class, Women's Missionary Society, Women's Bible Institute